AGUILAR

FIDEL Y RAÚL
MIS HERMANOS

la historia secreta

Aguilar es un sello editorial del Grupo Santillana

Argentina
Avda. Leandro N. Alem, 720
C 1001 AAP Buenos Aires
Tel. (54 114) 119 50 00
Fax (54 114) 912 74 40

Bolivia
Avda. Arce, 2333
La Paz
Tel. (591 2) 44 11 22
Fax (591 2) 44 22 08

Chile
Dr. Aníbal Ariztía, 1444
Providencia
Santiago de Chile
Tel. (56 2) 384 30 00
Fax (56 2) 384 30 60

Colombia
Calle 80, 9-69
Bogotá
Tel. (57 1) 635 12 00
Fax (57 1) 236 93 82

Costa Rica
La Uruca
Del Edificio de Aviación Civil 200 m al Oeste
San José de Costa Rica
Tel. (506) 22 20 42 42 y 25 20 05 05
Fax (506) 22 20 13 20

Ecuador
Avda. Eloy Alfaro, 33-3470 y Avda. 6 de
Diciembre
Quito
Tel. (593 2) 244 66 56 y 244 21 54
Fax (593 2) 244 87 91

El Salvador
Siemens, 51
Zona Industrial Santa Elena
Antiguo Cuscatlan - La Libertad
Tel. (503) 2 505 89 y 2 289 89 20
Fax (503) 2 278 60 66

España
Torrelaguna, 60
28043 Madrid
Tel. (34 91) 744 90 60
Fax (34 91) 744 92 24

Estados Unidos
2023 N.W 84th Avenue
Doral, FL 33122
Tel. (1 305) 591 95 22 y 591 22 32
Fax (1 305) 591 74 73

Guatemala
7ª Avda. 11-11
Zona 9
Guatemala C.A.
Tel. (502) 24 29 43 00
Fax (502) 24 29 43 43

Honduras
Colonia Tepeyac Contigua a Banco Cuscatlan
Boulevard Juan Pablo, frente al Templo
Adventista 7º Día, Casa 1626
Tegucigalpa
Tel. (504) 239 98 84

México
Avda. Universidad, 767
Colonia del Valle
03100 México D.F.
Tel. (52 5) 554 20 75 30
Fax (52 5) 556 01 10 67

Panamá
Vía Transísmica, Urb. Industrial Orillac,
Calle Segunda, local 9
Ciudad de Panamá
Tel. (507) 261 29 95

Paraguay
Avda. Venezuela, 276,
entre Mariscal López y España
Asunción
Tel./fax (595 21) 213 294 y 214 983

Perú
Avda. Primavera, 2160
Surco
Lima 33
Tel. (51 1) 313 40 00
Fax. (51 1) 313 40 01

Puerto Rico
Avda. Roosevelt, 1506
Guaynabo
Puerto Rico 00968
Tel. (1 787) 781 98 00
Fax (1 787) 782 61 49

República Dominicana
Juan Sánchez Ramírez, 9
Gazcue
Santo Domingo R.D.
Tel. (1809) 682 13 82 y 221 08 70
Fax (1809) 689 10 22

Uruguay
Constitución, 1889
11800 Montevideo
Tel. (598 2) 402 73 42 y 402 72 71
Fax (598 2) 401 51 86

Venezuela
Avda. Rómulo Gallegos
Edificio Zulia, 1º - Sector Monte Cristo
Boleita Norte
Caracas
Tel. (58 212) 235 30 33
Fax (58 212) 239 10 51

FIDEL Y RAÚL
MIS HERMANOS

la historia secreta

MEMORIAS DE JUANITA CASTRO
CONTADAS A MARÍA ANTONIETA COLLINS

AGUILAR

© 2009, Juanita Castro Ruz
Este libro ha surgido del testimonio que ofreció Juanita Castro Ruz en
conversación con María Antonieta Collins.

De esta edición:
© 2009, Santillana USA Publishing Company, Inc.
2023 N. W. 84th Avenue
Doral, FL, 33122
Teléfono: (305) 591-9522

Fidel y Raúl, mis hermanos. La historia secreta.
ISBN13: 978-1-60396-701-3

Diseño de cubierta: Sebastián Bellger
Diseño de interiores: Mauricio Laluz
Fotografías de Juanita Castro Ruz y María Antonieta Collins: Gío Alma
Fotografía de Fidel Castro Ruz: Claudia Daut, Reuters
Fotografía de Raúl Castro Ruz: Enrique de la Osa, Reuters
Fotografías del inserto: Archivo personal Juanita Castro Ruz

Published in the United States of America

12 11 10 09   1 2 3 4 5 6 7 8 9 10

A la memoria de mis padres,
Ángel Castro Argiz y Lina Ruz González

Y de mis abuelos, Francisco Ruz y Dominga González

A Enma Castro de Lomelí, la hermana que lo ha sido contra
viento y marea. Gracias por respetar siempre lo que he
pensado, aunque no estuvieras de acuerdo.

Todos ellos, inspiración de este libro.

ÍNDICE

PRÓLOGO

Carlos Alberto Montaner

Como las *matrioskas* rusas —esas muñecas que llevan en su vientre otras figuras—, estas memorias contienen dentro varios textos, subtextos e informaciones novedosas y sorprendentes, incluidas ciertas noticias sobre amantes e hijos desconocidos de Fidel. No obstante, el más evidente de los propósitos de esta obra es la reivindicación que hace Juanita del honor de su familia. Defiende a sus padres y abuelos maternos a capa y espada. Se ha dicho y escrito mil veces que D. Ángel Castro Argiz, emigrante gallego en Cuba, padre de Juanita (y, por lo tanto, de Ramón, Fidel, Raúl, Angelita, Enma y Agustina, a los que se agregan otros dos hijos mayores, Lidia y Pedro Emilio, concebidos en un matrimonio anterior), era un propietario rural inescrupuloso que robaba tierras y reses, y hasta mataba peones para robarles su jornal.

Juanita lo niega con vehemencia. ¿Dónde están las pruebas? ¿Dónde las acusaciones formales y los pleitos? En un sitio tan pequeño como Birán, en la provincia de Oriente, nada de eso pudo suceder sin dejar huellas legales o, al menos, rastros en los diarios de la época. ¿Por qué nadie los ha encontrado? El padre que ella recuerda era un hombre amoroso y trabajador, con pocos estudios, pero inteligente e intuitivamente dotado para el comercio, lo que le permitió arribar a la Isla sin un céntimo y llegar a acumular una no tan pequeña fortuna que compartía generosamente con su familia. El padre que vive en su memoria era un empresario preocupado por el bienestar de los "guajiros" de su finca, a los que les llevó la escuela, el telégrafo y hasta el cine, y a los que les daba crédito para adquirir comida y cubrir otras necesidades, a veces sin tener en cuenta si podían cancelar las deudas pendientes.

De su madre, según alega Juanita de manera muy persuasiva, han dicho también cosas muy duras y falsas que ella siente como una ofensa propia. Lina Ruz no era la sirvienta de la casa que a los 13 años fue víctima de estupro por parte de D. Ángel. Tenía 19 cuando se unieron, y si bien es cierto que D. Ángel, veintiséis años mayor que Doña Lina, estaba legalmente casado con María Luisa Argota, desde mucho tiempo antes la pareja se había separado y ella y sus dos hijos vivían cómodamente en otro pueblo, aunque al amparo económico de su todavía (oficialmente) marido.

Tampoco es cierto que Lina Ruz tuviera un origen "turco" (sus padres provenían de ancestros españoles), que practicara la santería afrocubana —era católica fervorosa—, o que su hijo Raúl fuera el fruto de un adulterio. Los rasgos más notables de la personalidad de Lina eran el humor, la ternura, la solidaridad y la pasión por darles a sus hijos la educación que ella jamás pudo adquirir por haber crecido en el seno de una familia pobre y en un rincón remoto de Cuba. Fue por su insistencia, secundada por su marido, que los siete hijos pudieron acudir a los mejores colegios de Cuba y Fidel graduarse de abogado, abrir un bufete y poseer automóviles nuevos y de lujo cuando tal cosa era poco frecuente entre la juventud cubana.

El segundo objetivo de este libro es trazar el perfil psicológico de sus famosos hermanos Fidel y Raúl. En qué se asemejan (realmente, en casi nada) y en qué y por qué se diferencian abismalmente. En el libro resulta transparente: ella ama a Raúl y rechaza a Fidel. El Raúl de su infancia, su compañero de juegos, era un muchacho atento y bromista, muy cariñoso con sus padres, capaz de sentir empatía por los demás seres humanos. Juanita no niega que, muy joven, Raúl se acercó al comunismo, y tampoco desmiente que ha cometido actos reprobables, pero esa militancia o la dureza con que ha ejercido el mando tras el triunfo de la Revolución, jamás lo apartó de una clara lealtad familiar. Fidel, en cambio, siempre fue egoísta y carecía de sensibilidad ante el dolor ajeno. Cuando Lina Ruz, en 1963, a los cincuenta y siete años, murió en casa de Juanita de un infarto fulminante, Raúl llegó destrozado y pidió que lo dejaran solo con el cadáver de su madre para hablarle y acariciarle tiernamente la cabeza. Poco después, duro e inquisitivo, arribó Fidel dando órdenes, sin permitirse una lágrima. El "Máximo Líder" no podía llorar. Esas despreciables muestras de debilidad no eran propias de los héroes históricos. Juanita rompió con él para siempre en el plano familiar. No le gustaban el líder exterior ni la persona íntima.

De la solidaridad a la oposición militante

En el terreno político, sin embargo, la ruptura había ocurrido mucho antes de la muerte de Lina, ya en 1960, cuando Juanita advierte que sus hermanos han desvirtuado los objetivos originales de la Revolución y junto al Che —personaje al que detesta por su altanería, desaliño y crueldad— se disponen a construir una sociedad comunista calcada del modelo soviético, maniobra que a ella le parece la peor de las traiciones. No era en busca de ese miserable destino de dictadura y calabozo que cientos de cubanos habían muerto durante la lucha contra Batista.

¿Por qué Juanita, en definitiva, decide enfrentarse a sus hermanos? Porque es católica y le parece terrible que Fidel y Raúl se dediquen a estatizar escuelas religiosas como Las Ursulinas que la educaron con tanto amor. Porque cree en la libertad de conciencia y rechaza la intervención de la prensa y la persecución de los adversarios ideológicos. Porque es demócrata y soñaba con un país políticamente plural regido por la Constitución de 1940, como habían prometido sus hermanos en todos los documentos firmados durante la insurrección. Porque, como su padre, sentía el fuego de la persona emprendedora y desde que era una adolescente se había dedicado al comercio y a los negocios y no podía aceptar de buen grado que se erradicara la propiedad privada limpiamente ganada con el sudor de la frente.

Pero había más: desde el minuto inicial de la victoria, Juanita presenció muchos atropellos y trató de corregirlos rescatando inocentes de las cárceles e impidiendo, cuando pudo, algunos fusilamientos de personas que no habían cometido crímenes. Esa actividad fue creciendo en intensidad y frecuencia en la medida en que se multiplicaban los abusos. Como era la más conocida de las hermanas de Fidel, empleó a fondo ese peso simbólico para abrir celdas, transportar perseguidos y ayudar a gentes desvalidas hasta que, de una manera natural, pasó de la simple solidaridad con las víctimas a la oposición militante contra el gobierno.

Fue en ese punto, en el verano de 1961, poco después de la Invasión de Bahía de Cochinos, cuando una amiga, Virginia, esposa de Vasco Leitao Da Cunha, embajador de Brasil en Cuba —y luego canciller de su país—, le hizo una proposición sorprendente. Esta es una de las grandes revelaciones de este libro.

Eran los tiempos de la Guerra fría. La imprudencia sin límites de Fidel y Raúl había metido a Cuba en medio del choque entre Washington y Moscú, lo que estuvo a punto de provocar la destrucción total del país durante la crisis de octubre de 1962. En ese momento resultaba evidente que Fidel y Raúl se habían aliado a la URSS, con el auxilio de la KGB, para implantar el totalitarismo, y nada parecía más razonable que vincularse al gran vecino americano, el único país del planeta que había desarrollado una estrategia de contención frente al espasmo imperial de los comunistas soviéticos, entonces empeñados en dominar al mundo.

El exilio o la cárcel

En 1964 los servicios secretos cubanos habían informado puntualmente a Raúl Castro de muchas de las actividades de su hermana Juanita. Probablemente no sabían todo, pero no ignoraban el constante trasiego de personas y bultos que pasaban por la pensión que Juanita regentaba en La Habana. Raúl era el ministro de Defensa. Fue a verla y, en un tono en el que se alternaban la amenaza y el cariño, le explicó que ese comportamiento tenía que terminar inmediatamente. Juanita comprendió que debía marcharse del país. Era la última advertencia. Estaba a punto de ser apresada. Si Raúl no la había encarcelado, y si luego propició su viaje a México, era porque la quería, pero su afecto fraternal limitaba con su responsabilidad como jefe militar del país. En todo caso, Fidel hubiera actuado de otra forma. Seguramente Fidel no sabía todo lo que Raúl conocía.

Juanita, en efecto, se fue de Cuba, pero con el objeto de continuar luchando. En sus memorias, con mucha justicia, califica de "bombazo" su rueda de prensa en México y su denuncia pública del régimen de Fidel. Evita los adjetivos insultantes, pero no la sustancia: Fidel ha traicionado a la revolución y ha establecido una despreciable tiranía. Los que se le oponen no son batistianos resentidos o burgueses que han perdido sus propiedades, sino estudiantes y campesinos que luchan en las ciudades o en las guerrillas del Escambray como lo habían hecho contra la anterior dictadura. Esa versión de la realidad política cubana, en boca de Juanita, cobraba una legitimidad hasta entonces no conseguida por los adversarios del régimen.

Su enfrentamiento, sin embargo, no la hizo popular entre muchos exiliados que no eran capaces de valorar el enorme sacrificio que significaba para esta mujer romper con su poderosa familia por defender sus ideales. En ellos pesaba más el odio a Fidel y a todos los que lo rodeaban, sin detenerse a pensar que Juanita no había tenido ninguna responsabilidad en los excesos de la dictadura y, por el contrario, había utilizado sus lazos sanguíneos para salvar víctimas y proteger a los demócratas que luchaban por impedir la consolidación del totalitarismo.

Esa amarga incomprensión de parte del exilio no la arredró. Durante años, desde una estación de Nueva York habló por radio hacia Cuba y hacia el mundo denunciando cuanto sucedía en la Isla. Creó una fundación para ayudar a los exiliados recién llegados —siempre fue muy desprendida con su dinero— y hasta contribuyó a financiar la expedición de Vicente Méndez, un heroico capitán que en 1970 desembarcó en Cuba dispuesto a crear un foco guerrillero y murió en uno de los primeros combates.

Dos notas finales

El libro concluye con dos notas muy significativas. Una es una cautelosa llamada al corazón de Raúl --"Muso" le decía familiarmente--, encaminada a recordarle que todavía tiene tiempo para rectificar e iniciar un cambio que ponga fin a esa pesadilla de incompetencia, miseria y opresión en que han sumido a los cubanos. La otra es una lista impresionante de los familiares directos de la familia Castro que han optado por exiliarse. Ella fue la primera en 1964, pero hoy los Castro radicados fuera de Cuba —hijos y nietos de sus hermanos, incluido Fidel--, muy críticos y desengañados, exceden de una docena. En definitiva, su familia, como toda la sociedad cubana, acabó sufriendo las consecuencias terribles de la implantación del comunismo en la Isla.

Nadie ha quedado a salvo del desastre.

Madrid, 16 de septiembre de 2009

UNA DEUDA SALDADA

Maria Antonieta Collins

Conocí a Juanita Castro como muchos que en Miami durante treinta años necesitaron el generoso consejo y la ayuda de su farmacia, Mini-Price. En mi caso, motivada además por una curiosidad humana y periodística de saber de aquella mujer bondadosa, dulce, y fuerte, que esconde todos los sentimientos en ese rostro que si algún día lloró, sólo ella sabe cuando. El pasar de los años junto a gripas y migrañas que requirieron de su ayuda para sanar y mis locas anécdotas —que siempre le hacen reír— me ayudaron a ganar, poco a poco, su confianza.

Todo comenzó una tarde de 1997, acompañando a mi amiga Angélica Artiles a la Mini-Price, cuando nos dimos cuenta de que algo raro le pasaba. Angie, que la conoce antes que yo, como siempre bromeaba con ella:

—"Ay Juanita, por culpa de Fidel tengo que venir a comprar anticonceptivos... este balsero con el que me he casado no quiere usar condones porque no los usaba en Cuba... Y eso ¡también es culpa de Fidel!

Para nuestra sorpresa, Juanita, estaba seria.

—¿Qué le pasa? —preguntamos.

—"Hoy leí el último libro sobre Fidel, y en verdad que es difamatorio e injusto porque habla horrores de gente inocente, como fueron mis padres y mis abuelos que no tuvieron la culpa de nada de lo que ha sucedido en Cuba..."

—Escriba un libro con su historia —propuse.

—No —respondió inmediatamente.

En dos ocasiones subsecuentes obtuve la misma respuesta, hasta que sorpresivamente, dos años después de aquella plática, en mayo de 1999 su voz del otro lado del teléfono simplemente me anunció:

"He decidido escribir mis memorias... comenzamos el próximo lunes."

Y comenzamos.

Durante un año, mi vida giró en torno a la única condición que Juanita impuso: que grabara y transcribiera personalmente en medio de una estricta confidencialidad. En diciembre de 1999 el libro estuvo listo, y al leerlo, la catarsis de su vida fue tan grande que simplemente decidió no publicarlo y guardarlo indefinidamente.

Si como periodista la decisión fue un golpe, como su amiga, lo acepté, y a petición de ella sólo existieron dos copias del manuscrito: la suya y la mía que fueron celosamente guardadas. Durante una década, ocasionalmente lo encontraba, lo hojeaba y lo volvía a guardar con el cariño del primer hijo, porque no sólo fue el primer libro que escribí, sino que tenía el agravante de ser un hijo escondido.

Jamás pensé que, diez años después, las memorias de Juanita Castro iban a darme la gran oportunidad de compartir con ella su gran secreto.

Ese gran y complicado secreto que me dejó sin aliento al conocerlo y sin dormir al narrarlo, a pesar de ser una reportera a quien le encanta contar historias increíbles como ésta.

Así que durante ocho meses de 2009, Juanita y yo nos dedicamos a escribir este libro nuevamente, porque diez años después nada era igual: ni Cuba, ni Fidel, ni Raúl, ni ella ... y además, con el secreto a cuestas.

Sus memorias son, por lo tanto, la radiografía más cercana y fidedigna que alguien pudiera hacer de los suyos de primera mano porque lo vivió: de su madre, de su padre, de los abuelos y de todos los Castro Ruz, incluyendo los famosos y los que decidieron no serlo.

En estas páginas se encuentran los recuerdos de setenta y seis años de una vida pletórica de encuentros y desencuentros. Sin mayor solemnidad, aquí los tiene.

Es la historia que ella nos debía hacía tiempo a usted y a mí... y con este libro, esa deuda está saldada.

Miami, 16 de septiembre de 2009

El despertador sonó temprano, tal y como siempre lo programo cada vez que tengo que salir de viaje y me despierto para prepararme con tiempo, ya que nunca me ha gustado llegar al aeropuerto a las carreras.

Escucho los ruidos de la casa que me son tan familiares... Francisca Tejeiro Fraga, la española que me ha cocinado por años está preparándome el desayuno ligero y muy cubano que tanto me gusta: café con leche y tostadas.

Vilma, la muchacha que cuidaba a mi mamá y que está al cargo de la casa, viene y toca mi puerta.

—Juanita, llegó Tito Rodríguez, no sabía que también él iba contigo. ¿Quieres que el chofer y él vayan metiendo las maletas en el auto?

Le digo que sí y la escucho darles instrucciones.

Termino de vestirme y repaso mentalmente mi habitación. El juego de cuarto, los detalles: todo está impecable y en su sitio.

Salgo al comedor, saludo a Jesús Lavandera, mi chofer por tantos años, quien entra y sale de la casa cargando cosas y refunfuñando.

—Un viaje más a México, pero como siempre, ¡con tantas maletas como María Félix!

—No te quejes Jesús, que de esas once, sabes bien que sólo un par son mías; las demás, para variar, son de gente que me pide que le lleve cosas; pero deja de hablar boberías que nos puede escuchar Vilma.

Me refiero a Vilma, la muchacha del servicio en casa y quien es una revolucionaria de hueso colorado, ¡y vaya que lo es! Fidel es su Dios por encima de todo. La verdad que le he tenido que aguantar sus cosas porque siempre se ocupó de mi mamá como nadie, y eso me hizo cuidarme del peligro que pudiera significar un descuido para mis actividades.

Termino de desayunar. Francisca le deja a Vilma unos cuantos platos para lavar, ya que se va conmigo al viaje. Tito se toma un respiro y se sienta conmigo a la mesa.

—No parece que te hayas desvelado como lo hicimos anoche —me recuerda—, estamos listos y a la hora que quieras partimos. Francisca, Jesús y yo te esperamos en el auto. Juanita, ahora que nadie nos oye... ¿Tú crees que tardemos más de seis meses en volver?

No le respondo. Voy a mi cuarto a recoger mi bolso y cotejo mis documentos: el pasaporte, la visa mexicana, los boletos. Todo está en orden y salgo a la sala.

Me detengo un momento para repasar mentalmente aquella estancia, comenzando por las fotos, esa gran cantidad que exhibo en marcos por todas partes.

Fotos de mis abuelitos, fotos mías, fotos de las bodas de mis hermanos. Están todas: las de Fidel, Raúl, Ramón, Angelita, Enma y Agustina. Fotos de mi mamá y de mi papá en cada rincón visible de mi casa. Son tantas porque siempre me ha gustado rodearme de ellas, ya que al verlas me siento acompañada. Siempre he sido la envidia de mis hermanos porque nadie de ellos tiene fotos como éstas, ya que la mayoría me las dio mi mamá. No resisto el impulso y a último minuto tomo una de Raúl cuando niño montando un cañón, y otra de mi mamá en la graduación de Fidel. Les quito los marcos y escondo estos en un cajón del mueble del comedor; las fotos las guardo en mi bolso.

Aunque dejo muchas visibles, guardé en el clóset de mi habitación una gran cantidad junto con películas de la familia.

Mi vista se topa entonces con el calendario de hojas desprendibles que marca la fecha:

19 de junio de 1964. Quiero arrancar el papel para guardarlo pero decido que no.

Todo tiene que quedarse como está para no levantar sospecha alguna.

Antes de que me ataque la tristeza, salgo a la calle. Al pie del auto me despido de Vilma.

—Estate pendiente del teléfono y anota los mensajes. Yo te llamaré a menudo desde casa de Enma.

Entro al vehículo y pido a Jesús partir rápidamente y siento cómo la velocidad hace que mi casa del reparto Miramar en La Habana vaya quedando atrás.

En realidad lo que estoy haciendo no es un viaje más... sino marchándome de Cuba para siempre.

De pronto me doy cuenta de algo: que me he adelantado mucho en tiempo porque estoy en la década de los sesenta, y como todas las memorias, ésta tiene que comenzar muchos años antes.

I.

NUEVAMENTE EN CASA

Sentada en aquel tren mientras por ratos veía cómo quedaban atrás los troncos de las vías, mi mente voló a las tantas veces —en realidad nunca supe cuántas— que mi mamá y yo hicimos juntas el mismo viaje de La Habana al Central Marcané para llegar a nuestra casa de Birán. Eran siempre viajes de ida y vuelta, aunque aquel 6 de agosto de 1963 la jornada era totalmente diferente.

Meses antes, Lina Ruz, mi madre, quien sólo tenía cincuenta y siete años de edad, había sufrido un infarto que le había recluido un buen tiempo en el hospital. Siempre pensé que su salud se dañó a tan temprana edad por haber tenido que trabajar desde jovencita en el campo. No sólo fue madre de siete hijos y atendía la casa, sino que hacía todo sin descanso, a pesar de que durante muchísimos años padeció de problemas circulatorios muy graves. Tenía unas venas varicosas terribles que la martirizaban; cualquier golpecito que se diera de inmediato le producía una úlcera, incluso la operaron varias veces para remediar el problema, pero a pesar de todo, los médicos nunca pudieron detener el avance de aquella dolencia.

Por los problemas de circulación sanguínea, ese mismo viaje en tren que duraba más de diez horas —sobre todo en sus últimos años— lo hacía comprando dos asientos, el suyo y el de enfrente, para poder descansar las piernas y evitar que se le hincharan y le provocaran más problemas. Sin importar cómo se sintiera, en cada uno de sus viajes mi mamá traía todas las cosas que nos gustaban a sus hijos; así, cada vez que venía de la finca a mi casa de La Habana —que para ella era su casa—, siempre llegaba cargada de carne, quesos y todo aquello que ella misma hacía y que nosotros disfrutábamos comiendo desde niños.

Pero aquel 6 de agosto de 1963 todo era distinto porque no iba en dos asientos acompañada de alguien, como lo solía hacer, sino que mi madre descansaba en un saloncito, y el tren entero estaba a su disposición. Esta vez los que íbamos con ella éramos muchos: mi hermano Raúl y su mujer Vilma Espín; Angelita, mi hermana mayor, y yo. Agustina, la menor, no pudo ir porque estaba a punto de dar a luz, mientras que Ramón y su esposa Sully estaban en su casa del Central Marcané con todo listo, esperándola.

El tren en realidad estaba abarrotado de gente y los vagones se dividían con varias categorías de pasajeros, que en esta ocasión no tenía que ver con el dinero pagado por el boleto, sino con algo más fuerte. Estaban los que eran amigos de verdad, estaban también los que hacían el viaje por compromiso y estábamos todos los que formábamos parte... de su cortejo fúnebre.

Para mi gran desconsuelo, mi madre había muerto repentinamente en mi casa, apenas unas horas antes, pero todo había sido tan rápido que no tuvimos tiempo de nada.

Yo vivía en la zona de Miramar, pero tenía un negocio de casa de huéspedes en J 406, en el reparto del Vedado. Si bien daba albergue a estudiantes en aquella casa, eso era sólo una fachada porque en realidad era el refugio de muchos que llegaban, o bien buscando esconderse o esperando la salida de Cuba al exilio.

Aquella tarde la había pasado haciendo diligencias en la calle acompañada de Tito Rodríguez, uno de los huéspedes que siempre me ayudaba. En el camino de un lado hacia otro, me detuve un momento en mi casa para ver a mi mamá, quien estaba delicada de salud ese día, y me encontré con mi hermana Agustina que había ido a visitarla.

—Estoy bien —me dijo tranquila—. No te preocupes que bastantes cosas tienes encima, además, aquí estoy conversando con Agustinita de lo más contenta, así que haz tus cosas en paz y nos vemos a la noche.

—No te preocupes, yo me quedo aquí con ella todo el tiempo que sea necesario —dijo mi hermana.

De cualquier manera mi mamá no se quedaba sola porque siempre la acompañaba Vilma, la muchacha de servicio que se encargaba de ella cuando venía a La Habana. Seguí de largo al Vedado, y apenas había llegado a J 406 cuando Agustina me llamó sobresaltada.

—Juanita, ¡ven para acá enseguida que mami se ha puesto mala!

—¡Busca a la doctora Kouri! —alcancé a decirle en lo que yo salía desesperada hacia el Vedado.

—¡Por favor, llamen a Raúl a este número! —pedí a una de las huéspedes—. ¡Díganle que mi mamá está muy mala! ¡Que se vaya para mi casa!

Al llegar, mi mamá me dijo:

—Me dio un dolor muy fuerte en el pecho, y luego me dio otro... estoy muy mal, Juanita, me estoy muriendo, hija... háblale a mi Musito.

—Yo llamo a Raúl, pero no tengas miedo, vieja, no te va a pasar nada.

La doctora Ada Kouri, cardióloga y mujer de Raúl Roa —en ese entonces ministro de Relaciones Exteriores—, vecina a sólo dos puertas y quien ya la estaba atendiendo, me dio una receta con la que salí como loca a surtir a la farmacia más cercana, y en minutos regresé sólo para ver que ya estaba moribunda.

—Voy a inyectarla directo al corazón —me dijo la doctora Kouri—. Le ha dado otro infarto más y perdió el conocimiento.

La doctora hizo todo lo que pudo...

—Lo siento mucho. No hay nada más que hacer por ella. El infarto fue masivo y no lo pudo resistir. Lina ha muerto.

No podía creer lo que estaba viviendo, estaba delicada de salud, pero nunca pensé que esto pudiera pasar así, en un minuto.

Mi mamá murió conmigo, en mi casa, como si hubiera escogido ese momento para que yo sintiera que ella estaría siempre conmigo, porque en realidad a ella y a mí toda la vida nos unió un sentimiento muy especial: de ella aprendí a trabajar fuerte, sin descanso, y sobre todo a ver lo positivo donde otros nunca lo encuentran; y aunque de los hijos varones Raúl siempre fue su preferido, y de las mujeres, Agustina, por haber sido "la hija de la vejez", sin embargo, de los siete hijos yo era su compañera a diario, con la que siempre anduvo para todas partes.

Desolada y desesperada, no podía asimilar que de pronto tenía a mi madre ahí, muerta, tendida en su cama. La llegada de Raúl cortó mis pensamientos. Como siempre cuando de mi mamá se trataba, llegó de inmediato. Llorando nos abrazamos.

—¿Por qué, Juanita? ¿Por qué tuvo que irse?

No pude responderle nada.

—Déjame estar a solas con mi mamá —me pidió—. Por favor, quiero estar con ella...

Cumplí su petición y salí de la habitación. Me quedé en el pasillo donde escuchaba como le hablaba.

—Viejita, tú sabes que siempre te quise mucho, tú sabes que nada de lo que tú me pediste te lo negué. ¿Qué voy a hacer sin ti?

En varias ocasiones intenté acercarme para decirle que habían llegado Angelita, mi hermana mayor, y mi tía María Julia, una de las hermanas de mi mamá, pero no pude hacerlo porque Raúl no quería despegarse de ella.

—Descansa, mamá, que lo mereces, vieja, va a ser muy duro saber que ya no podré verte más.

Me partió el corazón verlo así, acariciándola y hablándole sin importarle nada. El contraste que tendría este momento con la actitud que tomó Fidel ante la muerte de nuestra madre, sería abismal.

No era un secreto para nadie en Cuba que en ese agosto de 1963 mi relación con Fidel estaba prácticamente terminada. Y tampoco era un secreto que eso era porque poco después del triunfo de la revolución yo me había dedicado a sacar a gente de la cárcel y a ayudar a los que se querían ir. A causa de esto, en más de una ocasión lo enfrenté abiertamente, y eso terminó por derrumbar nuestra relación.

Mis pensamientos fueron cortados por el ruido familiar de puertas de autos que se abrían y cerraban rápidamente, así como de pasos que entraban a mi casa: Fidel había llegado acompañado de su séquito y, como de costumbre, de inmediato me interrogó sobre lo que había pasado. Le expliqué todo.

—Esta misma noche nos vamos a llevar a mi mamá para sepultarla junto al viejo. Ya ordené que tengan listo un tren para hacer el traslado.

Fidel tenía razón porque había que cumplir su deseo más grande, el que ella siempre nos repetía: "Cuando muera, yo tengo que estar en Birán junto a su padre, ¡en ningún otro sitio más!".

Fidel le pidió a Raúl que se hiciera cargo de los trámites oficiales, mientras Angelita, Agustina, mi tía María Julia y yo escuchábamos los detalles sobre lo que él ya había decidido serían los próximos pasos.

—Vamos a velarla en casa de Ramón en el Central Marcané, así que ahora mismo nos vamos.

Con esa premura con la que Fidel había decidido todo sin consultarme, había algo en lo que él no había pensado, que me preocupaba: Enma, mi otra hermana que estaba en México.

—Hay que esperar a que Enma llegue, Fidel. Está desesperada porque no hay vuelos que la traigan de inmediato a La Habana, de otra forma no va a llegar al funeral.

Éste fue "mi encuentro del día" con Fidel mientras yo trataba de explicarle mi preocupación.

—Ha buscado ayuda y nadie se la ha podido dar, incluso habló con el ex presidente Lázaro Cárdenas, y éste le dijo que la única posibilidad sería que tú enviaras un avión de la Fuerza Aérea Cubana por ella...

—¡No! ¡De ninguna manera! —me respondió inmediatamente—. ¡Por nadie hago concesiones burguesas porque ésta es una época de gran austeridad de la revolución!

Enfurecida le respondí, sin importar quién me escuchara:

—Si fuera un ruso o cualquier otro que a ti te interesara, seguramente lo harías, pero no mueves un dedo por tu hermana ¡que quiere llegar a estar con su madre que ha muerto!

El séquito alrededor nada más observaba la escena, especialmente porque a Fidel no hay quien se le enfrente, y ahí estaba yo haciéndolo delante de todos. Indignada, dejé a toda aquella gente que inundaba mi casa alrededor de mi hermano y me metí en mi cuarto. Al poco rato entró Fidel a tratar de suavizar la situación entre nosotros y cedí, pero no hizo nada para que Enma fuera a Cuba al sepelio.

Nunca imaginé que aquel 6 de agosto de 1963, el día de la muerte de mi madre, marcaría el final de mi relación con mi hermano.

—¡Compañeros, vamos a sacar el féretro y dirigirnos a la estación del tren!

De pronto, con una sola orden de Fidel todo sucedió como si por ahí hubiera pasado un huracán. En sólo minutos el séquito sacó el féretro y todos comenzaron a correr hacia la estación central. No sé cómo hice para llegar a la plataforma entre aquel gentío y meterme en el vagón principal a organizar las cosas, pero lo logré.

—El ataúd no cabe por la puerta del tren —me decía Tito Rodríguez—, están rompiendo una ventana para meterlo directo al saloncito.

Finalmente, luego de mil esfuerzos pudieron colocar el ataúd en aquel saloncito que durante casi un día, lo que duró el trayecto, fue su capilla velatoria.

En un principio yo creí que Fidel, Raúl, Angelita y yo nos iríamos hasta Birán, pero me equivoqué: aunque Fidel subió al tren y supervisó los detalles del traslado del cuerpo de mi mamá; minutos antes de que el tren partiera, sorpresivamente se bajó.

—Fidel se irá en avión hasta Holguín y de ahí al Central Marcané, donde nos va a esperar —me informó Raúl—. Yo me quedo contigo y Angelita atendiendo a todos los que nos acompañan.

Entre los que nos "acompañaban" estaban todas mis amistades conocidas por ser opositoras del régimen. Ana Ely Esteva, una de las más aguerridas y quien conocía a Raúl, estaba impresionada. Ana Ely ha sido una luchadora incansable y una valiente mujer, primero a favor de la revolución y después luchando en contra, arriesgando su vida en misiones peligrosas y difíciles.

—¡Que diferencia entre los dos hermanos! —me dijo Ana Ely—. Fidel nos vio a todos nosotros con cara de pocos amigos y ni nos saludó, en cambio Raúl, a pesar de saber que estamos en contra de ellos, vino muy amable y a cada uno nos agradeció por venir.

Que Fidel actuara así y que se hubiera ido aparte no era nuevo para mí, como tampoco lo era que Raúl no quisiera despegarse del cuerpo de su madre hasta el último momento que pudo acompañarla. Eso siempre lo supe por una sencilla razón: a Raúl siempre le importó la familia; en cambio, para Fidel la familia no era una prioridad.

En el camino, el tren se detuvo en varios pueblos, entre ellos el poblado de Vertientes, en Camagüey, donde recogimos a mi tía Belita, la hermana menor de mi mamá. Al igual que en Vertientes, por todos los pequeños poblados del trayecto que recorría el tren central hubo gente en las estaciones para darnos el pésame. Finalmente llegamos al Central Marcané en la tarde del 7 de agosto.

Aquello era un revuelo y pocos creían que la noticia era cierta: que Lina, la misma que los ayudaba, curaba y había luchado a brazo partido para que a la muerte de mi papá aquello siguiera dando empleo a cientos, esa misma Lina a la que querían tanto, se hubiera muerto.

La multitud que abarrotaba la estación del ferrocarril quería escoltarla, y en hombros llevaron su féretro hasta la casa de Ramón. Fidel, que nos esperaba en la plataforma del tren, encabezó el cortejo.

Algunas imágenes que siguieron me provocaron rabia. La casa de Ramón, por ejemplo, estaba convertida en un hervidero de policías, milicianos y ametralladoras colocadas en la azotea. Por todas partes estaba la seguridad de Fidel que había dispuesto que la gente que esperaba respetuosamente, lo hiciera, sí, pero formados en una larguísima fila y que además entraran sólo un instante por la sala y salieran rápidamente por la otra puerta, para que el velatorio no durara más de un par de horas.

Mis tíos Enrique y Alejandro, los hermanos de mi mamá —gente muy humilde—, no podían entrar porque no los reconocían, hasta que alguien fue a franquearles la entrada.

En fin, también adentro de la sala de la casa de Ramón, por segunda vez, presencié conmovedoras escenas ante el féretro de un miembro de mi familia. La primera había sido siete años antes cuando murió mi papá y los guajiros lloraban por él, y ahora mientras observaba todo lo que pasaba ante el cadáver de mi madre. No hay forma de que mientras yo viva pueda olvidar cómo aquellas mujeres humildes se le acercaban, le dejaban flores y le murmuraban:

—Descansa en paz Lina, ya no vas a sufrir más.

—Lina, al fin descansaste, se acabó tu pesadilla.

Mi cabeza daba vueltas. No había pasado un día desde la muerte de mi madre y ahí estábamos para sepultarla, pero no hubo tiempo para dar rienda suelta al dolor, porque lo que sucedía al margen era imposible de ignorar.

Por un instante parecía que estaba viendo una película de exorcismo porque cuando llegó el sacerdote, amigo de la familia, a quien mi mamá ayudaba en todo lo que le pidiera para sus obras de caridad, de inmediato se dispuso a rezarle:

—Les pido a todos que repitan conmigo: En el nombre del Padre, del Hijo y del Espíritu Santo...

¡Aquello fue como si el diablo hubiera visto un crucifijo! Fidel y todos salieron corriendo de la sala y nos quedamos unos cuantos rezando, únicamente los más allegados.

Y todavía me quedaba más por ver.

De la misma forma que en La Habana se armó de pronto el remolino y sacaron el cuerpo de mi mamá de mi casa, también de pronto ahí en casa de Ramón, vino otro remolino dirigido por Fidel, quien sólo esperó a que finalizara el rezo del sacerdote.

—Terminó el velorio compañeros —informó a todos—. Vámonos directamente al cementerio.

El séquito volvió a sacar rápidamente el ataúd para ir a enterrarla, mientras caía la tarde.

Me quedé sentada en la sala de la casa de Ramón decidida a no ir, aunque el cementerio estaba a la vista y podía ver lo que estaba pasando. Fue Tito Rodríguez quien me hizo recapacitar:

—Vamos, Juanita, que esto es una sola vez en la vida y es el último trago amargo que tienes que beber por la muerte de Lina.

Se me juntaban al mismo tiempo la pérdida de mi madre, una pérdida tan grande que la sigo sintiendo hasta el día de hoy, y el enojo por la negativa de Fidel para ayudar a Enma a que llegara al sepelio. Eso fue tan injusto. La petición no era ningún sacrificio extraordinario; además, si me hubiera dado alguna razón más humana, quizá, pero esa cosa de "la burguesía, la revolución", eso yo no lo entendí.

Finalmente, Tito me convenció y salimos corriendo al cementerio, pero la seguridad de Fidel había colocado los autos de la comitiva en círculo, cerrando el paso a cualquiera. Sin pensar en las consecuencias funestas que pude haber tenido, comencé a brincarlos, esquivándolos para entrar. Todavía recuerdo la cara de uno de los milicianos de guardia, quien me salió al paso encañonándome y a quien empujé tan decidida que al final no hizo el menor intento en detenernos, y entramos.

Cuando el entierro terminó, Raúl y su esposa Vilma se fueron de inmediato para Santiago de Cuba; Raúl estaba devastado. Mientras, Fidel desapareció en medio de una muchedumbre y yo me quedé ahí un rato, aún sacudida por todos los acontecimientos. Fidel se había ido directo a Manacas, nuestra finca, la que fue nuestra casa, porque había dispuesto celebrar un acto político para crear, en el mismo día del sepelio de su madre, la Cooperativa Agrícola 6 de agosto, en memoria de su muerte.

Yo ya no pude más.

Tito, Ana Ely Esteva y yo nos regresamos de inmediato a La Habana. Mientras me alejaba de Birán, me acompañaba un presentimiento, un terrible presentimiento de que habían comenzado los tiempos de dolor y separación en mi vida. Sin mi madre, mi suerte estaba en el aire y yo sabía muy bien que mi única posibilidad sería el exilio, este largo exilio de más de cuarenta y cinco amargos años que vivimos más de un millón de cubanos, y la soledad sin los míos —la mayoría de ellos obligados a borrarme de sus recuerdos.

Sólo me quedaba el consuelo de que mi madre finalmente estaba descansando para siempre junto a mis abuelos Francisco y Dominga, a quienes tanto amó y que tanto la amaron, y que reposaría eternamente junto a Ángel Castro, el único hombre de toda su vida. A fin de cuentas, como ella quiso, se quedaría para siempre en la tierra donde toda esta historia comenzó, por lo tanto, estaba ya... de vuelta a casa.

2.

NUESTRAS RAÍCES

Jamás Pinar del Río, Cuba, y Estambul, Turquía, podrían haberse unido geográficamente, si no fuera por el odio de todas las historias que se han creado alrededor de nuestros orígenes, en especial en lo que toca a Francisco Ruz Vázquez, mi abuelo materno. Una de esas tantas mentes novelescas decidió crear un cuento de *Las mil y una noches* y, para darle más realismo, lo situó en Turquía, convirtiendo a mi abuelo, el protagonista de su cuento, en "turco" —como si ser turco fuera algo malo. Luego, sólo quedaba vestirlo como un personaje malvado; para eso inventaron que desde niño se dedicaba a robar a todo el que se le acercara, sin siquiera perdonar a los ciegos. ¡Mi pobre abuelo, que con su carreta transportaba mercancías y difícilmente había conocido La Habana! Un hombre cuya vida comenzó y terminó en Cuba de la forma más humilde y sencilla. Una persona que, en realidad había nacido en Pinar del Río, Cuba, del matrimonio español Francisco Ruz y Rafaela Vázquez —él, natural de Cádiz, ella de Las Canarias. Como se puede ver, no existe la mínima relación con Turquía.

Mi abuelo Francisco, quien se dedicaba al transporte de todo tipo de carga, con los años conoció a Dominga González, nacida en San Juan y Martínez, provincia de Pinar del Río, en 1870. Dominga, muy católica, era hija de Domingo

González, un español de Asturias, y de Isabel Ramos, cubana de Pinar del Río. Francisco y Dominga, luego de un breve noviazgo, se casaron por la Iglesia católica en 1899, en el mismo poblado de San Juan y Martínez. Tuvieron siete hijos: cinco mujeres y dos hombres. Panchita; Antonia, que murió de parto; Lina, mi madre; María Julia; Alejandro; Enrique; y Agustina Isabel, conocida cariñosamente entre nosotros como la tía Belita.

La historia de la familia de mi mamá fue una de peregrinaje debido a las inclemencias del tiempo. Primero, un huracán destruyó Pinar del Río a principios de 1900, lo que les hizo emigrar de Guanes, donde vivían, hasta Camagüey, donde se establecieron durante varios años. La tía Belita nos contaba que mis abuelitos Francisco y Dominga, con un dinero que ahorraron, pudieron comprar un terreno y ahí se establecieron. En Camagüey nacieron María Julia, Enrique, Alejandro y ella, pero el clima era tan malo —totalmente selvático— que algunos de mis tíos enfermaron de paludismo, lo que alarmó a mis abuelos, que además no estaban del todo a gusto en el lugar, y así decidieron irse a buscar un mejor sitio para la familia. Vendieron lo que tenían y se asentaron en Oriente, en el poblado de Birán.

Yo recuerdo a mi abuelito Francisco como un hombre muy exigente en su trabajo; sabía mucho de las labores del campo y de criar y manejar ganado. Esto último fue lo que hizo que Ángel Castro, mi padre, un día llegara a ofrecerle trabajo.

—Ángel era capataz de una cuadrilla de la United Fruit Company —decía mi tía Belita— y estaba buscando peones para trabajar en Guaro, uno de los centros de operaciones de la United. Necesitaba gente competente para garantizar que las plantaciones cañeras, la zafra y el ganado aumentaran, así fue que le recomendaron a Francisco Ruz, mi abuelo, como el mejor candidato para el puesto.

Al conocerse, de inmediato los dos hombres estaban de acuerdo en las cosas del trabajo y mi abuelito obtuvo el empleo. Así de sencilla fue la forma en que se entabló la relación entre quienes serían con el tiempo, suegro y yerno.

Pero volviendo a mis abuelos, aunque a la familia Ruz González y sus siete hijos no les faltó nada, su vida fue humilde y sencilla. Vivían en una casa de madera con los muebles necesarios y con el terreno suficiente para criar a sus animales. Los hijos varones se incorporaban, como podían, a las labores agrícolas y las mujeres a las tareas de la casa. Así, mi mamá y sus hermanos crecieron en un ambiente de mucho trabajo y una moral rígida. Mi abuelita Dominga, en aquellas tardes en que se reunía con los nietos, nos contaba:

—Fuimos pobres, pero si de algo estamos orgullosos su abuelo y yo, es de lo que inculcamos a nuestros hijos: que siempre tuvieran un gran respeto por todo y por todos. Ése es nuestro mayor triunfo como padres.

Francisco Ruz y Dominga González criaron a sus hijos en la fe católica simplemente porque los dos eran católicos practicantes. Si mi abuelita hubiera sabido de las calumnias de las que ha sido víctima —como que la llaman hechicera carabalí y digan que por eso vestía "ropas congas"—, ¡volvería a morirse nuevamente! Jamás aquella bondadosa mujer fue bruja, ni santera, ni vestía ropas "congas", ni jamás supo lo que era el vudú. La recuerdo siempre como una mujer muy católica; ésa fue la única religión que practicó porque nació, vivió y murió así. Además, así se vivía en esa época, no era un tiempo de opciones para escoger, ni mucho menos de ser una cosa y actuar como otra.

La vida con la que mis abuelitos pudieron criar a sus hijos, entre ellos a mi madre, fue de poca educación escolar. Sólo había pequeñas aulas rurales donde no se enseñaba mucho, por lo que mi mamá siempre quiso saber y prepararse más. De las cosas que más le admiraba a mi mamá y que más me impresionaban de ella era que lejos de cobijarse en la excusa de "Yo no tuve oportunidad de ir a ninguna escuela", por el contrario, aprendió todo de forma autodidacta, con un gran deseo por aprender. Con los años, ese deseo de aprender fue el que la hizo enviarnos a todos a las mejores escuelas de Cuba —que por supuesto no se encontraban en Birán—, esto a costa de su gran sacrificio como madre al no tenernos cerca todo el tiempo, aunque se la pasaba visitando a unos y a otros.

Éste fue el humilde origen de Lina Ruz González, mi madre.

Ángel Castro Argiz, mi padre, era español, gallego de San Pedro de Láncara, provincia de Lugo, en Galicia, donde nació el 4 de diciembre de 1875.

Siento mucho decepcionar a los historiadores de bolsillo y a los sicólogos instantáneos que han gastado inútilmente el tiempo queriendo explicar, sabe Dios cuántas cosas de Fidel y de Raúl, mis hermanos, tratando de hallar la conexión con el origen y la llegada de mi padre a Cuba.

Mi papá llegó a Cuba en 1899 como un tipo especial de soldado español durante la guerra de Independencia. Era lo que se llamaba "tercio". Este tipo de soldado en España se puso de moda porque eran parte de un trueque muy especial: cuando los hijos de familias ricas querían escapar de los conflictos y por tanto no querían ir a guerras, buscaban a "un tercio" para que los reemplazara. Así de sencilla es la verdadera historia de la llegada de Ángel Castro a Cuba.

Por boca de la familia y de los documentos, siempre supimos que llegó a Cuba en diciembre de 1899 a bordo del vapor francés *Mabane*, y una vez que hubo desembarcado, se quedó para siempre en Cuba.

Fidel dice lo contrario, pero por lo menos Enma, Agustina y yo coincidimos en que nuestro padre no volvió nunca más a España. Él nos contaba que al finalizar la guerra, se fue a vivir primero en Camajuaní, después a Cayo Romano donde se encontró con un tío con quien se quedó a vivir en Santa Clara, provincia de Las Villas, en casa de un hombre que fabricaba tejas. Tiempo después, ya no quería vivir con el tío y se fue de pueblito en pueblito a buscar fortuna. Estuvo en Ponupo y también en el Central Preston, localizado en el poblado de Guaro, y después en Birán. Así es como él llega a Oriente y desde ahí comienza a ayudar a su familia en Galicia, entre ellos a su adorada hermana Juana —a mí me dieron ese nombre en su honor.

Durante sus correrías de juventud, mi papá, un hombre bien parecido y con un futuro económico sólido, había conocido en Santiago de Cuba a María Luisa Argota Reyes con quien tuvo cinco hijos, tres murieron de niños y dos sobrevivieron: Pedro Emilio y Lidia Castro Argota. Luego de varios años de convivencia conyugal, en 1911 mi papá se casa con María Luisa Argota, pero era un matrimonio marcado por la indiferencia. Aunque se ha dicho que María Luisa era maestra, en realidad no lo era, ni siquiera trabajó en una escuela. Tan es así, que siempre nos llamaba la atención que Lidia nos dijera que su mamá para castigarlos por algo que hubieran hecho, no los dejaba ir a la escuela. Yo no creo que ésta fuera la forma de proceder de alguien que hubiese sido maestra, sino todo lo contrario.

Mientras tanto, mi papá había comenzado a vivir con prosperidad debido a su intuición en los negocios y a que trabajaba sin descanso. Al mismo tiempo que laboraba con la United Fruit Company, en forma particular criaba gallos jerezanos de pelea, lo que le comenzó a generar buen dinero. Las ganancias de aquel negocio las invirtió comprando terrenos en Birán, pero ahí siempre vivió solo, mientras María Luisa y sus dos hijos lo hacían en una muy buena casa que tenían en Mayarí. ¿Por qué? Porque a María Luisa no le gustaba el campo, ni mucho menos tener que convivir con los guajiros. La misma Lidia Castro Argota un día, ya mayores, nos contó que en un pleito que había tenido con su madre le había recriminado que hubiera dejado a mi papá y no fuera a vivir al campo junto a él. Lidia dijo que la respuesta de su madre fue clara:

—¿Vivir en el campo? ¿Yo? ¡No hombre! En el campo sólo viven los pájaros y otros animales. Si eso es lo que Ángel quiso, problema de él.

Físicamente separado de su mujer, prácticamente nunca la veía, pero sí la mantenía con todas las comodidades en la localidad de Mayarí. Un día mi padre, gracias a su relación con mi abuelito Francisco, fue a buscarlo a la casa de los Ruz González, y es ahí que conoce a mi mamá. De inmediato quedó enamorado, esto, de acuerdo a mi tía María Julia, testigo de aquel encuentro.

En innumerables ocasiones, los biógrafos han afirmado que mi mamá era una sirvienta que trabajaba en la casa de Ángel Castro y que ahí habían comenzado los amores entre ellos. Falso. Se conocieron en la casa de sus padres y, si mi madre hubiera sido sirvienta, yo no lo negaría porque ser sirvienta no es ninguna vergüenza, es un trabajo decente.

Volviendo a los recuerdos de mi tía María Julia:

—Ángel se enamora perdidamente de Lina y comienza a frecuentar la casa. Era un hombre muy respetuoso que siempre tomó en cuenta a mi padre en el noviazgo con mi hermana. Sin embargo, para Francisco Ruz, un hombre serio y recto, la situación que se le presentaba en su familia era muy difícil de aceptar: Ángel era un hombre, que aunque todo el mundo en Birán supiera que estaba separado de su mujer, no estaba divorciado, y eso era algo inaceptable para mis padres. Pero el amor entre ellos dos fue más fuerte que todo, y así es que Lina, enamorada de Ángel, tomó el gran paso, poco después de haber cumplido los diecinueve años, y decidió irse a vivir con el amor de su vida. Ángel, por su parte, estaba igual de enamorado, y como era un hombre responsable, habló con mis padres y les explicó que se divorciaría legalmente de María Luisa para que se consumara la separación, que había comenzado cinco años antes de conocer a mi hermana. Aunque el divorcio era algo difícil de lograr, les dio su palabra de que lo haría porque él amaba a Lina y no quería vivir fuera del matrimonio con ella. A mis padres no les quedó más que aceptar aquella promesa de un hombre cabal. Luego el tiempo los fue convenciendo de que Ángel en verdad había establecido un compromiso verdadero con Lina, a quien protegía y respetaba como su legítima esposa.

Por estos recuerdos de mi tía María Julia es que sabemos que a los diecinueve años, y no a los trece, mi mamá dejó la casa paterna para comenzar su propia familia junto a Ángel Castro Arguiz, y entonces comenzaron a nacer los hijos. Queda claro que mi papá nunca ocultó a mi madre, ni ocultó la relación que había surgido entre ellos, ni nos ocultó a ninguno de nosotros —que éramos su tesoro—; ni nacimos, ni crecimos en ningún otro sitio que no fuera junto a él en nuestra casa de Manacas.

¿Vivieron fuera de matrimonio un tiempo? Sí, pero con un gran amor entre ellos que hizo que terminara totalmente la relación inexistente que tenía con su primera esposa, y que diera a mi madre, que era la que a brazo partido trabajaba junto a él en la finca, el lugar que le correspondía.

Ha sido artero ensañarse con la memoria de mis abuelos y de mis padres que no pueden defenderse, pero quiero aclarar de una vez por todas lo siguiente: mi abuelita Dominga, buenísima persona, que siempre vivió junto a nosotros, jamás vendió por hambre el honor de mi madre; ni mi papá abusó de mi mamá porque fuera una niña, ya que a los diecinueve años de edad, que yo sepa, la niñez hace tiempo que dio paso a la adolescencia. Había diferencia de edades entre ellos porque mi padre le doblaba la edad, cierto, pero esto no es ni malo, ni condenable. A fin de cuentas, mi mamá no era ni la primera ni la única en casarse con un hombre mayor.

Ángel Castro y Lina Ruz vivieron juntos toda su vida. Juntos vieron nacer a sus hijos y nietos, juntos envejecieron y sólo la muerte los separó.

3.

LINA Y ÁNGEL

Cuando pienso en mi mamá, la recuerdo como lo hacen quienes en realidad la conocieron: como una mujer con tres grandes cualidades que todos le reconocían. Era una mujer que trabajaba de sol a sol, una mujer en quien se podía confiar ciegamente porque nunca contaba los secretos que se le confiaran y poseía un extraordinario sentido del humor.

Como persona inteligente que era, Lina Ruz se reía de todo, comenzando por ella misma; así es que en sus últimos años, cuando el fracaso de la revolución era evidente y a diario le llovían las quejas, ella que ya estaba muy enferma, nunca perdía el humor, y cuando alguien le preguntaba "¿Lina, cómo está?", siempre respondía: "¿Cómo quieren que esté? ¡Si todo el mundo se caga en la madre de Fidel!".

Su risa era contagiosa y no tenía límites. Le gustaba que le contaran chistes, sabía muchos, le gustaba contarlos y también inventarlos, pero su vida no había sido fácil.

De los cincuenta y siete años que vivió, quince los pasó embarazada y dando a luz a sus siete hijos: Angelita, la mayor, que nació el 2 de abril de 1923; un año después, el 30 de septiembre de 1924, llegó Ramón; Fidel nació dos años más tarde, el 13 de agosto de 1926. Parecía que la familia sería sólo de tres hijos, pero cuando Fidel tenía cinco años de edad, mi mamá comenzó a tener más hijos: Raúl nació el 3 de junio de 1931; yo, el 6 de mayo de 1933; Enma, el 2 de enero de 1935; y finalmente Agustina, "la hija de la vejez", el 28 de agosto de 1938.

A pesar de tener una figura menudita, físicamente mi mamá era un roble de fuerte, y con esa fuerza nos dio un ejemplo de vida que era muy suyo y que todos alabábamos. Todo lo que se empeñaba en lograr lo hacía bien. No sólo era esposa y madre de siete hijos, era también la administradora de los negocios. Lo mismo fungía como veterinaria de la finca que como enfermera —algo por lo que era famosa— y, bromeando, mi papá siempre decía que si alguien ganaba fácilmente el sueldo en la finca, era el veterinario porque "todo lo hacía Lina". Al veterinario se le pagaba una iguala mensual, pero en realidad quien hacía el trabajo vacunando a los animales —y a veces eran decenas y decenas— siempre era mi madre. Yo recuerdo verla hacer eso todo el tiempo, y la recuerdo ayudando a parir a las vacas, a quienes conocía perfectamente porque a todas les ponía nombres como Juliana, Azucena y Ballena, las que más recuerdo.

Durante mi vida en el exilio siempre he tenido junto a mí las fotos de mis padres y abuelos, y una de mis favoritas es donde ella está dándole de comer a los chivos, y lo es porque esa era su esencia: una mujer que le robaba tiempo al tiempo para poder atenderlo todo y a todos.

Tenía fascinación por la medicina, y nos decía: "Si yo hubiera podido estudiar algo, hubiera sido doctora". No lo dudo porque sin haber tenido la preparación, armada únicamente de su gran corazón y con las medicinas que tenía en un cuarto al que llamábamos "la farmacia de mami", donde había medicamentos para todas las eventualidades, salvó la vida de unos cuantos. Un buen día la calma de Birán —donde éramos como una gran familia porque todos nos conocíamos— se rompió por un hecho de sangre. Resulta que Jesús, a quien apodábamos "Lechuza", tenía un hijo de su primer matrimonio que era un muchacho desequilibrado mentalmente y que atacó a su madrastra para violarla y le abrió el vientre con un cuchillo. La dejó moribunda, desangrándose con las vísceras afuera. Aquella mujer no hubiera alcanzado a llegar con vida a ningún hospital. La familia, desesperada, corrió a mi casa a buscar a mi mamá, que rápidamente y con gran aplomo enfrentó aquella masacre, le limpió y desinfectó los intestinos, se los volvió a colocar dentro, le cosió el vientre y le dio antibióticos... ¡la mujer se salvó!

Cuando se trataba de ayudar a seres humanos en desgracia, nunca le importaba ni la hora ni el día que fuera. Así fue que una tarde, cuando mi mamá y yo nos sentábamos un momento en la terraza de la casa para descansar, de pronto vimos que por el camino iba una familia llevando a un enfermo en camilla. Mi mamá se paró a preguntar de qué se trataba. Le dijeron que era una mujer que había dado a luz en el Central Preston y tenía una terrible infección, para aquellos años, mortal. Los médicos la habían desahuciado y simplemente la mandaron a morir a su casa. De inmediato les dijo que metieran a la mujer a nuestra casa. Sin pensarlo dos veces ordenó agua hirviendo, y con su mano, sin asco alguno, le sacó los deshechos del útero que le habían dejado dentro y que le estaban causando aquella infección a la recién parida, que deliraba por la fiebre. Lavó y desinfectó todo el cuerpo de aquella madre, quien se salvó gracias a las curaciones de Lina. Tiempo después, la mujer volvió al mismo lugar para dar a luz y se le presentó el mismo problema, y entonces pedía desesperada, "Llévenme con Lina, llévenme con Lina que ella me salva". Desgraciadamente murió antes de que pudieran llevarla a la finca.

Así sucedía con todo el mundo, que siempre confiaba en sus artes médicas que aliviaban lo más complicado y hasta lo que a veces parecía no tener explicación.

Eufrasia Feliú, la maestra de la escuela primaria que mis padres habían puesto en Birán, era una mulata haitiana que peinaba sus cabellos con manteca de coco para alisarlos. Un día llegó a la casa dando gritos: tenía unos dolores terribles en el oído. Mi mamá, con una calma increíble, comenzó a revisarla y sin miedo alguno, con unas pinzas que le metió cuidadosamente en la oreja, pronto dio con el origen de la enfermedad de Eufrasita: ¡una cucaracha se le había metido en el oído!

Resulta que el olor a la manteca de coco atraía a este tipo de insectos, y la cucaracha se escondió primero dentro del largo cabello de Eufrasita, para luego irse a refugiar en su oído. Sin miedo alguno, mi madre le sacó la cucaracha pedazo a pedazo y la curó.

Pero las curaciones a Eufrasita fueron más allá de aquel episodio. Con los años la maestra sufrió de una embolia que la dejó paralizada y nuevamente fue mi mamá la que con medicinas, remedios y ungüentos la mejoró muchísimo, tanto así que siguió trabajando como maestra.

Pero las curaciones y los remedios eran parejos para todos. A los siete hijos nos daba aceite de ricino, leche de magnesia, aceite de hígado de bacalao, según fuera el problema a solucionar, y ni el viejo se le escapaba.

Una escena clásica era verla inyectándole en la nuca una medicina suiza contra el reuma, que se la aplicaba durante veintiún días con una habilidad extraordinaria.

Mi mamá pudo haber sido una gran cirujana por la forma en que cosía las heridas; siempre le quedaban limpias, delgaditas y bien hechas. Lo digo porque, al igual que todos mis hermanos, en algún momento de mi vida también fui su paciente. Un día que nos llevó a todas las niñas a la playa de San Vicente, una botella rota, que había quedado enterrada en la arena, me causó una terrible cortada en el pie. De inmediato me aplicó un torniquete a su manera: ordenó a mi hermana Angelita que me agarrara fuertemente la herida para detener la hemorragia hasta que llegamos a la casa, donde me cosió aquella herida punto por punto, con mucho valor, y le quedó perfecta.

Pero así como nos atendía a nosotros en casa, también iba a casa de los guajiros a curarlos cuando tenían algún problema y no podían ir a verla. No había semana que pasara sin que los trabajadores desfilaran por la casa a decirle lo bien que les había sentado lo que les había dado para curarlos. En la camioneta con la que se movilizaba a todas partes, siempre andaba cargada de medicinas porque trataba de resolver los problemas de los demás; pero si veía que no podía hacerlo, le pedía a mi papá los vales para que los atendieran en el hospital del Central Marcané o en la farmacia de Baudilio Castellanos, y arrancaba con ellos para allá.

Ésta era Lina Ruz González, la mujer que equilibraba la compasión por los demás al tiempo que dirigía los negocios familiares y cuidaba de su hogar. Quienes cobardemente han atacado a mis padres no se han cansado de difamarlos aduciendo que ellos explotaban a sus trabajadores en la tienda: nada más cobarde y ruin. Nadie puede venir a decirme eso porque de los siete hijos, desde que tuve edad para hacerlo, yo siempre estuve trabajando en la tienda junto a mi mamá.

En los Almacenes Castro, como se conocía la tienda que tenían en Birán, lo mismo había comida que ferretería, ropa, zapatos; es decir, era una muy cubana (y temprana) versión de un supermercado. Mi mamá fue siempre la encargada, y con el tiempo, Ramón y yo entramos a trabajar con ella. De esta forma, en infinidad de casos, por no decir que en la mayoría, a todos se les daba fiado y, peor aun, cuando el trabajador rebasaba la cantidad que podía pagar en su vida, en muchísimas ocasiones le perdonaban la deuda y comenzábamos de nuevo con otra cuenta.

Un día, Enma, enojada porque había quienes abusaban de eso, cuestionó a mi papá.

—¿Por qué razón tienes que fiarle a la gente si no te paga? Tú tienes que pagar con tu dinero la mercancía que te surten. ¿Por qué darles ese dinero?

Mi papá simplemente le respondió:

—Porque no puedo ver a mi gente pasar hambre.

Enma vino corriendo a contármelo.

—Papi me ha callado la boca, Juanita, y lo ha hecho de una forma increíble. Le hice ver que muchos abusaban del crédito que les daba, y me respondió que estaba bien, que si alguno abusaba, ¡de cualquier forma no quería verles con hambre! y eso sólo habla del gran corazón que tiene.

Mi mamá no se quedaba atrás, y siempre pasaba lo mismo, aun en las fechas importantes. Una Navidad, cuando ya estábamos todos sentados a la mesa, un guajiro llegó hasta la puerta de la casa a pedir que le vendiera algo para comer porque estaba muerto de hambre. Fidel, que era un muchacho, de inmediato saltó de la silla.

—¿Por qué molestas a estas horas a Mami que ha estado trabajando todo el día en la tienda? ¿No ves que es Navidad?

Todos nos quedamos viendo la escena. Mi mamá se levantó de la mesa...

—Fidel, siéntate, y tú, dale para la tienda para que tu familia tenga que comer. Vamos, Juanita, ayúdame un momento.

La acompañé, le dimos al hombre lo que pedía y regresamos a sentarnos con todos a cenar en esa Navidad.

Nunca, por lo mismo que he narrado, la vi como dicen algunos historiadores, por las calles de Birán armada con un rifle al hombro. ¿Para qué? La gente la quería mucho, de otra forma, ¿cómo se explica que la gente la buscara años más tarde para que les sacara gente de la cárcel o del paredón? Si esa fama hubiera sido cierta, ¿quién se iría a meter a la boca del lobo para hacerle semejantes peticiones? Esta infamia era una bajeza que intentaban utilizar para explicar las acciones de mis hermanos, pero no es cierto. En verdad Ángel y Lina eran queridos por todos en Birán, y el cariño era mutuo; nadie les hubiera hecho daño alguno ni ellos a los demás.

Para aclarar, ciertamente hay una foto de mi mamá portando un rifle, pero la explicación es sencilla: cuando ella fue de visita al Segundo Frente Oriental, que comandaba Raúl en el tiempo de la Sierra Maestra, le estaban enseñando las armas y, curiosa, preguntó por una. Se la mostraron y fue retratada con ella. Lo demás ya es parte de esa cadena de mentiras tejidas alrededor de un hecho cierto, una foto.

Y ni qué decir de la vileza, que tanto hace gozar a muchos, al afirmar que nosotros somos hijos de varios padres. ¿A quién le consta algo tan delicado? ¿A quién, que fuera cercano a ella o a la familia, le confió Lina que le estaba "pegando los tarros" a mi padre? De ser cierta, esa sería la única versión fidedigna y contundente porque vendría de una persona que atestiguaría que había escuchado de sus labios semejante testimonio. ¡Pero ese alguien nunca existió! A Raúl le dicen de mala fe "el chino", por los ojos, pero ¡entonces me lo tienen que decir a mí también porque de los siete hermanos, él y yo somos los que más nos parecemos, y también los que más nos parecemos a mi mamá! Basta con ver las fotos, ¡por Dios!

Invariablemente esto me lleva al hecho más importante y que sin embargo deliberadamente se ignora: por cronología, nadie pudo haber vivido con nosotros en nuestra casa en Birán para atestiguar lo contrario a lo que fue nuestra niñez. Somos siete hijos y fuimos testigos diarios de ese ritual que hacía que simplemente no se podía hablar de Ángel sin Lina, ni de Lina sin Ángel.

En mi mente está viva la imagen de mi mamá rasurándolo con gran ternura, tal y como lo hizo desde el inicio de su vida en común y como sucedió hasta su muerte. Y esto era recíproco, porque él también la cuidaba mucho, la cuidaba siempre. Para mi papá, ella lo era todo. Cuando él falleció en 1956, en su testamento le dejó gran parte de su herencia, y esto me consta porque fui la encargada de la distribución, tal y como él lo planeó. Mi papá pensaba siempre en el futuro de mi mamá cuando él faltara, y pensaba en ella además, con la gratitud de una vida de más de treinta años juntos. Además, en una época en que no era común, mi papá siempre pensó en ella como la compañera y la socia de su vida, como la persona en la que más confió mientras él vivió.

—Su padre tuvo éxito —nos repetía mi mamá—, porque siempre trabajó como un mulo, pero la que lo ha controlado y la que ha guardado soy yo, porque Castro es un manisuelto, va a la caja y toma dinero, sin ver más.

Pero la que "veía" por todos era ella, que lo administraba bien y además, mientras más daban a otros, más dinero les llegaba y más suerte tenían. Un día llegó a la tienda Piti, el billetero de la lotería. Primero fue a ver a mi mamá.

—Piti, hoy no compro billete, ve a ver a Castro.

Piti salió corriendo para la casa y ¡por supuesto que mi papá no le compró un billete, sino que le compró un cartón entero! Cuando la cocinera se dio cuenta, le dijo:

—Ay, Castro, yo quería dos pedacitos...

Papá los cortó y se los regaló. ¿Qué sucedió? ¡Que mi papá se sacó el premio mayor, y a la cocinera le tocaron unos buenos miles de dólares y dejó de trabajar! "¡Me he sacado un tesoro!" —repetía— "¡me he sacado un tesoro!", y se retiró con aquello que le había llegado como regalo de mi papá.

Ángel Castro se sacó dos veces el premio mayor de la lotería y luego otro más pequeño. "Castro tendrá mucha suerte pero sigue siendo manisuelto", repetía mi mamá, que también tenía mucha suerte y varias veces se sacó buenos premios de la lotería. La primera vez, mi papá le aconsejó que comprara ganado, y compró ganado; después, con la ganancia del ganado duplicó su premio. Así eran ellos siempre, uno para el otro.

Mi papá fue el primer hombre generoso que conocí. Repito, hombre generoso, trabajador como pocos y hombre de palabra, porque cualquier deuda que contrajera, la pagaba hasta el último centavo. Además, Ángel Castro Argiz era un hombre que se preocupaba por los demás. No había nadie que fuera a pedirle un favor, a pedirle ayuda, que él se la negara. Era famoso por atender igual a un potentado, que al más humilde de los guajiros de la finca. Era de una forma tal que resolvía cualquier problema de comida, medicinas, pero de lo menos que se ocupaba era de cobrarles. Es más, en las llamadas épocas del "tiempo muerto" en el campo, es decir, cuando no había cosecha y a nuestro vecino, y cliente, la United Fruit Company poco le importaba desocupar a decenas de campesinos, el único que se preocupaba por ellos era Ángel Castro Argiz. Y es que como agricultor le daba un mantenimiento extraordinario a sus campos de caña, le gustaba que estuvieran impecables, sin una hierbita de más, y eso les daba trabajo a todos aquellos que sin él estaban muriéndose de hambre al no tener donde más trabajar. Cuando el salario promedio en el campo, el que pagaba la United Fruit Company, era de 25 centavos por la jornada, mi papá pagaba un peso completo, mucho más de lo que la mayoría en la zona le pagaba a un campesino.

No había día en que muy temprano la voz de mi papá no ordenara en la cocina de la casa el menú de siempre: "¡Llenen las cestas de pan con guayaba, pongan panes con chorizo, no olviden el tabaco!". Después el rugir del motor de la camioneta avisaba que se iba a recorrer los campos para llevar el desayuno que él acostumbraba repartir a diario entre los que estaban trabajando, y que él sabía muchas veces podía llegar a ser una de las pocas comidas del día. A eso dedicó gran parte de sus recursos: a ayudar a la gente; pero de eso, nadie habla.

También se han inventado y propagado infamias, como aquella que dice que mi papá mataba trabajadores para no pagarles, que movía las cercas de Manacas para ampliar la finca y que robaba animales y tractores a los vecinos.

Que quede bien claro: de los supuestos asesinatos no hay prueba alguna, y repito, no hay prueba alguna de que siquiera, por aquellos rumbos, alguien hubiera muerto asesinado, por lo que hacer responsable a mi padre, un ser incapaz de matar una mosca, de hacer algo tan deleznable, es irreverente. Los orígenes se irán aclarando en este libro en cuanto aparezcan los otros Castro, hijos de mi padre.

De las supuestas cercas corridas en la noche, ¡por Dios! Nuestros vecinos ni eran mancos, ni tontos, ni ciegos para dejarse robar un sólo centímetro de tierra. ¡Quisiera haber visto quién podría haberle robado algo a un tiburón para los negocios como la United Fruit Company!

Y de esas historias donde mi papá se robaba tractores de otras propiedades, que luego aparecían como por arte de magia en nuestra finca pintados de otro color y eran recuperados por un norteamericano llamado Don Hogkins, quien "supuestamente" iba a recogerlos luego de emborracharse con mi papá, simplemente me dan risa.

El hombre a quien mencionan en algunos libros efectivamente existió, ¡pero era uno de los mejores amigos de mi padre! Tan es así que todos lo llamábamos cariñosamente Mr. Hog.

Mr. Hog iba cada semana a nuestra finca, sí, pero iba como invitado a comer y a platicar con mi padre. Sólo por cuestión cronológica, ninguno de los historiadores que recrearon el pasaje a sus anchas y para su conveniencia, pudo haberlo conocido porque yo recuerdo a Mr. Hog como un hombre mayor, y en aquellos años yo era una niña.

Todo lo que inventan sin piedad es producto de lo que logra esa *vox populi*, que no es otra cosa que una cadena de odio que provoca que lo que uno escribe, el otro lo copie y el tercero diga que alguien lo vio, y después sin ninguna comprobación justa y real, ¡ya todo el mundo lo da como un hecho veraz!

Sigo pensando que ésa no es la forma de escribir la historia, ni de combatir al régimen. Es una forma injusta de insultar a los muertos y utilizarlos como chivos expiatorios de nuestros problemas como cubanos. Así es que sigo de frente con mi verdad, mi vida, mis recuerdos, como testigo de lo que fueron dos personas únicas, amadas no sólo por su familia sino por sus vecinos y el pueblo que los acompañaba día a día en su vida.

4.

AY BIRÁN, POBRE BIRÁN

El inicio de las vacaciones desde los internados en La Habana, donde todos los hermanos Castro Ruz estudiábamos, hasta nuestra casa en Birán, provincia de Oriente, comenzaba con el largo viaje de unas quince horas donde no había más que buen humor para acortar la distancia. Invariablemente era Fidel quien decía:

—Si Cuba tiene forma de cocodrilo, Birán por lo lejos, debe ser el fondillo.

Y reíamos con aquello que en verdad retrataba una jornada extenuante porque Birán estaba a 700 interminables kilómetros de la Habana, aunque, desafortunadamente, esa distancia no fue suficiente para que con los años a nuestra finca la alcanzara la arremetida de ofensas. Ni el pobre pueblito se salvó de éstas, por el contrario, se ha hecho famoso en infinidad de libros. ¿Por qué nadie lo perdona? Por una sencilla razón: ahí nacieron "los Castro de Birán", como algunos nos llaman.

Así es que, dependiendo de los motivos de quien lo haya descrito, Birán aparece en dimensiones que van desde ser un pueblo de cuatreros y prostitutas, a un sitio sin ley —como del viejo Oeste norteamericano— con robos, despoblado y donde cada cual hacía lo que le viniera en gana. Sus habitantes eran harapientos, enfermos, analfabetas y muertos de hambre, porque vivían bajo el dominio de un malvado terrateniente llamado Ángel Castro. Muchísimas veces me pregunté los motivos que tendrían para inventar tantas mentiras dolosas alrededor de un lugar, y finalmente llegué a la conclusión: es la forma más fácil y atractiva de "explicar" el ambiente en el que crecieron Fidel y Raúl, mis hermanos; y mientras más odio tuviera el escritor, peor era el escenario que inventaba.

Pero el verdadero Birán era totalmente diferente de lo que han descrito muchos de los llamados historiadores, quienes nunca estuvieron ahí ni una sola vez en 1910 ó 1920 ni en 1930, cuando los designados "Castro de Birán" vivíamos felices junto a nuestros vecinos. Ojalá que en verdad alguno de ellos hubiera estado en la década de los cuarenta y cincuenta, cuando pudieron haber atestiguado la angustia de la gente en Manacas por la suerte que corriera nuestra familia, incluidos Fidel y Raúl, que se habían dado a la lucha de pelear contra Fulgencio Batista.

Mi papá había comprado las primeras tierras en la provincia de Oriente para hacer su finca, a la que llamó Manacas por el arroyo del mismo nombre que corría por el terreno. Cuando mi padre compró ese terreno, sólo había monte y tierra sin cultivar. En los alrededores no vivían más de veinte personas, a pesar de que había mucha vegetación y tierra buena para la siembra de caña de azúcar y la pastura para el ganado.

Conforme fue creciendo y hubo más construcciones, Birán daba una sensación especial a la vista, se veía muy bonito, sobre todo porque las casas estaban pintadas de amarillo, con las ventanas y puertas blancas, y nuestra casa estaba lejos de ser como el odio la ha descrito. No era un corral donde vivían juntos la familia y los animales, y donde la visita tenía que limpiar el excremento que pollos, gallinas y puercos dejaban encima de sillas y mesas. Definitivamente no era un desastre donde se comía de pie porque no había donde más hacerlo, y no había hamacas colgando de las paredes como único mobiliario.

¿Quién estuvo ahí por lo menos media hora para poder asegurar semejante cosa? De habernos visitado hubieran visto que vivíamos en un lugar muy limpio, sin lujos pero con todo lo necesario.

Nuestra casa era en verdad bonita. También pintada de amarillo y blanco, con una reminiscencia de las casas españolas del campo, construidas sobre pilotes. En un ala estaban tres recámaras, las de Ramón, Fidel y Raúl, y al lado estaba el despacho de mi papá, que era un salón con su comedor privado y su enorme escritorio antiguo lleno de gavetas. Era un lugar cómodo ya que ahí mi papá pasaba parte del día. En un gran radio escuchaba las noticias de todo el mundo, y ahí leía todos los periódicos que se editaban en Cuba y que recibía desde el exterior, como *El Diario de la Marina*, *El País*, *El Mundo*, *Prensa Libre*. Le llegaban retrasados, pero le llegaban porque tenía suscripciones, y se los devoraba. De niños ese despacho nos atraía como un santuario. De pronto armábamos una gritería en los corredores y aparecía mi papá. En ese instante se hacía un silencio absoluto porque lo respetábamos mucho, entonces entrábamos a verlo y le dábamos un beso, cosa que le encantaba y lo ponía de lo más contento.

Más allá del despacho estaban la sala, el comedor principal, que se usaba en días de fiesta o cuando había visitas, y al lado estaba otro comedor que llamábamos "el comedor grande", el cual utilizábamos a diario. Del otro lado de la casa estaban las tres recámaras donde dormíamos las niñas. Angelita, como era la mayor, tenía una sola para ella, la otra era de Enma y Agustina, y yo también tenía una, la más pequeña, para mí solita, pero todos nuestros cuartos estaban comunicados. Arriba estaba el dormitorio de mis padres, al que llamábamos "El mirador" porque tenía una vista increíble y se divisaba todo: el batey, las montañas. Por lo demás, estaba la cocina, una cocina muy grande donde diariamente se preparaban alimentos para siete muchachos y una docena de adultos, con un cuarto-despensa donde se guardaba todo lo que se consumía.

En cuanto a las comunicaciones con el resto de Cuba, el punto más cercano era el Central Marcané, a unos 20 kilómetros de la finca, y la única forma de llegar a toda la región era en el tren que iba desde La Habana en ruta para Santiago de Cuba y que hacía una parada en el poblado de Alto Cedro. Ahí había que cambiar a otro tren para llegar finalmente al Central Marcané. Birán era un centro de producción agrícola, y 25 kilómetros más adelante estaba Cueto, la sede de las operaciones financieras de toda el área. Como Ramón no sólo era el mayor de los hijos, sino el que aprendió a manejar primero, cuando mi papá ya era mayor y por nada en el mundo quería salir de su casa, Ramón era quien llevaba a mi mamá a hacer todas las diligencias al Banco Agrícola e Industrial. Luego, con los años, como Ramón y yo fuimos los únicos en quedarnos trabajando allí, ambos nos encargábamos de todas las diligencias.

En Birán la vida era sencilla pero había de todo. Estaban los Almacenes Castro —la tienda que era un supermercado—, la carnicería que estaba frente a la tienda y, un poco más retirada pero dentro de la misma finca, la panadería que daba servicio a toda el área.

Como no había iglesia, el padre Jerónimo Perufo, párroco de Mayarí, venía semanalmente a mi casa a dar la misa, y cada cuatro meses a bautizar nuevos católicos. Gracias a eso, yo era la madrina de más de veinte bautizados.

—Santo, madrina, santo —me decían mis ahijados, pidiendo la bendición.

—Dios te bendiga —les respondía, todavía una jovencita.

Birán era un pueblo de gente buena donde no había que cuidarse de nadie porque todos nos conocíamos. Sólo sé de un asesinato en todos los años, más de treinta, en los que viví ahí. Nunca estuvimos seguros de que en realidad hubiera sido un crimen. Se trataba de un niñito al que supuestamente los padres o los abuelos mataron o se murió, no quedó claro cual fue la razón de su muerte. Ése fue el único posible asesinato, si es que lo fue; lo que demuestra que Birán era totalmente opuesto a lo que algunos libros describen como un pueblo de delincuentes y asesinatos.

El "destacamento de la guardia rural" que otros narran en algunos libros y que afirman que se utilizaba para golpear y matar a los trabajadores que se oponían a mi padre, era verdaderamente digno de película surrealista, al grado de que estoy segura que si Pedro Almodóvar los hubiera conocido, de inmediato se los hubiera llevado como actores para alguna de sus películas. El verdadero "pelotón" estaba formado por dos hombres: Piloto, que en realidad era el guatacón de mi papá y lo seguía a todas partes, y Mejía, el cocinero, que era muy buena gente. ¿Los delitos a perseguir? Uno que otro borracho que se pasaba de copas y que hacía escándalo a deshoras, además de "Yeyo" el más asiduo cliente del calabocito que tenían Piloto y Mejía. A "Yeyo" siempre lo denunciaba un vecino en cuya casa se había metido a robar, y Piloto o Mejía se lo llevaban; como esto sucedía a menudo, su familia rápidamente me avisaba y yo lo sacaba, y entonces era Piloto quien iba corriendo a acusarme con mi papá...

—Don Ángel, Juanita fue a llevarse a Yeyo del calabocito y... eso me está quitando autoridad moral aquí.

Mi papá se reía a carcajadas y por supuesto que no me decía nada; el que quedaba mal era el chismoso. Desgraciadamente Piloto más tarde sucumbió a la traición, pero de eso hablaré en su momento.

Birán en tamaño sería pequeñito, pero era un modelo de comunicaciones para el resto de Cuba. Mi papá construyó el correo y el telégrafo, y todo funcionaba de lo mejor. El cartero iba a diario, en caballo, hasta el Central Marcané para recoger la alforja de correspondencia que llegaba desde toda la isla en tren. En cuanto al telégrafo, el operador era José Valero, un viejito que vivía con María, su mujer, en la casita que Ángel Castro dio para lo que comenzó como un experimento en aquellos lugares tan alejados y que se quedó —gracias a él— convertido en un servicio fijo para la comunidad, conectando a todos los biranenses con el resto de Cuba.

A mí me encantaba ir a ver a Valero transmitir los mensajes en clave Morse, y aún me es familiar el sonido del repiqueteo de pequeños golpecitos que momentos después se convertían en palabras y noticias; algunas buenas, algunas malas, pero siempre muy necesarias para los que vivíamos ahí.

Lo peor en Birán era el tiempo de lluvias, ya que aparte del ferrocarril, el único acceso era a caballo o en carro de tracción por el camino principal. No había carreteras y los caminos eran de tierra. Por lo tanto resultaban intransitables en algunas épocas del año, y a diario la gente iba a buscar a mi hermano Ramón para que, con su camioneta o con un tractor, los fuera a sacar de donde habían quedado atascados en medio del lodo.

Para llegar por tren hasta la finca teníamos lo que se llama "un carro de línea" de un sólo vagón, en el que nos movíamos a todos lados y que tenía una leyenda escrita: ÁNGEL CASTRO E HIJOS. Así es que íbamos hasta el Central Miranda, a unos 50 kilómetros, sitio donde molíamos nuestra caña de azúcar y donde, al regresar de la escuela, todos nos bajábamos buscando a mi mamá, que nos esperaba en el carrito de línea para llevarnos a casa.

Por otra parte, es una gran mentira decir que en Birán los habitantes eran analfabetas, y lo es porque había un centro escolar reconocido oficialmente por el gobierno: la Escuela Pública # 23, que mi papá construyó cuando Angelita, mi hermana mayor, tuvo que aprender sus primeras letras, así es que todos nosotros después pasamos por esas aulas. Hoy la escuela se llama Lina Ruz y, fuera de toda politiquería, no hay nada más justo que eso, que se llame como ella, porque fue mi mamá quien nunca dejó de presionar al Ministerio de Educación, en La Habana, sobre la necesidad de inaugurar en Birán una escuela oficial. Luego de interminables trámites burocráticos y telegramas semanales que ella les enviaba, finalmente la escuelita se hizo realidad. La profesora haitiana Eufrasia Feliú trabajó ahí feliz toda su vida hasta que se retiró y llegaron entonces otras maestras. Aunque fuera elemental, la educación nunca le faltó a nadie que quisiera aprender, y mi mamá se preocupaba porque todos enviaran a sus hijos; tanto se preocupaba que, despachando en la tienda, le preguntaba a cuantos llegaran: "¿Estás mandando a tus hijos a la escuela?". Sin mis padres, difícilmente hubiera existido la Escuela Pública # 23.

En la finca cada época del año tenía su encanto. Recuerdo los Reyes Magos porque siempre mis padres trataron de guardarnos la inocencia lo más posible. Cada 5 de enero por la tarde nos ponían a escribir la cartita con todo lo que queríamos y después teníamos que poner agua, hierbita y maíz para los camellos de los Reyes Magos. Hacer eso por supuesto nos causaba gran ilusión, y al día siguiente nos poníamos felices cuando veíamos que había desaparecido la hierbita y el agua, y que a cambio teníamos unos juguetes, aunque efectivamente no siempre era lo que habíamos pedido (porque cuando hacíamos las cartitas ya los juguetes estaban comprados). Bastante era que los tuviéramos ya que en esa época no había mucho de donde escoger, pero mis padres siempre se preocupaban de que los siete tuviéramos nuestros regalos. Nunca se me va a olvidar la rabieta de Agustinita, mi hermana menor, cuando un año se dio cuenta de que los camellos ¡no se habían llevado la comida que les había puesto! A mis padres con las prisas se les olvidó quitarlas, y la niña estaba desconsolada, sin que nada le pudiera detener el llanto, hasta que por fin le hicieron un cuento de que los camellos habían comido en otras partes y por eso, cuando llegaron a nuestra casa ya no tenían hambre. Finalmente eso la consoló.

Las Navidades y el fin de año eran increíbles, y yo tuve el honor de instituir la costumbre del árbol de Navidad en Birán, que entonces no se usaba por allá. A mí se me ocurrió adornar una mata de güira, que es un árbol muy parejito, con luces y toda la cuestión, que años más tarde mejoré. Después mis hermanos y mi papá encendían cohetes y disparaban al aire para matar al año viejo, mientras mi mamá, como todo el mundo en Cuba, cumplía con la tradición de lanzar un balde de agua para afuera y rompía una botella de sidra para la buena suerte.

Para Ángel Castro las navidades comenzaban muy temprano, alrededor del 20 de diciembre, cuando se instalaba en una mesa frente al almacén, bajo una mata muy grande de almendro que daba una sombra fabulosa. Ahí les escribía vales a todos los habitantes de la zona, autorizándolos a comprar lo que necesitaran en la tienda, para las cenas de Navidad y Año Nuevo, y se los entregaba indistintamente a sus empleados, y a los vecinos de la finca. Se les daban cantidades suficientes de todo, los números no le importaban, en general de lo que sí se preocupaba era que su gente no estuviera sin una buena cena para disfrutar con su familia. Hacer aquello le provocaba una gran satisfacción, y no creo que hubiera en Cuba dos lugares como Birán, donde un patrón diera a los campesinos lo mismo que mi papá, siempre teniendo en cuenta su filosofía: nadie se debía acostar sin cenar.

Y yo no me quedaba atrás en cuanto a organizar la diversión, siempre ayudada por mi compadre Luis Álvarez, que también era el mecánico dental, mejor dicho el dentista de Birán, y a quien le gustaba la música. Cerca de su casa estaba la gran mata de güira que adornaba con latas de puré de tomate, a las que le abríamos huequitos y pintábamos. Entre Luis y yo poníamos en el árbol una bocina conectada a un radio que sacaba desde su casa con un cable. Así, aquel árbol se convirtió en el punto de reunión de todos los vecinos que nos divertíamos con la música.

Ya mayorcita, ahí mismo hacíamos fiestas por cualquier cosa. Preparábamos arroz con pollo a las doce de la noche o cochino asado por la madrugada, o mejor aún, le "pedía prestado" a mi mamá un ganso de su cría, que era en general intocable, y con aquel "préstamo" hacíamos arroz con ganso. En esas andábamos Ramón, Fidel, Raúl, Enma, Angelita, Agustina y yo junto a los vecinos, en una diversión sencilla y sana donde la fiesta giraba alrededor de la casa de los compadres.

Birán también tenía otros eventos, entre los cuales estaban los guajiros que organizaban carreras de caballo al lado de la explanada donde se jugaba pelota. Enganchaban banderitas amarradas a sogas muy largas, y el que a caballo agarrara más banderitas, ése era el que ganaba.

Sobre lo que se ha escrito de prostíbulos, cantinas y prostitutas que circulaban a toda hora por el lugar, Birán sí tenía cantina, pero era solamente una y no tenía prostíbulo. ¡Qué va! ¡Ahí sí que mi mamá hubiera puesto el grito en el cielo! No sólo por la cuestión moral, sino porque ella siempre defendía el que los trabajadores cuidaran el dinero para sus familias y que nadie fuera a tener enfermedades que contagiaran a sus mujeres.

Con los años me enteré de la existencia de Nemesia, "una señora de dudosa reputación" que no era vecina nuestra sino que vivía en otro poblado cercano, y que hacía "visitas" a algunos hombres que trabajaban en la finca. Es decir, era prostituta. Poco tiempo después Nemesia dejó de ejercer, se mudó a otra parte y no volvimos a saber más del asunto. Así que la cantina y las esporádicas visitas de Nemesia fueron las únicas dos diversiones "prohibidas".

Pero hubo otra atracción que fue célebre y de lo más buena: el Cine Juanita.

Cuando cumplí quince años y terminé mi carrera de comercio en el colegio de Las Ursulinas de La Habana, les dije a mis padres que ya no quería regresar a estudiar más porque prefería quedarme con ellos trabajando. Al margen de mis actividades en los negocios familiares, corría 1948 cuando Birán entró al mundo de las grandes ciudades gracias a mi primera aventura empresarial: EL CINE JUANITA.

Si de mi mamá aprendí a observar lo que hacía falta y conseguirlo, de mi padre heredé el instinto para hacer cosas que produjeran una ganancia. Un día me di cuenta de que hacía falta un sitio donde la diversión pudiera ser en familia, que era lo que mi mamá luchaba por encontrar para todos los vecinos de Birán. Entonces se me ocurrió la idea: ¡faltaba un cine! Hablé con mis padres y se pusieron de lo más contentos con mi proyecto. Fue mi papá el que entusiasmado me lo financió, ¡y me lo fabricó! Juntos buscamos el sitio y encontré el mejor: un lugar al lado de la escuela. Higinio Reyes y Cándido Rodríguez, los dos carpinteros de la finca, que lo mismo fabricaban casas que cajas de muerto cuando alguien fallecía, de inmediato se pusieron a trabajar.

Mientras tanto, me fui para La Habana a comprar los equipos. Por supuesto que compré lo mejor en proyección, y con la distribuidora de películas hice el contrato para tener siempre en el cine de Birán las mejores cintas. En ese momento eran las películas mexicanas las que causaban sensación en Cuba.

El entusiasmo en Birán por tener el Cine Juanita era tal que la construcción avanzó rápidamente y pronto yo estaba supervisando la obra casi terminada. En verdad que lo hice de lo más bien, con sus buenas butacas y una pequeña cafetería donde se venderían bocaditos, café, sodas y caramelos.

Y así llegó el esperado día de la inauguración, y con ésta también el problemón que nunca imaginé tendría que enfrentar, y todo a causa de la primera película que exhibiríamos. Resulta que la distribuidora era quien escogía las películas que mandaban, aun cuando los dueños de los cines decidiéramos cuales iban a gustarle al público. Los envíos los hacían de acuerdo a lo que tuvieran disponible. Así que para el primer día de operaciones me mandaron una película con Jorge Negrete que me anunciaron era de lo mejor. ¿El título? *Juntos pero no revueltos* y, ¡ay mi madre! ¡La que se armó!

Juan Echavarría, un negro grande y fuerte (y menciono su color únicamente para explicar lo que pasó), era un hombre que gustaba de alardear y dar de gritos por todo; era famoso porque hasta para ir a las fiestas se ponía un machete a la cintura. Pues bien, Echavarría junto a un grupito me fue a hacer una manifestación frente al cine. Me alegaban que el título de la película, *Juntos pero no revueltos,* era una ofensa para ellos y que yo lo había hecho para decir que los negros no podían estar ahí con los blancos.

¡Yo, como siempre, en medio de asuntos que no busco, pero que encuentro! Lo bueno es que toda mi vida he sido igual: no le tengo miedo a nada ni a nadie, y en ese entonces yo, que era una jovencita de sólo quince años, cogí el problema de frente, como siempre lo he hecho, y le aclaré a Echavarría:

—Ven acá chico, ¿tú crees que yo voy a comenzar un negocio trayendo una película que me dé problemas? El título no tiene que ver ni conmigo, ni contigo, vaya, ni con Cuba. Es una película mexicana que se llama así y que la distribuidora de La Habana me envió y nada más.

Inmediatamente, Echavarría se calmó y por supuesto que se acabó la bronca, eso sí, todos ellos entraron gratis a ver la famosa película cuyo título "los había ofendido"; ¡pero no quisieron perdérsela y la disfrutaron enormemente!

Así fue el primer día de actividades del Cine Juanita, con su dueña de quince años, una empresaria nata que solucionaba cualquier cosa. Las películas mexicanas que enloquecían a todo el mundo, de vez en cuando me daban problemas técnicos porque se descomponía el sonido de la cinta; entonces, me las ingeniaba poniendo música de fondo para que por lo menos la gente pudiera entender algo viendo la acción, y así no tenía que cancelar la función y dejar de ganar mi dinero.

Pero el Cine Juanita fue más: se convirtió en el centro de muchísimas actividades que le alegraron la vida a Birán porque además de servir de cine, se me ocurrió otra empresa: organizar bailes para muchas ocasiones, como por ejemplo, el baile del sábado de Gloria en Semana Santa, que se ponía buenísimo. ¿Cómo convertía un cine en pista de baile? Muy fácil, quitaba las butacas y las acomodaba pegadas a la pared para bailar al centro, y en el estrado ponía al conjunto musical. Unas veces el músico y cantante era mi compadre Luis Álvarez, quien tocaba muy bien la guitarra. A él siempre lo acompañaba su mujer con dos cucharas que marcaban tremendo ritmo. En otras ocasiones buscaba a uno más que tuviera tumbadora, algo que siempre hacían los guajiros, que además tocaban las maracas y la clave, ¡y la orquesta estaba lista para bailar!

La gente enloquecía con una canción de las películas mexicanas que decía: "Échale un cinco al piano y que siga el vacilón", y que Luis Álvarez tocaba muy bien.

El Cine Juanita indudablemente se adelantó comercialmente a su tiempo y era un local multiusos que por lo menos un par de veces por año se convertía también en hogar circense. Cuando por el pueblo pasaban los circos ambulantes, de esos que son tan pobres que no tenían ni carpa, entonces en Birán el Cine Juanita era el hogar de la función, con payasos, magos, hipnotizadores y que sé yo, porque por ahí pasó de todo.

El Cine Juanita duró quince años y se terminó con la decepción de la Revolución en 1963. Nadie pudo utilizarlo para otros fines porque antes que eso, lo desbaraté. Junté a un gran número de guajiros y les dije: "Llévense todo". A pesar de lo grande que era, ellos mismos me ayudaron a desmantelarlo, y les regalé lo que pudo servirles: madera, lunetas, todo, absolutamente todo. El Cine Juanita no se lo quedó nadie y, tal y como un día llegó conmigo, también un día conmigo se fue.

Así es como a pesar del lodo que le han lanzado, Birán fue el lugar donde vivió gente honesta y trabajadora, como yo. Y si algo aprendí y he puesto en práctica han sido las enseñanzas de mis padres en Birán, en el verdadero Birán donde nací y crecí.

5.

UNA FAMILIA DE SIETE HIJOS

Yo no me acuerdo, por razones obvias, de los nacimientos de Angelita, Ramón y Fidel, mis hermanos mayores. Por lo que contaban mis tías Belita y María Julia, en ninguno de esos partos sucedió nada especial y ninguno de ellos nació en medio de los truenos de noches tormentosas. Mucho menos, estuvo mi abuelita Dominga haciendo brujerías, brincando de un lado a otro, como injustamente les ha dado por narrar. Por el contrario, para mi abuelita, como para cualquier madre, así como para mis tías y mi padre, aquellos eran momentos de angustia, que suelen anteceder a la felicidad del nacimiento de un nuevo hijo. Sólo les importaba que Lina, mi madre, saliera bien de aquellos partos. Angelita nació pesando 12 ó 13 libras, y más bien parecía que ya estaba casi criada por lo grande que era. Por supuesto que dar a luz a un bebé de ese tamaño le produjo un desgarre enorme a mi mamá. Ramón y Fidel también nacieron grandes, pero nada fuera de lo normal. El parto de Raúl también fue normal, y de mi nacimiento me enteré de los detalles porque me los contó Isidra, la comadrona que ayudaba a mi mamá a parirnos a todos.

Isidra me decía que nací bien tarde, ya entrada la noche del 6 de mayo de 1933:

—Viniste con suerte a este mundo, Juanita —me repetía Isidra—, y te lo digo porque venías de nalgas, un parto peligroso para tu mamá, pero un parto que da suerte a todo aquel que nace de esta forma.

La verdad es que a veces no sé si he tenido tanta suerte, pero en fin.

—Tu papá, tus hermanos y tus abuelitos de inmediato vinieron a verte y a celebrar tu llegada, y recuerdo que Raúl estaba feliz de tener una hermanita menor. Tenía dos añitos y quería a cada rato cargarte. Desde que naciste, entre ustedes hubo un lazo muy fuerte.

A mí me siguieron mis hermanas Enma y Agustina. Del nacimiento de Enma no recuerdo nada porque sólo nos llevamos dos años, pero el que sí tengo muy presente es el de Agustina porque llegado el momento se armó un corre-corre porque mi mamá ya estaba un poquito mayor de edad y esto le preocupaba enormemente a mi papá, que se veía muy nervioso por las complicaciones que pudieran afectarla. Finalmente nació la niña y mis padres se pusieron muy felices e hicieron de aquello todo un acontecimiento, teniendo en cuenta que mi papá tenía sesenta y tres años y veía las cosas de forma diferente a cuando tuvieron a Angelita, Ramón o Fidel.

Fuimos una familia unida, con los hijos creciendo sanos; una familia normal, tranquila, común y corriente, y no diferente a otras donde el padre no regañaba nunca y se limitaba a dar las quejas a la madre, porque ésa era la forma española de hacerlo. Él era fuerte con los varones, pero en verdad que con las niñas sólo era de regañar. Yo, que siempre fui muy cercana a él, únicamente recuerdo pequeños regaños. En mi mamá recaía la empresa nada fácil de disciplinar a siete muchachos, cada uno haciendo siempre una diablura, como cuando jugábamos lotería y de pronto se apagaban las luces y al encenderlas nuevamente, alguno de nosotros se había llevado el dinero con el que estábamos jugando. Otras veces nos espantaban con ruidos de fantasmas, por supuesto que las travesuras eran de Fidel y de Raúl, a quienes les encantaba fastidiarnos así.

Antes de entrar en detalle sobre cada hermano, madre y padre, quisiera volver a nuestra infancia: uno de los "señalamientos" que nos hacen es que nosotros no fuimos bautizados porque nuestros padres no estaban casados. Falso. A todos nosotros sí nos bautizaron. Que mis padres tuvieran que arreglar su situación legal en cuanto al matrimonio era una cosa, y otra diferente que con la religión tan arraigada de mi madre, a sus hijos en alguna iglesia les negaran el sacramento del bautizo.

A Angelita la bautizaron en 1923, inmediatamente después de que naciera, e igual sucedió con Ramón. A mí, como mis padrinos fueron mi tía María Julia y su esposo Martín Conde, y además tenían la ventaja de que vivían cerca, también fui bautizada al poco tiempo de nacer. Las ceremonias demoraban cuando los padrinos vivían lejos y había que planearlo, como fue el caso de Fidel, cuyo bautizo tuvo que esperar porque su padrino iba a ser Fidel Pino, el mejor amigo de mi papá, y éste vivía en La Habana. Lo mismo sucedió con Raúl y Enma, a quienes bautizaron el mismo día, a pesar de que en orden de nacimientos yo estaba en medio de ellos; y este también fue el caso de Agustina, a quien no bautizaron hasta que tenía tres años porque los padrinos eran de Santiago de Cuba y en varias ocasiones pospusieron el viaje hasta que finalmente, luego de demorarse demasiado, hubo que llevarla ex profeso adonde estaban ellos.

Ésta es la verdadera historia de nuestros bautizos, que tantos dolores de cabeza les han dado a los "estudiosos" de nuestra vida. Ahora, pasemos a mi familia.

AGUSTINA

Agustina era una niña linda, muy bonita y, al mismo tiempo, el ser más consentido del mundo, y por lo tanto la más malcriada de todos nosotros. Si algo no le gustaba, de inmediato empezaba a dar gritos:

—Mami, Papi, Juanita y Raúl me están mirando mal.

¡Ay de quien la tocara! Hacerlo era como sacarse una mala lotería porque era la hija de la vejez y no le decían nada, y nadie podía hacerlo. Enma y yo la recordamos tan pero tan consentida que no le gustaba comer nada más que chicle, refrescos y leche, y lo peor es que mis padres se lo permitían sin chistar. Por supuesto que se le antojaba cualquiera de esas cosas cuando estábamos en la mesa, entonces Agustina se aprovechaba de que Raúl, que era el más bromista, la remedaba en silencio cuando mis padres no lo veían, o que Ramón o Fidel le enseñaran la lengua o le hicieran señas ¡y comenzaba la "cantaleta de Agustina"!:

—Mami, Mami, Raúl, Fidel y Ramón se están metiendo conmigo.

Invariablemente los demás escuchábamos a mi mamá decir lo mismo:

—Raulito, Fidel, Ramón, no molesten a la niña, pobrecita Agustinita.

La "pobrecita Agustinita" sacaba ventaja de aquello porque para calmar su llanto le daban lo que quería. Fueron muchos los consentimientos y las cosas que la vida le dio de niña, para irónicamente negárselo todo de adulta. Agustina hoy es una mujer dedicada de lleno a la religión y vive humildemente en Cuba alejada de todo y de todos. Es alguien que evita que los detalles de su vida estén en la calle, sin embargo, por las injusticias escritas sobre sus padres, pone voz a los recuerdos infantiles en éstas páginas. Aquí Agustina nos cuenta sus recuerdos:

"Como fui la menor de los siete hijos, mis padres me malcriaban hasta el cansancio; en realidad me cumplían todos los deseos, al grado que compartiendo la recámara con Enmita, de niñas no dormimos juntas porque siempre lo hice con los viejos en su cama. La sensación de seguridad que esto me producía es indescriptible, y así dormí por años junto a ellos hasta que me fui al internado. Yo era feliz y ellos eran felices viéndome crecer como "la hija de la vejez". Eso era por las noches, por el día siempre estaba muy ocupada en aquello que me encantaba: seguir a mi mamá a todas partes caminando detrás de ella para poner mi pie en el mismo lugar donde ella había puesto el suyo tan sólo momentos antes. Yo era su sombra. El día transcurría en los Almacenes, o en tantas cosas que ella hacía sin descanso, pero el atardecer era diferente, e invariablemente era el mismo: mi mamá, que era muy religiosa y que desde pequeñitos a todos en su momento y sin excepción nos enseñó a rezar el rosario, cada tarde nos ponía a rezarlo junto a ella, siempre de frente a su imagen favorita: La Milagrosa. Y es que Dios obsequió a mi madre con una gran fe, y quienes en verdad la conocieron, no sólo nosotros, me refiero a los nietos, los hijos de Angelita, Ramón, Raúl y el mismo Fidelito, recuerdan aquella bonita rutina, porque en aquellos rezos ella ponía toda su alma".

Agustina responde con hechos y yo con fotografías a la forma en que mis padres inculcaron en sus hijos la religión católica. Basta ver dos de mis fotografías favoritas: la de mi Primera Comunión, el 23 de mayo de 1940 en el Colegio de Belén de Santiago de Cuba, y la primera comunión de Raúl, en el mismo lugar. Antes habían sido las de los mayores, como después fueron las de Agustina y Enma.

ENMA
Hablando de la penúltima hija, ella siempre ha sido genio y figura. Delgada, delicada, discreta, muy estudiosa, una muchacha muy bonita, muy amiguera, siempre con grandes círculos de amistades que cultivó desde niña y que la siguen a todas partes. Le encanta el baile y estudió piano e idiomas. Enma recuerda que desde pequeña aprendió a poner en práctica la filosofía de mi madre:

"Mami nos enseñaba la tolerancia hacia los demás. Nunca hablaba mal de nadie y cuando muchos años después alguien le hacía algún desaire, su frase siempre era: 'A Dios se lo dejo, que yo no puedo hacer nada'. ¿Qué lecciones nos daba con eso? Que ella era una mujer de fe, sin venganza, una madre a quien la furia nunca la alcanzó en su interior y eso fue con lo que nosotros crecimos. Además, ¿qué otra cosa nos inculcó ella sino valor y ganas de aprender cada día más y más cosas, con su ejemplo? Se desprendía de nosotros para enviarnos a estudiar fuera, para que fuéramos diferentes, y lo hacía con todo el dolor de su corazón".

RAÚL

Éste fue mi hermano más cercano, con quien siempre estuve unida. Yo lo llamaba "Muso", y él a mí, "Juana Palangana". En verdad era punto y aparte porque lo suyo siempre era andar haciendo bromas a diestra y siniestra, como el día aquel en que tendría como diez años y yo siete:

—Ven Juanita, mira, vamos a jugar a que yo soy el barbero de la finca y tú vienes a que yo te corte el pelo.

Por supuesto que me dejé porque siempre andábamos juntos de arriba para abajo. El problema en aquella ocasión es que era otra de sus bromas, y como nunca le había cortado a nadie un sólo cabello, ni tenía la menor idea de cómo hacerlo, ¡me peló al rape!, y no me quedó más que ponerme un sombrero para que nadie se diera cuenta.

—¿Por qué estás sentada en la mesa con sombrero y cubriéndote hasta las orejas, Juanita? —preguntó curiosa mi mamá.

Raúl me hizo señas suplicándome que me quedara callada, hasta que uno de mis hermanos me arrebató el sombrero y se dieron cuenta de que yo estaba sin un solo pelo. Al verse descubierto, Raúl salió corriendo al patio temiendo el peor castigo, pero no hubo alma que lo alcanzara porque era muy veloz. Más tarde me fue a pedir perdón por la travesura, y por supuesto que lo perdoné porque juntos hacíamos mil y una maldades.

Ramón, Fidel y Raúl eran muy independientes y distintos entre sí, tal y como son los varones. A pesar de que Ramón siempre fue muy cariñoso con mi mamá, la realidad es que la debilidad de ella era Raúl, a lo mejor porque de los varones era el más chiquito. Lo llamaba "mi Musito", y él a su vez era muy apegado a ella.

FIDEL

Fidel siempre tuvo un carácter firme y fuerte, diferente de Ramón, que era apacible, y de Raúl, que era jaranero, pero de entre todos nosotros había algo que siempre lo distinguía: Fidel siempre fue el líder de los hermanos, mientras que entre las mujeres, la de carácter más fuerte era yo.

A veces nosotras, como niñas, molestábamos a Fidel, íbamos y le hacíamos cualquier burla o le poníamos algún nombrete y él se indignaba, aunque al rato se le pasaba el enojo, pero en verdad nunca fue abusador con ninguna de nosotras cuando le hacíamos alguna broma. Se llevaba bien con todos los hermanos, sin embargo nunca fue besucón, cariñoso ni preocupado como lo eran Ramón y Raúl; aunque cada quien tiene su versión muy personal, como lo es la de Enma, la hermana con quien Fidel siempre se ha llevado muy bien. Físicamente son parecidos, y él siempre la ha tratado con mucho cariño, desde que eran jovencitos y para él, ella era simplemente "Enmita".

ANGELITA

Angelita me llevaba nueve años y era la hermana que se hacía cargo de mí, y me hacía pagar todas mis travesuras. Yo le tenía terror no sólo porque no me perdonaba una y parecía mi sombra, sino también porque siempre estaba pendiente del menor movimiento que yo hiciera para castigarme. Lo que sucedía era que yo tenía muy mala suerte y muchas veces me pillaba en alguna travesura, como cuando Raúl y yo tomamos a escondidas un tabaco de mi papá y nos fuimos para una esquina de la casa a fumar. Mientras Raúl trataba de encenderlo, yo estaba chupándolo para que prendiera; estábamos luchando, cuando Angelita nos vio desde un corredor de la casa y vino de inmediato a buscarnos. Raúl nada más de sentirla cerca salió corriendo, pero yo me quedé paralizada del miedo que le tenía y me agarró. Del castigo me acuerdo hasta el día de hoy: escribir cientos de veces: "No debo fumar tabaco". En lugar de ir con mi mamá o con mi papá y acusarme, Angelita decidió por ella misma imponer el castigo.

Era nuestra hermana mayor, y la queríamos mucho. Una joven muy recta, que a los más pequeños nos llevaba bastantes años de diferencia y en el tiempo de los internados siempre era muy protectora de nosotras.

RAMÓN

Ramón siempre fue muy bueno para el trabajo en la finca y para la mecánica. Lo mismo componía un auto que un tractor, y le encantaba hacerlo, así que decidió trabajar con mis padres como administrador. Ellos le tenían mucha confianza para el puesto aunque se la pasara regalando lo que le pedían: lo mismo camiones llenos de postes de madera para las cercas, que un lechón, que un saco de arroz. Por todas esas cosas Ramón era muy querido por todo el mundo, además era muy simpático y le encantaba la música que tocaba de oído. Siempre andaba para todos lados con un personaje muy pintoresco al que llamaba "Serrucho": se lo había encontrado en algún lugar del camino entre Birán y Santiago de Cuba, de donde regresaba luego de haber comprado un camión para la finca. Serrucho le pidió que lo llevara, y terminó siendo su protegido porque le caía en gracia por lo buen cuentista que era y porque además tocaba muy bien la guitarra. Un día a Serrucho le dio un dolor de muelas que casi se muere. Era de noche y no había quien se la extrajera, ¡así que Ramón me llevó a mí de ayudante! Tomó un alicate y con una botella de aguardiente, lo mismo para anestesiar al enfermo que para desinfectar el alicate y la herida, le sacó la muela. Ramón era muy dado a encontrarse esa clase de personajes y llevarlos a la finca y tenerlos cerca.

LINA

No hubo uno solo de nosotros que no admirara a nuestra madre por la forma en que nos crió: sin miedo, con ese gran espíritu de sacrificio y, sobre todo, por su amor ilimitado.

Desde chiquititos, los siete íbamos con ella al Charco del Jobo, el río que atravesaba la finca, que fungía como nuestra playa, y ahí nadábamos. De mayores, nos dejaba ir al río solos donde muchas veces nos acostábamos en la orilla y comíamos los mangos que estaban al alcance de la mano. A los siete nos enseñó lo esencial en el campo: a montar a caballo. Después, siendo chiquitos, nos acompañaban Tino Cortiñas y su hermano Carlos, dos trabajadores a quienes queríamos mucho y que eran de la confianza de mis padres; primero nos llevaban de las riendas, pero después, poco a poco, fuimos aprendiendo y lo hacíamos solos.

ÁNGEL

Y ni hablar de mi papá. Sería un gallego de carácter fuerte, pero al mismo tiempo tenía la ternura de un gran corazón, y si la tenía con otros que no eran de su familia, imagínense con nosotros que éramos sus hijos.

Si por alguna razón mi mamá tenía que salir de la finca a hacer alguna diligencia que requería que pasara la noche lejos de casa, Ramón era el que se iba con ella y mi papá se quedaba a cargo de nosotros junto a mis tías Belita y María Julia. En una de esas ocasiones, cuando a mi mamá le dio neumonía y tuvo que permanecer en el hospital, Agustina, Enma y yo nos fuimos a dormir a su cama porque había una plaga de mosquitos tan grande que, a pesar de los mosquiteros, los insectos entraban. Mi papá se pasó la noche en vela espantando mosquitos para que no fueran a picar a ninguna de sus niñas, sin importarle no dormir, lo que habla del padre que era, un hombre siempre preocupado por sus hijos.

Era un hombre muy tierno. No daba detalles sobre las cosas que le causaban dolor. Como salió muy temprano de España y nunca regresó, a mi papá le hizo falta el calor de hogar que encontró con mi mamá, mis abuelitos y mis tíos, y después con todos nosotros. Era un buen padre porque fue un hijo extraordinario que siempre se las ingeniaba para ayudar a todos los suyos en Galicia o en Argentina, donde tenía un hermano.

Ángel fue el padre intachable de los Castro Ruz, que sin embargo sufrió lo indecible a causa de sus otros dos hijos, Pedro Emilio y Lidia Castro Argota, que le propinaron golpes y dolores extremos. Ésa es una historia vieja de la cual ni tiene caso hablar.

6.

¿QUÉ HUBO DE MALO EN ESO?

Es difícil borrar de nuestra infancia la imagen más reconfortante para los siete hermanos Castro Ruz. Ver la figura menudita de mi mamá esperándonos en la estación del tren para llevarnos en el carrito de línea, que directamente nos ponía en casa luego del largo viaje desde los internados en Santiago de Cuba o en La Habana, donde todos nosotros desde muy pequeños —tal y como era la costumbre de aquella época— nos íbamos a estudiar lo que nunca hubiéramos podido en Birán. Eufrasia Feliú nos enseñó a leer y escribir además de todo lo básico en la escuela primaria, pero eso era apenas el principio de lo que mis padres soñaban que nosotros lográramos, al alto costo de que cada vez que a uno de sus hijos le había llegado el momento de partir a un internado, todos sabían lo que mi papá sufría, aunque se controlaba; pero para mi mamá era, literalmente, partirse del dolor de desprenderse temporalmente de nosotros.

—Días antes —decía mi abuelita Dominga— era fácil ver cómo a Lina se le estaba rompiendo el alma. Las lágrimas se le salían mientras con tu tía María Julia repasaba la ropa, los uniformes y todo aquello que ustedes iban a necesitar en los internados. Y siempre decía lo mismo: "No importa el dolor que yo sienta, no importa lo que Castro sufre al verlos irse, los muchachos van a tener un gran futuro estudiando en las mejores escuelas, y si el precio que tenemos que pagar es el dolor de no tenerlos cerca, ése será nuestro gran sacrificio como padres, ¿qué hay de malo en eso?".

Para calmar la nostalgia de nuestra ausencia, mi mamá era increíble. Desde el mismo momento en que nos íbamos comenzaba a juntar todas las tiras cómicas de los periódicos, las recortaba cuidadosamente y las coleccionaba durante todo el tiempo que estábamos fuera de manera que en las vacaciones pudiéramos leerlas. La bienvenida comenzaba en aquella estación de tren cuando todos la abrazábamos y ella feliz y orgullosa, como "mamá gallina", nos esperaba para pasar juntos un gran tiempo.

Angelita fue la primera en irse al Colegio de Belén en Santiago de Cuba, seguida de Ramón y Fidel. Al parecer no les fue tan bien porque vivían con un matrimonio amigo que ofreció a mis padres cuidar de ellos y darles alojamiento y clases especiales. Mis padres creyeron que aquello sería buenísimo para sus hijos, dejándoles en claro que mensualmente les darían una buena cantidad de dinero para la manutención de los muchachos. Y así fue. El problema surgió por las quejas de Fidel que eran una tras otra: "Esta gente no nos atiende bien, no nos dan de comer, siempre andamos con hambre, la casa es muy fea, la señora es una floja y nosotros sólo estamos perdiendo el tiempo aquí".

A lo largo de los años he leído que Fidel habla de esta parte de su infancia culpando a mis padres por haberlo desarraigado del hogar. Ya estoy cansada de que comentarios semejantes provoquen el insulto a mis padres por desprenderse de sus hijos a tan corta edad. Ya basta, porque tengo la evidencia de que las cosas en el período de la escuela cuando Fidel tenía cinco años no fueron como él dice.

Fidel siempre fue muy quejumbroso, especialmente porque de niño era indisciplinado y exageraba las cosas para lograr lo que quería. En este caso está claro que no quería estar en casa de las amistades de mis padres y que quería regresar a la finca, entonces comenzó a inventar cosas. ¿Por qué digo esto? Porque con Fidel y Ramón también estaba Angelita, que no era nada fácil cuando algo iba mal.

¿Por qué Angelita nunca habló de semejantes condiciones infrahumanas para que los niños y ella misma estuvieran viviendo ahí?

—Eres un exagerado, Fidel —le recriminaba Angelita cuando años después éste hacía esos cuentos.

Mi mamá recordaba que entonces Angelita la calmaba.

—No hagas caso, mami, que esos son inventos de Fidel al aire para sacar algo.

Ramón también vivió ahí en ese tiempo, y nunca se quejó de nada. Así que no me creo aquel cuento. En fin, que fueron pasando los años en medio de las anécdotas y de más historias de nuestra vida diaria.

En la infancia y la adolescencia Fidel hablaba, pero no tanto ni por tantas horas como lo hizo después. Allá en la finca tenía otro tipo de actividades, como la lectura. Siempre leyó mucho desde niño, además no era dado a distraerse en otras cosas que hacían Ramón y Raúl, como por ejemplo tener amigos. Fidel era reservado, se iba de cacería, siempre andaba comprando rifles y pistolas, pero hablar en esa forma en que se desató con los años, no, así no fue de muchacho.

En junio de 1945 Fidel se graduó de Bachiller en Letras con notas muy buenas, y en la ceremonia de graduación mi mamá fue su madrina porque así se usaba en el Colegio de Belén: los muchachos llevaban de madrinas a sus mamás. Es una de las ocasiones en que más bonita la vi, con un vestido oscuro de encaje, peinada, maquillada y feliz porque a fin de cuentas era un sueño ver a uno de sus hijos terminar la escuela, para ese momento había vivido y sufrido durante tanto tiempo con las separaciones. También en 1945 Fidel se matriculó en la carrera de Derecho en la Universidad de La Habana.

En uno de los viajes a la finca, mi papá le compró su primer carro, y fue ahí donde me di cuenta que Fidel había comenzado a ser egoísta, algo con lo que definitivamente no creció. Resulta que Ramón, que siempre ayudaba a todo el mundo, fue quien acompañó a mi papá a comprar el auto de Fidel, y además fue quien le enseñó a manejar. Cuando el auto llegó, Fidel no quería que nadie se lo tocara, ni siquiera Ramón. Pero estando en La Habana, se lo prestó a unos compañeros de la Universidad para que fueran a un acto en Matanzas y tuvieron un accidente que le desbarató el auto, a menos de seis meses de haberlo recibido.

Ahí en la universidad conoció a Mirta Díaz-Balart, estudiante de Filosofía y hermana de Rafael Díaz-Balart, uno de sus mejores amigos, quien con el tiempo sería viceministro de Gobernación bajo Batista, y posteriormente fundador de la organización anticastrista "La Rosa Blanca", después de la Revolución. Mirta era una muchacha muy graciosa que de jovencita sufrió mucho porque siendo una niña había perdido a su mamá, y al igual que sus hermanos Rafael, Waldo y Frank, sufrieron enormemente cuando el padre se casó con una mujer que era una tirana con ellos. Mirta nos contaba lo controladora que era aquella señora, y quizá eso influyó en que Mirta y Fidel se hicieran novios.

La verdad es que Fidel estaba enamorado de ella, y creo que fue amor a primera vista. Ese mismo octubre de 1946, se comprometieron rápidamente a pesar de las andanzas políticas estudiantiles en las que Fidel estaba metido. Por cosas de nuestros estudios, Enma y yo no la llegamos a conocer hasta mediados de 1947. Estábamos en Las Ursulinas y había una fiesta para recaudar dinero que se enviaría a las misiones. Enma iba a bailar en un cuadro sobre danzas griegas, y Mirta y Fidel fueron a vernos al evento. Después de la función nos llevaron a comer. Como esto último no estaba planeado, Enma no quería ir.

—Qué pena, Mirta, pero la verdad que no puedo ir a un restaurante vestida de griega.

Nuestra futura cuñada reaccionó muy pacíficamente:

—No te preocupes, que pasamos a casa de mis tíos y te presto ropa, aunque tendrás que usar tus sandalias griegas porque mis zapatos no te quedarán.

Así fue, y Enma vistió un saco y falda azul plumbago y blanco. Cuando nos llevaron de regreso al colegio, Mirta le regaló a Enma el vestido porque dijo que ya lo había usado mucho.

De cualquier manera, Enma (que era la hermana más pegada a Fidel) y yo, ya le habíamos dado "el visto bueno" a la novia de mi hermano, que de ahí en adelante comenzó a acompañarnos. En las siguientes vacaciones fue con nosotros a Birán en el tren, y aquello resultó toda una aventura.

Resulta que Fidel era el encargado de comprar los pasajes porque nuestros padres le mandaban el dinero para que lo hiciera, pero con tantas cosas encima, no se ocupaba de hacerlo sino hasta el último momento en que ya nos íbamos a ir y siempre sucedía algo, eso no fallaba, y en aquella ocasión no fue la excepción. Cuando fue a comprar los boletos, ya no había sitio en el tren, ¡y nos metió a Enma, Mirta y a mí en una litera, y él aparte! Por supuesto que fue un martirio: no pudimos dormir y llegamos a Birán agotadas, incluida Mirta que era tan educada que no dio ninguna queja, y quien de aquella forma entró oficialmente en nuestra vida.

Como dice Enma a menudo:

—Cuando Fidel comenzó con esas ondas políticas desde el golpe de Batista comenzó a alejarse de la familia, porque antes era todo lo contrario. Por ejemplo, en Navidad nos pedía a las hermanas que lo ayudáramos a poner los sellos a las postales y las cartas que él enviaba. También, aunque era muy independiente y tenía mil actividades, siempre encontraba un tiempo para irnos a ver a todas a Las Ursulinas y conversaba con las madres, por ejemplo, la madre Elizabeth Therese siempre me decía: "¡Qué guapo que es tu hermano, y qué inteligente! ¿Sabes qué me dijo? Que él iba a ser presidente de la república, y lo dijo con una seguridad, que además acompaña ese carisma y simpatía que tiene".

Enma dice la verdad porque, por más que sigo exprimiendo los recuerdos, sigo sin encontrar un solo momento en que pueda dar la razón a quienes acusan a mis padres de ser culpables de lo que ha sucedido en Cuba a base de nuestra infancia. Mis padres no nos hicieron diferentes de los demás cubanos, y lo que más querían en la vida es que sus hijos hicieran su carrera universitaria, que después se encargasen de los negocios de la finca y que pudieran formar una familia. Mis padres lucharon para que todos nosotros tuviéramos eso, incluidos Fidel y Raúl.

¿Qué hubo de malo en eso?

7.

FIDEL Y LOS AÑOS VIOLENTOS

Invariablemente los primeros años de mi adolescencia estuvieron marcados por el mismo sentimiento que vivíamos todos en la finca: la angustia de mis padres por Fidel, que desde que había entrado en la universidad y se había convertido en líder estudiantil, siempre andaba envuelto en toda clase de líos. Por supuesto que yo me daba cuenta de todo porque mi padre dedicaba el mayor tiempo del día a investigar lo que sucedía en la capital, escuchaba las noticias por radio, o lo leía en los periódicos, o venían a contarle los detalles. Aquel 26 de octubre de 1946, Fidel, que ya se destacaba como líder estudiantil, acusó a varios estudiantes enemigos suyos y al día siguiente fue herido en una riña tumultuaria que ocurrió dentro de la Facultad de Derecho. Semanas después, Fidel fue acusado del atentado contra un estudiante llamado Leonel Gómez que fue ametrallado frente al Estadio Universitario, pero jamás hubo prueba alguna que lo incriminara y nunca fue detenido ni procesado por eso. Esto no ayudaba a aliviar la carga emocional que llevaba mi madre a cuestas todos los días. Traía a la mano un rosario que rezaba constantemente pidiendo la protección celestial a tantas cosas en las que mi hermano andaba metido. Y peores fueron los dolores de cabeza por lo que vino después.

El año 1947 comenzó con malos presagios. Alguien había llegado a la casa una tarde para hablar con mi papá sobre las últimas noticias relacionadas con Fidel. Aquello tenía que ser muy delicado porque ambos se encerraron en el despacho, y cuando la visita partió, la cara de mi padre lo decía todo:

—Acabo de saber que Fidel se ha metido a formar parte de una expedición de dominicanos y cubanos que quieren derrocar a la dictadura de Rafael Leonidas Trujillo en la República Dominicana y, aun peor, están apoyados por el presidente Ramón Grau San Martín. El caso es que están preparándose en Cayo Confites, cerca de la bahía de Nipe. Lina, yo sé lo que esto va a ser para ti. Para mí ya es una gran preocupación porque a ese muchacho lo van a matar ahí, así que ve a ver a tu hijo por última vez y trata de convencerlo de que regrese.

Mi pobre mamá lloraba desconsolada con mi abuelita Dominga y mis tías María Julia y Belita que la escuchaban. Ellas eran las únicas personas con quien se permitía dar rienda suelta a todo lo que sentía y que la estaba matando de tristeza, porque frente a todos nosotros ella era la fuerza para salir adelante.

—No hay más que hacer que irnos a Cayo Confites —dijo a la hora de la comida donde todos estábamos reunidos—, de manera que mañana saldremos a ver a Fidel.

Me quedé callada viendo cómo organizaba aquel viaje.

—Iremos Angelita, Manuel y Enmita; los demás tendrán que esperar aquí a que nosotros volvamos, y créanme que haré todo lo que tenga que hacer.

Así era ella. Afrontaba con serenidad los momentos más graves. Enma, que fue testigo presencial, recuerda aquello:

"El viaje con Mami, Angelita y Manuel Fraga fue largo y complicado; en una lancha atravesamos la Bahía de Nipe hacia Antilla, y finalmente llegamos a Cayo Confites, donde aquel grupo de expedicionarios entrenaba. A Mami le llamaba la atención la mezcla tan extraña que conformaba el grupo, entre quienes estaba Rolando Masferrer, esbirro batistiano, que pronto se convertiría en el enemigo público número uno de Fidel. La entrada al campamento no fue fácil. Angelita y Manuel tuvieron que quedarse afuera porque sólo permitían pasar a dos personas; en este caso, la cercanía que siempre tuve con Fidel hizo que mi mamá decidiera que ella y yo fuéramos juntas a reunirnos con él para tratar de convencerlo de dejar aquello.

—No puedo, vieja, entiende. Derrocar a Trujillo es una misión por la democracia, y si el precio es la vida, todos los que estamos en esto estamos de acuerdo en pagarlo. Me duele verte así, pero no puedo dejar este cometido. ¡Únicamente muerto desistiré de ir!

Mami y yo le rogamos por última vez, y Fidel, abrazándonos, dijo:

—Vamos, no lloren, entiendan que estoy comprometido con esto, pero no quiero verlas sufrir. No las quiero pesimistas, por el contrario, piensen que todo va a salir bien y tengan fe en que no va a pasar nada malo.

Efectivamente no pasó nada porque el presidente de Cuba, Grau San Martín, a última hora cedió a la presión internacional que Trujillo, el dictador dominicano, ejerció sobre los Estados Unidos, quienes a su vez públicamente le anunciaron su apoyo, y además porque Trujillo envió un claro mensaje a Cuba: "Tan pronto los invasores entren a territorio dominicano, comenzaremos a bombardear La Habana". Con eso, el presidente Grau San Martín lo pensó bien y dio marcha atrás y el jefe del ejército cubano ordenó a los expedicionarios regresar a tierra en un buque en calidad de detenidos. Es bien sabido que Fidel se tiró a las aguas de la Bahía de Nipe, que estaba llena de tiburones, pero que él conocía muy bien porque íbamos a nadar ahí desde pequeños, ya que el lugar quedaba cerca de la finca. Además tenía a su favor que siempre fue el mejor nadador de todos los hermanos. Iba acompañado de un muchacho amigo suyo que era grande y fornido y que nos decía que se podía comer ocho pollos en una comida. Salieron vivos de milagro y se aparecieron de madrugada por la finca. Fidel traía una ametralladora que se había robado y la guardó en la casa.

Los viejos en verdad se alegraron de verlo llegar, sobre todo porque se quedó un tiempo con ellos, lo que les significó un respiro en las preocupaciones que regresaron cuando, poco después, les anunció que partiría nuevamente a la universidad.

Ahí sí que no tuvieron tregua porque Fidel andaba en todo lo que era narrado en los periódicos como evento importante relacionado con la política: La Federación de Estudiantes Universitarios; el Partido Ortodoxo. Estaba en Colombia durante el llamado "Bogotazo" cuando asesinaron al líder liberal colombiano Jorge Eliécer Gaitán. Ese mismo día, Fidel, Rafael del Pino y Alfredo Guevara iban a verlo. Rafael y Alfredo eran amigos de la universidad, y juntos hicieron ese viaje a la convención estudiantil. Estallaron disturbios que fueron ampliamente difundidos, y los viejos en Birán seguían con el alma en vilo.

Más adelante las cosas empeoraron porque acusaron a Fidel de un atentado donde murió Manolo Castro, otro líder estudiantil. Y en el verano de aquel 1948 sucedió un atentado contra Rolando Masferrer, líder y rival de Fidel, atentado del cual Masferrer salió ileso pero señalando a Fidel como el autor de la agresión. En medio de aquel desastre, Fidel decidió pausar sus estudios universitarios y marcharse a Birán, donde mis padres lo recibieron preocupados y contrariados con los problemas en los que se metía.

—Yo creo que es el momento en que pienses bien en tu futuro, y ése únicamente está en lo que tu madre y yo —le dijo el viejo— hemos pensado siempre para ustedes: que tengan una carrera. ¡Olvida todo eso en lo que andas y sigue estudiando! ¿Dónde quieres estudiar que no sea en Cuba? Escoge la universidad que quieras en los Estados Unidos.

Fidel, contrario a lo que afirman los historiadores de nuestra familia, era un hijo respetuoso de sus padres, que nunca cruzaba los límites con ellos y que, sobre todo, no le daba importancia a las cosas materiales.

—Viejo, estudiar en los Estados Unidos cuesta mucho. Eso no. Deja que las cosas se tranquilicen y entonces tú verás que termino la carrera.

—Hijo, si de estudiar se trata, no hay dinero que te vayamos a negar. Tú siempre quisiste ir a Harvard, Fidel, y creo que eso es lo que debes hacer. Este viejo no ha vivido en vano y no olvida lo que te prometió: yo te voy a mantener el tiempo necesario hasta que termines tu carrera de abogado.

Fidel se levantó de la mesa y fue a darle a mi padre un abrazo. Pero mi mamá no se quedó callada y, a la usanza cubana de aquellos años, ya tenía pensada la solución que verdaderamente creía le iba a dar a su hijo una vida más tranquila.

—A mí me parece muy bien que termines tus estudios en donde quieras, pero como yo sé que de verdad tú estás enamorado de Mirta y ella de ti, los dos son jóvenes y es tiempo de que formen una familia... ¿Por qué no se casan y se van juntos a los Estados Unidos?

Fidel aceptó feliz aquel beneplácito para una boda que en verdad se planeó con mucho cariño: la tercera boda de un Castro Ruz.

8.

FIDEL SE CASA, SE GRADÚA
Y MI PAPÁ FELIZ

En la finca todo era preparativos para un gran viaje donde se estaban acomodando infinidad de maletas, mientras que desde el corredor mi papá observaba la escena entristecido porque se trataba de asistir a una ocasión especial y por órdenes del médico no podría ir: era la boda de Fidel y Mirta.

—Castro, viejo —dijo mi mamá—, no te pongas así, mira que te hace daño. Piensa en que es sólo un viaje más y que todos vamos a estar pensando en ti. Además yo regreso pronto. Aquí llevo los diez mil dólares de tu regalo de bodas para los muchachos y tú verás que los harán muy felices.

Semanas antes del matrimonio mi papá se había puesto más delicado de salud, y el viaje hasta Banes, en la provincia de Oriente, había sido prohibido por el médico. Pero no era el único que no asistiría: Enma, Agustina y yo tampoco pudimos ir —aunque nos moríamos de las ganas de estar ahí— porque estábamos en el colegio y en aquel tiempo las cosas no eran tan fáciles como ahora. En medio de aquellos preparativos, tres muchachas viajando desde tan lejos seguramente iban a complicarlo todo, así que mi mamá terminó asistiendo con Raúl, Ramón y Sully, y Angelita y su esposo, Manuel.

—La boda fue de lo más elegante —nos contaba mi mamá—. Mirta se veía muy bonita y feliz, y Fidel, ni hablar, en verdad que ellos hacen una buena pareja. Primero se casaron por la iglesia y después la boda civil fue en casa de ella, pero la fiesta a la que asistió la mejor sociedad de Banes, donde el padre de Mirta había sido alcalde, se realizó de forma espectacular en el Club Americano. Me siento feliz porque por primera vez en mucho tiempo he visto a Fidel en paz, muy enamorado, y eso es lo que nosotros queremos para todos ustedes: que encuentren la felicidad.

El 11 de octubre de 1948, Mirta Francisca de la Caridad Díaz-Balart Gutiérrez se convirtió en la esposa de Fidel —en realidad la primera y la única mujer con la que ha contraído matrimonio oficialmente— en una boda narrada por las crónicas de los diarios de la época y donde las ironías cobrarían vida años más tarde. Fulgencio Batista, amigo del padre de Mirta y oriundo de Banes, como todos ellos, les envió el regalo de bodas que ocupaba el centro de la mesa de regalos.

—Eran un par de lámparas de mesa, impresionantes, hechas totalmente de alabastro —recordaba mi mamá—, y seguramente le habrán costado mucho dinero a Batista, que las envió para impresionar, pero en realidad no eran tan bonitas.

Tiempo después, aquellas lámparas serían testigos de un episodio matrimonial que cambiaría el rumbo de la vida de aquella pareja.

Antes de partir hacia su luna de miel en los Estados Unidos, mi mamá les entregó a Fidel y Mirta el regalo de bodas de mi padre.

—¿Diez mil dólares? No mamá, el viejo se ha vuelto loco, esto es mucho dinero y no lo puedo aceptar.

—Te callas la boca y los guardas, Fidel. Ese dinero se los manda Castro con todo su cariño. Además les va a hacer falta para el viaje y el tiempo que se van a quedar en Nueva York a estudiar.

Mirta, emocionada, abrazó y besó a la que ya era su suegra.

—Déle las gracias al viejo, porque ése es el mejor de los regalos que hemos recibido, y seguramente el que mejor nos va a venir.

Los novios partieron de la recepción para Camagüey, donde tomaron el avión que los llevó de luna de miel a los Estados Unidos. Primero llegaron a Miami. Se hospedaron en el Hotel Versailles, en la Avenida Collins, en Miami Beach, y lo primero que hizo Fidel fue comprarse un automóvil Lincoln, azul, que les costó $2.000, y con éste se fueron hasta Nueva York en un recorrido donde no fueron solos.

"No se preocupen por nosotros que lo estamos pasando de lo más bien", escribió Mirta en una carta a mis padres. "No estamos solos porque Fidel ha embullado a mi hermano Rafael y a su esposa Hilda, ya que se acaban de casar, entonces somos cuatro los que andamos juntos a todas partes. Cuando Fidel se cansa de manejar, Rafael toma el volante y estamos pasándola de lo mejor. Vuelvo a darles las gracias por el regalo que nos dieron, que es una fortuna, y que nos ha servido a todos en este viaje".

Si hoy en día $10.000 son más que un generoso regalo de bodas, Mirta, asombrada, agradecía aquello que como bien decía, era una fortuna.

—El viejo es generoso como nadie —repetía admirada—. Nunca me habían regalado tanto dinero.

Pero así eran mis padres con cada uno de nosotros, y ella ya era una hija más en la familia.

Cuando terminaron el viaje de bodas por auto y tan pronto como llegaron a Nueva York de regreso, Fidel alquiló un departamento en el 156 Oeste de la Avenida 82 en Manhatan. Ahí vivirían mientras decidía en qué universidad se inscribiría, pero sorpresivamente no ingresó a ninguna y, por el contrario, en diciembre, a poco más de dos meses después de la boda, él y Mirta regresaron a Cuba con todo y el auto. Días después, Fidel vendió el Lincoln, alquiló un departamento en La Habana, primero en el reparto Almendares —aunque después se mudaron a otro, en 3ª y 2ª, 2º Piso, en el Vedado—, y se matriculó por la libre en la universidad, es decir, sin necesidad de asistir a clases diariamente, pero estudiando en privado día y noche para sacar los exámenes, algo que sólo podía hacer el Fidel de entonces, que tenía una fanática insistencia para lograr lo que se proponía.

Cuando nosotras salíamos los fines de semana de Las Ursulinas, íbamos a casa de ellos y pudimos ser testigos de que él se levantaba a las siete de la mañana en punto y, con una gran dedicación, estudiaba hasta la madrugada, por lo que sus notas eran magníficas. Fidel y Mirta —que estaba a punto de dar a luz— decidieron pasar el verano de 1949 en Birán. Fidel seguía estudiando a toda hora mientras nosotras disfrutábamos nuestro tiempo con Mirta. Fue entonces que creció más la afinidad de Fidel con Raúl, que estaba trabajando en la oficina de la finca, y comenzaron a tener largas pláticas.

—¿Sabes, Juanita? —me dijo Raúl un día—. Mientras más platico con Fidel, más me doy cuenta de que tenemos afinidad en muchas cosas; tú sabes que es muy preparado y domina cualquier tema.

Ambos hablaban por horas, y Raúl, que era el hermano menor, le prestaba una enorme atención casi sin pestañear sobre las charlas políticas que Fidel le daba. Sin embargo, nadie cuestionaba los temas que Fidel le inculcaba a Raúl porque entendíamos que eran valiosísimos para él, y como muestra de la importancia de aquel tiempo que pasaron juntos, en septiembre de ese 1949 Raúl cambió de opinión y convenció a mi papá de que lo dejara ir con Fidel a La Habana para estudiar. Mi papá, ¡por supuesto que feliz aceptó el regreso de Raúl a la escuela, y sobre todo porque estando cerca de su hermano mayor iba a estar más resguardado!

Raúl, que no había terminado el bachillerato, comenzó a estudiar en una escuela especial para cubrir las asignaturas que le permitirían hacer el examen de ingreso en la universidad, y mientras tanto, estudiaba con Fidel, como me contaba por carta: "No te imaginas cómo es Fidel como maestro. Me ha puesto a estudiar el diccionario y me da las tareas, por ejemplo de la A a la C un día, otras acepciones otro día; en fin, él dice que en los diccionarios se aprende mucho, y yo estoy de acuerdo con él".

La tutoría que tuvo en los estudios le mereció ser aceptado en la Facultad de Ciencias Sociales, donde sacó buenas notas. Años después, analizando aquella época fue que caí en cuenta de que cuando Raúl se matriculó en Ciencias Sociales es que se unió a un grupo de estudiantes de filiación comunista, lo que le provocó que le prestara más atención a sus reuniones políticas y que las notas escolares bajaran. Con cada examen venía la nota de suspensión, en tanto estaba sucediendo todavía algo más grave y de lo cual nadie en la finca —incluida yo— se había dado cuenta: Fidel no quería, en ese entonces, comprometerse con los elementos marxistas de la universidad, pero eso era únicamente en apariencia, y la verdad es que a quien puso a recibir a todos ellos es a Raúl. A Raúl lo captaron, lo convencieron y así comenzó a participar en la Unión de Jóvenes Comunistas, una rama del partido comunista de esa época. Su nombre se mencionaba frecuentemente con esa corriente porque no tenía la astucia de Fidel para eludirse y era más abierto a dar la cara a sus simpatías políticas, de manera que en unos cuantos meses, Raúl ya estaba identificado como militante de la juventud comunista dentro de la universidad. Todo esto era ajeno al mundo de la finca de Birán porque ni en los sueños más remotos mi mamá y mi papá se lo hubieran imaginado, mucho menos alguno de nosotros hubiera podido entender que Fidel quería mantenerse al margen de esas actividades y que en realidad Raúl era quien daba la cara por él. De haberlo sabido, personalmente Ángel Castro Argiz hubiera ido a La Habana a marcarles un alto.

Mientras eso sucedía, en la casa estábamos tranquilos con lo que Enma decía por carta: "Si algo admiro de Fidel es que tiene la gran determinación no sólo de volver a estudiar sino de terminar muy pronto la carrera. Miren que paso los días de descanso del colegio con él y con Mirta, y lo de Fidel es estudiar de la mañana a la noche. Se despierta con el sol, se pone una bata y todo lo de él es estudiar y nada más".

En año y medio adelantó todo el tiempo perdido y presentó cincuenta asignaturas en la universidad. En Derecho Hipotecario sacó 100 puntos, ya que con la memoria increíble que tenía se aprendió el libro completo en tres días.

—Lo próximo, Mirta, es que nos iremos a La Sorbona porque voy a buscar una beca, así que ya sabes, pronto estaremos viviendo en París —le dijo Fidel un día a su esposa.

Mirta, feliz, nos escribió para contarnos la historia que la tenía tan entusiasmada: "¿Se imaginan? Fidel sigue presentando más asignaturas con muy buenas notas, y por supuesto que la beca no será difícil de conseguir, así que me muero de felicidad de imaginar que pronto estaremos en Francia".

Mi mamá tampoco cabía del orgullo apoyando los planes:

—Y si no le dan la beca, tampoco te preocupes, Mirta, que hablé con el viejo y vamos a hacer el sacrificio para ayudarlos a cumplir ese sueño.

Finalmente, en junio de 1950, Fidel se gradúa de Doctor en Leyes. Esa graduación fue la gran satisfacción de los esfuerzos de mis padres, obsesionados por darnos a todos una carrera universitaria; y la ocasión era tan importante que el viejo, muy mayor y muy achacoso, que ya ni salía fuera de la casa, ¡hizo el viaje ex profeso!

—Vale la pena porque ese muchacho ha hecho mi sueño realidad —se repetía.

¡Claro que valía la pena! Por unas circunstancias o por otras, unos nos quedamos a la mitad del camino, en cambio Fidel fue el único que realmente lo logró. El caso es que mi papá, siguiendo una tradición europea, le tenía una sorpresa a Fidel: su anillo con un solitario de 8 kilates.

—Este anillo lo he tenido guardado toda la vida esperando el momento de dárselo al primero de mis hijos que se graduara de una carrera universitaria. Es tuyo, Fidel.

—No, viejo, no puedo aceptarlo. En verdad guárdalo para la vieja, que es quien se merece todo porque ella siempre ha trabajado tanto y nunca se ha dado buena vida. Yo preferiría que me prestaras un dinero para otros planes que tengo, como poner un bufete jurídico, pero el anillo, no te lo voy a aceptar, así que guárdalo por favor.

Contra su voluntad, mi papá guardó el famoso anillo en la caja de caudales de la finca, y en el año 1958 mi mamá fue a Santiago de Cuba con Ramón y le dio una encomienda a Raúl Pino, hijo de Fidel Pino, el compadre y mejor amigo de mi padre, y a quien conocían prácticamente desde que nació.

—Te pido que me lo guardes en tu caja fuerte —le dijo mi mamá— porque temo que un día llegue el ejército batistiano a la finca, me obliguen a abrir la caja en un registro y se lo roben.

Al final, con el triunfo de la revolución, nadie de la familia se acordó de ir a ver a Raúl Pino y pedirle el anillo... ni Raúl Pino lo devolvió. Tiempo después se exilió en Miami, donde murió de cáncer del pulmón, y sin dejar rastro alguno del solitario de 8 kilates de mi papá.

Pero la generosidad de mi padre seguía siendo a prueba de todo: ayudó nuevamente a Fidel y a Mirta a cambiarse a otra casa que fuera más grande y donde estuvieran más cómodos con Fidelito, el hijo recién nacido de Fidel y Mirta. En realidad era un dúplex muy bonito en 23 No. 1511, entre 24 y 26, altos, Vedado, un lugar en donde también llegaron a vivir Frank y Waldo, hermanos de Mirta, y Bolalá, la abuela de ella, cada quien aportando algo mensual para los gastos, aunque mi papá era el benefactor principal.

En cuanto a la nueva carrera de Fidel, Ángel Castro Argiz le montó su bufete jurídico en La Habana vieja. Para los viejos, otro de sus grandes momentos de triunfo personal fue el día en que abrió sus puertas el bufete Aspiazu-Castro-Reséndiz, formado por los abogados Jorge Aspiazu, José Luis Reséndiz y Fidel Castro.

Pero todo esto fue tan sólo un alto en la gran tormenta que prácticamente estaba a la vuelta de la esquina...

9.

LLEGAN LOS NIETOS

La pausa antes del temporal tuvo para mis padres la alegría indescriptible de cuando comenzó a nacer la nueva generación de Castro, que llevaban su sangre y a quienes de inmediato adoraron: los hijos de Angelita, Ramón y del mismo Fidel.

Como abuelos, los viejos disfrutaron lo que nunca antes pudieron con sus propios hijos, porque cuando nosotros éramos niños, ellos estaban construyendo el patrimonio, trabajando a toda hora, atendiendo a siete muchachos, mandándolos al colegio. Totalmente diferente de cuando años después tenían tiempo para gozar con los nietos porque la vida financiera ya estaba hecha y los otros hijos ya estaban grandes.

Angelita siempre fue un caso especial porque por períodos, cuando a su esposo Manuel, como militar, lo enviaban comisionado a todas partes, ella y sus niños venían a vivir a Birán. En casa dio a luz a Mirtza, su primera hija, a la que le siguieron cuatro más: Mario, Tania —que siempre fue muy cariñosa conmigo—, Tony y finalmente Ileana. En ese tiempo, la preocupación por su hija mayor acompañaba todo el día a mi mamá:

—Viejo, estoy muy preocupada —le decía a mi padre—, Angelita cada año tiene un hijo. En verdad que no sé cómo a

Manuel no le preocupa esto porque ya ves que en cada parto ella se pone muy mal porque no produce jugos gástricos. Dice el médico que con cada niño el hígado se le está dañando más y más.

Efectivamente al nacer Ileana, Angelita casi se muere y tuvo que estar internada en el hospital en Santiago de Cuba cerca de tres meses. A Dios gracias, Sully, la esposa de Ramón, fue la que durante la enfermedad de mi hermana mayor, se dedicó a cuidar de sus hijos. Y yo como tía siempre fui muy apegada a aquellos muchachos a quienes quería mucho. Les compraba lo que querían, los llevaba a pasear y siempre fueron lo más grande para mí, al grado que Tony, ya jovencito, vivió conmigo un tiempo en La Habana, cuando yo tenía la casa de huéspedes. Tony era mi mano derecha, lo quería muchísimo y me lo iba a traer conmigo al exilio, pero una indiscreción telefónica que tuve, olvidando que todos mis teléfonos estaban siendo grabados por el G2 (el servicio de inteligencia del régimen; la policía secreta) puso al descubierto todo. Supe que con el tiempo se hizo veterinario y se encaminó en el sistema; pero éstos ya entran en recuerdos tristes, y como en este capítulo sólo estoy recordando los buenos tiempos con los nietos de mis padres, ya exploraremos lo demás en lo que sigue del libro.

En Birán todos aquellos muchachos, los cinco de Angelita y Manuel, y los tres de Ramón y Sully, hacían de los abuelos Castro lo que querían, y si nosotros cuando chiquitos teníamos gran respeto al despacho de mi papá y cuidábamos de no hacer destrozos, al grado de que cuando estaba trabajando o simplemente descansando, no lo molestábamos, los nietos hacían todo lo contrario. Mi papá los protegía mucho; cuando estaba durmiendo la siesta o terminaba de almorzar y se ponía a oír los noticieros por radio, ellos llegaban y le echaban gotas de limón a los ojos, mientras él se reía y callaba. Esos muchachos siempre estaban pensando en la siguiente diablura y media para hacerle a mi papá, que los veía felices. Y con mi mamá ni qué hablar, porque el consentimiento de la abuela era igual o peor.

97

No había poder humano que les quitara a los nietos de arriba porque ambos estaban encantados. Tania, la segunda niña de Angelita, fue la que vivió mucho el cariño del abuelo porque era muy apegada a mi papá.

—Juanita, ya le dije a tu madre que quiero que me ayudes a tener todo dispuesto para que a mis nietos no les falte dinero para que estudien una carrera en la escuela que sea. Quiero darles lo que necesiten para que logren lo que se propongan en cualquier lugar. Desde ahora tienen que tener eso garantizado por este viejo.

Y ni qué decir cuando nació Fidelito, el primer hijo de Fidel y Mirta. Ahí sí que se rompió el molde del todo.

Fue el niño más mimado que recuerdo. Nació en La Habana el 1 de septiembre de 1949. Fidel Ángel Castro Díaz-Balart fue la alegría de toda la familia. Verdaderamente fue un acontecimiento porque era más que visible en el rostro de Fidel lo feliz que estaba con su hijo varón. A los pocos meses de nacido, sin embargo, nos llevamos el gran susto porque se enfermó de meningitis viral, pero gracias a Dios lo superó y se recuperó. Era un chiquito que siempre estaba alegre, sonriendo, nunca estaba de malas, se veía feliz, monísimo; se parecía al padre.

Mi papá y yo fuimos sus padrinos de bautizo y su nacimiento coincidió con una época de tranquilidad transitoria en la finca.

—¿Qué más podemos pedir, Castro? —le decía mi mamá a mi papá— Fidel tiene un hijo, está por terminar la carrera, ya no se le conoce ninguna actividad política en la universidad, y Raúl ya ha vuelto a los estudios gracias a los esfuerzos y la tutela de Fidel... ¿qué más podemos pedir, viejo?

Los viejos tenían razón: no podíamos pedir más felicidad en Birán... pero ésa fue la última que vimos y sentimos por mucho tiempo, porque a partir de entonces la felicidad aquella nos duró poco y nada.

10.

LA HISTORIA COMIENZA

Los sueños de Mirta de vivir en paz con Fidel y Fidelito en París, tal y como mi hermano le había prometido, rodaron por los suelos cuando súbitamente cambiaron los planes. Enma, que en aquel momento se encontraba en su casa, nos contaba que Fidel una tarde comenzó a platicar con su mujer en la sala:

—Mirta, yo no me voy a París porque yo estaría equivocando mi destino. He decidido que no me voy a ir a estudiar a La Sorbona. Yo me voy a quedar aquí en Cuba y voy a lanzar mi candidatura como representante del Partido Ortodoxo en La Habana, voy a luchar en el Congreso del país y algún día tomaré el poder.

Mirta, sorprendida, comenzó a llorar mientras trataba de convencerlo de lo contrario.

—Pero, Fidel, tú no puedes echar abajo los planes que tenemos porque tú me lo prometiste, y no sólo a mí, ¡tú les prometiste a los viejos que nos iríamos a París a estudiar tu maestría! Entiende que no puedes hacerlo, Fidel. Hazme caso.

Fidel se enojó tanto, que tomó una de las dos lámparas de alabastro que tenían al lado del sofá —las mismas que habían sido el regalo de bodas de Batista— y la estrelló contra el piso, deshecha en mil pedazos.

—¡Coño, Mirta! No insistas, que no me voy a ir. ¡Y ya!

Aquella actitud de Fidel la frenó en seco y paró de llorar. Enma, que no sabía qué hacer, comenzó a recoger los pedacitos de la lámpara que quedaron regados por todas partes.

Este episodio, con el tiempo, me dejó en claro que Fidel, desde un principio, supo perfectamente lo que quería. Así fue que el esfuerzo de mis padres por encaminarlo duró escasamente un año.

—Pocas veces te he pedido ayuda, papá —le dijo en un viaje que hizo ex profeso—. Cuando me has dado dinero de más, siempre te lo he devuelto, pero en esta ocasión necesito que me ayudes económicamente para lograr lo que me he propuesto. Pertenezco al Partido Ortodoxo porque sus principios comienzan con su lema: vergüenza contra dinero. Representan el cambio hacia un gobierno justo y me identifico plenamente con ellos, de manera que quiero postularme como representante en el Congreso, pero para tal cosa necesito dedicarle tiempo completo a la política y necesito el dinero para mantener a la familia.

Nada que uno de nosotros le pidiera al viejo era negado si la petición tenía lógica, así que nuevamente mi papá se convirtió en el apoyo económico más importante para Fidel, que no le pedía ayuda para la campaña política sino para hacer frente a los gastos de su casa.

Yo, que como siempre estaba muy pegada a nuestro padre, y que además llevaba las cuentas de los negocios, recibí sus órdenes.

—Quiero que, por lo menos mensualmente, se le envíen a Fidel unos quinientos dólares para que mantenga a su familia.

—Castro, yo también he hecho mi parte —intervino mi mamá—, ya que le he abierto crédito a Mirta en unos almacenes en La Habana donde pueden comprar víveres y lo que necesiten, y nosotros pagaremos las facturas. Además, en el último viaje Juanita y yo la llevamos a comprar un juego de comedor que le gustaba mucho, es color blanco ostión y está de lo más bonito. Así que con lo que les damos se cubren la mayoría de las necesidades de la casa; por lo demás, aunque poco, Waldo y Frank dan lo que pueden, y mientras nosotros sigamos corriendo con la mayoría de los gastos, Fidel, Mirta y el niño van a estar en paz.

—Eso está muy bien porque Fidel me ha dicho que se va a dedicar de lleno a la política —terció mi papá—, y como lo veo tan decidido, además, por lo que me contó con muy buenas posibilidades de ganar el asiento, entonces hay que respaldarlo. ¿Saben qué me dijo? Que un día va a ser presidente de Cuba. Yo no lo dudo que así sea. Por lo pronto, vamos a ayudarlo.

La generosidad de Ángel Castro Argiz volvía a hacerse presente con Fidel, a quien desde la finca se le enviaba el dinero para mantener los gastos de su familia. Con eso dejó de lado el bufete Aspiazu-Castro-Reséndiz y así fue que pudo dirigir su campaña electoral, que hizo con labia, sin dinero, pero con mucha astucia y discursos.

La vida política de Cuba se agitaba día a día porque la opinión pública se sentía defraudada por el gobierno del doctor Carlos Prío Socarrás, y cada día crecía más el llamado Partido del Pueblo Cubano (o Partido Ortodoxo) que lideraba Eduardo Chibás y al que pertenecía Fidel como militante de fila sin ninguna jerarquía. Que yo recuerde, el Partido Ortodoxo representaba lo que la mayoría del pueblo quería en ese momento, y Fidel, con la misma pasión con la que ha tomado todos sus caminos, se lanzó a la lucha antigubernamental. No le importó que en las aulas universitarias su figura como ortodoxo no fuera muy conocida, y siguió adelante.

Comenzó a dar declaraciones a la prensa, a participar en cuanto evento era destacado, y ésa era su vida diaria, mientras, al margen, Mirta nos hablaba preocupada:

—Fidel casi no viene a la casa, vive para la política en el Partido Ortodoxo, y yo en verdad que me siento abandonada; no hablamos casi nunca porque pasa días enteros fuera. Si no fuera por el dinero de ustedes, no sé cómo Fidelito y yo nos mantendríamos a flote.

Fidel seguía en lo suyo. Había muchas batallas antiguber-
namentales que se organizaban en la escalinata de la universidad y él ya había definido lo que quería: participar en todas.
Alquiló una planta (como en Cuba llaman a las estaciones
de radio) y desde ahí lanzaba acusaciones contra el gobierno de Prío Socarrás. En una de aquellas manifestaciones que
la policía trató de disolver, mataron a Carlos Rodríguez, un
estudiante que fue tomado entonces como bandera para el
movimiento contra Prío —que en realidad nunca se destacó
por el derramamiento de sangre, y ordenó que se procesara a
los dos oficiales implicados en la muerte.

Fidel se presentó como abogado acusador, con lo que nosotros esperábamos verlo estrenarse en las cortes, pero aquel
juicio nunca se llegó a dar.

Mientras tanto, la turbulencia seguía a Fidel hasta su mismo hogar. Mirta, que era una buena mujer, tuvo que aguantar a
un marido como el Fidel de aquella época: mujeriego y enamo-
radizo, con un carácter fuerte y cantidad de líos políticos que
le absorbían todo el tiempo, sin dejar nada para su familia.

Fue precisamente por ese tiempo que Fidel tuvo dos hijos
fuera de matrimonio. Nos enteramos porque, como sucedía
con todos los hijos que él tenía la certeza de que fueran suyos,
iba y se lo contaba a mi mamá y a Angelita para que los procu-
raran y registraran legalmente bajo su nombre. Así conocimos
a Jorge Ángel, a quien tuvo con una muchacha "mora", como
le llaman en la provincia de Oriente a la gente con tez more-
na. Y luego a Francis, que nació cuando Fidel estaba siguiendo un juicio y tuvo unos amores en aquel momento con otra
muchacha. De la madre de Francis decía Fidel:

—Nada más de verla cruzar una calle, de inmediato me
atrajo; todo fue a primera vista.

Francis no lleva el apellido Castro, no porque Fidel no
se lo diera, sino porque la madre se había vuelto a casar y el
esposo le había dado el suyo a la niña, que ya había sido ins-
crita. Sin embargo, me consta que siempre estuvo pendiente
de lo que necesitara, y nosotras sabíamos de su existencia, de

la misma forma que mi mamá y Angelita, varias veces en el año, se la llevaban con ellas para que pasara un tiempo en sus casas.

En cuanto a nuestra familia, las cosas marchaban sin muchos cambios. Excepto los que de vez en cuando me provocaban un disgusto. Como las veces en que Enma y yo estábamos en el colegio en La Habana y mi papá le mandaba a Fidel el dinero para pagar las colegiaturas, pero muchas veces no lo hacía a tiempo y teníamos problemas con él. Otra vez le pedimos a mi papá unos relojes y él le dio el dinero a Fidel para que los comprara, pero en vez de hacerlo, se gastó el dinero. Cuando ya había pasado algo de tiempo y nos dimos cuenta de que no nos los traía, se lo reclamamos.

—Ya dejen de quejarse que aquí les tengo los relojes.

Enma, que siempre ha sido muy discreta, no dijo nada, pero yo, ¡de inmediato brinqué al verlos!

—¿Qué es este vejestorio, Fidel? ¡Esto no sirve! Mira, está oxidado.

—No seas exagerada, Juanita, sacúdelos y verás que sí funcionan.

Por supuesto que nunca funcionaron.

Fidel continuó en sus actividades políticas, y el 16 de agosto de 1950, Eduardo Chibás, líder del Partido Ortodoxo y un hombre de gran popularidad, en medio de un programa de radio que tenía los domingos, sin más, se dio un balazo. No murió ahí sino diez días después, el 26 de agosto, lo que provocó un gran duelo. Se había suicidado. El 28 de agosto lo velaron en la Universidad de La Habana y Fidel propuso llevar su cadáver hasta el Palacio Presidencial y utilizar a la conmovida ciudadanía en un golpe espectacular, pero la dirigencia de los ortodoxos no lo aceptó. El entierro de Chibás era tumultuario y Fidel aprovechó para saltar a la tribuna y hacer un dramático juramento secundado por muchos jóvenes, que ahí mismo lo escucharon anunciar su aspiración a la Cámara de Representantes.

Pero un hecho inesperado e inimaginable en Cuba vino a frustrar los planes electorales de Fidel: en la madrugada del 10 de marzo de 1952, cuando sólo faltaban ochenta y dos días para las elecciones convocadas, Fulgencio Batista, uno de los candidatos presidenciales, acompañado de importantes jefes militares, entró por la fuerza a la Fortaleza Militar de Columbia, la más importante en Cuba, y derrocaron al gobierno del doctor Prío Socarrás, quien se marchó al exilio. Inmediatamente se suspendieron las elecciones, Batista derogó la constitución de 1940 en vigor e impuso el estado de sitio en todo el país.

Para Fidel todo aquello era inverosímil; no creía que aquello hubiera sucedido, hasta que, estando ahí en su departamento del Vedado, recibió una llamada de su cuñado y amigo Rafael Díaz-Balart.

—Te llamo para avisarte que me he unido al gobierno de Batista...

Eso en realidad no sonaba nada raro porque los Díaz-Balart eran de Banes, el mismo pueblo del dictador, y mantenían muy buenas relaciones con él, al grado que, de inmediato, el suegro de Fidel fue nombrado ministro de Transporte, y Rafael fue designado subsecretario de la gobernación.

—Yo creo que lo mejor es que te unas a nosotros —le dijo Rafael a Fidel.

—¡Jamás, Rafael, jamás! ¡Yo no soy batistiano como tú!

Fidel tiró el teléfono y furioso se fue de la casa y pasó la noche fuera, mientras Mirta se encontraba entre la espada y la pared. Al día siguiente, le mandó una carta a Mirta con René Rodríguez, quien después sería un conocido comandante de la Revolución:

> *Mi querida Mirta:*
> *Esto que ha sucedido en las últimas horas me deja muy en claro la posición de tu familia, que no es la que yo tengo y por la que yo lucho. No puedo pensar que en mi casa vivo con enemigos, por lo tanto he decidido no volver mientras no salgan de ahí Waldo y Frank, tus hermanos.*

¡Pobre Mirta! ¡Nuevamente estaba en medio de un problema matrimonial por la política! Al enterarse de la carta, los hermanos se fueron de inmediato de aquella casa, y también se fue por un tiempo Fidel. Nadie supo de él hasta el 24 de marzo, cuando una nota de prensa recogió la acusación de Fidel que pedía al Tribunal de Urgencias de La Habana que se castigara al nuevo presidente de facto, acusando a Batista y a los magistrados, y urgiendo enviar a la cárcel al nuevo dictador de Cuba. El escrito no fue cursado por el Tribunal de Urgencias, pero Fidel siguió en sus planes de conspiración y agitación. Aparte de la indignación por la nueva dictadura, tenía una gran frustración electoral que lo afectó enormemente. Raúl me decía:

—No se preocupen por Fidel que está bien, todo el día está ocupado organizando, planeando y haciendo en mimeógrafo un periódico llamado *El Acusador* donde firma con el seudónimo de Alejandro, pero esto último no se lo comentes a los viejos para no preocuparlos.

En el primer aniversario de la muerte de Chibás, en agosto de 1952, Fidel repartió una carta en la que conminaba a la guerra total contra Batista. Con esto se fue por arriba de la tradicional dirigencia ortodoxista de ganar el poder por las buenas, conminándolos a acabar con sus luchas internas. En realidad Fidel no desaprovechaba oportunidad alguna para atacar al régimen batistiano, lo que tristemente llevaba encaminado su matrimonio al fracaso.

—Yo paso en la casa días enteros únicamente con Fidelito y en ocasiones con Enma —le decía Mirta a mi mamá— mientras la lucha de mi esposo es contra todo lo que mi padre y mi hermano representan. Fidel casi no para aquí. Es algo muy difícil lo que vivo a diario. Por un lado está Fidel y por el otro mi familia...

El verano de 1953 entró de lleno con desagradables sorpresas. Extrañamente, Fidel se había calmado y andaba tranquilo con Mirta. Sin embargo, esta vez los problemas vinieron con Raúl, que sin decir nada, ni siquiera a mí que era su confidente, y por supuesto ni a mis padres que no tenían idea alguna, ¡se había ido a Bucarest, Rumanía! Fue a participar en el IV Festival Mundial de la Juventud y los Estudiantes (FMJE), que desde 1947 era organizado por la Federación Mundial de la Juventud Democrática y la Unión de Estudiantes. Allí se debatía política con tendencia izquierdista, con un público que se conformaba mayormente de militantes de organizaciones juveniles de partidos comunistas. Raúl, para entonces no estaba afiliado al Partido Socialista Popular (el partido comunista cubano), pero se había ligado a líderes estudiantiles de esa corriente.

Al terminar el festival decidió recorrer Europa, pero se quedó sin dinero en Praga y me escribió urgentemente:

"Juanita, mi hermanita querida, vine a un congreso y quiero aprovechar el viaje para visitar varias capitales europeas, ayúdame, mi hermana, para que los viejos me manden un dinero. Tú sabes que nunca los molesto con nada, pero es una buena oportunidad de algo que no se presenta a menudo".

¡Faltaba más si esa petición no se iba a cumplir! No sólo Raúl era mi hermano favorito, sino que era el hijo consentido de Lina, ¡y ni qué decir de mi papá! —el pobre— tan ajeno, como nosotras, a las andanzas del menor de sus varones.

—Juanita —me dijo mi papá—, vete al banco y pon un giro con suficiente dinero para que Raúl pueda terminar ese recorrido que seguramente le ilustrará más.

Raúl pasó mayo y los primeros días de junio en aquel viaje por Europa sin imaginar lo que le esperaba al regresar a La Habana: los esbirros de Batista que ya estaban al tanto de las actividades de los que habían ido al FMJE, los estaban esperando y les dieron una golpiza brutal. A Raúl le dieron una paliza terrible, pero él no se quejó con nosotras, simplemente se calló, y a su vez también calló sobre su viaje y lo que en verdad fue a hacer por allá.

No tuvimos mucho tiempo para indagar sobre el viaje de Raúl, ya que enseguida se vino la graduación de Enma del bachillerato, el 12 de junio de 1953. Días antes mi papá se había desmejorado y mi mamá no quiso dejarlo solo, de manera que terminamos yendo a la ceremonia Fidel, Raúl y yo. A Dios gracias que los viejos no pudieron asistir porque se hubieran llevado un gran disgusto al ver como estaba lastimado Raúl de aquella golpiza, de la cual nunca habló.

—Hace unos días que Raúl vino a verme al colegio —me explicó Enma—, y me comentó que probablemente Fidel vendría pero que no era seguro. Aunque ambos están muy ocupados, Raúl me dio su palabra de que no faltaría.

Y por supuesto que no faltó. Todo adolorido, pero como siempre tierno, cariñoso y de buen humor, ahí estuvo haciéndonos compañía.

Después de la ceremonia, yo me regresé a la finca y Enma se quedó unos días en La Habana recogiendo sus cosas del internado y arreglando todo para cuando volviera a la universidad. Luego se fue a pasar el verano en Birán.

—¿Sabes, Juanita? Fidel nuevamente se ha contentado, por supuesto que sólo temporalmente, con Lidia Castro Argota. Fui a despedirme de él y ella estaba ahí de anfitriona atendiendo a un grupo donde estaban Abel y Haydee Santamaría, Chuchú Reyes, Melba Hernández y Chucho Montaner, (el reducido círculo de colaboradores que serían los fundadores de la Revolución Cubana). Todos andaban de lo más ocupados haciendo el periodiquito clandestino que reparten y hablando de una conspiración contra la dictadura de Batista.

—Y ¿qué tiene eso de raro? —dije.

—No, nada —me respondió Enma—, en realidad tienes razón y ya debiéramos estar acostumbradas a lo que nuestros hermanos hacen, porque con eso de las luchas de Fidel ya nada nos debería llamar la atención. Por eso mismo, al verlos trabajando tan metidos en algo decidí no quitarles tiempo y me despedí de todos y me vine a la finca.

¿Quién nos iba a decir que "aquello" que Fidel y Raúl con tanto empeño preparaban y que tanto tiempo les ocupaba, era nada más y nada menos que ¡el asalto al Cuartel Moncada!?

II.

EL ASALTO AL CUARTEL MONCADA

El calendario de papel sobre el escritorio de mi papá marcaba la fecha 26 de julio de 1953. Reparé en la presencia del almanaque al momento de ir a llamar al viejo para que viniera a comer porque todo estaba listo y esperándolo. De otra forma nada me pudo advertir que ése sería un domingo diferente para los cubanos de ese tiempo y para los de muchos años más. Era un precioso domingo de verano el que nos reunía en la mesa que compartimos mi mamá, Enma, Tania, la hija de Angelita, mi papá y yo. La plática continuó en una sobremesa, mientras mi papá —como siempre acostumbraba— escuchaba las noticias de la tarde por la radio. De pronto la música que acompañaba a un boletín especial nos hizo callar para escucharlo:

Interrumpimos esta transmisión para informarles que un grupo de rebeldes asaltó hoy el Cuartel Moncada, la segunda guarnición militar en el país, localizado en Santiago de Cuba, capital de la provincia de Oriente. Se habla de muertos y heridos. No se conocen más detalles... Seguiremos informando...

Todos sentimos escalofríos mientras mi papá, mirándonos, dijo:

—No sé por qué pero algo me dice que este muchacho, Fidel, está metido ahí.

De inmediato Enma intervino.

—Cálmate viejo, ¡qué va que Fidel va a estar metido en algo así! Quítatelo de la cabeza.

Aunque nada ligaba a Fidel con el asalto al Moncada, el ambiente en la casa se puso tenso y, peor aún, cuando vinieron a informarnos que la pareja de la guardia rural destacada en Birán había sido llamada de urgencia a reportarse al cuartel del Central Marcané.

—¿Qué pasa? —bromeó Enma— ¿Acaso comenzó ya la revolución contra Batista?

Por unas cuantas horas no escuchamos nada más hasta que alrededor de las seis de la tarde llegó corriendo el dependiente de la tienda.

—Doña Lina, doña Lina, acabo de escuchar por la radio que el jefe del asalto al Cuartel Moncada ¡es Fidel!

Me preocupé enormemente porque yo tenía la certeza de que Raúl, por su devoción a Fidel y por la fuerte influencia que éste ejercía en él, por supuesto que también estaba en aquella acción revolucionaria. Los ojos de mi mamá se humedecieron y murmuraba, "Dios mío, Dios mío".

Poco a poco comenzó a llegar más información.

Volvemos a interrumpir la programación para dar a conocer que está confirmado que el líder de los asaltantes al Cuartel Moncada es Fidel Castro Ruz; su hermano Raúl también se encuentra en el grupo. Seguiremos informando.

Mi papá, aquel gallego bien plantado, se soltó a llorar como nunca...

—Yo que le entregué a Raúl, el más chiquito de mis hijos, para que hiciera de él un hombre de bien, ¡y miren dónde me lo ha llevado! ¡Lo ha llevado al matadero!

Tania, mi sobrinita, al ver a su abuelo llorar desesperado, comenzó a llorar sin saber qué hacer, mientras yo trataba de calmarla. Con los años Tania ha dicho que aquella imagen nunca se le va a borrar mientras viva, y eso que era una niñita de escasos cinco años. Enma y yo entonces acompañamos a mi mamá y a mi abuelita Dominga a rezar rosarios a la Virgen de La Milagrosa, mientras mi papá desesperado sintonizaba cuantas estaciones podía para saber más detalles, pero nada. Parecía ser que todo estaba cuidadosamente guardado.

Cayó la noche y mientras esperábamos noticias por la televisión, comenzamos a escuchar alrededor de la casa ruidos extraños, y poco a poco los fieles trabajadores de la finca comenzaron a llegar para decirnos lo que pasaba.

—Doña Lina, Don Ángel, ¡todos los alrededores de la finca están rodeados por soldados! ¡Todos están armados con rifles!

—Cálmense —les dijo mi mamá—, que aquí no va a pasar nada. No tengan miedo.

Poco después llegaron los emisarios batistianos...

—Únicamente queremos informarles que estamos vigilando toda la zona y que cumplimos órdenes superiores de vigilar la casa.

Cuando los hombres salieron, mi papá sacó su conclusión:

—Fidel y Raúl no están muertos porque estos andan a la espera de que ellos vengan por aquí.

Tenía razón el viejo y en verdad que eso nos dio esperanza sobre su vida...

—Fidel sabe más que todos —sentenció Enma— y no se aparecerá por acá porque entiende que aquí sería lo primero que vigilarían.

Por supuesto que nadie durmió aquella noche en la casa tal y como muchas veces había ocurrido, porque con los años esas vigilias habían aumentado por los líos en los que Fidel se metía a menudo. Si mi padre era un hombre preocupado por sus hijos, que no se acostaba si no rezaba por la salud de todos nosotros, a partir de aquel 26 de julio de 1953 estuvo más cerca de sus oraciones, de las que se agarró con todas sus fuerzas para poder soportar todo aquello que pasaba con su familia.

Mi mamá, apenas recuperada del impacto, comenzó a preocuparse...

—Castro, ¿cuántos muertos y heridos hubo? ¿Quiénes eran? ¿Qué pasó con ellos?

—No han dicho nada, Lina, no han dicho absolutamente nada.

—Ay viejo, más víctimas, más familias desgarradas por el sufrimiento, padres, hermanos, hijos con luto. ¿Es que nunca habrá paz en los hogares cubanos?

Nosotros ignorábamos por completo los detalles de cómo se había fraguado todo. El surgimiento de la juventud martiana o del Centenario, como se le conoció por el centenario del nacimiento de José Martí, apareció como idea de Abel Santamaría, que propuso el nombre con el que se conoció al grupo de militantes revolucionarios que atacaría el Cuartel Moncada. El plan de esos jóvenes era organizar y movilizar a toda la juventud y al pueblo de Cuba para derrocar la dictadura de Fulgencio Batista y entregar el poder a las autoridades civiles provisionales, que tendrían la tarea inmediata de reestablecer la constitución de 1940. De todo esto me enteré después por boca de Raúl.

—Nos preparábamos para combatir a la dictadura, pero sin conocer el objetivo que cada uno tendría en el ataque. Esto a base de la idea de Fidel de no saber de más, ni preguntar nada. Además sabíamos que la persona al lado podría delatarnos, lo que era una posibilidad real porque los batistianos estaban por todos lados y cualquier error hubiera costado la operación completa.

Las primeras aportaciones de dinero para el asalto llegaron del grupo de Abel Santamaría y con eso se compraron algunas armas. Abel y Fidel coordinaron las acciones y los participantes sólo tuvieron un entrenamiento ligero, más bien teórico sin tener en realidad una idea del tipo de acción que realizarían: sabían que pelearían, pero no sabían dónde, cuándo, ni cómo. Y todos estuvieron de acuerdo. El verdadero sitio lo conocían sólo dos personas: Fidel y Raúl.

Fidel pensó en la fecha del asalto y escogió los carnavales santiagueros que comenzaron el 24 de julio y donde todo el mundo se dedicaba a divertirse olvidando lo demás, incluidos los soldados que también salían a tomar y pasar el rato.

El asalto al Cuartel Moncada tuvo varias acciones simultáneas, y a Raúl junto a un grupo de diez, le tocó emplazar una ametralladora en la azotea del edifico del Palacio de Justicia desde donde se abriría fuego, lo que era de importancia estratégica. La historia habla de cómo el primer auto con los muchachos entró sin problemas a las cinco y diez de la madrugada; el segundo auto tampoco tuvo problemas. Sin embargo, fue a partir de la aparición sorpresiva de una patrulla militar que todo se descubre y que se desencadena el tiroteo y la masacre.

El ataque desembocó en una verdadera carnicería para los rebeldes. Luego de hacer con ellos barbaridad y media, a los que quedaron vivos cobardemente los torturaron y los asesinaron. Hubo muchos muertos, sobre todo en el lado de los rebeldes. Murieron soldados sí, defendiéndose del ataque, pero se ensañaron con los muchachos que cogieron porque los descuartizaron, los profanaron, no hubo respeto: la orden era acabar con ellos. Para el Coronel Chaviano, el jefe de la guarnición militar de Santiago de Cuba, la orden era sencilla:

—Mientras más rebeldes matemos, más tranquilo estoy.

Pero Raúl y su grupo, aprovechando la confusión, lograron escapar del Palacio de Justicia y Fidel dio la orden de retirada y pudo huir también gracias a una de sus medidas: usaron uniformes del ejército de Batista para entrar al Cuartel pero debajo traían ropa de paisano para poderse mezclar entre la gente fácilmente al escapar.

Para cuando los detalles comenzaron a darse a conocer, nosotras, es decir, mi mamá y yo, ya habíamos llegado a Santiago de Cuba e inmediatamente nos movilizamos con amistades para cumplir nuestro plan: salvar la vida de mis hermanos y sus compañeros e impedir que, si estaban vivos, los asesinaran como sucedió con los que fueron masacrados cobardemente. Entre esos amigos a quienes fuimos a recurrir estaba Monseñor Enrique Pérez Serante, obispo de Santiago de Cuba y quien era una visita frecuente en la finca porque mi papá le resolvía muchos problemas y también se confesaba con él.

Santiago de Cuba para ese momento ya se había convertido en un hervidero humano. Primero nos decían que Fidel había muerto en el ataque, después que los dos habían muerto. En fin, eran esas noticias confusas que siempre se dan al principio de un hecho de esa naturaleza. Finalmente mi mamá y yo pudimos averiguar que ellos habían huido.

En medio de aquella muchedumbre, Mirta nos alcanzó:

—He hablado con mi padre y con Rafael y me están ayudando. Mi papá me dijo que Batista le había prometido actuar y que había dado la orden de capturar a Fidel vivo, de manera que, créanme, no lo van a matar.

—¿Y qué con Raúl? —preguntó mi mamá.

—Lo mismo, Lina. La orden es de aprehenderlos vivos.

Mirta nos enseñó una orden escrita dada a todos los mandos del ejército:

"A las tropas que buscan a los asaltantes del Cuartel Moncada y sus alrededores: Fidel y Raúl Castro deben ser capturados y presentados vivos..."

El parte efectivamente estaba firmado por el Estado Mayor de las Fuerzas Armadas.

Raúl logró huir y esconderse con gente amiga que lo encaminó a salir al Caney, un pequeño pueblo cerca de San Luis que estaba rodeado por el ejército, pero fue detenido mientras pedía un aventón entre El Cristo y San Luis. Una patrulla comenzó a hacerle preguntas y él dijo que era hijo de Arcadio Cruzata, delegado del partido de Batista en esa zona. Así pudo salvarse inicialmente, pero igual lo detuvieron y lo llevaron a San Luis para identificarlo. Llamaron a Fermín García, el jefe de oficina del Central Marcané —amigo de la casa que estaba de paso por ahí. Cuando vio a Raúl se quedó paralizado y dijo no saber si era hijo de Arcadio Cruzata o no, y salió de ahí de inmediato para avisarnos que tenían a Raúl en San Luis y que lo estaban tratando de identificar. ¡De inmediato mi mamá y yo nos fuimos para San Luis y cuando lo identificaron, nosotras hicimos pública la denuncia de que estaba vivo.

Quisimos verlo pero no nos dejaron el primer día, y no lo vimos hasta el siguiente. Fue un encuentro emotivo porque él nos quería mucho a ambas e intuía los esfuerzos desesperados que estábamos haciendo para salvarlos.

—¿Y tu hermano, Musito, dónde quedó tu hermano?

—No sé nada de Fidel, vieja, pero ten fe en que él no puede haber muerto...

Recién al tercer día de detener a Raúl lo trasladaron a Santiago de Cuba y nos dieron permiso de llevarle comida. Al encaminarnos hacia allá algo llamó nuestra atención: el ejército tenía cerradas todas las calles de Santiago. Había una gran movilización y de inmediato dedujimos lo que pasaba... ¡Habían capturado a Fidel y lo estaban llevando al Vivac (como era conocida la prisión en Santiago de Cuba)!

¿Quién podría salvarle la vida a Fidel en ese momento? ¡Monseñor Enrique Pérez Serante!

Como el escándalo era tan grande, por lo menos teníamos la certeza de que estaba vivo. La prensa lo confirmó y el Coronel Chaviano aflojó la mano y no se atrevió a fusilarlos a sangre fría a medida que fueron capturando a los otros veintiocho militantes.

A Fidel lo detuvieron en las Montañas Orientales, en la zona conocida como "La gran piedra", donde estaba junto a Óscar Alcalde, un hombre que tenía una granja de pollos y que vendió todo por el ataque al Moncada, y otros más que se habían quedado dormidos, rendidos por el cansancio. Los habían sorprendido dentro de una casita hecha de guano. El teniente Pedro Sarría, que comandaba la columna de militares, reconoció a Fidel, le pidió que dijera su nombre en voz alta, lo detuvieron y se lo llevaron a Santiago. Fue ahí cuando, por afortunada coincidencia, mi mamá y yo estábamos esperando entrar al Vivac para llevarle comida a Raúl ¡y vimos que traían a Fidel detenido!

—¡Están los dos vivos, Juanita! ¡Y por lo menos están juntos! —repetía mi madre.

Días después fueron trasladados a la prisión de Boniato, donde alguien le ordenó a un teniente llamado Jesús Yánez Pelletier matar a Fidel poniéndole veneno en un plato con bacalao. Yánez se negó a hacerlo y en cambio nos avisó a nosotras y a Fidel. Fidel, por medio del abogado defensor, hizo la acusación pública de que los batistianos lo querían envenenar, al margen de que a Yánez Pelletier lo expulsaron del ejército y lo metieron en la cárcel.

Baudilio Castellanos, profesor de la Universidad de Oriente, como abogado de oficio defendió a todos los combatientes que se declararon culpables. Mientras tanto, nosotras ya habíamos contratado al mejor abogado penalista de Santiago de Cuba, Jorge Paglieri, para que se hiciera cargo de la defensa de Fidel y Raúl. Durante aquel juicio, que comenzó en septiembre, Fidel hizo su propio alegato famoso, "La historia me absolverá", ante el fiscal Mendieta. Al terminarse el proceso un mes después, en octubre de 1953, a Fidel lo condenaron a veintiséis años de cárcel, mientras que a Raúl y a los otros veintiocho muchachos les dieron trece años en lo que era la prisión modelo ubicada en Isla de Pinos (hoy Isla de la Juventud), donde tendrían que cumplir la sentencia.

Mi pobre padre me preocupaba cada día más. Comenzó a deprimirse y sólo se dedicaba a rezar. Se aferró a su fe, como nunca, para poder soportar todo aquello que estaba pasando en su familia... por sus hijos.

Todo lo sucedido en el Cuartel Moncada mostró una ironía histórica de la que siempre nos aprovechábamos para molestar a Raúl años después. Cuando Raúl era niño estudió un tiempo en un tipo de escuela que Batista, en su primer periodo como presidente, había puesto por toda Cuba: se llamaban Escuelas Cívico-Militares y existían mayormente en las zonas rurales. Un día, un grupo de alumnos distinguidos de estas escuelas fueron premiados con un viaje a La Habana donde los llevaron a ver a Batista en persona, y entre ellos estaba Raúl. Ya estando con el presidente, a Batista le llamó la atención un niño risueño. Lo cargó en brazos y le preguntó:

—¿Cómo te llamas?

—Raúl Castro.

—Dime algo que tú quieras y te lo concedo —siguió Batista.

—Yo sólo quiero que promueva a mi maestro que es muy bueno —respondió Raúl.

La petición fue noble, y para remarcar la ocasión, les tomaron una foto donde se ve a Batista cargando en brazos a Raúl, y con esa foto lo molestamos de lo lindo, años después. ¡Quién iba a decirle a Fulgencio Batista entonces, que aquel chiquito algún día iba a formar parte de lo que le cambiaría el rumbo de su historia personal!

12.

ISLA DE PINOS: CÁRCEL Y DIVORCIO

Durante el tiempo en que Fidel y Raúl estuvieron en prisión, nos cambió la vida. Para ir a visitarlos a la cárcel, los viajes se volvían eternos. La forma más fácil era ir de Birán a La Habana, y de ahí en un avión a Isla de Pinos. Sin embargo, como en ocasiones no había sitio disponible, había que ir de Birán a La Habana, de La Habana en tren a Batabanó y de ahí en lancha hasta Isla de Pinos.

—Vamos a turnarnos —dijo mi mamá— para que jamás, en las dos visitas que al mes permiten en la cárcel, Fidel y Raúl estén solos.

Y así fue. En las ocasiones que la acompañaba, más la admiraba porque estando tan enferma de esclerodermia, enfermedad que hacía que sus piernas se le hincharan tanto, soportaba el viaje para encontrarse con sus hijos dentro de la cárcel, con una fuerza y una entereza increíble. La verdad es que nunca se acostumbró a esa situación pero era más grande su amor de madre. Además, mi papá no podía ir porque era una persona mucho mayor. Así que si mi mamá no iba conmigo porque yo me quedaba en la finca con el viejo, entonces la acompañaban Enma, Angelita y en ocasiones le llevábamos a Fidelito, por quien Fidel se preocupaba mucho en aquella época.

Una vez Fidelito, que siempre era graciosísimo, llevaba una pistolita de juguete y la tuvo que dejar en la entrada porque le dijeron que no podía pasar con ella.

—Guárdamela bien —respondió— porque esta pistola la tengo para matar a Batista y sacar a mi papá de la cárcel.

El guardia se rió de buena gana porque Fidelito era un niño de cinco años.

—¡Ni hablar! Hijo de gato caza ratón.

Las reuniones con los internos eran en un salón donde los ponían a todos juntos, hasta un día que fue Batista a la prisión y todos ellos se pusieron a cantar el himno del 26 de Julio que había compuesto Rafael Díaz-Cartaya. Esto le costó a Fidel que lo aislaran del grupo por un tiempo hasta que poco a poco lo reintegraron, y sólo podíamos ver a uno de ellos a la vez. Después, con el tiempo, a Raúl lo dejaban salir con Fidel a la visita, y con los meses logró que lo mudaran a la misma celda con Fidel, que se pasaba el tiempo leyendo y cocinando espagueti, aunque no sé qué clase de cocinero sería porque nunca probé su sazón.

Y nuevamente hasta Isla de Pinos llegó la generosidad de mi papá, que le seguía pasando una pensión a Mirta para que a ella y al niño no les faltara nada. Además de esta ayuda, Mirta trabajaba en Cubana de Aviación, donde le daban de regalo algún boleto para ir a ver a Fidel, lo que también la ayudaba mucho. Como matrimonio tenían derecho a visitas íntimas aunque fueron pocas en verdad, porque entre ellos todo terminó rápido.

La debacle matrimonial comenzó con lo que sucedió alrededor de *La historia me absolverá*, el libro que se dijo que era la versión taquigráfica del juicio ante el fiscal Mendieta. Fidel dedicó sus energías a escribirlo en la prisión, y si hacerlo ahí fue difícil, sacarlo a escondidas fue verdaderamente una tarea de titanes. Los manuscritos salían de la cárcel camuflados en el texto de cartas aparentemente inocentes dirigidas a familiares y partidarios, entre ellos a Mirta, a Enma y a varias personas más. Fidel escribía la carta normal dejando un buen espacio en blanco; en el resto del papel, con cabo de pluma y limón, que obtenía clandestinamente, escribía aquello que quedaba invisible. Una vez fuera de la cárcel, aquellos escritos invisibles eran recuperados al poner el papel en el horno, para que con el calor, salieran a la luz las palabras invisibles escritas con limón. Luego se los entregaban a Jorge Mañach, un prestigioso escritor y abogado, para que los corrigiera.

Aquí es donde vuelve a escena Lidia Castro Argota. Resulta que entre los destinatarios de las cartas había otras mujeres que andaban tras de Fidel. Lidia sabía quiénes eran y procuraba tratarlas para molestar a Mirta. En una vuelta de cartas, Fidel le escribió a su esposa una carta sencilla con el manuscrito encubierto y aparentemente a otra le hizo una con un texto más cariñoso, pero resulta que el censor encargado de leer la correspondencia —sabrá Dios por gestiones de quién— cambió las cartas de destinatario. Es decir, la carta de Mirta la metió en el sobre para la otra y la de la otra se la enviaron a Mirta. Muchos piensan que Lidia Castro Argota estuvo metida en ese asunto porque no quería a Mirta, de manera que las intrigas iban y venían alrededor de Fidel y sus conquistas y el rol de Lidia Castro en todo el asunto.

Cuando Enma y yo pudimos leer las cartas cambiadas se nos hicieron tontas porque para nosotras lo importante eran los textos escondidos. En la carta a su esposa Fidel era simple y escueto para garantizar que esta pasara la censura, en tanto en la carta a la otra mujer le decía: "A veces me siento como un gatico que tiene ganas de que le rasquen la cabeza". Y con eso ¡se armó la de Dios!

Cuando Mirta abrió su carta y se dio cuenta que no era para ella sino para otra persona, a quien además conocía, se puso furiosa.

—He hablado con esa fulana y le dije horrores por fresca al andar tras de un hombre casado que es mi esposo, y encima ¡ella también está casada!

Pero para Fidel, el verdadero problema era recuperar la

carta enviada a la otra persona, complicada misión que le tocó a Melba Hernández, una de las dos mujeres que participaron en el asalto al Cuartel Moncada. Cuando Melba fue a ver a esta señora, ésta le dijo:

—Imagínate qué clase de esposa es Mirta que mira la carta tan poco inspirada y sin chiste que le hace Fidel a su mujer... en cambio a mí...

Yo no sé si Melba le contó de lo que se trataba, el caso es que recuperó aquel manuscrito.

En cuanto al matrimonio Castro-Díaz-Balart, no sé cómo Fidel se las ingenió para componer aquella situación de las cartas cruzadas, el caso es que convenció a Mirta y se arreglaron, tuvieron visita conyugal y al día siguiente de la visita, cuando nosotras llegamos a Isla de Pinos, la vi. Mirta estaba de lo más emocionada por el encuentro con su marido y le comentó a Enma:

—Ay, tu hermano estuvo tan apasionado...

Y yo me sentí aliviada porque se había resuelto el problema entre ellos. Seguimos en paz, pero no por mucho rato porque Fidel y Mirta finalmente se divorciaron luego de un gran escándalo por otra cosa muy diferente. Contrario a lo que pudiera pensarse, no fue ella la que quiso hacerlo sino Fidel y por un asunto que no le dejó ninguna otra opción.

Un sábado, luego de volver de su visita conyugal, Mirta estaba feliz. Al llegar a su casa en La Habana, como acostumbraba, puso Radio Reloj y escuchó una noticia que la dejó atónita. La habían "cesado" de un puesto que tenía en el gobierno batistiano, algo que ni nosotros, ni Fidel, sabíamos que tenía. Se trataba de la cesantía en el famoso caso de la "botella", como le llaman en Cuba a los puestos de gobierno por los que se cobra pero en los que no se trabaja. Era una plaza en el ministerio de Gobernación donde su hermano era subsecretario y Ramón Hermida el ministro.

Mirta me llamó desesperada.

—Por favor, Juanita, ayúdame a explicarles a los viejos que

eso que está sucediendo es una venganza política contra mi familia. Sucede que Rafael y Ramón Hermida se han peleado.

Lo cierto es que a cada rato se escuchaba en los noticieros por la radio: "Quedó cesante la esposa del guerrillero Fidel Castro por recibir dinero de una botella". Fidel escuchó la noticia en la cárcel y lo tomó por sorpresa. De inmediato se puso a escribir una carta a Mirta donde le decía que por encima de todo confiaba en ella y aprovechó para dársela a la madre de Pedro Miret, combatiente del Moncada, quien también cayó preso con ellos, que estaba en su visita familiar. Pero las casualidades de la vida le jugaron en contra. Cuando la madre de Pedro llegó a casa de Mirta, ella iba saliendo con su familia y la señora no se detuvo a dársela... "Será mejor que Lidia Castro se la entregue", pensó, y se la dio a Lidia.

Por supuesto que Lidia nunca tuvo la más mínima intención de ponerla en manos de Mirta y no lo hizo.

Fidel, entonces, desesperado por la situación que crecía sin control, le escribió al periodista Luis Conte Agüero, quien tenía su hora de radio prácticamente al servicio de Fidel y con quien tenía buena comunicación (aunque había gente del 26 de Julio que no lo quería, sin embargo su actitud entonces era positiva y revolucionaria). Con el problema de Mirta, sin dudarlo un sólo segundo, Conte Agüero la defendió públicamente, aunque después se tuvo que callar porque los señalamientos resultaron ser ciertos.

En realidad la "botella" fue lo que vino a dar al traste con el matrimonio, más que las famosas cartas cruzadas o las infidelidades de Fidel. Como nosotras comentábamos en familia, Mirta no tenía ninguna necesidad de haber aceptado aquel puesto que supuestamente le ofreció su hermano porque entre lo que le daba mi papá y lo que ella ganaba podía pagar honradamente lo que necesitaba, y no vivía mal.

Ante la confusión de anuncios y declaraciones, Enma fue a verla.

—Todo es una calumnia Enma, una calumnia.

—Haz aclaraciones —le sugirió Enma.

Y Mirta las hizo. Sólo que después las cosas se pusieron muy feas porque se presentaron evidencias. Desesperada, Mirta sacó una cuchilla Gillette y dijo que iba a suicidarse. Enma la calmó y la escuchó con nuevas aclaraciones que la iban a hundir más...

—Todo es cosa de mi hermano que puso esa "botella" a mi nombre para coger el dinero.

Yo en realidad nunca creí eso, por el contrario siempre intuí —aunque sin pruebas— que ella no sólo sabía lo de la "botella" sino que recibía el dinero.

Por la tarde, estando con Enma, le dijeron que afuera la buscaban su papá y su hermano Rafael.

—Ya basta de espectáculos, Mirta. Tienes que venir con nosotros y dejar todo este lío. O tu familia, o tu marido.

Ahí mismo ella decidió: "Mi familia". Y se fue con ellos a la playa Tarará, a la casa de su hermano Frank.

Es que, claro, en ese momento Fidel no tenía nada que ofrecerle: era un revolucionario no sólo con un futuro incierto sino de paso ¡en la cárcel! Y la familia de ella estaba en el candelero político, así que como concluyó Enma:

—Mirta sin esfuerzo optó por irse con su familia y terminar con los problemas.

Así de simple y sin la autorización de Fidel, a ella y a Fidelito los pusieron en un avión y, acompañada de su hermano Frank, se fueron para Miami.

Desde la cárcel, en 1954 a Fidel no le quedaba más que plantear el divorcio, decisión que no tomó sino hasta que digirió lo que en realidad había pasado y también hasta que se resignó a que le hubiera sucedido a él. Yo siempre he pensado que él quería mucho a Mirta, a pesar de todo. Pelayo Cuervo Navarro y José Manuel Gutiérrez fueron los abogados que se encargaron del trámite, aunque Fidel ignoraba que en el proceso de divorcio perdería la patria potestad de Fidelito y todo por una mezcla de circunstancias: por un lado, él en la cárcel, y por el otro, la influencia de su familia política.

Ya divorciado, Fidel pasó la Navidad de 1954 en la cárcel.

A Enma le tocó aquel viaje a Isla de Pinos y se quedó en casa de Jesús Montaner, el esposo de Melba Hernández, quien también estaba preso como combatiente del Moncada y que era de Isla de Pinos, donde residía su familia. Los Montaner invitaron a Enma a pasar la fiesta ahí, aunque ella no quería aceptar por no dejar a Fidel y a Raúl solos, algo que Raúl no le permitió hacer.

—Sí, sí, ve y tómate una cerveza a mi salud, total, nosotros de aquí no vamos a salir, así que, ¿por qué no vas a ir?

El año 1954, de principio a fin, tuvo la misma rutina, y así se sucedieron quince meses hasta que en medio de tanta mala noticia llegó una gran sorpresa: ¡el 12 de mayo de 1955 Fulgencio Batista decidió conceder una amnistía general y mis hermanos quedaron en libertad! En todo el país se había creado una situación de protesta de diferentes voces que se levantaban apoyando a los muchachos del Moncada. Batista cedió ante la presión pública y aquel 12 de mayo Fidel, Raúl y sus seguidores quedaron en libertad. Entre ellos estaban las únicas dos mujeres que pelearon en el asalto al Moncada: Haydee Santamaría y Melba Hernández, quienes cumplieron diez meses y un año en prisión, respectivamente. Ellas inclusive se distanciaron poco después de quedar en libertad, aunque nunca supe los motivos.

Con Mirta legalmente fuera de la escena, todas las hermanas Castro Ruz tuvimos que aprender a lidiar "con el factor femenino" alrededor de Fidel. Dos o tres pensaban que tenían ya el camino libre para llegar a ser un día la primera dama de Cuba, sólo que no imaginaron que en el mismo camino habría un sinfín de obstáculos con faldas, nombres y apellidos...

13.

EN CAMINO AL EXILIO MEXICANO

¿Cómo vivimos la salida de mis hermanos de la prisión? ¡Con una alegría que no podíamos creer que existía! Enma y yo estábamos esperándolos a la misma salida de la cárcel, nerviosas, incrédulas y ansiosas de verlos. Cuando Fidel y Raúl aparecieron en el marco de la salida y levantaron la mano saludándonos, se escuchó una gran ovación de la gente que también había ido a recibir a los suyos. De pronto estuvimos los cuatro hermanos abrazados, nosotras con las lágrimas a punto de estallar. Haydee Santamaría vino a llevarse a Fidel para que saludara a la muchedumbre, mientras que Raúl sólo quería saber más cosas de la familia.

—¿Cómo están los viejos?

Le expliqué que mi papá estaba esperándolo en la finca y que mi mamá nos alcanzaría ese mismo día en La Habana.

—En un par de días me voy para Birán a ver al viejo y te prometo que no habrá más sufrimiento.

Comenzamos el regreso viendo cómo en las estaciones de tren la gente se agolpaba para vitorear a ese grupo de muchachos que había tenido el valor de asaltar el Cuartel Moncada, y las escenas se repetían desde Batabanó hasta La Habana, una distancia enorme. En La Habana la multitud directamente sacó a Fidel por una ventana del tren. Aquel era un día de fiesta para miles que estaban en contra de la dictadura de Fulgencio Batista. Fidel por primera vez vivía la locura de los partidarios que lo llevaban en hombros fuera del andén, donde se encontraban para darle la bienvenida José Antonio Echavarría, el líder estudiantil más renombrado, y Luis Conte Agüero, el periodista radial.

Regresando al momento, difícilmente hay palabras para describirlo. Era el hermano grandioso, respetado, la parte bonita de una historia, mientras yo era sólo una jovencita que vivía por primera vez un triunfo luego de tanto tiempo de angustia y sufrimiento. De manera que aquello nos parecía no sólo un sueño, sino algo inolvidable.

—Es increíble, es increíble estar viviendo todo esto —repetía Enma a cada rato.

El remolino humano no se despegaba de Fidel y Raúl, que estaban en medio de todas aquellas demostraciones populares de afecto, y nosotras entendimos que teníamos que dejarlos disfrutar de su momento. Así que, para terminar aquel 12 de mayo, nos despedimos de ellos y también nos fuimos a festejar por nuestra cuenta, esta vez acompañados de mi mamá que nos había alcanzado en La Habana y que ya estaba tranquila luego de ver a sus hijos en libertad.

El Teatro América, donde se presentaban los mejores artistas que visitaban Cuba, aquella noche presentaba a Libertad Lamarque. A mi mamá le encantaba y pensé que ésa sería la mejor forma de terminar ese gran día. Estábamos tan impresionadas con los acontecimientos que ya ni me acuerdo ni quién iba con nosotras. Lo que sí recuerdo es que mi mamá después invitó a un grupo de amistades a comer a un restaurante chino que estaba frente al Hotel Bristol, sitio donde nos hospedábamos cuando íbamos a La Habana. El chino Rafael, como cariñosamente era conocido uno de los meseros y quien siempre nos atendía, esa noche vino a decirnos:

—Por órdenes del dueño, hoy no hay cuenta que cobrarles. ¡Va por la casa!

Esto es lo que vivimos con Fidel y Raúl en su primer día en libertad. Pensábamos que era el final de una etapa difícil, pero en realidad era simplemente otro paréntesis político en nuestras vidas.

Al día siguiente de llegar a La Habana, Lidia Castro enrolló a Fidel con otro de sus chantajes:

—Mira que Pedro Emilio es malo y sigue de intrigante contra toda la familia, comenzando por mí, así que he decidido tenerlo fuera de mi vida y estoy sola en mi departamento. Precisamente al lado, hay uno que está desocupado. ¿Por qué no lo alquilas? Si no tengo a Pedro Emilio conmigo, por lo menos déjame estar cerca de ti. Además que yo te puedo servir para muchas cosas.

Fidel le hizo caso y efectivamente alquiló el departamento junto a Lidia en el edificio donde estaba el Jardín Le Printemps, en 23 y 20 en el Vedado. El sitio se convirtió en la casa-oficina donde Fidel recibía a muchísima gente que iba a verlo todos los días para todo tipo de citas privadas. Una de esas se hizo famosa cuando los miembros de las juventudes comunistas no sólo fueron a criticar a Raúl sino a reclamarle también que sin autorización de la dirigencia del partido se hubiera atrevido a irse con Fidel en el asunto del Moncada. Raúl los enfrentó y les dijo que ellos no le iban a decir lo que tenía que hacer, y como resultado las relaciones se enfriaron a partir de ese momento.

Pero Raúl no era el único que tenía problemas con sus viejos aliados, también le pasaba a Fidel. El 16 de agosto, aniversario de la muerte de Eduardo Chibás, el líder y fundador del Partido Ortodoxo, Fidel fue al cementerio a pesar de que sus relaciones con el partido eran casi nulas, y tengo entendido que lo recibieron fríamente. Sucede que cuando el asalto al Moncada, Batista ordenó que aprehendieran a muchos ortodoxos bajo cargos de estar conspirando con Fidel. Sencillamente los batistianos pensaban que los ortodoxos habían apoyado el ataque, lo cual no era cierto. La verdad es que ahí Fidel, por primera vez se fue por arriba de todos ellos y lo del asalto lo hizo solo, con las consecuencias del enfriamiento de las relaciones, lo que no le quitaba la gloria de aquellos momentos.

Muchísima gente lo buscaba de la mañana a la noche. Entre las visitas, Luis Conte Agüero, quien le insistía en que lo mejor sería una lucha cívica. Recuerdo que Fidel le contestó:

—Conte, contra Batista lo único que va a funcionar es la lucha armada.

Fidel se enfocaba en aquello y comenzó a buscar los medios para su combate; uno de esos fue la revista *Bohemia*, la más leída en todas partes de Cuba, inclusive en el campo. Una publicación como ninguna otra en Cuba por la gran difusión que tenía en las zonas rurales. En *Bohemia*, Fidel comenzó a publicar artículos incitando al pueblo a la rebelión definitiva. Por este tiempo alguien le ofreció un empleo en una compañía de seguros para poder ganar algún dinero.

—No, hombre, no. En esta lucha no importan los sacrificios —respondió Fidel.

Lo suyo ya era otra cosa, y únicamente a una sola persona en verdad le confiaba sus planes más secretos: a Raúl.

Una noche Enma los escuchó mientras hablaban en la terraza.

—Vámonos a México a organizar la insurrección. Si tenemos que agarrarle dinero a Prío, se lo agarramos y venimos en una expedición, luchamos y a los trcinta y dos años tomo el poder.

—Tienes veintinueve, así que sólo tenemos tres años —le contestó Raúl.

—No olvides esto: si salgo, llego; si llego, entro; y si entro, triunfo.

Enma recuerda haber sonreído a solas de escucharlos hablar con tanta seguridad sobre su futuro.

Luego de varios días en La Habana, mi mamá y yo regresamos a Birán con la promesa de que ambos irían en cuanto pudieran a la finca a pasar unos días con mi papá. Por supuesto que el que lo hizo inmediatamente, cancelando cualquier compromiso, fue Raúl que quiso explicarles a todos, incluida mi abuelita Dominga, a quien quería mucho, que después vendría una larga ausencia.

—No se pongan tristes que tenemos que irnos para México; las cosas mejorarán.

Una semana más tarde Raúl regresó a La Habana, y hasta hoy recuerdo aquellos instantes cuando abrazaba a mi papá, que muy triste lo despedía.

—Cuídate mucho, hijo, y no hagan tonterías.

—Te quiero, viejo, te quiero mucho; siempre has sido un gran padre.

Fue la última vez que vio al viejo con vida. Fidel, por su parte, no cumplió la promesa de ir a la finca y simplemente jamás volvió a verlo vivo. Cuando Raúl regresó de Birán le entregó algo que le enviaba mi papá: su leontina de oro, algo que más adelante explicaré cómo y dónde apareció. Días después Fidel previno a Raúl:

—Me han informado que nos van a inventar algo para deshacerse de nosotros, y que tú principalmente corres peligro, así que los nuevos planes son que te vayas a México y yo voy detrás de ti, pero comienza a moverte ahora mismo.

De inmediato Raúl se puso en contacto con el embajador mexicano en Cuba, quien le brindó protección y lo escondió en la embajada quince días antes de que pudiera partir.

Ñico Lopez, uno de sus grandes amigos —y miembro del partido comunista— junto con Lester Rodríguez, también gran amigo y miembro del Movimiento 26 de Julio, fueron a verlo y le dieron nombres de contactos en México. Entre ellos estaba Onelio Pino, quien terminó siendo el capitán del *Granma* —el barco en el que Fidel llegó a Cuba desde México.

Raúl y Ñico acabaron saliendo juntos para México y ellos fueron, más adelante, los contactos con Lázaro Cárdenas, el ex presidente mexicano. Ya en la capital mexicana contactaron a la cúpula del partido comunista cubano: Lázaro Peña, Aníbal Escalante, Blas Roca, todos ellos asilados en ese momento en México y quienes siempre estaban de aquí y para allá entre los dos países cuando la situación se los permitía —porque también estuvieron con Batista. Algunos fueron "ministros sin cartera", muy vinculados al dictador, quien inclusive estuvo postulado por el partido comunista en unas elecciones que no ganó.

Finalmente, diez días después de que Raúl partiera, el 15 de julio de 1956, Fidel se fue para México. José Manuel Gutiérrez, su amigo y abogado que le manejó el divorcio y quien además era dirigente del Partido Ortodoxo, fue quien lo llevó al aeropuerto.

Antes de partir Fidel hizo varios encargos. A Enma le pidió que guardara los originales de *La historia me absolverá*. Ella decidió que el colegio de Las Ursulinas, donde nos conocían tan bien, era el mejor sitio para que quedaran a salvo.

—Metí las cartas originales debajo de los forros de mis libros de piano —explica Enma—. Todo eso quedó en dos tablas de un escaparate antiguo en la sección de la ropería donde trabajaba Consuelo, una viejita que me quería mucho y que era la encargada de guardar la ropa de las internas. Un buen día a Consuelo le dio por revisar lo que yo le había dejado y descubrió las cartas. Se las llevó a su casa para guardarlas, mientras que por supuesto, se las enseñó a toda la familia. En una vuelta en la que la policía estaba haciendo registros en la cuadra, el sobrino se le apareció y le aconsejó que quemara las cartas y así lo hizo. Únicamente quedaron mis libros que la misma Consuelo llevó de regreso al colegio y que las monjas me devolvieron más tarde. Pero de los originales, nada. Quedaron hechos ceniza.

Al margen de todos los preparativos, Fidel se dio varios altos amorosos. Enma, que vivía todavía en La Habana, se percató de unos cuantos de esos "encuentros" que tenían algo en común: eran cobijados por Lidia que de esa forma trataba de mantener la simpatía de Fidel. Una tarde que Enma volvió del colegio a casa de Lidia, como era de costumbre, pasó al departamento de al lado a saludar a sus hermanos y vio a Fidel sentado en el sofá con una mujer a sus pies contemplándolo; dice que aquello le dio tanta repulsión por la actitud de aquella persona que no dijo nada y se marchó. Más tarde Fidel fue a verla.

—Ay, Enmita, ¿por qué fuiste tan grosera? Le volteaste la cara a la visita.

—No me parece correcto que esa señora, casada y con hijos se ponga a tus pies adorándote.

—Estás equivocada, yo soy un caballero y entre nosotros no hay nada.

Era la misma disculpa que nos daba cuando lo sorprendíamos con sus conquistas a las que recibía en su ya famoso departamento, donde sólo había una cama y un sofá, cosa que nos hacía preguntarnos: "¿Qué clase de mujeres son éstas que no les importa nada con tal de pasar un rato con él como sea?".

Al fin de cuentas, cuando lo pienso ahora veo que todos aquellos devaneos fueron la única diversión que tuvo Fidel antes de viajar a México, donde lo que realmente le importaba era otra cosa, y que partía de un postulado que siempre tuvo en mente:

"Si salgo, llego; si llego, entro; y si entro, triunfo".

14.

MÉXICO, EL *GRANMA*, LOS BUENOS, LOS MALOS Y UN CORAZÓN PARTIDO

La ciudad de México en 1955 lucía sus mejores galas: grandes avenidas con poco tráfico y pocos habitantes. Era la época de oro del cine mexicano que seguía produciendo películas que enloquecían al continente entero, y aunque Jorge Negrete y Pedro Infante habían muerto, Cantinflas, Tin Tan y Tito Guízar, así como María Félix y Arturo de Córdova barrían con la taquilla. La música de Agustín Lara daba la vuelta al mundo, así como las voces de Toña la Negra y Los Panchos.

La vida nocturna era espléndida y por el escenario de El Patio, El Capri o el Teatro Blanquita desfilaban Libertad Lamarque, Lucho Gatica, Pérez-Prado y sus mambos; Benny Moré, Bola de Nieve, La Sonora Matancera, el Trío Matamoros y rumberas como Rosa Carmina o María Antonieta Pons al ritmo del inmortal chachachá creado por la Orquesta Aragón. Era el México donde florecieron grandes negocios y grandes fortunas a raíz de contratos con el gobierno, la mayoría en la industria petrolera. Los ricos que vivían en las aristocráticas Lomas de Chapultepec ya no cabían ahí y comenzaron a irse al nuevo y exclusivísimo barrio del Pedregal de San Ángel, poblado por millonarios y políticos de muy alto nivel. Éste es el México que Raúl encontró al llegar en los primeros días de julio de 1955.

Lo primero que hizo fue contactar la lista de nombres que traía de Cuba. La encabezaba el cubano Onelio Pino, capitán de la marina de guerra cubana, que durante el golpe de Batista fue dado de baja. Sin trabajo, Onelio se fue a México y ahí su cuñado, el ingeniero Alfonso Gutiérrez —llamado cariñosamente Fofo—, un hombre generoso y muy rico, casado con la cubana Orquídea Pino que era su hermana, le puso a Onelio una cafetería dentro de un club social para que pudiera sobrevivir.

Diez días después de que saliera Raúl, salió de Cuba Fidel, el 15 de julio, y tras él poco a poco todos los que irían en la expedición: Faustino Pérez, Jesús Montaner, Ramiro Valdés, Juan Almeida, Juan Manuel Márquez, los hermanos Arcos Bergnes —Gustavo y Luis—, Jesús "Chuchú" Reyes, Cándido González y también Haydee Santamaría, Armando Hart y Melba Hernández.

Una vez en México, Raúl y Ñico le presentaron a Fidel las personas que habían contactado hasta entonces. Lo llevaron a la cafetería de Onelio Pino, donde ambos congeniaron, y de ahí Onelio lo invitó a su casa. Esa noche, en casa de Onelio ocurrió lo que sería el encuentro más importante y álgido para Fidel y la futura Revolución Cubana. Le presentaron a Orquídea Pino y al ingeniero Alfonso Gutiérrez, dos personajes históricos para Fidel que hoy día están borrados de la historia contemporánea de Cuba. Con ellos, Fidel empleó todo su poder de persuasión y ellos, a su vez, se convirtieron de inmediato en el eje de todo el proceso de organización. Tanto Orquídea como Alfonso se entregaron de lleno y por años a la planificación y la causa de la revolución que encabezaría Fidel. No sólo creyeron en él, sino que se quedaron prendados de la historia que Fidel les contó acerca de lo que pasaba en Cuba y así fue el inicio de ese apoyo incondicional del ingeniero Gutiérrez. Él era ingeniero petrolero, dueño de una importante compañía de perforación de pozos y un hombre con contactos esenciales para Fidel. Entre sus amigos se encontraban ya tanto ministros y presidentes mexicanos como un selecto círculo de empresarios, entre los que encontró aliados varios que simpatizaron con el Movimiento 26 de Julio. Enseguida de conocer a Fidel, el ingeniero Gutiérrez y Orquídea lo invitaron para que fuera a su casa al tiempo que le daban la dirección: Fuego 791, esquina con Risco. Al día siguiente, Fidel se presentó ahí, y a partir de entonces la casa se convirtió en el cuartel general de los expedicionarios.

En poco tiempo, mis hermanos se volvieron parte de la familia de Fofo y Orquídea, al grado que Raúl se hizo noviecito de Esthercita, la sobrina de Orquídea, con quien todos los domingos iba a misa. Arturo Chaumón, que era del grupo de Fidel y Raúl, se enamoró y se casó con Odilia, la otra hermana de Onelio y Orquídea, y el padrino de la boda fue Fidel.

Con el apoyo inmediato e incondicional que les dieron Fofo y Orquídea, Fidel pudo dejar ciertas preocupaciones de lado y ponerse de lleno a trabajar en la invasión a Cuba mientras seguían llegando más personajes al escenario. Ñico López, quien ya conocía a Ernesto "Che" Guevara —un activista izquierdista y médico argentino, quien luego sería uno de los ideólogos y comandantes que ayudarían a Fidel a liderar la Revolución Cubana. Lo conoció en México y se lo presentó a Raúl, quien luego se lo presentó a Fidel. Ellos también fueron los contactos entre Fidel y los marxistas de la vieja guardia cubana. Fue en casa de Orquídea y Fofo donde ocurrió otra de las reuniones de más alto nivel de aquel grupo revolucionario: una entrevista con Lázaro Peña, líder del movimiento obrero cubano, quien justo se encontraba en México en aquel tiempo.

—Fue algo tan privado —comentó Orquídea— que lo que habrán hablado Lázaro Peña y Fidel sólo ellos dos lo supieron. A mí únicamente me pidió que le organizara el encuentro en el cuarto de servicio doméstico. Procuraba no ser visto con los marxistas porque él no era comunista.

En ese entonces el argumento de Fidel contra Fulgencio Batista era que fue candidato del Partido Comunista en una ocasión. Las etapas se iban cumpliendo y pronto mis hermanos se dieron cuenta que para que una revolución funcione se necesitan aliados y sobre todo mucho dinero. Fofo, con sus muchas influencias y contactos, le consiguió que la embajada norteamericana en México le diera a Fidel una visa de turista, y así fue que comenzó los viajes de recaudación en los Estados Unidos.

—Voy a Nueva York, pero primero tengo que ir a Miami porque Mirta se encuentra ahí con Fidelito y quiero verlos.

Orquídea y Fofo se pusieron tan contentos que el ingeniero le dio los ochenta dólares que costaba el pasaje de avión de la Ciudad de México a Miami para que comenzara el viaje visitando a Mirta y a Fidelito.

Acompañado de Juan Horta, quien después sería su secretario —y que luego murió exiliado en Venezuela—, Fidel llegó a Miami en 1956. Encabezó actos de recaudación en el Teatro Flagler y se encontró con otro activista y amigo: Rafael del Pino, quien lo acompañó a Nueva York y a México, donde se integró a la organización de la expedición.

Habían pasado dos años desde el divorcio con Mirta y para Fidel era muy importante volver a verla y poder hablar en frío de todo aquel escándalo que se armó tan rápidamente mientras él estaba en la cárcel. Cuando se vieron por primera vez, frente a frente, algo que no sucedía desde 1954, ambos sabían que lo que sentían el uno por el otro no había desaparecido.

—Todo fue un ardid político, Fidel, y tienes que creerme —le suplicó Mirta—. Yo fui víctima de un complot de mi familia que se aprovechó de las circunstancias, pero yo te sigo queriendo.

Estuvieron juntos un par de días y Fidel le propuso a Mirta no sólo que volvieran, sino que se casaran nuevamente y que lo hicieran en México. Mirta estaba feliz y acordaron que ella lo alcanzaría en la capital mexicana tan pronto Fidel terminara la gira por Nueva York. Todos los que estaban cerca de él lo veían más contento que nunca, y es que siempre en mi familia, incluida mi mamá, hemos pensado que a la única mujer a la que en realidad Fidel ha amado es a Mirta Díaz-Balart.

Con la promesa de volver a casarse, él se fue a Nueva York donde organizó tres grupos del Movimiento 26 de Julio que ayudarían a recaudar los fondos para la invasión. No había nada que esconder en cuanto a esta invasión; era totalmente pública. Fidel hablaba de eso por todas partes y hasta mencionaba la fecha en que llegaría de regreso a Cuba: "¡Cualquier día, pero antes de que termine 1956!".

De regreso en México compartió con todos sus nuevos planes personales.

—Mirta y yo hemos aclarado todo, ella en realidad fue una víctima de su familia y yo siempre la he querido mucho. Nos hemos reconciliado y creo lo que me ha dicho. Además estoy decidido en contra de quien sea, ¡me caso nuevamente con ella!

Pasaron los días y Fidel no recibía noticias de Mirta.

Y es que ella en lugar de ir a México, como le había prometido a Fidel, regresó a Cuba. En la playa de Tarará, en la casa de su hermano Frank, se encontró con Emilio Núñez-Blanco, a quien por ironías del destino conoció un día estando con Enma en un recital de piano que ésta dio en Las Ursulinas, a donde había ido con Fidel.

—Emilio será chiquitico pero tiene una cara monísima, ¿no crees? —le preguntó Enma.

—¡Ay, sí! —respondió Mirta—, pero es un cuarto de hombre, a mí me gustan los hombres grandotes como tu hermano.

El caso es que un mes después de la supuesta reconciliación con Fidel, en el *Diario de la Marina* de La Habana apareció anunciado el compromiso matrimonial de Mirta ¡con Emilio Núñez-Blanco! Y con este aviso se enteraron todos en México. Desde Cuba le enviaron todos los periódicos que hablaban de aquello a Fidel, ¡y se puso furioso!

—Está muy dolido —decía Orquídea— y al leer cada una de las crónicas que hablan del compromiso matrimonial de Mirta, me dijo: "¡Más nunca, Orquídea, más nunca le doy mi apellido a una mujer! Esto que me ha hecho Mirta es una traición, una gran traición".

La verdad es que Fidel, con todas sus cosas, seguía queriendo mucho a Mirta y para él, lo que ella hizo fue un golpe bajísimo. Fidel quiso entonces ver a Fidelito y le encomendó a Enma aquella misión.

—Tuve que ir a ver a Mirta —explicaba Enma—, no fue fácil pero yo le di argumentos convincentes: "Te vas a casar, te vas un mes de luna de miel a Europa. ¿Por qué no dejas que el niño pase ese mes con Fidel en México?".

Mirta aceptó y más tarde Fidelito fue para México.

Descorazonado por aquellos eventos, Fidel no estaba bien, pero igual entabló relación con una muchacha llamada Isabel Custodio. Ella era intelectual y muy bonita, hija de un escritor republicano español refugiado en México llamado Álvaro Custodio. Orquídea decía que fue más bien un flirteo, un asunto amoroso que terminó rápidamente porque Fidel, un día al abrir el periódico, se encontró ¡con la foto de Isabel Custodio el día de su matrimonio!

En fin, con aquel panorama tan gris —a nivel romántico— los líos amorosos rápidamente quedaron en el olvido dado los otros asuntos de más importancia que preocupaban al grupo: seguía haciendo falta dinero para el viaje de la expedición.

Luego de varias consultas, Fidel decidió que era tiempo de ir a pedirle ayuda al ex presidente Carlos Prío Socarrás, y acordaron verse en McAllen, Texas. Sólo que había un problema: ya no tenía visa de turista. La embajada de los Estados Unidos, en México, se la había revocado porque Fidel seguía haciendo públicas las intenciones de la invasión a Cuba, y con eso se puso fácilmente en la mirilla de los batistianos que tenían dinero e influencias para detenerlo de cualquier forma. Al margen de que ningún gobierno quiere que se le identifique abiertamente como patrocinador de una agresión para derrocar a nadie.

Entonces, el único recurso que le quedó a Fidel fue entrar como indocumentado. ¿Cómo lo hizo? Nadando en el río Bravo. Fofo arregló que uno de sus trabajadores en sus oficinas de la ciudad fronteriza de Reynosa lo llevara por el mejor punto para tirarse al río, y así fue que nadando llegó a la otra orilla. Allí lo esperaban con ropa seca y un auto en el que lo llevaron al hotel Las Palmas, en el centro de McAllen, para el encuentro con Prío, reunión que Orquídea narraría tiempo después.

—Fue algo muy privado y sin testigos. Fidel me dijo que le había explicado a Prío la necesidad urgente de comprar el barco con el que regresarían a Cuba. Prío entonces le entregó ahí mismo un paquete con cincuenta mil dólares para que pudieran comprarlo y sólo le pidió una condición: quería que lo llevaran en ese barco de regreso a Cuba.

No sé porque razón, pero aquella condición de Prío nunca se cumplió. Lo que sí hicieron de inmediato fue comenzar la búsqueda de la nave para la expedición.

—El origen del nombre del barco es sencillo y no tiene ningún misterio —contaba Raúl—: así lo habían bautizado sus primeros dueños, con un diminutivo en inglés de la palabra *grandmother,* que fue simplificado quedando únicamente en *Granma*.

El barco vino como parte de un negocio que incluía una casita, que en conjunto costó como $22.000. Se lo habían comprado a un matrimonio norteamericano. El *Granma*, en ese entonces, estaba desbaratado, anclado en el puerto veracruzano de Tuxpan, en el Golfo de México, a casi un día de camino de la capital.

Mientras tanto, Fidel siguió en lo suyo, buscando grupos de ayuda en México y haciendo público lo que no debía: "Antes de fin de año seremos libres o mártires en Cuba". ¿Qué pasó? Por hacer todo tan público, tanto mexicanos como batistianos estaban sobre él, lo que implicaba que ellos tenían que hacer de todo para tratar de despistar a los que andaban siguiéndolos. Por ejemplo, a Pablo Machado, un cubano adinerado muy vinculado a Batista, le daban informes en relación con Fidel y de inmediato se lo hacía saber a las autoridades mexicanas y a las cubanas; de forma que para Orquídea Pino la vida era siempre andar cambiando las armas de lugar. Fofo y ella tenían amistades a quienes les pedían guardar cosas en su casa y la gente no sabía en lo absoluto lo que estaba pasando. En el mismo sótano de la casa de Orquídea tenían tremendo arsenal que nadie imaginaba, pero lo cierto es que siempre estaban cuidándose de los espías batistianos que tenían los recursos económicos para controlar a todo el mundo en México. Como ventaja, algo que ayudó mucho fue la ubicación de la mansión de Fofo y Orquídea, que intimidaba a la policía, que se cuidaba de no meterse en problemas con los habitantes del Pedregal, lugar donde vivía la gente pudiente.

Pero la situación era diferente en las colonias populares, donde existían las llamadas "casas de apoyo" que luego de denuncias, eran registradas. Un día que sucedió uno de esos cateos en una casa donde había rifles viejos destinados a los entrenamientos, Raúl logró enterarse a tiempo de que la policía los andaba siguiendo de cerca y pudo hablarles a Orquídea y a Fofo.

—Hay que cambiar urgentemente la ropa de lugar —les previno—. Avísenle a todo el mundo.

Así lo hicieron y se salvaron, pero en ese medio de espías, guerrilleros y todo lo demás sucedió algo inesperado.

El 21 de julio de 1956 apresaron a Fidel. Esto sucedió por una coincidencia que quizá le salvó la vida. Iba caminando por las calles de Mariano Escobedo, México, al tiempo que lo venía siguiendo un auto de color blanco, probablemente de elementos batistianos. Fidel y el Che, que andaba con él, apretaron el paso mientras llamaron la atención de tres policías encubiertos que estaban comiendo tacos en un puesto de la calle. Dejaron de comer para seguir a los desconocidos que rápidamente doblaron la esquina al tiempo que eran perseguidos por el auto desde el que les dispararon. Los policías cayeron sobre Fidel y el Che, mientras el auto huía de la escena. Luego, los tres hombres se identificaron como policías de la Dirección Federal de Seguridad, el entonces temible servicio de inteligencia mexicano, y se los llevaron a interrogar a las oficinas centrales en las calles de Miguel Schultz. Ahí Fidel se encontró por primera vez con un capitán llamado Fernando Gutiérrez Barrios, quien quería que Fidel le confesara los actos de subversión que estaba planificando.

—Yo no estoy cometiendo ningún delito en contra de México, ni de los mexicanos —dijo mirando fijamente al capitán—, yo sólo estoy luchando por mi pueblo y por la libertad de mi patria. Máteme si quiere, pero no diré más.

Gutiérrez Barrios era un hombre muy inteligente, que con los años comentaba:

—Fidel tenía algo especial que me hizo intuir que aquello de lo que hablaba sería histórico.

Lo cierto es que a partir de aquel momento, Fidel y Gutiérrez Barrios entablaron una amistad tan grande que duró hasta la muerte del policía, quien se convirtió en un importante político en México. No sólo fue gobernador del estado de Veracruz, sino que también fue secretario de gobernación, y siempre tuvo en sus oficinas, a lo largo de los cuarenta años de carrera en el servicio público, una foto enorme de Fidel dedicada exclusivamente a él, agradeciéndole su ayuda. Resulta que Gutiérrez Barrios lo ayudó con información de inteligencia que le fue muy útil, sin embargo la buena suerte no le duraría mucho tiempo más.

Por informaciones que obtuvo, Fidel habló muy preocupado con Orquídea.

—El capitán Gutiérrez me ha informado que en el grupo tenemos un infiltrado que le está dando información de todos nuestros movimientos a los batistianos. Todo indica que se trata de Orlando de Cárdenas, amigo del hermano de Pablo Machado (el millonario batistiano). Así que hay que estar muy alerta.

Orquídea y Fofo se quedaron impactados con la noticia, además de pensativos y sin saber qué hacer, pero todo se movía rápidamente. Todavía con la duda de que de Cárdenas fuera el delator, sorpresivamente la policía cayó en el rancho

Santa Rosa, en Chalco, a las afueras de la capital, donde el grupo entrenaba. Así fueron detenidos Fidel, Cándido González, Carlitos García, Arturo Chaumón y Ciro Redondo —miembros del Movimiento 26 de Julio y la expedición del *Granma*—, y se los llevaron a la cárcel de Miguel Schultz con toda la propaganda y las armas que tenían para entrenar.

Entre los detenidos también se encontraba Chuchú Reyes, quien sufrió una tortura despiadada por parte de la policía mexicana. Rebajó unas 20 libras por todas las barbaridades que le hicieron, todo para que dijera dónde estaban las otras armas, las de casa de Orquídea, pero Chuchú no habló. Irónicamente, Chuchú sobrevivió eso y también al desembarco del *Granma*, pero murió años después en Cuba en un simple accidente de auto.

Fofo y Orquídea rápidamente mandaron a Rafael Lebrija, un amigo de ellos, abogado muy importante, a la famosa cárcel de Miguel Schultz, para que se encargara de sacar a Fidel.

—Fofo y Orquídea —les dijo el licenciado Lebrija— le mandan decir que no se preocupen, que las armas ya estaban cambiadas de lugar y que, además, van a traer más, por un total de diez mil dólares para reponer las que les quitaron.

Y fue precisamente ahí en esa cárcel, esperando ver a Fidel que Orquídea conoció al Che, quien también estaba preso junto al grupo del cual formaba parte.

—No me gusta. Yo sé que a Fidel y a Raúl les cae bien, pero a mí no. Es un tipo extraño que no tiene la cortesía de levantar la cabeza para ver a nadie; estaba con su mujer (Hilda Gadea) y una bebita. No sé pero algo en él no me gusta.

¡Orquídea jamás imaginó lo que el futuro les depararía a ella y a Fofo con el Che!

Precisamente en la cárcel mexicana fue que el Che comenzó a develar sus intenciones de adoctrinamiento, primero hablando con Arturo Chaumón —el cuñado de Orquídea—, quien no le hizo el menor caso. En agosto de ese año todos fueron liberados y cada uno volvió a su misión en la expedición para regresar a Cuba en un tiempo salpicado de intrigas entre ellos.

Melba Hernández, Pedro Miret y Gustavo Arcos, quienes no habían sido aprehendidos, acusaron a Rafael del Pino —el gran amigo de Fidel— de ser quien delató los domicilios de Teté Casuso, otra activista revolucionaria cubana que vivía en México, donde les decomisaron una gran cantidad de armas, y el apartamento de Arturo Chaumón, donde también la policía forzó la cerradura y se llevaron las armas que encontraron. Nuevamente se dieron desafortunadas coincidencias: Orlando de Cárdenas era el único que sabía dónde se escondía el armamento. Pero Melba y Pedro Miret traían su guerra particular contra Rafael del Pino.

—No sirve, no es nada bueno —decía Pedro.

—Hay que hacerle ver a Fidel que debe deshacerse de él.

Lo que menos imaginaron es que Rafael del Pino, detrás de una puerta, escuchaba sus intrigas. Más tarde éste comentaba con otros del grupo lo que había escuchado:

—Son tales las intrigas, que ¡yo la mato!

Esas palabras "yo la mato" no se las permitieron.

La verdad es que Melba envidiaba a todos, envidiaba a Chuchú Reyes y a Rafael del Pino porque tenían ascendencia con Fidel, y en eso de las intrigas era de marca mayor porque no se detenía ante nadie y nos incluía a nosotras.

—Enmita —le dijo Melba en varias ocasiones—, la verdad es que Fidel siendo tu propio hermano no se ocupa de ti. ¿Por qué será? ¿Por qué, chica?

Enma y nosotros la ignorábamos porque ya la conocíamos, pero como bien dicen: "a cada santo le llega su capilla", y a Melba le llegó cuando menos se lo imaginó.

Una vez, en casa de Orquídea, Melba se puso a hablar mal del Che y de Fidel, a decir horrores sin darse cuenta que Fidelito estaba junto a ella jugando y, por supuesto, escuchando. Cuando Fidel regresó de la calle, Fidelito le dijo al padre todo lo que Melba había estado hablando de él. Eso le puso la tapa al pomo y todo el grupo, cansado ya de las intrigas, decidió celebrarle un juicio privado a Melba bajo los cargos de intrigadora.

El juicio se realizó el 11 de octubre en la casa del Pedregal; comenzó a las seis de la tarde y terminó a las siete de la mañana del día siguiente. Fue un proceso larguísimo donde Orquídea y Fofo actuaron de jueces. Luego de escuchar a Melba defenderse de los cargos, unánimemente decidieron que era culpable. No la fusilaron por ser mujer, por ser esposa de Chucho Montaner y porque no querían tener problemas antes de salir a la expedición.

—Pero eso sí —dijo Fidel—, Melba no puede tener participación alguna en los planes, y Chucho Montaner debe tener algo bien claro: no puede contarle absolutamente nada a ella sobre nuestros planes. Raúl, dile todo esto, y si no cumple con lo que le estoy pidiendo, que sepa que estaría cometiendo una grave falta.

Todos aquellos sinsabores para Fidel fueron aminorados por la llegada de alguien que terminó formando parte de mi familia. Días antes Fidel le había dicho a otro de sus cercanos colaboradores, Gustavo Arcos:

—Necesitamos a alguien de confianza, con buena memoria y que además sea desconocido para que no lo intercepten en Cuba con los mensajes que serán clave en el momento del desembarco.

—Tengo a la persona idónea, Fidel —le respondió Gustavo—. Recién se graduó como ingeniera química en el Instituto Tecnológico de Massachussets y precisamente se está regresando a Cuba, pero podría venir a México a que la conozcan tú y Raúl. Es una muchacha jovencita, activista del Movimiento 26 de Julio e hija de una buena familia de Santiago de Cuba; se llama Vilma Espín.

—Me parece perfecto. Dile que venga.

Así fue que Vilma Espín llegó a México y se hospedó en casa de Orquídea durante dos o tres días mientras recibió las instrucciones que personalmente le dio Fidel para cuando llegara el momento del alzamiento. El rol de Vilma sería llevar los datos precisos del desembarco para apoyar a los expedicionistas. Al irse Vilma dejó de regalo unas flores para Orquídea, agradeciéndole las atenciones que tuvo con ella.

En realidad Orquídea y Fofo eran unas personas que se preocupaban por todos los que estaban a su alrededor y pensaban en posibles soluciones a los problemas que tenían. Un día le preguntaron a Fidel:

—Tus hermanas Enma y Agustina están solas en La Habana y nosotros estaríamos encantados de que vengan a casa. Piénsalo. Es peligroso que esas dos muchachas, bajo las circunstancias políticas de ustedes, sigan estudiando allá. Creo que deberían venir a reunirse con ustedes aquí en México.

Por ese tiempo a mi mamá la habían ingresado en un hospital en La Habana por uno de sus problemas circulatorios y cuando le dieron de alta, ella y mi papá, que la había acompañado, regresaron a Birán y querían llevarse con ellos a Enma y Agustina, que ya tenían veinte y diecisiete años.

—¡Ni de chiste nos vamos a la finca! Nosotras nos quedamos en La Habana porque a pesar de todos los peligros que haya no queremos dejar lo que estamos haciendo aquí.

Enma estudiaba Filosofía y Letras y Agustina andaba metida de lleno en su religión, mientras a su vez también estudiaba.

—Habrá que hacer algo —dijo mi mamá— porque no queremos que se queden solas en La Habana; es muy peligroso.

De manera que con este panorama, cuando les llegó la invitación de Orquídea y Fofo, les cayó del cielo. Enma y Agustina se marcharon a México, a pesar de que con eso Enma truncó sus estudios de Filosofía y Agustina también tuvo que poner en alto sus actividades. Llegaron a México el 12 de octubre de 1956 como narra Enma:

"Como jóvenes que éramos, no llevábamos ni dirección ni teléfono. Eso es algo que se puede hacer a los veinte años. No nos había importado que alrededor de los detalles de nuestro viaje todo fuera un misterio: había una dirección a la que se podía escribir y que quedaba en la calle de Nicolás

San Juan, en la capital mexicana. Yo pensé que podíamos tomar un taxi y llegar ahí, y preguntar, pero resulta que cuando
bajamos del avión lo primero que vimos en la terminal ¡era a
Fidelito que iba con Raúl y con Ñico López! Y nos pusimos
muy contentas. Justo ese día, me contó Raúl, habían decidido ir diariamente al aeropuerto a esperar el vuelo de Cubana
de Aviación, ¡y justo ese día llegamos nosotras!"

Fueron directamente a casa de Orquídea y Fofo, que se
convirtió en su nuevo hogar, pero un hogar donde se encontraron no sólo con sus hermanos sino con una visita inesperada: ¡Lidia Castro Argota! Para variar se había ido a México,
siguiendo los pasos de Fidel, con la siguiente excusa:

—Tengo miedo aquí en Cuba —le dijo a Fidel por teléfono—, la gente que conoce mi relación contigo me previene
que los batistianos podrían hacerme algo para perjudicarlos,
así que yo preferiría estar con ustedes.

Fidel aprovechó su pedido para que cuando viniera le tra-
jera a Fidelito a México, tal y como lo había acordado previamente con Mirta. Para Lidia, aquello le vino de maravilla,
y así llegó a México a hospedarse con todos los demás en la
mansión del Pedregal.

En aquella casa todos eran acogidos con mucho cariño
y nunca nadie tuvo que pagar un sólo centavo por vivir ahí,
pero a Enma y Agustina les causaba mucho enojo que Lidia se
hubiera aprovechado de la situación, como lo venía haciendo
hace años. Por toda la casa repetía a quien la escuchara:

—Yo soy Lidia, la hermana de Fidel, el héroe del Moncada.

Se dedicó a hacer dieta, darse masajes y seguir hablando
mal de todo el mundo, comenzando por mi pobre mamá. La
desprestigiaba dondequiera que se parara: que si mi mamá le
quitó al padre, que si era sirvienta de la casa, todas esas mentiras que después se publicaron en los libros como verdade-
ras. Pero bueno, eso fue lo que les tocó vivir a mis hermanas
en esa época.

Un buen día decidió que quería confesarse, no sabemos cómo porque en realidad era la única que no tenía

religión, nunca fue bautizada, pero como eso le importaba muy poco, fue a hacerlo con el padre Cervantes, que era el confesor de Fofo y Orquídea. Cuando se lo dijeron a Orquídea, esta reaccionó:

—¡Hay que ir corriendo a hablar con el cura que no sabe que la madre de ustedes no es la de ella! Imagínense si a él le dijo las barbaridades que acostumbra.

Orquídea habló con el sacerdote:

—Mire, padre, la verdadera intención de Lidia no es ni confesarse, ni comulgar, ni nada. Su intención es difamar a quien pueda, así es de especial.

Por lo menos el sacerdote estuvo al tanto de lo que sucedía, y ahí paró la cosa.

Volviendo a Fofo y Orquídea, esa gente mantuvo en su casa diariamente a diecisiete personas, y esos diecisiete eran sin contar a los que llegaban de paso como en el caso de Vilma Espín y otros más.

Por las mañanas, con el desayuno les brindaban a todos jugo de naranja recién exprimido, pero había que imaginar el trabajo que daba hacer el jugo para tanta gente, por eso servían medio vaso a cada uno. Aquello para Lidia era todo un problema, entonces iba a la cocina y botaba en el fregadero su medio vaso de jugo para decirle a la sirvienta:

—A mí, a la hermana de Fidel, ¡no se le sirve medio vaso de jugo!

Como ésta hubo muchas escenas más, como el día en que Lidia les comunicó:

—Fidel no está casado y por supuesto que su mamá a estas alturas no va a hacer de primera dama, ¡la dama voy a ser yo!

Pero mis hermanas no le prestaban demasiada atención porque en realidad había otra cosa que las inquietaba: cuando salieron a México habían dejado a mi papá muy enfermo de gripe. Ya habían pasado ocho días de su viaje y nadie había podido comunicarse a Birán porque había mal tiempo. La angustia de no saber cómo estaba o qué había pasado era abrumadora.

15.

MUERE MI PAPÁ

Pocas veces crucé el río Nipe en un jeep con una creciente tan grande como ese día del 21 de octubre de 1956, cuando toda la región de Birán estaba siendo azotada por un temporal poderoso. Mi mamá y yo estábamos desesperadas. Yo manejaba entre el fango, con el viento en contra aporreando el carro, tratando de no quedarme varada, mientras mi mamá sostenía a mi papá en sus brazos y decía:

—Castro, viejo, aguanta, que ya estamos cerca, tú no te me puedes morir.

Pensábamos que Ángel Castro Argiz iba muy grave, pero, para nuestra desgracia, mi padre en realidad estaba moribundo. Horas antes, todo parecía un simple catarro mal cuidado con el que había llegado la semana anterior de La Habana junto a mi mamá, pero con el paso de las horas aquel día los síntomas se le fueron empeorando. Tosía y tosía, y en uno de esos ataques de tos, vomitó sangre, señal violenta de la gravedad del momento. Decidimos que no podíamos quedarnos en la finca y llamé a Ramón.

—Está de viaje, Juanita —me dijo Sully—, pero ahora mismo voy a localizarlo como pueda para decirle lo que está pasando con el viejo.

Así que solitas las dos, mi mamá y yo, en medio de aquel diluvio que había inundado todos los caminos casi borrándolos de la vista, finalmente pudimos llegar al hospital del Central Marcané.

En el servicio de emergencias el doctor Armando Fajardo fue tajante:

—Una hernia, que seguramente ha tenido por mucho tiempo y a la que no se le dio importancia se le estranguló con el esfuerzo de la tos. No hay muchas opciones: o se le opera aquí o lo llevan a La Habana, pero lo que decidan tiene que ser inmediatamente.

—Con el mal tiempo es imposible llevarlo a otra parte, doctor —le dije.

—Opérelo ahora y salve a mi esposo doctor, se lo suplico —le pidió mi mamá.

La intervención quirúrgica duró más o menos una hora, pero mi papá salió muy grave de la operación. No nos despegamos de su lado ni un segundo. Mi mamá con todo su problema de circulación en las piernas, que hasta la había tenido en el hospital, estaba parada junto a él en la cama, acariciándole la cabeza.

—Vieja, esto se ha puesto muy mal... yo quiero darte las gracias por toda la vida que hemos pasado juntos. Me has hecho tan feliz. Tú sabes que has sido el gran amor de mi vida. Cuida de los muchachos, cuídalos, Lina.

—Juanita, hija, sigue cuidando de tu madre.

Poco después, mi papá murió con nosotras a su lado.

Habían pasado exactamente veinticinco horas desde la cirugía. Mi mamá lloraba abrazada al hombre junto al que había pasado toda su vida, mientras yo me había quedado paralizada viendo aquella escena, sin poder digerir la idea de que mi padre hubiera muerto. Mi papá era mi compañero diario, la persona a quien, junto a mi mamá, yo más recurría para todo, y a la vez yo era la persona con quien él más contaba después de mi madre. ¿Cómo comprender que ahí estaba, en aquella cama, en el mismo cuarto, sin vida?

Yo estaba devastada emocionalmente, pero me repuse en minutos porque había que ser fuertes, especialmente para mi mamá, que estaba sufriendo inmensamente.

Apenas se enteró Ramón, llegó corriendo al hospital, pero mi papá ya había fallecido. Ramón lloraba como un niño...

—Viejo... mi viejo...

Repuestos de la sorpresa inicial, mi mamá decidió que llevaríamos el cuerpo de mi papá a la casa de Ramón para velarlo, y así lo hicimos. Ya era 22 de octubre cuando el velorio había comenzado y Fidel estaba llamando desde México, donde la noticia ya había llegado. Luis Conte Agüero lo dijo en su programa de radio y alguien le envió un telegrama a Orlando de Cárdenas pidiéndole que informara de inmediato a Fidel y, así, le llevaron la noticia a la casa de Fofo y Orquídea.

Enma y Agustina ni se habían percatado de lo ocurrido. Andaban de lo más divertidas porque dos días antes, el 20 de octubre, habían festejado los quince años de Esthercita, la sobrina de Orquídea, que a su vez era la noviecita de Raúl. Al día siguiente, el 21, Orquídea y mis hermanas se habían ido al cine Chapultepec, en Paseo de la Reforma, a ver una película y recién estaban regresando a la casa. Enma dice que, al entrar, se dio cuenta de que algo pasaba.

—Noté que Raúl tenía los ojos irritados como si hubiera llorado y Fidel estaba hablando con Fofo. Asumimos que estaban muy ocupados con algún asunto político, por lo que Agustina y yo decidimos no molestarlos, les dimos las buenas noches a todos y nos fuimos a dormir.

—Lo mejor —dijo Fidel— es que las muchachas no sepan nada esta noche, ¿para qué angustiarlas? Mañana hablaré con ellas.

Al día siguiente, muy temprano, Orquídea fue a la recámara a despertarlas.

—Fidel y Raúl quieren hablar con ustedes...

—¿Tan temprano? —preguntó Enma.

—Sí —les respondió Orquídea—. Las esperamos allá abajo.

—Seguramente —intervino Agustina— nos van a anunciar que ya se van a la expedición, así que vamos rápido, Enma.

Cuando llegaron al comedor donde Fidel y Raúl las esperaban, se encontraron también con Lidia Castro Argota sentada, de lo más tranquila, con esa sonrisa a medio dibujar. Fidel fue el que comenzó a hablar.

—Enmita, ¿cómo dejaste al viejo? Agustinita... ¿Viste al viejo?

—Chico, estaba bien, con un catarro que se le estaba volviendo gripe, estaba tosiendo mucho, pero sin mayores problemas de salud.

Fidel no sabía cómo darles la noticia, pero su cara y la de Raúl estaban desencajadas. Se notaba que Raúl había estado llorando. Ante aquel panorama fue Enma la que habló:

—No me vas a decir que mi papá se murió...

—Sí —le respondió—. El viejo se ha muerto ayer y hoy lo van a enterrar.

Raúl estaba desconsolado por la noticia, pero le quedaba una tranquilidad que no tenía Fidel: como fuera, siempre lo había ido a ver. Fidel, en cambio, no volvió a la finca a encontrarse con el viejo desde 1955, y mi papá, en verdad, siempre lo quiso y procuró por él. Tan es así que lo mantuvo económicamente para que cumpliera con todas aquellas cosas en las que Fidel se involucraba. La generosidad del viejo con él no tuvo límites: aun en el exilio mexicano mi papá me seguía ordenando que le enviara dinero para que se sostuvieran. Pero para Fidel, el sentimiento equivale a debilidad, así que le dijo a Raúl:

—No hay tiempo para el dolor; debemos prepararnos para cosas peores.

En Birán, mientras tanto, era un día de duelo total. El cuerpo de mi papá estaba siendo velado en un saloncito en la planta baja de la casa de Ramón, en el Central Marcané. En el campo no había funeraria; la costumbre era velar a los difuntos en la misma casa, aunque, a decir verdad, nunca estuvimos preparados para enfrentar las multitudes que llegaron como por oleadas al velorio. Por ahí pasaron tanto los guajiros más humildes de la finca como las amistades más encumbradas. El sacerdote confesor de mi mamá hizo el responso de cuerpo presente y finalmente, por la tarde, nos fuimos a sepultarlo al cementerio. Acompañando al féretro había una inmensa fila que parecía interminable. Con cuatro de mis hermanos en México, sólo quedábamos junto a mi mamá, Angelita, Ramón, Sully, los nietos y yo. Hasta hoy me conmueve recordar el llanto de los trabajadores haitianos de la finca, que en verdad se veían muy afectados porque lo querían mucho, diciendo entre lágrimas:

—Murió Papá Castro, murió Papá Castro...

Ángel Castro se fue repentinamente, sin ver muchas cosas que pasarían en Cuba y que nunca hubiera imaginado. Lo que más me dolió es que su partida dejó desolada a mi mamá, quien por primera vez en años regresó a su casa sin él.

—Juanita, estamos solas, pero hay que echar pa'lante la finca, como si el viejo siguiera con nosotras. Ése es el mejor homenaje a su memoria. Y hoy te quiero pedir algo mas, m'ija: asegúrate de que cuando yo muera, me entierren junto a él.

—Te lo prometo mamá, pero no hables de eso que tú nos haces mucha falta a todos tus hijos.

Me dolía ver a mi madre sufriendo. Me dolía saber que mi padre se había muerto. Me dolía por mí misma sintiéndome esa noche por primera vez en mi vida, huérfana del hombre que me había formado.

Con la promesa hecha a mi madre de sepultarla algún día junto a mi papá, me fui a dormir sin imaginar que mi mamá lo seguiría siete años más tarde... sin saber que los tiempos de las lágrimas y sufrimientos por mis hermanos y por Cuba estaban ya a la vuelta de la esquina. Pero, por lo pronto, tenía un consuelo: finalmente "Papá Castro", mi papá, ya estaba descansando, luego de una larga y fructífera vida de casi ochenta y dos años en este mundo.

16.

UNA INVASIÓN A PLAZO FIJO

El año 1956 estaba a un escaso mes de terminarse. Para los ochenta y dos cubanos que formaban parte de lo que sería la invasión más anunciada de la historia de su patria eso significaba que tenían que salir de México y llegar a Cuba, tal y como lo habían prometido, antes de que finalizara el año.

Anclado en Tuxpan, el puerto veracruzano localizado en el Golfo de México, el *Granma* permanecía custodiado únicamente por Chuchú Reyes, esperando la orden de hacerse a la mar. En realidad sólo cinco personas sabían donde estaba el yate: Fidel, Raúl, el capitán Onelio Pino, Fofo y Chuchú, que era mi amigo, un hombre simpatiquísimo, y quien, para no despertar sospechas, se hacía pasar por un turista rico, cuando en realidad era corredor de autos.

Eso pasaba en México, pero en Birán las actividades de la familia eran diferentes. Estábamos dedicados al cumplimiento del testamento de nuestro padre. Imaginando que los planes del desembarco eran inminentes y que, de suceder, sabría Dios cuándo volvería a ver a mis hermanos. Les pedí a todos que me enviaran un poder notarial para que pudiera representarlos y fui clara en mis motivos. En vida mi papá podía hacer todo lo que quisiera con su dinero, pero una vez muerto era mi responsabilidad cumplir con el reparto de cada centavo de todo lo que él había construido y que él había decidido cómo y a quiénes se lo repartiría.

Fidel, Raúl, Enma y Agustina estuvieron de acuerdo conmigo y de inmediato me enviaron desde México el poder notarial. Imagino que pudo haber sido por premonición, el caso es que mi papá en el último viaje a La Habana arregló todo lo relacionado a la herencia, dejando en su testamento la parte mayoritaria de sus bienes a mi mamá, algo más que justo porque en realidad ella fue quien trabajó brazo a brazo con él para hacerlo todo.

En cuanto a las actividades de la calle de Fuego 791, en la ciudad de México, todos eran ya preparativos de último minuto. La fecha ya se había decidido: saldrían hacia Cuba, como fuera, el 25 de noviembre. Para el 24 ya todo estaba preparado.

—Fidel me ha dado la lista de los víveres que se van a llevar —contaba Orquídea—: jamón serrano, naranjas, pan de molde y agua suficiente para ochenta y dos personas. ¡Sólo a un hijo de español se le ocurre pedir jamón serrano, con la sed que provoca!

Lo que iba a pasar con el *Granma* después del desembarco también estaba claro. Onelio Pino, el capitán, los dejaría en la costa y regresaría con el barco a México para entregárselo a Tony del Conde, apodado Cuate, uno de los más cercanos colaboradores de toda la expedición y quien se encargaba de comprar las armas. Después el Cuate se quedaría con el *Granma*.

En cuanto a los datos de logística, sólo había un asunto muy espinoso que resolver y tenía que ver con Orlando de Cárdenas, a quien los informes del capitán Gutiérrez Barrios habían identificado como el delator con los batistianos.

—Será mejor —ordenó Fidel— que de Cárdenas, su mujer y su hijo vengan con nosotros hasta Tuxpan y se embarquen también en el *Granma*.

Y, así, llegó la hora de la despedida en casa de Fofo y Orquídea, donde cada quien, a su manera, tuvo una reacción diferente.

Raúl, que no dormía en la casa, días antes había llevado su ropa interior para que se la tiñeran de verde olivo, porque decía que era un color de camuflaje. La noche anterior había dormido ahí, así que comenzó a vestirse en un baño y después salió a ponerse las botas en el cuarto de mis hermanas. A Enma le regaló la camisa que traía puesta (años después, Enma la donó al museo de la revolución).

—Si esto triunfa —les anunció—, olvídense de Birán porque va a haber reforma agraria.

—Sí, ya lo sé —respondió Enma.

—Y si esto no triunfa, y morimos en la lucha, por favor dile a Juanita que lo que me toca de herencia se lo entregue a Temis Tasende, mi ahijada.

Temis era la hija de José Luis Tasende, asesinado en el Moncada, a quien Raúl le había prometido que, si sobrevivía, cuidaría de ella.

—Ése es un favor que te quiero pedir, Enma.

—Favor que será cumplido —le respondió ella.

Después Raúl terminó de amarrarse las botas.

—El que se quite éstas, es hombre muerto.

Se refería a que iban a desembarcar en una parte de la costa donde a las áreas rocosas se las conoce como "diente de perro" por lo filoso, y nadie podría sobrevivir si andaba con zapatos normales.

—Ahora sólo les pido que no lloren. Díganle a Juanita que la quiero mucho.

Abrazó a cada una, les dio un beso y, aguantando las lágrimas, dio la vuelta y se fue para los vehículos que ya esperaban encendidos.

Fidelito parecía no hacer mucho caso mientras jugaba en medio de aquel ajetreo... De pronto, al parecer, se dio cuenta de que había perdido de vista a su papá quien, sin saber realmente cómo despedirse del niño, había salido a la calle y se había metido dentro de uno de los autos. Fidelito salió corriendo de la casa:

—Papi, papi, espérame, no te vayas, papi.

Fidel se bajó del auto, cargó a su hijo, lo abrazó y le dio un beso. Luego se lo entregó a Enma, dio la vuelta y se metió en el auto. Con él iban Fofo, Orquídea, Raúl, Cándido González y Rafael del Pino.

—¡Arranquen para Tuxpan!

El resto del grupo, para no levantar sospechas, había ido llegando a Tuxpan en grupos de seis, hospedándose en hoteles baratos y viajando en autobús.

—Cuando llegamos al ranchito donde ya estaba el Che, éste se veía de lo más tranquilo; nos vio y siguió leyendo. Ese hombre es inmutable —dijo Orquídea.

Alrededor de las once de la noche ya todos estaban reunidos en el lugar. Habían cruzado el río Pánuco en las lanchas de motor que hacían el trayecto de una orilla a otra. El hombre que operaba la lancha, sorprendido del inusual movimiento, dijo:

—Oiga, manito, pos, ¿qué es lo que pasa esta noche por aquí, que tanta gente está viniendo?

Ninguno de los pasajeros respondió.

Era una noche fría y oscura, había mal tiempo y llovía. Cuando todos estuvieron juntos, a pesar de que se respiraba júbilo entre ellos, el silencio era sobrecogedor.

Durante los últimos minutos del 24 de noviembre y los primeros del 25, los expedicionarios terminaban de embarcarse cuando se dieron cuenta de un problema: los motores del barco se habían dañado y en realidad sólo les servía uno.

—Hay que salir, aunque esto se vaya a pique —ordenó Fidel.

Los que, al final, no llegaron a la embarcación fueron Orlando de Cárdenas y familia. A última hora, Fidel cambió de parecer y decidió no llevarlos, ordenando a Orquídea específicamente qué hacer:

—Tienes que retenerlos en tu casa, Orquídea. Hay que vigilarlos día y noche, y no pueden dejarlos solos ni un momento, ni uno sólo, hasta que se sepa que la expedición ancló en tierra cubana.

—Pero eso es un secuestro, Fidel, y eso me preocupa.

—Orquídea, entiéndeme bien: o es él o somos nosotros —y Orquídea cumplió sus órdenes.

Finalmente, ya entrada la madrugada, desde el muelle, Fofo, Orquídea, Raúl, el hijo de Onelio Pino y los "detenidos" vieron, en silencio, cómo el *Granma* se convertía en una lucecita que se iba perdiendo en el horizonte, hasta que finalmente desapareció de su vista.

A todo esto, de acuerdo con Orquídea y el capitán Gutiérrez Barrios, Orlando de Cárdenas había informado a los batistianos y éstos, a su vez, a la policía mexicana, que había seguido al grupo tendiendo un cerco alrededor de ellos. Por tanto, del muelle decidieron irse a un hotel de Tuxpan a esperar en un solo cuarto a que amaneciera. Ya entrado el día se regresaron a la ciudad de México.

En el camino Orquídea y Fofo le explicaron a de Cárdenas el problema que había con él y cómo, por órdenes expresas de Fidel, no los podrían dejar ir hasta que no se recibiera la confirmación del desembarco en Cuba. Orlando no respondió nada, sólo quería llegar a la casa a utilizar el teléfono, supuestamente para llamar a su mamá e informarle que no iba con el grupo, cosa que evidentemente no le dejaron hacer.

Ya en la casa del Pedregal, Orquídea recibió una llamada.

—Amiga —le decía una voz masculina.

—Amigo —le respondió ella. Era una de las claves que usaban entre ella y Fernando Gutiérrez Barrios.

—Es urgente que nos veamos esta misma noche. Es muy urgente.

Como la llamada le llegó a la misma hora en que habían vuelto de Tuxpan, Orquídea no quiso perder tiempo en cambiarse de ropa (se había puesto en el viaje hasta una peluca para despistar), y así vestida se fue a ver a su amigo.

—Hace unas horas fueron delatados —le dijo el capitán Gutiérrez Barrios—. Hay que hacerle saber a Fidel que si no han salido de México, tienen que hacerlo urgentemente ya que toda el área en Tuxpan está rodeada por el servicio de inteligencia, y tenemos órdenes expresas de detenerlos a todos.

Orquídea, temerosa, no le dijo la verdad.

—No sé que ha pasado con ellos porque lo último que supe es que se habían dispersado en la zona de Tuxpan, y nada más.

—Esto es muy grave, mi amiga, muy grave para los planes, porque ya están giradas las órdenes de aprehensión. Hay que buscar la forma de informárselo a Fidel.

Cuando Orquídea iba a despedirse de él, se llevó una sorpresa más:

—Usted también tiene que cuidarse mucho a partir de ahora, porque ya la tienen identificada físicamente pero no saben su nombre. Hoy mismo hicieron un "retrato hablado" suyo, inclusive con esta misma ropa, que es la que traía en el viaje. Tenga mucho cuidado. Seguimos en contacto, pero no deje de localizar a Fidel.

A pesar de la advertencia, la identificación de Orquídea no pasó del susto, porque al final nunca supieron de quién se trataba.

Por acciones como esa, Orquídea y Fofo fueron una gran pieza en todo el operativo alrededor de la expedición. Fueron testigos de decenas de entrevistas secretas y no secretas. Participaron de cambios de armas, ayudaron a sacar gente de la cárcel, le pidieron ayuda a sus amigos, y presenciaron, también, los últimos minutos antes de zarpar a Cuba, cuando Fidel habló a los ochenta y dos pasajeros que llevaba el *Granma* y a los que se quedaban en tierra:

"No vamos a Cuba a realizar cambios políticos sino sustanciales. Transformaciones que garanticen a cada cubano un trabajo decoroso, el disfrute pleno de la libertad y el ejercicio absoluto de la soberanía, y el precio que tengamos que pagar vale la pena."

Mientras manejaba por las calles de la capital mexicana llena de temor tras su cita con Fernando Gutiérrez Barrios, Orquídea se preguntaba: "¿Me deportarían a Cuba si me detienen? ¿Me darían cargos por subversión? ¡Los batistianos me matarían!".

Con esos pensamientos en mente fue que recordó también la última frase de Fidel antes de partir, y recuperó la entereza: "Por Cuba hasta este miedo vale la pena. Todo vale la pena, ¡sí señor!".

17.

CON OCHENTA Y DOS HOMBRES...

Desde el *Granma*, Tuxpan poco a poco se iba perdiendo en el horizonte. Lentamente —porque tenían un solo motor que servía— dejaron el río Pánuco para entrar en las aguas del Golfo de México. Y en eso, se presentó el imprevisto con el que nadie contó: fuertes vientos del norte con rachas huracanadas los tenían prácticamente atrapados entre aquel oleaje cada vez más fuerte que impedía al *Granma* avanzar. Era tal la fuerza con la que se movía el barco que muchos comenzaron a vomitar por el mareo.

Al segundo día la situación empeoró: el *Granma* se empezó a llenar de agua. La bomba de achicar era inútil y el agua cubría el piso. Manos y cubos sustituían la emergencia hasta que milagrosamente se destupió el tubo del drenaje y volvió la calma momentáneamente.

Pero el temporal seguía moviendo el barco, que, además, iba sobrecargado. Fue increíble que ahí pudieran entrar tantas personas, pero en un momento, cuando parecía que el peso los hundiría, Fidel ordenó tirar al mar agua, alimentos y armas. Además, aunque Onelio Pino era buen capitán, aparentemente no daba cómo llegar al punto convenido. Dicen que Fidel, nervioso, le preguntaba constantemente:

—Chico, ¿estás seguro que estamos frente a las costas de Cuba?

El 30 de noviembre, la supuesta fecha del desembarco, les llegó en alta mar, y pasó otro día, el 1 de diciembre, sin noticias para nadie. En la madrugada del 2 de diciembre sucedió lo que les faltaba: Roque, un ex teniente de la Marina que había subido al techo buscando el faro de Cabo Cruz, se cayó al mar. Fidel ordenó a Onelio hacer virar al *Granma* y con linternas en la oscuridad, milagrosamente, y luego de varios intentos, encontraron a Roque con vida.

Finalmente, antes del amanecer del 3 de diciembre, llegaron a una playita a dos kilómetros de Niquero, el punto inicial del desembarque, donde supuestamente el día 30 de noviembre serían recibidos con camiones que los transportarían para iniciar la rebelión. Sin embargo, como ya habían pasado dos días tras lo programado, ya no había quién los buscara. Además, se encontraban en una zona pantanosa, llamada Playas Coloradas, bastante lejos del punto acordado originalmente. Ya en tierra, un avión del ejército los divisó y los bombardeó. Perdieron armas, se salvaron muy poquitas, y el desembarco fue un desastre. La orden de Fidel era, sin embargo, llegar a la Sierra Maestra, que serviría de santuario para recuperarse y continuar con la lucha. De manera que no combatieron y, por lo tanto, murieron muchos. Todo el mundo se dispersó, sorprendidos por el ataque, lo que probaba que ya habían sido delatados. Chuchú Reyes se salvó en el desembarco, pero, en cambio, Ñico López murió. Alguno de los sobrevivientes me contó que en medio del dramatismo se dio una situación chusca: al llegar a tierra firme, en Minas del Frío donde se encontraba un puesto de mando del ejército batistiano, había un grupito de soldados al que los rebeldes atacaron.

Total que, cuando en México se supo que la expedición había llegado a tierra firme, le dieron un poco de libertad a Orlando de Cárdenas para que circulara en la casa. Gustavo Arcos, quien lo cuidaba, dijo que de Cárdenas le había pedido permiso para tomar agua; se lo dio, pero no se confió. Efectivamente al entrar al baño, encontró a Orlando con los zapatos en mano tratando de escapar por la ventana. A pesar del incidente, el propio Gustavo Arcos, junto con Melba Hernández, abogaban por liberarlo, pero Orquídea los convenció de lo contrario:

—Es irresponsable hacerlo ahora... He hablado con el capitán Gutiérrez Barrios y me dice que hay que retener a de Cárdenas un par de días más.

Finalmente lo liberaron, y dos días después, Cuba dio oficialmente la noticia del desembarco y con ella, dijeron que Fidel Castro había muerto. Enma y Agustina, al escuchar esto, se echaron a llorar desconsoladas.

—No lloren, tías —les dijo Fidelito—, que mi papi no ha muerto. Y si murió, ¡yo mataré a Batista cuando sea grande!

Las reacciones ante la supuesta muerte de Fidel en el desembarco fueron diferentes, como la que tuvo sorpresivamente Pedro Miret en la cárcel:

—¡Fidel está muerto! Ahí no quedó nadie. Aquí el que va a hacer la revolución ¡voy a ser yo!

¿Y con Orlando de Cárdenas que sucedió? De acuerdo a Fofo, una semana después de haberlo dejado libre, el que era un hombre sin dinero, andaba estrenando carro, y las conclusiones eran que probablemente era prueba del pago por la delación. Años después, recordaba Enma, cuando ya había sobrevenido la decepción por la Revolución Cubana, Fofo, siempre relacionado con el mundo de la política mexicana, asistió como invitado a la toma de posesión de un gobernador y allí se encontró con Pablo Machado, el cubano adinerado y de filiación batistiana.

—Siempre he querido preguntarte algo, y ahora ya no hay problema: ¿quién era el chivato?

—Orlando de Cárdenas. Él fue quien me avisó del desembarco y yo fui quien pasó la información a Cuba.

¡Ahí estaba la confirmación de que el ejército batistiano estaba listo para repeler la agresión hasta por aire!

Después del desembarco, Enma y Agustina se dedicaron casi a diario a ir a los periódicos mexicanos a decir que Fidel no había muerto, que, por el contrario, habían tenido contacto con él y que en Cuba estaban alzados 5,000 hombres.

—¡Por supuesto que eso era mentira —recuerda Enma—, pero teníamos que decirlo!

Esa actividad les costó que la policía de Gobernación quisiera llevárselas presas por dar esa noticia, pero todo se arregló con una mordida de seiscientos dólares, y escondiéndolas un tiempo en el apartamento de Onelio Pino, quien estaba en Cuba.

Mientras tanto, Orquídea y Odilia, su hermana, fueron a ver al ex presidente Prío Socarrás en Miami, porque Prío había prometido ayuda si Fidel lograba desembarcar.

—Las cosas se hacen más difíciles sin dinero y tenemos evidencias de que Fidel y Raúl están vivos —comenzó diciendo Orquídea—. Frank País nos ha mandado esta carta donde usted puede ver que, a pesar de que murieron muchos en el desembarco, Fidel sigue al mando de los planes, pero están en una situación precaria económicamente. Necesitan dinero y, teniendo en cuenta su ofrecimiento, venimos a pedirle ayuda.

—Desgraciadamente —respondió Prío—, en estos momentos esa ayuda es imposible, pero llegado el tiempo, lo haré. Por ahora no puedo.

Orquídea y su hermana regresaron con esa negativa a México, mientras pasaban más días y en Cuba, para nosotros, la situación era desesperante por donde quisiéramos verla. La gente trataba de consolarnos diciéndonos que mis hermanos habían sobrevivido, pero la realidad era otra. Nadie, aparte de los que estuvieron en el desembarco, sabía hasta esos momentos lo que en realidad había pasado, y eso nos provocaba gran angustia. Las cosas empeoraron porque nos llegó otra noticia: que el que había muerto no era Fidel, sino Raúl. ¡Yo creía que el mundo se me venía encima!

Así llegamos al final de 1956. Exactamente el 24 de diciembre, Nochebuena, en la finca por primera vez no hubo preparativos para un festejo navideño familiar, como lo fue siempre.

—¿Qué vamos a festejar? —dijo mi mamá con gran pesar—. La vida nos está dando muy duro, Juanita. Ahora no sólo estamos de luto porque el viejo se fue, sino que no sabemos si Fidel y Raúl están vivos, y Enma y Agustina tampoco están con nosotros. ¿Acaso hay algo que festejar?

Mi mamá estaba totalmente clara. De antemano yo sabía que aquel iba a ser uno de los fines de años más tristes de nuestra vida, pero el mejor regalo llegó en forma misteriosa, precisamente en Nochebuena. ¡Recibimos una pequeña carta que Raúl le había escrito a mi mamá! La había mandado desde la Sierra Maestra con alguien de confianza, a quien se la pudo dar para que la hiciera llegar personalmente. ¿Quién la lleva a la casa? ¡Nada más y nada menos que el doctor Armando Fajardo, quien operó a mi papá!

—Doña Lina, cuando me entregaron este papel, nada más de ver que se trataba de algo para usted, salí corriendo.

En la carta, que en realidad era un mensaje escrito en un papel pequeñito, Raúl decía: "Vieja, imagino cómo estarás y cómo deben estar todos en la finca y en México, pero estas líneas son para hacerte saber que estamos vivos. Luar."

—¡La letra es de mi Musito! ¡La letra es de él! —repetía mi mamá feliz—. ¡Con esto sí tengo la certeza de que mis hijos están vivos!

La letrica de la carta efectivamente era de Raúl, aunque no sabíamos por qué firmaba como "Luar", pero luego de analizar dicha firma nos dimos cuenta de que era su nombre al revés. ¡En medio de los disgustos y la angustia de esos meses, sin tener una sola noticia, aquel papel nos dio la certeza de que ellos habían sobrevivido! De inmediato avisamos a Enma y Agustina en México y les contamos la historia, que fue también un gran alivio para todos en la casa de Fuego 791, en el Pedregal. La carta de Raúl sirvió para darnos ánimos a la familia y a los que estaban trabajando con el Movimiento 26 de Julio.

También hubo otros motivos de alegría aquella Nochebuena: Gustavo Arcos, Melba y Aldama se habían quedado en México porque a finales de diciembre Pedro Miret saldría de la cárcel. El día que Pedro quedó libre, todos ellos se fueron para casa de Orquídea y mandaron a comprar pollos y papas fritas para un doble festejo: la libertad de Miret y la noticia de que Fidel y Raúl habían sobrevivido el desembarco en Cuba.

Pero el régimen de Fulgencio Batista creía que Fidel estaba muerto, y lo dieron por fallecido oficialmente, aunque no por mucho tiempo. En enero de 1957, el periodista Herbert L. Matthews, del diario *The New York Times,* logró una entrevista con Fidel en plena Sierra Maestra, entrevista que luego salió publicada en primera plana del *The New York Times*, y que causó gran revuelo. Al día siguiente, Cuba reaccionó a través del Secretario de Gobierno:

"La supuesta entrevista con Fidel Castro es totalmente falsa. Es un hecho oficial: Castro está muerto."

El *The New York Times* respondió a aquella declaración publicando, dos días más tarde, artículos que describían cómo vivían los rebeldes con fotos de Fidel y Raúl ya con barba, junto con otros rebeldes.

—¿Cómo llegó Herbert L. Matthews a hacerles la entrevista? —le pregunté años después a Raúl.

—Faustino Pérez fue el encargado de llevarlo hasta la Sierra Maestra. Su misión era sortear, junto a Matthews, todo tipo de peligros. Aquel viaje lo hizo acompañado de su esposa, hasta donde se pudo, mientras ambos fingían ser una pareja de norteamericanos en su luna de miel, y así llegó adonde estábamos.

Ante la evidencia de aquellos tres días de publicaciones con declaraciones de Fidel al *The New York Times*, nosotras supimos que ellos estaban encaminados en sus planes, a pesar del desastre al desembarcar en Cuba. En México de inmediato habían conseguido el periódico y todos estaban eufóricos, pero seguía haciendo falta dinero para financiar aquella lucha.

La organización política que en realidad captó la mayor cantidad de gente en los Estados Unidos fue el Movimiento 26 de Julio. Enma y Orquídea viajaron a Nueva York a reunirse con Pablo Díaz, uno de los responsables allá, y celebrar actos con los cubanos de la zona. Ése era un punto importante para recaudar fondos, porque la comunidad cubana tenía más posibilidades económicas, por una sencilla razón: había más trabajos y les pagaban mejor. En cambio, Miami era prácticamente una plaza muerta porque los adinerados eran batistianos, y los cubanos que querían cooperar, no tenían dinero. Al fin, en Nueva York lograron juntar $4,000, que enviaron de inmediato a la Sierra Maestra con un muchacho llamado René Picard, el jefe de ventas de Procter & Gamble, quien de ninguna manera levantaría sospechas al viajar. Picard se entrevistó primero con Faustino Pérez, que oficialmente era uno de los jefes de la resistencia en La Habana, y le entregó lo recaudado, mientras que en México aquello provocó la furia de Pedro Miret.

—Yo soy el que necesita ese dinero, ¡me lo deberían haber entregado a mí!

Por supuesto que nadie le hizo caso y el dinero ya estaba siendo utilizado para lo que necesitara el ejército rebelde en la Sierra Maestra.

Al margen de las guerras internas, comenzó a suceder algo inesperado: el Movimiento 26 de Julio se propagó por todas partes, y aumentó la cooperación. Fue increíble cómo los obreros daban lo que tenían. El entusiasmo de la gente por ayudar a sacar a Batista y regresar a Cuba; por mucho que se haya luchado en este exilio de más de cincuenta años, no hay nada, ni remotamente, que se compare a la unión y al esfuerzo de aquella gente humilde que, alrededor de Fidel, cooperó centavo a centavo. A fin de cuentas, fue el pueblo cubano del exilio —a excepción de lo que dio Prío— el que pagó la expedición del *Granma* y financió la revolución.

Entre este gran apoyo, igual en mayo de 1957, Enma sufrió un gran contratiempo.

—Me tocó ir a Miami, donde había menos entusiasmo que en Nueva York, donde los grupos que había formado

Fidel estaban en pugna. Era muy difícil navegar entre aquellas aguas: si iba con Pablo Díaz o con Arnaldo Barrón, los otros se enojaban y boicoteaban el acto.

Sucedía la misma tragedia de siempre entre nosotros los cubanos: la división no es nueva. La diferencia es que eran menos y con menos recursos. Aquel acto de recaudación de fondos se hizo en el teatro Flagler, y la noticia tuvo gran difusión porque Enma Castro, hermana de Fidel, sería la oradora. Cobraron la entrada para obtener más fondos, pero aquí sí que se armó la buena: el lugar estaba lleno de seguidores del ex presidente Carlos Prío Socarrás.

Arnaldo Barrón, quien había llegado desde Nueva York, trajo un discurso grabado de Fidel cuando fue al Pangarden, lugar donde se llevaban a cabo los actos políticos de Nueva York. Había prometido quitar las partes de ese mensaje que pudieran herir al ex presidente, y lo hizo, pero no se percató de que Fidel en aquel discurso había atacado a los malversadores con una línea que a los priístas les cayó como golpe al hígado: "Cuando triunfe la revolución tocaremos las puertas de los malversadores...".

¡Ay mi madre! Enma me decía que no sabía ni dónde meterse de la vergüenza.

—Al escuchar aquello, ¡todos los seguidores de Prío se levantaron y el teatro quedó vacío!

Eso no era todo: Rafael Izquierdo, tesorero del movimiento 26 de Julio, quien en la época de Prío era su hombre de confianza y que en el exilio en Miami tenía una tienda de víveres, se puso furioso:

—¡Renuncio a este Movimiento que nos ha ofendido! Ustedes no pueden formular esa ofensa al ex presidente Prío, ni yo puedo permitirla. Mira, toda mi clientela es priísta y yo estoy con ellos, así que me voy.

Enma y el grupo entraron a convencerlo de que nada había sido hecho intencionalmente, y que tampoco debería renunciar a su puesto de tesorero porque eso únicamente desmoralizaría al movimiento. Después de largas súplicas, Izquierdo comprendió y se quedó.

Al terminar el acto en el teatro Flagler, a la pobre Enma aún le quedaba más que vivir: recibió una visita de un oficial del Servicio de Inmigración.

—Tiene usted veinticuatro horas para abandonar los Estados Unidos. Usted no puede celebrar, ni presentarse en ningún acto público si no se inscribe como agente de Fidel Castro en el extranjero. De no cumplir esta orden, será deportada a Cuba.

Enma quedó paralizada, y con la nueva urgencia de conseguir un boleto de avión para México cuanto antes. Lo que le había sucedido a mi hermana era sencillo de explicar: en 1957 los batistianos eran poderosos en Miami, tenían grandes conexiones, especialmente entre el Servicio de Inmigración, y, sabiendo que ella recaudaba fondos para los rebeldes que intentaban derrocar a Batista, era de esperarse que utilizaran sus influencias para detenerla.

—Al día siguiente de haber recibido la orden de Inmigración —recordaba Enma—, nuevamente fue a verme el agente, molesto porque todavía no me había ido. Le expliqué que no había asientos en los vuelos a México, y le mostré el boleto para el próximo día. Me preguntó si yo había hecho declaraciones sobre los programas del Movimiento 26 de Julio y le dije que no, que el único que podría hacerlo era Pablo Díaz, persona autorizada por Fidel para hacerlo.

Era un tiempo difícil para todas nosotras, donde fuera que estuviéramos. Las hermanas estábamos luchando por la familia, cada quien con una misión específica. Yo lo hacía con mi mamá en la finca, ayudándola a mantener las cosas, trabajando en llevar las cuentas tal y como lo hacía cuando mi papá vivía, y manejando las etapas finales de la repartición de la herencia. Mientras, Enma y Agustina seguían hablando a favor de Fidel, y Enma, en particular, totalmente dedicada a la recaudación de fondos. Así fue que se dedicó a viajar por América Latina, unas veces pidiéndoles ayuda a amigos de mi papá, como fue el caso de Rafael Bilbao, cubano que vivía en Venezuela, quien le llevó $10,000 en donativos para dárselos en Panamá.

—Rafael Bilbao me dio toda una lección de organización para hacérsela llegar a Fidel —me contaba Enma.

En una carta le explicó lo siguiente:

"Tienen que hacer entrevistas con la prensa, hablando de los programas del 26 de Julio, que son desconocidos hasta este momento. No hagan nada que los comprometa y los aleje del pensamiento bolivariano, ya que no es cosa de salir de una dictadura para entrar en otra, sino para hacer una Cuba democrática."

Enma envió aquella carta directamente a las manos de Fidel, en la Sierra Maestra, quien la recibió junto con el donativo de $10,000, repartido —nunca supimos la razón— en diez cheques de $1,000 cada uno. Pero las cosas no marchaban sobre ruedas en todas partes.

En Nueva York la unidad había comenzado a deteriorarse, y Arnaldo Barrón invitó a Enma a hablar ante ellos, pensando que la presencia de alguien de la familia de Fidel sería importante para unificarlos. Pero Enma no contó con que, para entonces, Lidia Castro Argota ¡también quería figurar! No sé en realidad cómo hizo para convencer a Orquídea y a Fofo de que ella debía ir con Enma, pero lo logró, y para Enma comenzaron más problemas.

Para empezar, Lidia se ponía furiosa cuando Enma salía a hablar en los actos.

—Era horrible, Juanita —me contaba Enma—, cuando Lidia me veía dirigirme al público, ella también quería hacerlo. Cuando le daban la oportunidad, se aterraba y se ponía a llorar para que yo fuera la que lo hiciera. Pero eso no es lo peor, se la pasaba diciéndome: "Por favor, no digas que tenemos diferentes apellidos maternos para no tener que explicar que yo soy hija del primer matrimonio de papi". ¿Imaginas lo que es lidiar con eso cuando estábamos luchando por cosas más importantes?

Poco después de aquel viaje a Nueva York, en julio de 1957, Orquídea y Fofo recibieron una carta de Fidel, también dirigida a Gustavo Arcos y a Pedro Miret. En ésta los responsabilizaba de enviar armas y municiones, que era lo que más necesitaban. Con el dinero recaudado compraron las armas, ése fue otro problemón que surgió con Pedro Miret.

—¡Tienen que entender —dijo furioso— que si hay dinero o armas, éstas deben entregárseme!

Enma y Orquídea no le respondieron, pero comentaron:

—Pero, ¿cómo piensa Pedro que vamos a darle el dinero cuando sus dos brazos son Evaristo Venereo y Orlando de Cárdenas, conocidos chivatos de los batistianos?

No le dieron nada y se lo avisaron a Fidel, quien le ordenó a Pedro en una carta, que siguiera ayudando, pero con una condición: se tendría que desligar de Venereo y de de Cárdenas.

—Fidel está equivocado —respondió Miret—. Él no es nadie para decirme a quién debo tratar. Evaristo Venereo y Orlando de Cárdenas son mis amigos, ¡y no los voy a correr aunque Fidel los vete!

Pedro Miret comenzó, por su cuenta, a organizar una expedición para desembarcar en Pinar del Río. Con Tony del Conde, "el Cuate" —la misma persona que le conseguía armas a Fidel y quien había conseguido un lote de armas belgas para aquella acción—, y como uno de los encargados, Cándido de la Torre, y de jefe ¡Evaristo Venereo! Todos cayeron presos al llegar a Pinar del Río, y Venereo —como por arte de magia— a los dos días, no sólo salió de la cárcel, sino que volvió a partir hacia México, desde el aeropuerto de La Habana.

—Y Pedro Miret —como bien decía Enma— ¡seguía trabajando con Evaristo! ¡Sabrá Dios qué enjuagues había ahí!

Lo que me sigue sorprendiendo de esta historia ocurrida hace más de cincuenta años ¡es que se trata del mismo Pedro Miret que hasta marzo de 2009 fue vicepresidente de Cuba!

Al margen de esa guerra interna, Enma, Orquídea y Fofo seguían en su labor de buscar fondos. Aureliano Sánchez Arango —ministro de Educación en el gobierno de Prío— y Paquito Cairol fueron a verlos para solidarizarse con el Movimiento. Aureliano quería ayudar, pero a título personal, no representando a la organización rebelde a la que pertenecía.

Les dijo que el presidente de Costa Rica, José Figueres, cooperaría con el Movimiento porque era su amigo y simpatizaba con Fidel. Le presentaron a Tony del Conde, quien ayudaría en una incursión que serviría para llevar armas a la Sierra Maestra, y así lo hicieron. Llenaron un avión con armamento y municiones, pero cerca de las costas de Yucatán el avión comenzó a fallar y, antes de que cayera, tuvieron que aligerar el peso y tirar todas las armas al mar. Solo así pudieron alcanzar tierra firme y salvarse.

Las intrigas y los chismes iban en escalada, prácticamente con los protagonistas de siempre, el bando de los buenos, el bando de los malos, y un bando más: ¡los que hacían lo imposible por dividir a los unos y los otros!

La verdad es que, al enterarme de todas estas intrigas paralelas que se sucedían, no me explico cómo sobrevivió el movimiento ante tanta adversidad. Las comunicaciones con la Sierra Maestra eran únicamente por carta, y además había que sortear los intereses de la gente alrededor de Fidel. Faustino Pérez —a través de quien llegaban algunas misivas— era amigo de Pedro Miret, así que, aunque Fidel le escribía a Enma, las cartas no le llegaban a ella, y viceversa, ¡sabrá Dios qué le contaban a Fidel de lo que pasaba en México con mis hermanas y los grupos en pugna por el poder! El caso es que Enma recibió una carta, que cree llegó por Nueva York y que alguien le entregó a Fofo.

"Estoy enterado —escribió Fidel— de quiénes están trabajando, pero es necesaria una coordinación entre todos los grupos de los que serán responsables sólo Gustavo Arcos y Pedro Miret."

Poco después llegó Lester Rodríguez desde la Sierra Maestra. Fidel lo había enviado a Miami como delegado y le había pedido que hiciera un alto en la ciudad de México para saber lo que estaba sucediendo. Enma, sin saber cómo pensaba Lester, le cuenta lo que pasó y no imaginó su reacción.

—La familia no tiene que meterse en estas cosas —les dijo—, y en Cuba tiene que acabarse el caciquismo.

—Fidel puede decir lo que quiera —muy molesta le respondió Enma— porque en realidad no sabe lo que está pasando en el exterior, ni cómo son ahora los contactos con la gente. A fin de cuentas, a ninguno de ustedes les va a doler si matan a Fidel... quizá a Pedro Miret hasta le convenga porque siempre ha querido tomar el mando.

Y nada, no pasó nada. Enma y Orquídea siguieron haciendo recaudaciones con gente importante y decidieron poner los nombres de todos los que les ayudaron en un libro, que después enviaron a Fidel a la Sierra Maestra.

La segunda mitad del año 1957 siguió siendo uno de mucha actividad. En noviembre llegó Raúl Chibás como tesorero del 26 de Julio en el extranjero, nombrado directamente por Fidel. Pedro Miret y Enma lo recibieron y le informaron que le habían hecho una cita con Rafael Bilbao, que quería hablar con él. Su respuesta fue sorpresiva.

—Yo no tengo nada que hablar con él —les dijo—. No hay nada que tratar con ese señor porque la revolución no puede estar subvencionada con dinero de millonarios.

Rafael Bilbao, quien genuinamente se identificaba con el Movimiento, se enteró del comentario.

—Está bien. Si Raúl Chibás no quiere mi ayuda, que no la tome, pero de todas maneras, a través de Enma Castro y de Orquídea Pino, seguiré cooperando cada vez que ellas me lo pidan.

A pesar del desaire de Raúl Chibás, Rafael cumplió con lo prometido y siguió ayudando al Movimiento 26 de Julio. Bilbao fue quien financió el barco *Orión* al grupo de Nueva York, para una nueva expedición que querían hacer para ir a pelear a la Sierra Maestra junto con Fidel y Raúl. Pero ese grupo, al llegar a Brownsville, Texas, no tomó las precauciones necesarias y fue capturado por la policía. Así fue que perdieron el barco y las armas. En fin, que, excepto la del *Granma* todos los intentos de una expedición fracasaron.

No terminó 1957 sin que Enma y Orquídea siguieran en aquellas interminables giras de recaudación de fondos bajo el auspicio de Rafael Bilbao. En esta ocasión era a Costa Rica, a ver al presidente José Figueres, quien las recibió en su finca.

—Hay que hacerle llegar a Fidel, junto con esta colaboración, mi profunda preocupación por la desorganización y división que hay en el Movimiento. Yo estoy dispuesto a cooperar, pero es necesario que Fidel ponga un alto a todos estos problemas que sólo provocan desgaste.

Por supuesto que Enma y Orquídea volvieron a México con otra buena cooperación, que fue directamente a la Sierra Maestra, pero este viaje volvió a provocar chismes e intrigas. ¿Por qué? Bueno, porque ellas se fueron por su cuenta, es decir, sin recibir órdenes directas de Fidel, lo que acabó enojando a los del 26 de Julio. A Pedro Miret, Gustavo Arcos y a los demás, lejos de importarles que ellas no habían fallado en ninguna misión recolectando fondos, decían que lo que ellas hacían con su actitud era dividirlos.

—En realidad nosotras —me contaba Enma— pensamos que los que dividían eran ellos, por sus celos y sus cosas, pero con no hacerles caso bastaba.

Los problemas se repitieron cuando —también por idea de Rafael Bilbao—, Enma fue a Venezuela a una recaudación en casa del licenciado Mario de la Rosa, donde recibieron más de $30,000 en donaciones, de los que $25,000 fueron donados por el propio anfitrión. A ese acto asistió Manuel Urrutia Lleó en representación del 26 de Julio y, aunque no hubo enfrentamiento abierto con Enma, cuestionaron su presencia, que finalmente, les gustara o no, estaba ahí únicamente en calidad de hermana de Fidel.

A pesar de aquella guerra de intrigas, nervios y pleitos, en casa de Fofo y Orquídea había que dar otra cara: había que dejar a un lado la preocupación por la lucha en la Sierra Maestra y aparentar que no pasaba nada. Especialmente porque financiar, cobijar y propiciar una revolución desde otro país era y sigue siendo algo ilegal. Así fue que, para despistar, tal y como le había sugerido el capitán Gutiérrez Barrios, Orquídea accedió a la propuesta que le hicieron para que en los jardines de su casa se filmara la película *Los años locos del Rock & Roll*. Todos estuvieron de acuerdo, hasta que alguien reparó en el detalle que habían dejado al azar: ¿y Fidelito? Niño al fin, podría decir algo que los pusiera en problemas. Orquídea habló con él.

—Fidelito, mi amor, si alguien de los que está trabajando en la película te pregunta cómo te llamas, le dices que Manolito, porque si no, ellos van a saber que tu papá es Fidel Castro, el que está en la Sierra Maestra, y nos meteremos en problemas.

Fidelito le dijo que sí. Resulta que durante los descansos de la filmación a él le encantaba ir a ver cómo marchaba todo, y un día de esos, alguien le preguntó:

—¡Qué niño tan bonito! ¿Cómo te llamas?

—Bueno, en realidad yo me llamo Fidel Castro Díaz-Balart... pero me dicen Manolito.

18.

EL SECUESTRO DE FIDELITO

A pesar de todos los preparativos de la expedición, Fidel guardó tiempo para preparar el futuro de Fidelito, por si algo le pasaba. Escribió una carta que entregó a Fofo y a Orquídea justo antes de salir a Tuxpan a embarcarse en el *Granma*.

"Es mi deseo —escribió— que si yo muero en la expedición para liberar a Cuba, mi hijo, Fidelito Castro Díaz-Balart, se quede por siempre en México bajo la custodia del ingeniero Alfonso Gutiérrez y de su esposa Orquídea Pino. Les entrego mi hijo a ellos y a México para que pueda crecer y estudiar en este país libre y amistoso, en el que hubo niños que se convirtieron en héroes. No debe regresar hasta que Cuba sea libre o él pueda luchar por su libertad."

Era una carta muy bonita donde además nos instruyó: "A mis hermanas encomiendo otra petición: que escondan a mi hijo en una montaña si es necesario, pero que no se lo entreguen a Mirta".

Sólo que las hermanas entendíamos claramente algo: una vez que Fidel se fuera, cuando la madre pidiera al niño, habría que entregárselo. Para Mirta su hijo era lo más sagrado, y para Fidel el niño era su gran preocupación.

—No puedo estar de acuerdo en que mi hijo se críe en un ambiente de esbirros contra el cual estoy luchando —les explicaba a Enma y a Agustina.

Pasaron los meses, Mirta regresó de su luna de miel y Fidel dejó correr el tiempo sin devolver a Fidelito a Cuba con su madre. Mirta se dio cuenta de la situación y, aprovechando la muerte de mi papá, le envió a Enma una carta dándole el pésame: "El viejo siempre fue conmigo una muy buena persona —escribió— y su generosidad nunca tuvo límite. Su muerte me duele de sobremanera y las acompaño en su dolor. Al mismo tiempo aprovecho para hacerte una petición: por favor, tan pronto puedas, mándame a Fidelito de regreso a Cuba".

Cuando Fidel se enteró, puso el grito en el cielo y ordenó que no lo devolvieran.

Acto seguido, Mirta y su familia organizaron cuidadosamente un secuestro. Fidel para entonces ya estaba en la Sierra Maestra.

El 8 de diciembre de 1956 Enma, Agustina y Orquídea llevaban a Fidelito a jugar a Chapultepec. Todos iban en el auto que conducía el chofer de los Gutiérrez, cuando en el cruce de la avenida Revolución y Martí, un auto negro, sin placas de conducir, que las venía siguiendo sin que ellas se hubieran dado cuenta, les cerró el paso. Del interior salieron hombres fuertemente armados con ametralladoras que les arrebataron al niño. Lo metieron al auto en cuestión de segundos y, sin que ellas pudieran hacer algo, se lo llevaron inmediatamente. Desesperadas, volvieron a la casa temiendo lo peor: "¡Seguramente ha sido un secuestro planeado por un enemigo político!".

No podían imaginar lo que en realidad había sucedido. Fofo y Orquídea, junto con sus amistades poderosas, ayudaron a que aquello se convirtiera en un escándalo en la prensa, radio y televisión. Mientras, Fofo se fue a Los Pinos —la residencia de los mandatarios mexicanos— a hablar con el entonces presidente Adolfo Ruiz Cortines, que era muy amigo suyo y quien lo recibió de inmediato. Ruiz Cortines ordenó un cerco en los aeropuertos, por si se trataba de un secuestro político e intentaban llevarse a Fidelito por avión.

El presidente, a través de la cancillería mexicana, presionó al embajador cubano, quien se vio obligado a dar la cara, y por la tarde de aquel día, en la casa del Pedregal se recibió una llamada: era de la Secretaría de Gobernación.

—Estamos informándoles que el menor Fidel Castro Díaz-Balart se encuentra reunido con su madre en la embajada de Cuba y por lo tanto el caso no se trata de un secuestro.

En la llamada también les informaban que tendrían que ir a la mañana del día siguiente a las oficinas de gobernación para llevar el pasaporte del niño, que regresaría de inmediato a Cuba con su madre. Enma fue la encargada de aquella diligencia.

—Nada más al llegar a la oficina, el primero que me encuentro en la entrada es a Emilio Núñez-Blanco, a quien yo conocía perfectamente. Éramos amigos y era hermano de una de mis mejores amigas, pero en ese momento ya era el esposo de Mirta. Emilio me vio y bajó la cabeza mientras yo entraba en el despacho donde me habían citado. Ahí dentro estaban Mirta, Fidelito y el embajador de Cuba en México.

Sin más, Enma entregó el pasaporte del niño, poniéndolo sobre el escritorio, y en ese momento Mirta comenzó a insultarla furiosamente.

—¡Sinvergüenza! ¡Desgraciada! —gritaba Mirta—. ¿Ya ven cómo la ruedita de la fortuna dio la vuelta y ahora son ustedes las que están abajo y yo arriba?

Hasta el día de hoy, Enma no ha olvidado aquel encontronazo. Mirta actuaba así porque creía que Fidel no regresaría con vida y siguió ofendiendo a Enma tanto, que el mismo embajador cubano —un amigo de su familia— la agarró por un brazo.

—Mirta, ¡cállate por favor!

Mirta estaba ahí, en aquella oficina del gobierno mexicano, insultando, fuera de sus cabales, enfurecida, sin entender que en primer lugar, Enma y Agustina como tías del niño, únicamente cuidaron a Fidelito las veinticuatro horas del día. Un chiquito lindo e inteligente al que todas adorábamos y que nos quería mucho a todas. El pobre niño no entendía lo que sucedía con su mamá, y al ver a Enma, corriendo fue a abrazarla.

—Tía, tía, mira qué reloj tan bonito me trajo mi mamá de Suiza.

Luego, me contó Enma:

—Aquella escena llena de insultos, con eso de "la ruedita de la fortuna" es algo que nunca voy a olvidar, especialmente porque nosotras fuimos muy unidas. Yo tenía ropa en casa de Fidel y Mirta, y cuando los fines de semana salía del internado, me iba a casa de ellos y me cambiaba. Compartimos mucho juntos.

Ella siempre había sido cariñosa con Enma y Enma con ella, pero aquel día, Mirta rompió la amistad para siempre. Con el pasaporte en mano, Mirta terminó la reunión y, sin más, se llevó a Fidelito directamente al aeropuerto para salir a Cuba, y de ahí a su casa en la playa de Tarará. Tuvieron que pasar un par de años para que Mirta, Fidel y Fidelito volvieran a reencontrarse, porque en ese entonces, aunque Fidel hubiera querido hacer algo, no podía ya que estaba en plena revolución.

Como siempre, pronto comenzaron a circular toda clase de historias: que a Fidelito no le gustaba México y que lloraba a cada rato; que estaba viviendo en casa de una cantante de cabaret; que le daban golpes. En realidad todo eso eran infamias de mentes enfermas de publicidad y odio. Gente que, sin escrúpulos y sin recato alguno, se habían presentado en programas de televisión contando mil y una mentiras porque sabían que nadie les iba a pedir pruebas y pensaban, además, que no existía quien pudiera desmentirlos.

Pero, aquí estoy yo, y están testigos de primera línea como Enma para defender la memoria de Orquídea Pino y de su esposo Alfonso Gutiérrez "Fofo", quienes fueron un matrimonio ejemplar, y que, junto a mis hermanas, cuidaron con adoración a Fidelito en el tiempo que vivió en México.

—La casa de México sin Fidelito fue diferente —nos decía Enma—, pero sabíamos que no podíamos hacer nada, aunque aquel tiempo unió por siempre a Fidelito con nosotras, porque hasta el día de hoy, cuando nos vemos, él es muy cariñoso y lo primero que me pregunta es: "Tía, ¿cómo estás? ¿Cuándo llegaste?". Siempre quiere saber de mí.

Y con Mirta, ¿qué paso? Nada en especial porque el gran espectáculo del secuestro de Fidelito en México fue sólo eso: un espectáculo. Para hablar claramente: las cosas entre Mirta y Fidel siempre han sido de común acuerdo, y más, de acuerdo con la conveniencia de ella.

Apenas triunfó la Revolución y se olvidó el incidente de México, ella se puso de acuerdo con Fidel y cuando quiso se fue a vivir a España. De ahí regresaba, y regresa, varias veces al año para ver a su hijo y a sus tres nietos, hijos de Fidelito, y siempre ha sido más que bien recibida. Por mis relaciones familiares me entero de cosas que tienen que ver con nosotros, y más de un pariente ha comentado que Fidel, luego de haber reestablecido relaciones con Fidelito, recientemente le hizo una recomendación:

—Tienes que cuidar a tu madre, especialmente ahora que está viuda. No lo olvides.

En fin, quiero dejar claro algo que en toda Cuba se sabe: Raúl es el encargado de darle a Mirta Díaz-Balart las atenciones que necesita: chofer, alojamiento, facilidades médicas, medicinas y más. Eso se llama recibir beneficios del régimen que la considera una reina madre y la trata con deferencia y dignidad.

No en balde por todo lo anterior, ella no vacila en decir:

"Raúl siempre me colma de atenciones, siempre lo ha hecho, y él es, para mí, un verdadero hermano."

19.

UNA ACTIVISTA LLAMADA
JUANITA CASTRO

En el frente familiar en Birán, durante aquel 1957, me dediqué a poner en orden la herencia de mi papá. Tratándose de su herencia, había que ser muy claro con todos.

—Con el poder notarial que me enviaron Fidel, Raúl, Enma y Agustina —le expliqué a mi mamá—, es necesario que se realice una auditoría que incluya un inventario para poder saber lo que tenemos y dónde estamos parados. Mi mamá aprobó lo que yo recomendaba y acordamos llamar a una firma principal de contadores, cuyo jefe era el señor Reynaldo Peña que vivía en Holguín, y que fue el encargado de realizar las operaciones.

A la par era activista del Movimiento 26 de Julio, de manera que mis hermanas no eran las únicas en andar en problemas por ayudar a derrocar a la tiranía batistiana. Lo mismo organizaba colectas de dinero para ayudar a los rebeldes en la Sierra Maestra, que lo mismo buscaba materiales para incendiar campos de caña. Mientras, los batistianos aparentemente sabían todo sobre nuestra familia. En realidad respetaron a mi mamá, a Ramón, a Angelita y su familia, pero conmigo estaban claros. Buscaron a Ramón y a mi mamá para decirles:

—Tenemos evidencia de que Juanita, su hija y hermana, está muy vinculada y haciendo propaganda subversiva para el Movimiento 26 de Julio. Ésos son actos delictivos penados con cárcel, así que queremos sugerirles que la envíen al extranjero para evitar problemas, porque sabemos todo lo que ella está haciendo.

—Juanita, m'ija —me dijo angustiada mi mamá—, han venido a hablar con nosotros y ahora tú eres la que corre peligro. Creo que lo mejor será que te vayas un tiempo de Birán.

Fue entonces que decidí irme a los Estados Unidos. Nunca olvidaré la noche que llegué a Miami. Había tomado el ferry que entonces salía de la Habana a Cayo Hueso. Me monté con todo y mi auto, un Chevrolet Impala 1957 de color verde, muy bonito. En él manejé con aquella soledad de la carretera directo a Miami Beach, donde me hospedé en el Hotel South Seas en la avenida Collins y la calle 17. Un hotel pequeñito al cual solía ir cuando visitaba la ciudad de vacaciones.

Así fue que sola, sin conocer a nadie, pero con una lista de direcciones, me fui a dormir aquella noche allí.

Al día siguiente, comencé a hacer contactos y poco a poco me fui acostumbrando a esa vida que, por supuesto, entendía que sería pasajera.

Trabajé con grupos del 26 de Julio como el de Pablito Fernández Alegre y Lester Rodríguez. Dio la casualidad que eran los mismos que, por celos y por otras razones desconocidas para mí, estaban en pugna con los del 26 de Julio en México, entre ellos con Orquídea y Enma. Curiosamente, conmigo eran aliados, trabajando y siempre portándose de lo más bien.

Mi tarea era ocuparme de los cubanos que iban llegando exiliados de la dictadura batistiana. Casi todos eran los viejos miembros del Partido Ortodoxo, muchos de ellos profesores universitarios. Cuando llegó Raúl Chibás, el hermano de Eduardo Chibás, primero me tocó buscar el departamento para él y su familia y luego los llevé a hacer todas las diligencias. Claro, como yo había traído mi carro, estaba mejor que muchos porque tenía la facilidad de moverme sin problemas, así que el día entero me la pasaba corriendo de un lado para otro.

Otro de los grupos fuertes en el exilio era el de Ángel Pérez-Vidal y ellos, al saber de mi presencia, me contactaron y me llevaron al Pangarden de Nueva York. Me quedé recorriendo Nueva Jersey y visitando a los diferentes grupos cubanos que donaban dinero para la causa de Fidel. En ese viaje, me hospedé en casa de mi comadre Raquel Pérez de Miret, casada con un hermano de Pedro Miret, y era algo muy curioso para mí ver cómo los exiliados nos requerían a las hermanas Castro: los de Arnaldo Barrón a Enma; los de Pérez-Vidal a mí. Debido a las circunstancias, Enma no regresó a los Estados Unidos como representación familiar de Fidel porque esa representación recayó en mí. A la vez me recayeron otro tipo de diligencias, más peligrosas.

En mi carro transportábamos armas desde Nueva York hasta Miami para llevarlas a Cuba. Cómo las enviaban, no lo sé, porque los encargados eran Lester y Pablito, yo únicamente las recogía en mi carro.

Así llegó la Navidad de 1957, y con ella más problemas para mí. Mi mamá se fue a México a visitar a mis hermanas y a mí, que la extrañaba tanto tras meses sin verla. Se me hizo fácil tomar un avión desde Miami sin saber lo que se había tejido a mi alrededor.

Al reunirnos me di cuenta de que el viaje de mi mamá a la ciudad de México tenía varios motivos, además de ver a Enma y Agustina.

—Estoy muy preocupada por Agustina —me dijo— porque ha tomado muy a pecho los asuntos de la religión en la que está metida. Ya me han dicho que en el tiempo libre que tiene, sale de la casa y anda por las esquinas pidiendo dinero para su iglesia.

—Agustina está quemada —decía Enma alarmada—. Pero tengo una solución: lo mejor para Agustinita es que, como tiene esa voz tan bonita de soprano lírica, se vaya a Suiza a estudiar canto. Con la distancia, todo ese fanatismo que tiene en la cabeza, seguro que se le va a pasar.

El tiempo que pasamos las tres hijas con mi mamá en la capital mexicana fue muy bonito y de mucha cercanía, pero los problemas se me presentaron cuando, a principios de enero de 1958, quise regresar a Miami y fui a reservar mi vuelo.

—No le podemos hacer ninguna reserva —me dijo la empleada de la línea aérea.

—¿Por qué? ¿Si tengo visa de entradas múltiples a los Estados Unidos?

—Son instrucciones que tenemos. Tiene que ir a la embajada norteamericana a arreglar esta situación.

Por supuesto que enseguida salí hacia la embajada, situada en el Paseo de la Reforma. Ahí, apenas dije mi nombre, me mandaron a pasar a una oficina de inmediato, donde me encontré con una cónsul a la que nunca olvidaré. Yo traía mi pasaporte en las manos, y al acercárseme —una norteamericana alta y flaca con un rostro lleno de amargura— ¡me arrebató el pasaporte de las manos! Tomó el cuño que ya tenía preparado y sin darme explicación alguna, canceló en ese instante mi visa, sin importarle mis ruegos. Tratándose de una diplomática de carrera, se comportó de la forma más inhumana imaginable. Me fui no sin antes decirle un par de cosas que, de cualquier manera, no cambiaron nada. Quedé sin saber qué hacer para volver a Miami, pero decidida a resolverlo como fuera.

Con Orquídea y Fofo exploramos todas las posibilidades, incluida la ayuda de sus influyentes amistades, pero pronto nos dimos cuenta de que eso era un asunto político y no se podría hacer nada. Era una petición batistiana, pero no me detuvo en lo más mínimo, porque yo estaba decidida a regresar. La única forma que me quedó para entrar nuevamente a los Estados Unidos fue cruzar la frontera como indocumentada.

¿Quién podría ayudarme? Sólo una persona: Tony del Conde, el famoso "Cuate", el traficante de armas que le había conseguido a Fidel todas las que necesitó para la expedición del *Granma*. Orquídea y Fofo le pidieron el favor al Cuate para que nos cruzara por la frontera de Laredo,

Texas, a mí y a Enriquito Barroso, un joven también partidario del 26 de Julio que tenía que llegar a los Estados Unidos, y quien andaba en las mismas circunstancias que yo. La aventura de ir desde la ciudad de México hasta Nuevo Laredo, la ciudad fronteriza, fue tortuosa. En una camioneta hicimos aquel viaje largísimo. Recuerdo que pasamos por Querétaro y después por un desierto. Fueron horas y horas de carretera sin dormir.

Ya en la frontera, el Cuate trató de cruzarme al lado norteamericano fingiendo que yo era una amiga a quien se encontró en Nuevo Laredo tomando tragos y se me habían pasado las copas. Lamentablemente, los norteamericanos no se tragaron el cuento y nos regresaron. Entonces el Cuate puso en marcha otro plan:

—Voy a cruzarte dentro del maletero. Yo sé que es algo muy arriesgado, pero no hay otra opción. Cuando lleguemos a la garita de entrada no vayas a hacer ni un sólo movimiento; el menor ruido puede delatarnos, y ahí sí que se acabó todo. Primero, vamos a esperar el cambio de turno de los guardias, que es cuando están más descuidados, y nos vamos.

Cuando el auto se estacionó junto al inspector de Inmigración, a quien yo escuchaba desde dentro del maletero, sentía que tenía el corazón en la boca.

—¡Ay mi madre! —me repetía—. ¿Y si este hombre ordena abrir el maletero?

Mentalmente, rezaba, pidiendo la protección celestial, que sin lugar a dudas funcionó porque luego de un par de minutos, el Cuate aceleró con dirección a la carretera, ¡señal de que habíamos cruzado con éxito! El Cuate manejó hasta un hotelito, donde ya nos estaba esperando Enriquito Barroso, quien gracias a Dios había podido cruzar sin problemas. De ahí, por carretera salimos de Laredo alrededor de la medianoche en dirección a San Antonio, donde tomamos el avión para Miami. Me acuerdo como si fuera hoy: amanecimos en San Antonio y desayunamos opíparamente. Fue un banquete con huevos fritos que me supieron deliciosos. Probablemente me parecían tan sabrosos porque estaba feliz de haber podido regresar a los Estados Unidos. Finalmente aterricé en Miami, y mi vida continuó.

Aunque yo sabía que me encontraba sin documentos, esto no me detuvo para ir a todas partes, incluso a los restaurantes que tanto me gustaban. Así anduve un tiempo hasta que un buen día, comiendo en una cafetería en el centro llamada M & M —que era toda una institución entre los cubanos—, me encontré con un inspector de Inmigración, un norteamericano que me reconoció, y quedé al descubierto. Fui a buscar un abogado, que en aquella época ayudaba mucho a los exiliados que vivían en Miami, y con él me presenté en las oficinas del Servicio de Inmigración. Ahí comenzó mi calvario.

Días enteros, de atrás para adelante, Inmigración presionándome para que diera el nombre de quién me había traído sin documentos, y yo sin soltar prenda. Como mi situación era de libertad bajo palabra, tenía que presentarme a las oficinas de Inmigración constantemente hasta que un día me harté de que me trataran como un delincuente y fui y les dije:

—Está bien, si el precio de quedarme aquí y de que me dejen en paz es entregarles a una persona, olvídense. Yo me voy para Cuba, pero eso sí, si me pasa algo allá, ustedes serán los responsables. Así que a ver qué hacen conmigo.

Me había hartado de todo, del hostigamiento de las autoridades, de tanta intriga y tantas divisiones que habían surgido en los grupos donde yo estaba trabajando. Y es que en esos días había llegado a Miami Haydée Santamaría, la madre de las intrigas, y según ella, traía una importante misión:

—He llegado por órdenes directas de Fidel que me ha dado oficialmente el cargo de coordinadora del Movimiento 26 de Julio en los Estados Unidos. Mi tarea ahora será unir al exilio, es decir, reorganizar y unificar a los diferentes grupos.

"¡Válgame Dios!", pensé, y no me equivoqué, porque lejos de lograr lo que decía, su presencia resultó en un caos total. Haydée era un elemento disociador que creaba problemas y más cisma pues se peleaba con todo el mundo. Lo suyo no era tratar de convencer a los demás, sino por el contrario, se dirigía a todos con ínfulas de "comandante en jefe del exilio". Una de sus primeras medidas fue pelearse con Lester Rodríguez, que fue delegado antes que ella. En uno de sus arranques destituyó a Lester y finalmente se convirtió en una verdadera plaga. Así que, con mis problemas de Inmigración, y con los líos de los demás, me cansé de todos y simplemente les dije adiós.

—No puedes hacer eso —me decía la gente del grupo—, con tu partida le haces más daño que beneficio a la causa, especialmente si te apareces por Cuba. Además de que allá corres más riesgos. Sin más, me fui.

Tuve la suerte de que durante una sola semana, Batista reestableció las garantías individuales en un gesto político de esos donde trataba de celebrar elecciones para dar una imagen de que en Cuba había libertad. Así que por una semana decretó libertad de prensa y de todo, y pensé: "Juanita, éste es tu momento para regresar".

Tal y como un día llegué a Miami manejando mi auto, me fui manejando mi Impala de regreso con rumbo al ferry de Cayo Hueso a La Habana. Mi pobre mamá, siempre una experta para sacar a sus hijos de los problemas, me estaba esperando en el muelle en La Habana. Nos abrazamos y le di besos.

—Preferí venir a buscarte porque si alguien te hacía algo yo podría evitarlo de inmediato.

¡Ésta era mi madre! Siempre fuerte y lista para tender la mano antes de que la necesitaran. Juntas nos fuimos para la finca, donde estuve como un mes porque, como seguía en mi lucha buscando contactos para ayudar a la Revolución, tuve que irme otra vez para La Habana.

Nuevamente los batistianos fueron a ver a Ramón para llamarle la atención:

—Simplemente te estamos previniendo de que algo malo le va a pasar a Juanita porque sigue dedicada a apoyar a los delincuentes de la Sierra Maestra. Guerra que avisa no mata soldado.

—Vieja —le dijo Ramón a mi mamá—, tienes que hablar con esta loca que ya anda otra vez en líos.

Ahí fue la pobre de mi mamá otra vez y me llevó a esconder a casa de unas amistades que tenía en La Habana. De hecho, Ramón y ella me llevaron y me quedé en aquella casa como por tres meses, pero claro está que en ese tiempo yo seguía ayudando con todo lo que podía a la causa. Un compadre llamado Jorge Blanco me avisó que tenían interceptado el teléfono de la casa para tenerme vigilada. Con lo que, a pesar de mi discreción para evitarle líos a la gente que me protegía, igual hubo problemas. Un día mi compadre Jorge Blanco me llamó:

—Tengo mensajes y cartas de tu casa. ¿Qué te parece si nos vemos en la farmacia, la que tú conoces en La Haban vieja?

Así quedamos, y cuando llegué a la farmacia, a Jorge ya lo habían detenido los servicios de inteligencia y se lo habían llevado, sin rumbo. A mí me detuvo un policía grande y cínico que se reía de mí y me tenía amenazada.

—Tú verás lo que ahora te va a pasar... Tú verás.

Le pedí a Dios que me ayudara porque, con el pasar de cada minuto, la situación empeoraba y lo peor es que nadie sabía lo que me estaba sucediendo. Milagrosamente, el policía recibió una llamada de instrucción por el radio. Sus superiores le ordenaron que me dejara ir. Cuando llegué a la casa y les conté lo que me pasó, me buscaron asilo en otro lado para que ni ellos ni yo corriéramos más riesgos. A todas estas, a mi compadre Blanco lo pasearon por los alrededores de La Habana para tratar de sacarle información, pero como era un tipo que no estaba metido en nada no tenía nada que decir. Su familia al saber lo que había sucedido, se movilizó para ayudarlo porque era sobrino de un socio de Batista dueño de centrales azucareros y aunque le metieron miedo, finalmente lo dejaron ir.

Con todo lo sucedido, no me quedó más que tomar una decisión que, con el tiempo, resultaría crucial en mi vida: asilarme en la embajada de Brasil en Cuba. Yo sabía de la simpatía de los embajadores brasileros, Vasco Leitao da Cunha y su esposa Virginia, quienes de inmediato me recibieron, como posteriormente recibieron a miembros del Directorio Revolucionario, que como yo, corríamos peligro de perder la vida en manos de la policía de Batista.

A la misión diplomática de Brasil en La Habana entré a finales de septiembre de 1958, para luego salir el 2 de enero de 1959.

20.

PRIMERO DE ENERO DE 1959

Entré a la embajada de Brasil en La Habana —avenida Paseo y 23 en el reparto del Vedado, una de las más bonitas de la capital— como asilada política del régimen de Fulgencio Batista. En realidad era el primer asilo político de mi vida. Nada me haría pensar que vendría otro más largo y definitivo. Pero el día de septiembre de 1958 en que llegué a vivir a la misión diplomática, en mi mente sólo había dos opciones: que el ejército rebelde derrocara al dictador o que por intercesión de los embajadores, Vasco Leitao da Cunha y su esposa Virginia, se me concediera el salvoconducto para salir de Cuba.

Vasco y Virginia eran gente de primera que llegaron a ser grandes amigos míos, Virginia especialmente, porque convivimos toda clase de aventuras. Los había conocido porque ayudaron a muchísima gente y tuvieron una gran amistad con Fidel, quien al saber de su labor a favor de la revolución, lo reconocía y por lo tanto lo escuchaba.

Ahí pude vivir por primera vez en mucho tiempo un periodo de calma y permanecía enterada de todo lo que sucedía fuera. Tenía un teléfono para estar en contacto con mi mamá en la finca y teníamos un radio conectado con Radio Rebelde que transmitía desde la Sierra Maestra, lo que nos permitió tener una idea general del panorama. De esa forma fue que nos enteramos de lo que sucedía con el avance de las tropas, por ejemplo, cuando el Che logró tomar la provincia de Las Villas, lo que significaba que era inminente el triunfo de los rebeldes y el derrocamiento de Batista a medida que los territorios se rendían en las provincias orientales

En ese momento vivíamos en dos Cubas diferentes: la de Batista, cuya información era manipulada y maquillada por Otto Meruelos, su ministro de Información; y la del Ejército Rebelde que iba avanzando poco a poco por pueblos y ciudades. Pero de eso no se hablaba, por el contrario, empezando la tercera semana de diciembre de 1958, los batistianos guardaron un silencio extraño que delataba que algo estaba sucediendo. Así llegó la Navidad, y para mi mamá, pensé, sería mucho peor porque había uno menos de sus hijos con ella: Fidel y Raúl en la Sierra Maestra, Enma en México, Agustina estudiando en Suiza y yo asilada en la embajada brasilera en La Habana.

Imaginando cómo estaría mi madre, decidí llamarla temprano aquel 24 de diciembre, y me encontré con una noticia increíble, que hacía que mi mamá gritara eufórica por teléfono:

—¡Juanita, Juanita, Fidel acaba de llegar aquí a la finca! ¡M'ija, él ha venido a vernos!

Yo fui la que casi se desmaya de la emoción.

—¿Cómo se encuentra? ¿Qué te dice? —pregunté, ansiosa por saber más—. ¿Cómo está Raúl, vino con él?

—Fidel está bien, pero me explicó que Raúl está en otro frente y que pronto también vendrá a verme. Él quiso pasar primero por esta parte y acaba de declarar a Birán "territorio libre de Cuba", que es como llaman a todas las poblaciones que el ejército rebelde toma a su paso. Le he dicho que estás asilada porque los batistianos te tenían amenazada y te manda a decir que no te preocupes, que eso será por muy poco tiempo.

Efectivamente, Fidel había llegado a la finca a ver a mi mamá y a enterarse de lo que había pasado con el viejo. Junto a él venía un grupo de gente a la que atendieron en la casa, y al día siguiente todos partieron, dejando a mi mamá más tranquila.

—Ahora vamos por Batista, a la capital. Tú verás, vieja, que se terminaron tus días de sufrimiento por nosotros. Te lo prometo.

Cuando le conté a Virginia aquella plática con mi mamá, ella compartió mi alegría:

—En realidad creo lo que Fidel diga, hasta ahora no ha fallado en nada de lo que ha prometido. Si dice que vas a estar asilada por poco tiempo más, seguramente así será.

El 31 de diciembre amenazaba con ser un fin de año más para todos los cubanos, incluidos los que nos encontrábamos en la embajada de Brasil. Apenas sonaron las doce campanadas del año nuevo, tuvimos que dejar las felicitaciones que nos estábamos dando porque unos golpes desesperados en la puerta de entrada nos sobresaltaron:

—¡Ábranme la puerta, por favor. Ábranla!

Virginia y Vasco de inmediato fueron a recibir al que llegaba.

—Otto, por Dios —dijo la embajadora—. ¿Qué sucede que has llegado en estas condiciones?

—Oficialmente les estoy pidiendo asilo, mi vida corre peligro.

En ese momento los que estábamos presenciando de lejos la escena reconocimos al personaje y comenzamos a gritarle:

—¡Rata! ¡Cobarde!

Se trataba nada más y nada menos que de Otto Meruelos, ¡el ministro de Información de Fulgencio Batista!

—¡Silencio, por favor! —exigió Vasco a todos los que habíamos comenzado a rodear a Otto Meruelos, que temblaba como si fuera una paloma.

—¿Asilo político? ¿Tú? ¿Acaso Batista se te ha volteado en contra y quiere matarte?

—Vasco, Virginia, peor que eso... ¡El presidente Batista se despidió hace unos minutos del país y se ha marchado al extranjero! Los rebeldes han tomado prácticamente todo el territorio y es cuestión de días hasta que entren en La Habana. Batista se ha marchado al exilio, sin darnos indicio alguno, y nos ha dejado colgados. Mi vida está en peligro.

¡Así fue que nos enteramos de que Batista había huido y que el Ejército Rebelde había triunfado!

Yo no sabía qué hacer. Mi primer impulso fue salir corriendo a la calle, tirarme junto a todos a festejar y ver con mis propios ojos lo que estaba pasando afuera.

—No, no, no —me dijo Virginia—, eso no sería prudente en estos momentos.

Conforme fueron pasando las horas y a partir de aquel momento, la embajada de Brasil se comenzó a llenar de gente partidaria de la Revolución y que sabía que adentro estaba un grupo que había ayudado a luchar por la causa. Así fue que todos comenzamos 1959 festejando, como pudimos, el fin de la tiranía y el triunfo rebelde, pero no salimos a la calle hasta el 2 de enero, cuando los embajadores tuvieron la certeza de que nada malo nos sucedería si dejábamos la misión diplomática.

De pronto, entre tanta euforia me di cuenta de que no había hecho una llamada importantísima: ¡a mi mamá!

—¡Qué felicidad, Juanita, qué felicidad! —me decía, mientras le explicaba que todavía no podría salir de la embajada—. Ahora sí que al fin podré comenzar a recuperar a todos mis hijos. Por favor, haz caso de lo que te dicen los embajadores porque te conozco y sé que vas a querer irte en la primera oportunidad, pero no vayas a salir de ahí hasta que no te lo permitan. Para volver a reunirnos ya tenemos todo el tiempo por delante.

Le di mi promesa y la cumplí. Salí el 2 de enero. Cuando me despedí de Vasco y Virginia Leitao da Cunha, nuestra amistad había quedado sellada para siempre. Fueron amigos en las malas, y ahora, por supuesto que lo serían en las buenas.

Apenas puse un pie para caminar en libertad por las calles de La Habana me di cuenta de que éstas me parecían diferentes, y eso que todavía no había cambios notorios. En las provincias que iban liberando, la gente estaba enloquecida de felicidad recibiendo como héroes a los miembros del Ejército Rebelde. Pero en La Habana todo estaba más tranquilo, excepto en unas cuantas casas, en las zonas de las grandes mansiones, que estaban siendo saqueadas. Sin embargo, llamó mi atención que poco a poco comencé a ver, por donde quiera, más y más gente vestida como los rebeldes, es decir, con uniformes de camuflaje —que me imaginé tendrían bien guardados, porque de otra manera no me explico de dónde los pudieron haber obtenido tan rápidamente.

Para el 3 de enero, la calma dio paso a otra situación: cada cual comenzó a cobrar lo que sentía que se le debía y a tomar la justicia por cuenta propia, y entonces sí que hubo desorden. Yo escuché, en ocasiones, disparos aislados y gente exaltada, pero no vi ningún tipo de lucha de resistencia en la capital, porque no la hubo. ¿Por qué no hubo derramamiento de sangre? Sencillo. Fue una revolución apoyada por el pueblo, porque hasta los mismos batistianos, muchos de ellos al verse perdidos, salieron a apoyarla. Algo nada extraño porque es lo que pasa siempre cuando se da un proceso de esta naturaleza. Eso sí, hubo quienes se dedicaron a agarrar a uno que otro esbirro batistiano para pasarle la cuenta de los años pasados.

Ya para el 4 de enero comencé a tener más y más información sobre mis hermanos. Aún cuando todavía no hacía contacto directo con Raúl, supe que venía al frente de las tropas que avanzaban hacia la capital desde la Sierra Cristal. Así mismo me enteré que Fidel estaba más cerca de La Habana y que había nombrado como presidente provisional a Manuel Urrutia Lleó, quien fuera magistrado en Santiago de Cuba cuando el juicio por el asalto al Cuartel Moncada y quien fuera separado de su cargo por mostrarse partidario de Fidel. "Nada más apropiado", pensé.

Decidí alcanzar a Fidel donde pudiera, y el sitio fue Santa Clara, en la provincia de Las Villas. Tomé mi auto y me fui manejando hasta allá.

Cuando llegué vi mucha gente a su alrededor, tanta como nunca imaginé que alguien podría resistir, y ahí me encontré por primera vez con el que sería un personaje clave en nuestro futuro: Celia Sánchez Manduley. También estaba Carlos Franqui, director del periódico *Revolución*, quien venía de la Sierra Maestra, donde se había ido a pelear junto a todos.

Años después, ya en el exilio, escribió sus memorias arremetiendo inmisericordemente contra mis padres. Cuando leí aquel libro, no pude dejar de pensar en aquel día de enero, durante el inicio de la Revolución, cuando todo eran halagos.

Pero volviendo a esos días de enero, yo sentía una sensación extraordinaria de paz que en realidad ya merecíamos vivir todas las mujeres de nuestra familia, pues habíamos estado en las malas, y en las peores, sufriendo por Fidel y Raúl, así que aquel momento fue inolvidable.

Más que nunca, ahí estaba Fidel, mi hermano, el héroe, el hombre que había derrocado a la dictadura de Batista, el que estaba siendo idolatrado por el pueblo cubano. ¡Pues claro que yo estaba feliz! Feliz de que mi propio hermano fuera el que lo hubiera logrado. En cuanto nos vimos, fue un encuentro emotivo.

Contrario a las barbaridades que se han dicho de nosotros como familia, todos fuimos unos hermanos que siempre nos quisimos mucho, cada uno con una forma diferente de expresarlo. Además a Fidel hacía mucho tiempo que no lo veía, exactamente desde el día en 1956 cuando nos despedimos porque él se iba a preparar la expedición del *Granma* en México.

Me vio y vino rápido a abrazarme. Yo sentí que aquel momento fue recuperar el tiempo de ausencia física, y quería hacerlo no sólo con él sino también con Raúl, pero todavía pasarían unos días antes de que me encontrara con mi hermano favorito. Fidel se dio tiempo para que habláramos de todo.

—Acabo de estar en la finca y ya supe de todas tus gestiones con la herencia del viejo, y te agradezco la forma en que has cumplido con sus deseos. También vi a la vieja y me contó que te habías asilado en la embajada del Brasil. Nunca voy a olvidar lo que los embajadores ayudaron a la Revolución.

De pronto me di cuenta que en realidad Fidel no tenía tiempo para nada y que la gente a su alrededor comenzaba a tejer una muralla. Estaban preparando la entrada triunfal a La Habana, así que me despedí de él y salí de regreso a la capital porque tenía prisa por llamar a Enma a México. Enma me contestó muy preocupada.

—¡Ay, Juanita! Es una pena, pero aquí todo lo estamos viviendo con sentimientos mezclados. Por una parte está la noticia del triunfo, un triunfo donde sin lugar a dudas todo lo que hicimos aquí en México fue fundamental para lo que se está viviendo hoy en Cuba. Por otra parte, Fidel no ha llamado aún ni a Fofo ni a Orquídea, y ellos están medio disgustados, más bien están sentidos por lo que es una falta de atención, y dicen con razón: "Si Fidel no llama, nosotros no vamos".

—Esto no es una disculpa —le dije a Enma—, pero lo que sucede en estos momentos por todas partes en Cuba, es que hay una locura y adoración jamás imaginada alrededor de Fidel, es una locura, Enma, que tienes que ver. Está atendiendo gente todo el tiempo, no para, pero ahora mismo soluciono eso porque tienes toda la razón. Como sea, Fidel tiene que llamar a Fofo y a Orquídea, así que nuevamente me voy a verlo.

Como tenía asuntos importantes que resolver, no pude volver a encontrarme con Fidel hasta el 7 de enero, en Matanzas, en lo que fue el cuartel del ejército batistiano. Ese día, nada más al llegar, Fidel había inaugurado una escuela y ahí estaba. Si cuando lo alcancé en Santa Clara pensaba que la gente a su alrededor era mucha, ¡había que ver las multitudes que ya se le habían unido para acompañarlo a la entrada a La Habana! Era imposible acercársele. Su gente me condujo hasta una parte donde estaba siendo entrevistado por el periodista mexicano Jacobo Zabludovsky, el único periodista latinoamericano que pudo hablar con Fidel durante esos primeros días y quien me allanó el camino.

—Comandante, soy amigo de Fofo y Orquídea en México —le dijo para abrir la plática.

En ese momento fue que Fidel se dio cuenta de que faltaban esos que cuando pocos lo ayudaban hicieron lo que nadie hizo, y no sólo confiaron en él, sino que le dieron el apoyo y protección incondicional para toda su familia.

—¿Dónde están Fofo y Orquídea? —preguntó Fidel preocupado—. ¿Por qué no han venido? ¡Yo no entro a La Habana si Fofo y Orquídea no están conmigo!

Mientras la entrevista con Zabludovsky se llevaba a cabo, alrededor de Fidel se armó un corre y corre, y como por arte de magia hicieron un verdadero milagro: no sé de donde sacaron un teléfono, la cosa es que los satélites que giraban alrededor de Fidel lo comunicaron inmediatamente con Fofo y Orquídea a la ciudad de México. "Fue una plática muy emotiva", decía Enma más tarde.

—Todo el malentendido se aclaró de inmediato, porque Fidel habló largo y tendido con Fofo y Orquídea. ¡Sólo tú y yo podemos saber lo que ha sido volver a escuchar la voz de Fidel nuevamente! Total, que ahora mismo todo lo que hemos hecho son reservas porque, aun cuando quisiéramos salir corriendo todos para Cuba, no podemos, ya que están suspendidos los vuelos a La Habana, y ahora tenemos que esperar a que se reanuden.

La suspensión de vuelos entre México y La Habana, me contaba Jacobo Zabludovsky, había sido algo terrible.

—He vivido cinco días dentro del aeropuerto de la ciudad de México en espera de poder subirme al primer avión que saliera para Cuba. Finalmente alguien pudo alquilar uno con destino a La Habana y no me dejaron venir con mi camarógrafo; tuve que venir solo, con todo mi equipo.

Recuerdo que él estaba haciendo de periodista y camarógrafo a la vez. Por azares del destino, fue por Jacobo Zabludovsky que mi familia se enteró de dos noticias muy importantes.

—Yo era amigo de Fofo y Orquídea, y, nada más al hablar con Fofo sobre cualquier cosa, sacaba a relucir su tema favorito: "Falta poco para que Fidel Castro triunfe en Cuba". Era la misma cantaleta que repetía por todas partes. Lo repetía tanto que sus amigos ya no le prestábamos mucha atención. Resulta que la noche del 31 de diciembre de 1958, tres matrimonios amigos decidimos pasarla juntos en el centro nocturno Capri. Éramos Fofo y Orquídea, Jorge Veeskin y su esposa

Chelita y mi esposa Sarita y yo. Luego de recibir el año nuevo, nos despedimos y cada quien se fue para su casa. Alrededor de las seis de la mañana me llaman del noticiero donde yo trabajaba para decirme que acababa de llegar una noticia: ¡Fulgencio Batista había huido de Cuba justo a la medianoche y por lo tanto había triunfado la Revolución Cubana! De inmediato marqué el número de la casa de Fofo y, cuando me contestó medio dormido, me dijo: "Todavía estás borracho", y me colgó el teléfono. Lo llamé nuevamente ¡y me volvió a hacer lo mismo! Entonces le marqué a Jorge Veeskin, le dije lo que había pasado en Cuba, lo que me había sucedido con Fofo y le pedí que los llamara para darles la noticia. Así fue como se enteraron que Fidel había triunfado.

La otra noticia que Zabludovsky dio, fue la de la ausencia de Fofo y Orquídea Pino, quienes finalmente, luego de hablar con Fidel por teléfono, viajaron a Cuba el 10 de enero. Se hospedaron en el hotel Habana Hilton, que fue inmediatamente bautizado como Habana Libre y que a partir del piso veinte era el cuartel general del Ejército Libertador.

Volviendo al 7 de enero, para entonces ya La Habana era un hervidero de gente y se estaban organizando fiestas y preparativos para la entrada triunfal por todas partes y a todos los niveles. Me encontré con algunos turistas que se quedaron varados por la suspensión de vuelos esos primeros días y que esperaban viajar a los Estados Unidos. En general nadie se preocupaba por esas cosas, la inmensa mayoría sólo tenía algo en mente: encontrar un sitio para presenciar el momento en que la caravana triunfal de los rebeldes finalmente llegara a la capital.

Al margen, comencé a notar un fenómeno que con los días se iba haciendo más y más palpable: muchas mujeres enloquecidas de delirio alrededor de todo lo relacionado con Fidel, a quien consideraban no únicamente un héroe, decían algo que escuché en incontables ocasiones:

—Yo quiero pasar una noche con él y parirle un hijo...

No lo entendí entonces, y realmente no lo entendí nunca.

Pero así sucedió.

21.

¿VOY BIEN, CAMILO?

Las crónicas de la época han narrado lo que pasó en La Habana aquel 8 de enero de 1959, cuando el pueblo cubano estaba en la calle esperando en el sitio por donde se suponía que podía pasar la caravana de la victoria. Todos querían ver a Fidel y a su gente. Tanto, que las mujeres dejaron sus casas para ir, y las que no tenían con quién dejar a sus hijos cargaron con ellos para que recordaran aquel momento, que sin lugar a dudas fue la manifestación espontánea de entusiasmo popular más grande en la historia de Cuba. Después los cubanos presenciarían miles de manifestaciones por una razón u otra, generalmente obligados a asistir, pero como aquélla, ninguna.

Cada cubano que vivió eso tiene su versión. Yo salí a la calle a ser testigo de cómo la marea humana llenaba los parques, el paseo del Prado, el Vedado, el Malecón. Los balcones, azoteas y todo lo que podía servir de mirador era aprovechado por los habaneros y los turistas, que no querían perderse ningún detalle. Haciendo aquel recorrido vi entre la multitud a Jacobo Zabludovsky, el periodista mexicano que estaba ahí filmando las escenas, y me dio gracia su ingenio para poder captar las imágenes de la entrada de Fidel y el ejército rebelde y transmitirlas a México. Jacobo venía al frente del desfile montado en una motocicleta, de espaldas con el conductor, de manera que él veía de frente lo que estaba pasando mientras filmaba.

—Aquí no está la gente de La Habana, ¡aquí se ha reunido hoy toda Cuba! —decía Zabludovsky.

Y tenía razón. Aquel desfile triunfal lo encabezaba Fidel montado en un tanque de guerra, con Fidelito al lado. Después cambió de vehículo, subiendo a un jeep, y así hizo gran parte del recorrido, hasta llegar finalmente al campamento militar de Columbia, el más importante del ejército cubano y al que después bautizaron como Ciudad Libertad. Columbia se convirtió en el puesto de mando de Camilo Cienfuegos, uno de los comandantes más poderosos y populares del ejército rebelde, quien había llegado en el *Granma* y peleado con Fidel en la Sierra Maestra. Alguien con quien yo congenié porque era muy sencillo. Mientras, el Che había llegado días antes a La Habana a esperarlos a todos y se había adueñado de la prisión de La Cabaña, al lado de la fortaleza del Morro.

En forma instantánea, los "barbudos" eran el centro del fanatismo del pueblo, y a partir de ahí comencé a escuchar los disparates más grandes.

—¡Las barbas de Fidel son como las de Jesucristo!

Encuentro exagerado el comentario, al que le siguieron más.

—¡Son como los doce apóstoles!

Efectivamente aquellos barbudos comenzaron a ser el centro del fanatismo del pueblo aquel 8 de enero cuando Fidel, allá en el cuartel de Columbia, subió a la tribuna para hablar y a su lado estaba la plana mayor de los rebeldes, y justo junto a él, Camilo Cienfuegos. En medio del discurso, la famosa paloma --más bien eran tres, y no creo que estuvieran ahí, sino que las pusieron— se posó sobre el hombro derecho de Fidel y las otras dos sobre la tribuna, y la multitud enloqueció.

—¡Esto es lo más grande que ha pasado!

—¡Es el símbolo de que Fidel es el enviado de Dios!

—¡Es el iluminado para salvar a Cuba!

Cuando muchos hoy se preguntan qué fue lo que pasó, sin lugar a dudas que la respuesta se encuentra a partir de aquel 8 de enero de 1959, porque la adoración a Fidel fue inmediata. Nunca antes había existido en Cuba un líder como él.

Volviendo al discurso de aquel día, Fidel seguía hablando y de pronto volteó a su derecha y preguntó:

—¿Voy bien, Camilo?

¡Y ahí mismo aquella frase se convirtió en moda! "¿Voy bien, Camilo?" se usaba para todo, especialmente para pedir la aprobación sobre algo que se estaba haciendo. La gente gritaba con delirio ¡"Fidel, Fidel"!, la famosa consigna vigente hasta hoy en las manifestaciones, y le lanzaban papel picado que volaba por todas partes.

Después vinieron los carteles hechos de aluminio, como placa de auto, donde se leía: FIDEL, ESTAMOS CONTIGO o FIDEL, ÉSTA ES TU CASA. Y ¡ay! de aquel que no tuviera semejante cartelito en la puerta: lo miraban con ojos atravesados. Era el clímax. El pueblo idolatraba a Fidel y él se daba cuenta de que tenía al pueblo tirado de la cabeza por lo que hiciera, algo que creo no volverá a pasar en Cuba.

Entre aquel mundo desconocido de adulaciones y multitudes, mis conocidos me decían: ¿Dónde está Raúl? Les respondí que en camino, porque venía desde la Sierra Cristal, y en realidad no había podido hablar con él. Esa noche llamé a la casa para contarle a mi mamá los detalles de la entrada de Fidel a La Habana.

—Espera, que hay alguien que quiere saludarte.

—¡Juanita! ¡Mi hermana!

¡Era la voz de Raúl! Yo no podía creer que tantas cosas buenas nos sucedieran en el mismo día.

—No he podido ir para La Habana sin antes venir a ver a la vieja y a mi abuelita. Ya me ha contado mi mamá por todas las que pasaste, pero ese mal tiempo se terminó, Juanita. Ahora voy para Santiago de Cuba a poner en orden ni imaginas qué: ¡el Cuartel Moncada! Aquello es un desastre. Pero oye, quiero decirte algo: ¡tengo novia y voy a casarme el día 26! Así que arregla todas tus cosas, que tú sabes lo importante que es para mí tenerte ese día a mi lado. Oye, y no vayas a andar haciendo locuras, cuídate. Aquí te pongo a mi mamá.

—¡Ay m'ija, me parece que estoy soñando! —decía mi mamá—. En realidad, es un milagro que hayan sobrevivido tantas cosas sin un rasguño.

Yo me había quedado impactada con la noticia y quería saber más cosas: ¿quién era ella?, ¿cómo era?, ¿cuándo y donde sería la boda?, ¿estaba Raúl contento? Eran demasiadas cosas que quería preguntar para reponerme de la sorpresa de que mi hermano se casaría, ¡en menos de dos semanas!

—Se llama Vilma Espín y me ha dado una muy buena impresión, Juanita. Luce inteligente, es ingeniera química y, por lo que me han contado, estuvo con él durante todo este tiempo en la Sierra Maestra. Se ven muy felices y enamorados, y no se separan ni un minuto.

La verdad es que la llegada de Raúl a Birán fue un día de fiesta para los vecinos que lo conocían desde niño, y que también habían sufrido cuando pensábamos que había muerto. Raúl llevó a Vilma por toda la finca, por el almacén, el correo y telégrafo, la escuelita y el Cine Juanita, y me contaba mi mamá que la gente lo seguía por todas partes como en cortejo. Estaban encantados con los novios. Vilma y Raúl fueron entonces hasta la casa de mi abuelita Dominga a darle la visita sorpresa.

—¡Musito, mijo, estás bien, mis rezos a la Milagrosa te protegieron! —le decía mi abuelita acariciándolo.

Una de las fotos más bonitas que he guardado es aquella donde Raúl está en la entrada de la casa de mi abuelita Dominga, con ella y Vilma. Poco después dejaron Birán en camino a Santiago de Cuba, donde Raúl pasaría poniendo en orden, irónicamente, el Cuartel Moncada. A eso se dedicó los primeros días de enero hasta el día de su boda, ajeno a la locura que se vivía en la Habana y a las posiciones que estaban tomando quienes más tarde serían los favoritos de la Revolución.

El 10 de enero también estuvo lleno de felicidad para mí. Los vuelos entre La Habana y la ciudad de México se habían reestablecido y mi hermana Enma estaba en camino, acompañada de Fofo y Orquídea Pino. Se iban a reencontrar con Fidel luego de poco más de dos años desde que se despidieran en Tuxpan, Veracruz, el día que el *Granma* partiera. El encuentro fue más que emotivo con Enma, sin lugar a dudas de las hermanas, la favorita de Fidel.

—Fue un momento que difícilmente olvidaré —me decía Enma—; lo mismo sucedió con Fofo y Orquídea, sus entrañables aliados. Nos hospedamos en el piso 23 del Hotel Habana Libre, y yo de inmediato comencé con las tareas que me daba "el ser hermana de Fidel", aunque ahora de forma diferente. Ese primer día en La Haban llegó una amiga mía del colegio de Las Ursulinas a pedirme ayuda: a su hermano lo habían detenido por asuntos relacionados con los batistianos en Santa Clara, provincia de Las Villas, y su vida corría peligro. Muy angustiada, me alcanzó en el Hotel Habana Libre y la llevé para que viera a Fidel, quien escuchó su caso y de inmediato ordenó a uno de sus ayudantes: "En este momento te vas con Enmita y esta muchacha a solucionar su problema en Santa Clara. Yo creo en lo que me está diciendo porque, al igual que Enmita, son señoritas creyentes y buenas". Resulta que terminé aquella noche ¡en Santa Clara con mi amiga sacando a su hermano de la cárcel!

De la misma forma que a Enma, a mí la vida también se me transformó de inmediato y en forma sorpresiva aquel enero. Ahora la gente me buscaba para que los ayudara a salvar vidas y propiedades de batistianos que estaban siendo decomisadas. Dicho claramente, mi labor en esos momentos era ¡salvar a los batistianos que vinieron por mi ayuda! Y no hay quien diga que yo me negué a hacerlo.

Esos primeros días de enero de 1959 hice todo lo que estuvo a mi alcance para remediar injusticias que se estaban cometiendo por todas partes, pues los comandantes de la Revolución se habían adueñado de ciertas posiciones. Uno en especial era extremadamente poderoso: Ernesto "Che" Guevara, el amo y señor de la prisión de La Cabaña.

22.

ESE PERSONAJE LLAMADO "CHE"

Nunca me gustó y nunca me simpatizó. Así de sencillo y así de corto.

El Che estaba en La Habana desde el 2 de enero porque a él y a Camilo Cienfuegos los había enviado Fidel en avanzada para que apoyaran al llamado a la huelga general contra los oficiales batistianos que quedaban para que se entregaran. Camilo fue destinado al campamento de Columbia y el Che decidió asentarse en La Cabaña. Como mi reunión con Camilo fue muy agradable y congeniamos extraordinariamente, enseguida me ofreció ayuda.

—Chica —me dijo— siempre que tú necesites algo, no necesitas más que pedirlo que de antemano quiero que sepas que ya lo tienes concedido. No tengo que decírtelo porque lo sabes: aquí tienes las puertas abiertas las veinticuatro horas del día.

No sé por qué razón —quizá fue presentimiento— las cosas fueron tan sencillas con Camilo. Sin embargo, antes de conocer al Che, decidí esperar a que Fidel llegara para luego presentarme, y así hablar sobre las terribles cosas que, en tan sólo un par de días, me habían venido a contar que sucedían en la que fue prisión batistiana —el mismo lugar que el Che, del 2 de enero al 12 de junio de 1959, convirtió en sus cuarteles generales. Sólo él mandaba ahí.

Así fue que, junto a Virginia Leitao da Cunha y Ana Ely Esteva, una de las personas que por años luchó conmigo en la contrarrevolución, decidí ir a conocerlo personalmente. ¿Sería el personaje que a muchos llamaba la atención por el mito que se había creado a su alrededor, de la figura valiente que luchó en la Sierra Maestra y que había tomado Santa Clara en medio de fieros combates? Al llegar, Aleida March, su ayudante, y después su segunda esposa y madre de cuatro de sus hijos —Aleida, Ernesto, Celia y Camilo—, nos pasó a su oficina, donde el Che, ocupado, hablaba con otras personas. Nos vio de reojo y no detuvo la plática en la que estaba, y ni el hecho de que una de las hermanas de Fidel estuviera ahí le provocó tener más cortesía que simplemente decirnos:

—Tomen asiento.

En ese momento reparamos en que, diseminados por toda aquella inmensa galería que tenía habilitada como oficina, había más gente esperándolo. Mientras esperábamos nuestro turno, pude observarlo detenidamente:

—De entrada luce arrogante con todos —me susurró Virginia al oído.

—A mí me parece sucio, como si no se hubiera bañado —le respondí bajito.

Lo cierto es que su actitud de "esperen ahí que tengo cosas más importantes que ustedes" nos dijo sin palabras que le molestaba nuestra presencia. Finalmente, el Che, que antes de vernos atendió a varios más, vino hasta donde nos encontrábamos esperándolo y, sin perder tiempo, luego de las presentaciones normales, de inmediato soltó su bomba:

—Yo espero que no hayan venido a tirar ninguna toalla.

Virginia Leitao, Ana Ely Esteva y yo lo miramos sorprendidas. Ellas no pudieron pronunciar palabra alguna mientras yo, la que no se calla en una situación como esa, le respondí de inmediato.

—¿Toalla? No entiendo lo que quiere decir con eso...

—Una "toalla" es venir a interceder por algún delincuente de los que ahora por docenas tenemos aquí. Yo espero que ése no sea el caso...

—No, por supuesto que por ahora éste no es el caso —respondí molesta—, vinimos únicamente para conocerlo, pero como está muy ocupado, no le quitaremos más tiempo. Muy buenas tardes.

Salimos de aquel despacho desconcertadas con la actitud del Che, que instantáneamente provocó, en forma recíproca, una extraña reacción: al vernos frente a frente, ninguno simpatizó con el otro.

—No me explico —preguntaba Virginia—. ¿Por qué tuvo esa reacción con nosotras? A ti, Juanita, ni te conocía...

—Seguramente —les dije— que éste es otro de los que en México estaban en contra de que las hermanas ayudáramos al Movimiento 26 de Julio. Y ahora aprovechó para cantarme la precisa, pero al menos una cosa he sacado en claro de esta reunión: si necesito algo aquí en La Cabaña, únicamente podré hacerlo por órdenes directas de Fidel o de Raúl. De otra manera, cualquier gestión es inútil con este hombre, que bien dice Orquídea Pino, no es capaz de tener cortesía alguna y que luce sin sentimientos.

En el camino de la oficina a la salida de la fortaleza, Virginia concluyó:

—Juanita, el Che no me ha gustado nada. Me da la impresión de que se siente dueño del universo.

Yo estaba de acuerdo con lo que ella pensaba.

—Aunque es difícil juzgar a una persona al haberla visto una sola vez, coincido con usted: le disgustó mi presencia, y no lo pudo disimular.

Detuvimos momentáneamente las conclusiones por algo que nos llamó la atención.

—A cada rato traen a más y más detenidos. Pareciera que el Che estuviera decidiendo por él mismo sobre la vida de cuanta gente traen a este lugar.

—La misma impresión he tenido —alcanzó a comentar Ana Ely Esteva.

La visita a La Cabaña no fue del todo un fracaso porque ahí encontré a Otto Vílchez, quien hoy vive en el exilio en el sur de la Florida, como contador público, y quien se convertiría en alguien que siempre que requerí de un favor en los dominios del Che, estuvo listo a tender la mano. Otto Vílchez era un muchacho muy cercano al Che y había sido miembro de las Juventudes Comunistas. Con sus grandes influencias dentro de la comandancia de Ernesto Guevara, fue quien me ayudó a interceder en los múltiples casos de detenidos al borde del fusilamiento. Desgraciadamente había muchos infelices que formaron parte del ejército batistiano y que nada habían tenido que ver con actos delictivos, porque no eran ni siquiera oficiales de alto rango, sino simples soldados. Igual los condenaban al paredón, sin previo juicio, sólo por la voluntad de quienes estaban al mando en ese momento. Los agarraban y los fusilaban.

Virginia Leitao, Ana Ely Esteva y yo salimos de La Cabaña totalmente desencantadas de aquel primer encuentro con el Che Guevara. A partir de ahí nuestras reuniones, si bien abiertamente no fueron malas, siempre fueron "desafortunadas", ya que era evidente que desde el primer momento nos repelimos. Yo no sé si por eso es que él se esmeraba en hacer toda clase de cuentos terribles cada vez que me veía en casa de Raúl, pero es posible, sólo para impresionarme.

—En África aprendí a comer sesos de mono, y les partía el cráneo para comerlos cuando todavía se retorcían.

Esos comentarios me causaban aún más repugnancia. En verdad me parecía que tenía esa actitud para que la gente le temiera.

En realidad fue un individuo al que siempre rechacé, pero a quien desde el primer momento descifré en cuanto a su personalidad. Era inteligente, aventurero, y precisamente por esa ansia de aventura es que se metió en la lucha que se organizó desde México. Yo no olvidaba que Raúl fue quien se lo había presentado a Fidel cuando el Che era un médico que trabajaba en el pabellón de alergias de un hospital de la ciudad de México y quien, en su tiempo libre para ganar dinero extra, era fotógrafo de turistas. En ese entonces estaba casado con Hilda Gadea, su primera esposa, madre de su hija mayor, y como andaba en busca de una revolución errante que hacer, la entonces naciente Revolución Cubana le cayó como anillo al dedo.

El Che supo, desde el primer momento que conoció a Raúl, que iba a sacar un gran provecho para sus planes, y así lo hizo. Había sido miembro de la Juventud Comunista argentina, ya una instantánea conexión ideológica con Raúl, y a través de él establece la gran amistad con Fidel. Mis hermanos le comentaron de los planes que tenían y de lo que sucedía en Cuba, y ahí se inició la odisea donde el Che participó en la expedición del *Granma*. Su papel en la Cuba revolucionaria se prolongó hasta que se fue en busca de otras revoluciones.

Conforme los días de enero de 1959 se iban sucediendo, me iba enterando de más casos donde se hacían confiscaciones relámpago, se detenía a las personas en muchas ocasiones simplemente porque alguien tenía algo personal en su contra. De inmediato se le denunciaba como enemigo de la Revolución y eso bastaba para eliminarlo. En el caso del Che, el efecto era inmediato, no perdía el tiempo enviando al paredón a la gente. Irónicamente, Enma y yo que teníamos tantas amigas del colegio de Las Ursulinas —en su mayoría de padres ricos y fuertemente relacionados al régimen de Fulgencio Batista— éramos quienes recibíamos a diario peticiones de auxilio.

Un día, cuando ya comenzaba a sentirme agobiada por todo lo que me venían a contar diariamente, circulaba por la calle 23 en el Vedado y de pronto me di cuenta de que adelante iba Fidel con sus escoltas. Aceleré hasta emparejarme con su auto, algo que sin lugar a dudas pude hacer porque la seguridad a su alrededor reconoció que el Buick 1959 era el de su hermana Juanita. Fidel, al verme, de inmediato dio la orden de detenerse. Nos bajamos de los autos, como siempre me dio un beso, y nos pusimos a hablar ahí en plena calle con el tráfico detenido. Aproveché la ocasión para tener una reunión no programada con él.

—Fidel, tú tienes que saber que están sucediendo muchas cosas malas en nombre de la Revolución. Le están confiscando bienes a mucha gente inocente, están metiendo presa y fusilando a muchas más y hay innumerables casos donde señalan al Che por lo que pasa en La Cabaña. Me dicen que suceden infinidad de atropellos. No se trata de traidores, chivatos o esbirros de la policía secreta batistiana, se trata de gente inocente.

—No te preocupes, Juanita, que las cosas van a calmarse poco a poco. Cuando hay un proceso tan grande como esta revolución extraordinaria, suceden cosas, pero ten la seguridad de que eso pronto ya no va a existir. Por el contrario, mira como todos están unidos a la Revolución y a las medidas que estamos dictando; por lo demás no te preocupes, que te digo que eso se va a acabar. La tiranía ha sido derrotada y la alegría es inmensa; sin embargo, mucho queda por hacer todavía.

Como todos, creí en lo que me decía y, así como nos encontramos, terminó aquella reunión con Fidel en plena calle 23 del Vedado. Fue un encuentro provechoso porque me dejó ver la influencia que había ganado el Che. No olvidaré lo que a principios de febrero me dijo una de mis fuentes cercanas a Fidel:

—El Che se le ha metido tanto a Fidel que están haciéndose los trámites para darle la ciudadanía cubana.

Efectivamente, y dejando a muchos con la boca abierta, el 9 de febrero de 1959 Ernesto "Che" Guevara fue declarado ciudadano cubano por nacimiento, en retribución "a su contribución a la liberación nacional".

Por cosas como éstas, y decenas de situaciones más que se sucedieron con los años, es que estoy segura que Fidel ni lo abandonó ni le tenía envidia, sino todo lo contrario. Creo que, con el paso del tiempo, luego de ser ministro de Industria y director del Banco Central de Cuba, el país le resultó estrecho, porque ni era presidente de banco, ni era economista, ni nada que se le pareciera. Por lo tanto, sólo dañó lo que funcionaba y finalmente reconoció que quería seguir de aventurero.

Para mí era inhumano, un hombre sin sentimientos que en verdad quería seguir haciendo lo que siempre ocupó su tiempo: la guerra de guerrillas para convertirse en un grandioso personaje en América Latina. Por eso, hasta hoy, no creo que Fidel lo abandonara por nada. Al contrario, creo que lo ayudó hasta el último momento. Sin lugar a dudas quería seguir conquistando países, y tenía el respaldo total del gobierno cubano. Sabía lo que estaba haciendo en Bolivia y las cosas le salieron mal; lo peligroso es que le pudieron haber salido bien.

A nivel personal, Ernesto Guevara tenía problemas con todo el mundo. Nadie que tuviera un poco de sentido común podía soportarlo. Nunca me pude explicar cómo, a través de los años, se ha creado toda esa leyenda a su alrededor. No debería ser posible, o quizá sí lo ha sido porque la gente vive de la fuerza de la propaganda. Pero quienes lo conocimos un poco más que los demás, sin el fanatismo, no podemos explicar la aureola fabulosa de guerrillero sacrificado con la que el mundo lo recuerda.

Para mí, simplemente fue funesto. Le hizo mucho daño al régimen. Le hizo daño a la Revolución que iba a transformar Cuba. Le pudo haber hecho mucho daño a cualquier país donde pudo haber triunfado con sus ideas fracasadas, así que hay que dar gracias de que unos cuantos lugares que el Che tenía en la mira para ser su redentor se salvaron, y no vivieron lo que los cubanos tuvimos que soportar con sus "éxitos".

En definitiva, nunca lo consideré cubano, aunque tuviera papeles que decían que lo era tanto como los que hemos nacido y sufrido por nuestra patria, y por lo tanto, tampoco merece más de un par de páginas en mis recuerdos.

23.

LA BODA DE RAÚL

Enero de 1959 fue un mes intenso para los Castro Ruz. Raúl se casaba el día veintiséis en Santiago de Cuba, y para mí esa sería una oportunidad llena de emociones porque él y yo, aunque habíamos hablado por teléfono días antes, no habíamos vuelto a vernos desde 1956 cuando se fue para México.

La verdad es que la noticia de su matrimonio me tomó por sorpresa, por lo rápido de la decisión. Aunque en realidad aquello no debía de haberme sorprendido porque todos mis hermanos eran muy enamoradizos, y Raúl nunca se quedó atrás, sólo que era más discreto que Fidel y que Ramón. Yo era la confidente de Raúl y le cobijé algunos romances fugaces. A principios de los cincuenta tenía una novia en Oriente, Selma Álvarez, amiga mía y sobrina de mi cuñada Sully, la primera esposa de Ramón. Selma fue su novia hasta que él se fue a La Habana con Fidel, y entonces las cosas entre ellos se enfriaron.

Yo pensaba que por algo aquello se enfrió, y no simplemente por la distancia, y no me equivoqué.

—Juanita, estoy enamorado nuevamente —me dijo un día Raúl—. En realidad es un amor platónico con una muchacha muy bonita y muy seria que es mi vecina. Es Madamina, una de las hijas del prestigioso periodista Guillermo Martínez Márquez.

El enamoramiento no duró mucho. Después en México estuvo de noviecito con Esthercita Pino, a quien la familia conoció y de la que me habló un día:

—Estoy enamorado de Esthercita, la sobrina de Orquídea Pino. En realidad es mi noviecita, y fíjate si lo estaré, que me hace ir a la iglesia cada semana. Mi mamá estaría feliz de verme ir a misa todos los domingos con Esthercita, que aunque parece mayor, recién cumplió quince años.

Y de pronto, aunque yo no era una hermana celosa con Raúl, me encontré con que mi hermano favorito se casaba con Vilma Espín, alguien que no estaba en el panorama, o por lo menos, en mi panorama, pero a quien en Birán ya conocían porque Raúl la había llevado para presentarla.

La boda era el 26 de enero, y nosotros —mi mamá, Ramón, Sully, Angelita, Enma y yo— llegamos un día antes a Santiago de Cuba, de donde Vilma era originaria, y nos hospedamos en el Hotel Casa Granda. Ahí nos reunimos con su familia, por cierto, una familia pudiente y muy reconocida en la ciudad.

José Espín, el padre, era un hombre de negocios con intereses en la Compañía Bacardí. Margarita Guillois, la mamá de Vilma, era una señora delgada y alta, que no se maquillaba en lo absoluto, tenía ojos azules y se recogía el pelo en un moño. Ese día conocimos también a sus cuatro hermanos: José e Iván, Sonia, que se dedicó a los preparativos de la boda, y Nilsa, la primera hippie que Enma y yo vimos en nuestra vida.

Ese matrimonio comenzó de la forma más normal para dos enamorados. Vilma había sido novia de Frank País, y cuando los batistianos lo asesinaron, ella, que recién se había graduado de ingeniera química y que hizo una maestría en el Instituto Tecnológico de Massachusetts, dejó todo y se fue a la Sierra Maestra junto a Raúl, y ahí se convirtió en su ayudante.

—Poco a poco nos hicimos inseparables —me contó un día Vilma— y nos prometimos que si salíamos con vida de la etapa bélica, en cuanto triunfara la revolución, de inmediato nos casaríamos, y así lo hemos cumplido.

En aquella comida todo era alegría en las dos familias, aun cuando sabíamos que Fidel no asistiría a la boda.

—Eso me pone triste, Musito, porque ni Fidel ni Agustinita estarán con nosotros.

—Vieja, piensa que tienes ahora a tus otros hijos. Así que nada de tristeza.

La boda únicamente sería una ceremonia civil ya que Vilma era atea, por lo que mi mamá le preguntaba:

—Bueno, Vilma, ¿y cuando tú tienes un problema qué dices? ¿No dices "¡Ay Dios mío!"?

—Lina, yo sólo creo en lo que veo, y como nunca he visto a Dios...

De inmediato Enma intervino en la conversación...

—Bueno, Vilma, yo tampoco lo he visto, pero siento que me ayuda y que Dios está cerca de mí en todo momento, como mami nos ha enseñado desde pequeñitos.

Pero Vilma no hacía caso alguno a cualquier plática religiosa.

—No imaginan cómo ha cambiado esta muchacha —nos dijo Enma más tarde—. La conocí durante los carnavales aquí en Santiago y la recordaba agradable, además era un espectáculo verla bailar "Elena toma bombón", pero lo mejor será quedarnos calladas, a fin de cuentas Raúl se ve feliz.

Sin embargo, mi mamá no se daba por vencida, tenía algo en mente y no quería agotar los recursos. Al ver que Vilma era renuente a casarse por la Iglesia, simplemente aprovechó cuando se le presentó el momento justo.

La casa de los Espín, en la calle de San Jerónimo 473, estaba llena de regalos. Nosotros les regalamos todos los electrodomésticos. Ahí se realizaba otra de las reuniones sociales previas al evento. En la sala estaban Manuel Piñeiro, "Barbarroja" —importante comandante revolucionario y cabeza de la dirección de inteligencia para reportar a guerrilleros, quien además sería testigo de Raúl— y mi mamá, y se les unió la madre de Vilma. Mi mamá pensó que ese sería momento oportuno y le dijo a su futura consuegra:

—Ay, por favor, Margarita, yo quiero pedirle que me ayude a convencer a Vilma de que se casen por la Iglesia. Que me den el gusto de verlos casarse aquí en Santiago con el obispo, monseñor Pérez Serante, que tan bueno ha sido con nosotros, oficiando la misa.

—Mire, Lina —le respondió la mamá de Vilma—, le voy a ser muy sincera: ellos ya son mayores y no puedo obligar a mi hija a nada que ella no quiera hacer. Son libres de casarse como quieran, y ahí sí que ya no me puedo meter.

Mi mamá se quedó callada, y más tarde Raúl le explicó cómo y quién realizaría la ceremonia de la boda civil.

—Vieja, con lo católica que tú eres, yo sé como te sientes. Te prometo que más adelante vamos a hacer las cosas por la Iglesia. Mientras tanto, el que va a casarnos es Juan Escalona, que como abogado, ha sido formalmente el auditor del ejército rebelde durante este tiempo. En el segundo frente teníamos registros civiles para las inscripciones, que supervisaba nuestro departamento de justicia. En la Sierra se casaban muchos, por eso todos los actos legales que se hicieron bajo la supervisión del auditor, ahora van a ser validados por el gobierno. Como te digo, el encargado era Juan Escalona, y por eso él será quien celebre la ceremonia.

Por cierto que presencié algo que me dio risa. Raúl —al igual que Ramón— siempre andaba acompañado de unos personajes pintorescos. En el caso de Raúl se trataba del teniente Hilario Peña, quien hasta antes de la boda andaba con él en todas partes. Esa mañana era el encargado de dar la información de los novios que requería Juan Escalona para las actas que leería en la ceremonia.

—Voy a comenzar con el novio. Raúl se llama Raúl Modesto Castro Ruz, nacido el 3 de junio de 1931...

En ese momento Hilario Peña interviene...

—Ponga ahí para que quede inscrito que Raúl participó en lo del Moncada, que estuvo veintidós meses preso en Isla de Pinos, diecisiete en el exilio y veinticinco meses en la Sierra Maestra, y en el Segundo Frente Frank País. Que eso quede en el acta, por favor.

Yo me reí de aquellas indicaciones de Peña, y no sé si las inscribieron o no.

Al día siguiente, día de la boda, toda mi familia —menos yo— se fue a Rancho Club de Santiago de Cuba, el lugar donde se celebraría la ceremonia. Yo me quedé con Raúl para ayudarlo en los preparativos y acompañarlo en sus últimos momentos de soltero. Él también mandó a toda su gente —incluido Hilario Peña— para el sitio de la fiesta y nos quedamos solos un rato. Platicamos, como los hermanos queridos que éramos, y aproveché para preguntarle sobre lo que me preocupaba en ese momento.

—Muso, ¿en verdad estás enamorado de Vilma? ¿Tú estás seguro?

—Claro que sí, Juanita, totalmente seguro. ¡Ella es una mujer excepcional!

Aquella respuesta tan espontánea, me dio la seguridad de que en verdad él estaba feliz.

—Bueno, pues me alegro mucho por ustedes dos.

—¿Sabes? —me dijo—, la única pena es que el viejo no viviera para ver todo esto... en verdad que da tristeza.

—Por cierto, hablando de ausencias, ¿qué te dijo Fidel? ¿Por qué no vendrá a la boda?

—Mientras pasan los días, la Revolución lo absorbe más y más. Esta mañana hablamos por teléfono y me dijo que era imposible dejar todo aquello en La Habana. Así que no le des importancia a eso y vamos a disfrutar de esta boda, ¡que por mí parte no vas a ir a ninguna otra!

Después lo ayudé con los últimos preparativos —que en realidad no fueron muchos porque se casó con el uniforme verde olivo— y le acomodé la banda del Movimiento 26 de

Julio en el brazo izquierdo. Luego el pelo, que lo traía muy largo, se lo recogió con un "rabo de mula".

—Que no se me olvide la boina, Juanita, llévala tú porque sino la dejo aquí.

Salimos para el Rancho Club que ya estaba lleno de invitados. Raúl se sorprendió al ver aquella multitud: ¡había estaciones de radio transmitiendo el evento! Una vez en la entrada, en cuanto Vilma y él se encontraron los dejé y me fui a sentar junto a Enma y mi mamá, que estaban felices. Faltaba Agustina, que no asistió porque se encontraba estudiando en Suiza y era el tiempo de exámenes, los cuales no podía perder.

—Vilma se ve de lo más bonita —dijo mi mamá—. Ese vestido blanco luce muy elegante, y el tocado de perlitas que le cae sobre la frente se le ve de lo más bien.

—A mí me sigue admirando la cantidad de regalos que han seguido recibiendo —comentó Enma—. Les llegó una bandeja de plata grabada que les mandaron los guantanameros. Vilma me dijo que para ella es muy especial porque Guantánamo fue parte del Segundo Frente Oriental, donde estuvieron un tiempo.

En medio de aquel barullo, la ceremonia comenzó, y cuando Juan Escalona leía el nombre del novio: Raúl Modesto Castro Ruz, alguien entre la multitud gritó:

—¡En verdad que le viene bien el nombre porque Raúl es modesto!

El grito era de Simón, el cocinero jamaiquino de la finca y a quien personalmente Raúl había invitado ¡y que logró llegar hasta él para felicitarlo y abrazarlo antes que nosotros!

Nilsa Espín preguntó entonces a dónde se irían de luna de miel.

—De acuerdo a Raúl —dijo mi mamá—, por el momento no tienen tiempo para el viaje de bodas y lo harán después, porque muy pronto se tendrán que ir a La Habana. Vilma me dijo que estaba de acuerdo porque la Revolución no podía esperar.

—Lo que seguramente no esperará —respondió Nilsa— será la llegada de los niños porque a Vilma y a Raúl les encantan, así que prepárese para seguir teniendo más nietos.

La boda siguió su curso, convertida en una fiesta popular a la que asistió prácticamente todo Santiago de Cuba. Decían que nunca en la historia de la vida social de los santiagueros se había vivido una boda semejante. Cuando llegó la hora, nos despedimos de los novios, no sin que mi mamá les diera su bendición.

De ahí, Enma, Ramón, mi mamá y yo nos fuimos a Holguín a recoger un jeep Toyota que ella había encargado y que le habían avisado que ya estaba listo para entregárselo. Ramón aprovechó la ocasión para llevarnos a los Pinares de Mayarí, la zona donde Raúl operaba en el Segundo Frente Oriental.

Durante todo el trayecto, la tierra colorada de aquel lugar nos había bañado de pies a cabeza, mientras Ramón seguía dándonos explicaciones:

—Raúl y Vilma me han dicho que aunque vivan en La Habana, siempre estarán muy unidos a lo que vivieron aquí, y es tanto lo que quieren a esta tierra que han decidido que el día que mueran quieren que los entierren en este sitio.

—¡Qué ocurrencias! ¡Por Dios! ¿Quién piensa en morirse ahora? —dijo mi mamá.

Regresamos a Birán y ni con tres días de darnos fuertes baños nos pudimos sacar aquella tierra colorada del Segundo Frente Oriental. Al final, tuvimos que botar la ropa porque más nunca sirvió.

No recordé los detalles de aquella plática, sino hasta cuarenta y ocho años después, exactamente el 18 de junio de 2007, cuando me enteré de que Vilma había muerto. En un acto privado, Raúl y sus hijos depositaron las cenizas de Vilma en el mausoleo a los héroes de la Revolución, que precisamente está construido donde operaba el Segundo Frente Oriental Frank País. Enma, que asistió al funeral, me dijo que junto a la tumba de Vilma se encuentra la que en su momento ocupará Raúl, porque su deseo, tal y como nos contó Ramón el día de la boda, es que los enterraran juntos.

A pesar de todas las historias que se contaban alrededor de ellos, yo siempre supe que a Vilma y a Raúl sólo los separaría la muerte, y finalmente, luego de cincuenta años juntos, con la partida de ella, así sucedió.

24.

LA MIEL DEL TRIUNFO

No recuerdo haber recibido más regalos en mi vida como aquel cumpleaños de 1959. Fue un año glorioso, de muchos logros. Mi mamá, trabajadora y fuerte, había sufrido mucho con los líos de Fidel, así que cuando triunfó la Revolución pudo vivir tranquila, a pesar del ajetreo. Todo había comenzado luego de la entrada triunfal en La Habana, cuando mi mamá vino a la capital desde la finca.

—Nunca imaginé que viajaría acompañada por un grupo de milicianos orgullosos de su tarea. "Hemos venido a custodiarla", me dijeron, y no se me separaron ni un momento.

Al llegar la trataron como a una reina, llevándola de acá para allá a todos los eventos, lo cual a su vez la dejaba algo cansada y abrumada.

—Yo voy a todas estas cosas porque entiendo que tengo que hacerlo por mis hijos, Juanita, pero no me gusta. Fíjate que el otro día que fuimos Angelita, tía Belita y yo a la iglesia, de pronto veo muchísimos fotógrafos a nuestro alrededor. Yo había ido a darle gracias a la Virgen porque tus hermanos salieron bien, a pedirle por tanta gente que murió y porque todo salga bien para Cuba. Estaba hincada rezando y me tomaban fotos y más fotos, total que no pude rezar a gusto. No me acostumbro.

Mi mamá se refería a una enorme foto suya que apareció en la revista *Bohemia* de febrero de 1959, recién llegada a La Habana.

Efectivamente, había querido ir a rezar y, sin que se diera cuenta, alguien la reconoció y avisó a los periódicos que en la iglesia estaba la madre de Fidel. Su foto rezándole a la Virgen de la Caridad del Cobre ocupaba toda una página de la revista.

—No te preocupes demasiado, mamá, que con los días, esto va a ser menos. Tú verás.

La verdad es que eso ni yo me lo creí, porque lejos de disminuir, las peticiones para entrevistarla y hacerle reportajes en periódicos, radio y televisión aumentaban diariamente.

Mucha de esa gente que la adulaba, que respetuosamente la llamaba la señora Lina Ruz viuda de Castro, vilmente la ha difamado y ofendido con los años, olvidando aquellos halagos que tanto le hicieron cuando Fidel llevó a cabo la Revolución y llegó a La Habana.

A partir de 1959, mi mamá comenzó a pasar más tiempo conmigo en La Habana. Primero en mi casa del reparto La Copa, en Miramar, después en la que tuve en 42 y Séptima, también en Miramar, y así continuó durante los siguientes tres años y siete meses que le quedaron de vida, siempre a mi lado.

Se preocupaba mucho porque veía cómo, desde los primeros días del triunfo de la Revolución, yo me mataba trabajando. Mi misión era dedicarme por completo a ayudar a la gente del campo. Y con todo ese esfuerzo, tuve uno de mis grandes logros: construir el hospital en el Central Marcané. Originalmente el Central tenía uno, pero en realidad funcionaba únicamente para atender a los ejecutivos y funcionarios, y a los pocos afortunados que tuvieran una recomendación. Para la compañía norteamericana que era la propietaria, el hospital era un elefante blanco que no podían operar completamente porque costaba mucho dinero mantenerlo.

Con amigos adinerados que me dieron donativos, con el apoyo de Fidel y trabajando día y noche fue que logré convertir aquello en algo nunca visto en la zona: una clínica de cien camas con una sala de niños, para la atención pediátrica. El nuevo hospital, llamado Camilo Cienfuegos, funcionaba bajo una sola premisa:

—Aquí tienen que recibir a todo el mundo —se les dijo— sin necesidad de que para atenderlos requieran de un "padrino" y, además, sin que tengan que pagar si no tienen dinero.

Hubo quien daba diez centavos por la atención médica, porque eso era lo único que tenía, y a esa persona se la trataba como si estuviera pagando miles de pesos, lo que significaba algo nunca visto: medicina, médicos y hospital asequibles para todos en el campo.

La satisfacción de aliviar el dolor, de ver la felicidad en las caras de muchos, hacía que a mí no me importaran las largas horas recibiendo gente, escuchando sus problemas, manejando para llegar a los lugares lejanos. Yo me sentía realizada, porque estaba trabajando por todo lo que soñamos quienes, de una forma u otra, luchamos contra la dictadura batistiana. Por una revolución que iba a darle un cambio total al país, con democracia y justicia social para todos. Y, como sentía que aquello era verdadero, no me importaba ni el cansancio, ni nada más; lo mío era seguir trabajando para nuestra causa.

Además, y para ser honesta, en ese momento yo podía hacer muchas cosas porque tenía libre acceso a Fidel. Tanto era así que un día cuando fui a pedirle dinero para más obras, y al enterarse de los planes y del éxito de lo que ya había hecho, sorpresivamente le dijo a Celia Sánchez, su mano derecha:

—Celia, los fondos que sobraron del Movimiento 26 de Julio vamos a darlos para estas obras a las que Juanita está dedicándose. Ella está construyendo clínicas y escuelas para la gente del campo.

Y así fue que el sobrante del dinero donado por el pueblo para hacer la revolución que derrocó a la tiranía, regresó al pueblo con aquellas obras que me tocó realizar. Todo lo demás se unió para ayudarme en aquella gigantesca tarea. Pronto recibí la llamada del ministro de Salud Pública:

—Esa labor que has hecho desde el triunfo de la Revolución tiene todo mi reconocimiento, Juanita, y para que tengas mayores facilidades, te pido que aceptes el nombramiento honorario de Delegada de este ministerio de Salud Pública en la provincia de Oriente, para resolver los problemas de atención médica entre los campesinos y la gente sin recursos.

Muy honrada acepté aquel cargo honorario, es decir, sin paga alguna, que me ayudó a rebasar obstáculos y dedicarme a más trabajo social. Otra obra social que empecé fue la campaña para una de las situaciones que sucedían en el campo y que me preocupaba enormemente por las consecuencias que tenía en las familias: legalizar matrimonios.

Entre los guajiros la usanza era convivir "arrimados", es decir, vivir juntos sin casarse porque todos esos trámites eran difíciles de hacer, y la mayoría ni lo podían lograr porque no tenían actas de nacimiento. Yo me di a la tarea de legalizar a cientos de uniones entre campesinos y gente de la población, que al tener un certificado de matrimonio ya podían inscribir a sus hijos legalmente. De esa manera el día de mañana les sería más fácil casarse por la ley: problema solucionado.

Y así seguí en aquella labor que me ocupaba el día completo, pero lo valía todo al vivir aquel momento gratificante cuando aquellas nuevas escuelas y hospitales abrían sus puertas al público. En el caso de la clínica, se organizó una gran fiesta, y Fidel al enterarse me dijo:

—Juanita, para la inauguración de la clínica te voy a mandar al Che en mi representación.

—No, Fidel, ni hablar de eso. En estos meses, luego del triunfo de la Revolución, el Che se ha ganado una mala fama, tiene una muy mala imagen y por eso no lo quiero ahí. La gente no sólo lo ve como un extranjero, sino que dicen que es comunista, y eso no nos conviene ni a ti, ni a mí.

No tuve miedo de hablarle a mi hermano de uno de sus hombres de confianza, porque era un secreto a voces por toda Cuba que el Che, en La Cabaña, se dedicaba a congregar reuniones con miembros del Partido Comunista. Diariamente, recibía a los extranjeros llegados de todas partes del mundo, que tenían "ideas progresistas", o más bien comunistas. Muchos de ellos se quedaron a vivir en Cuba, ocupando posiciones importantes en el gobierno revolucionario, sin más mérito que haber sido amigos del Che. Aunque en ese entonces no se mencionaba abiertamente la palabra comunista, a eso iban encaminando a Cuba a pasos agigantados aquellos extranjeros con puestos gubernamentales, junto con el Che. Además, también en La Cabaña, recibía a toda la vieja guardia del Partido Comunista Cubano. El Che pasaba la mayor parte del tiempo en esas tareas, y a las pruebas me remito: él es quien en 1960 fue a la Unión Soviética y después a China, países del bloque comunista, a hacer compromisos secretos, seguramente apoyado por Fidel, que en aquel momento no le convenía dar la cara. Además, el Che seguía adelante con cosas que preocupaban enormemente a la población, como el paredón y los fusilamientos en La Cabaña.

El caso es que, por esas razones, yo no podía permitir que semejante personaje fuera a la inauguración de lo que tanto trabajo había costado levantar.

—Mira, manda en su lugar a alguien que sea del pueblo —le propuse a Fidel—, alguien que se identifique con todos. Creo que la persona ideal es Juan Almeida.

Fidel me escuchó y envió al comandante Almeida, que tenía la simpatía popular porque la gente lo respetaba ya que estuvo en el Moncada, en la expedición del *Granma* y luchó en la Sierra Maestra. Así fue que el día de la inauguración fue recibido con gran alegría, pero aquel evento no le resultó fácil. Celebramos un gran acto popular en el que estaban mi hermano Ramón, Luis Conte Agüero, Almeida y yo en la tribuna, y ahí mismo, en el único acto popular y de denuncia que se haya realizado en Cuba en 1959, yo misma dije:

—¡Democracia sí, comunismo no! ¡Justicia social sí, comunismo no!

Me sorprendí enormemente cuando aquel pueblo reunido comenzó a repetir mis palabras que resonaron por todas partes...

—¡Democracia sí, comunismo no! ¡Justicia social sí, comunismo no!

El comandante Almeida pudo manejar la situación muy bien, ignorando "aquello" que el régimen había comenzado a hacer y que nadie aparte de ellos conocía, aunque lo intuyera. Yo —viendo las injusticias que se cometían con las confiscaciones de tierra en el campo, ya no sólo a miembros de la tiranía, sino a pequeños empresarios, comerciantes, dueños de fincas, es decir, a gente que apoyó a la Revolución— tuve muy clara mi posición. No estaba de acuerdo en la forma en que las cosas se iban desarrollando.

Así que sí, sin duda esos regalos de 1959 fueron tantos, como nunca más en mi vida creo que voy a recibir. Efectivamente, a partir de 1960 los regalos fueron disminuyendo. Mis amigos comenzaron a irse de Cuba, algo que se repitió en los años subsecuentes. Cuando pude contar, aquellos regalos del año anterior ya en este ni los contaba con una mano. Había sido todo una gran ilusión.

Con el tiempo, he llegado a la conclusión que lo que yo creía como una verdad y una lucha en común, era únicamente una ilusión mía. Pensar que lo que sucedió, y que separó a Cuba de los Estados Unidos, se debía primero al desaire por parte del entonces presidente Dwight Eisenhower de no recibir a Fidel y en su lugar enviar a su vicepresidente Richard Nixon, ofensa que Fidel nunca les perdonó, era una ilusión. Creer que el acercamiento a los rusos era porque ellos únicamente estaban ayudando a Fidel y a la Revolución, también fue otra ilusión. La verdad es que lo que ha sucedido en Cuba fue perfectamente planeado de antemano para que así pasara, y sin lugar a dudas el Che era el encargado de dar los primeros pasos hacia esa dirección. Tampoco puedo dejar de reconocer que el Che únicamente recibía órdenes de Fidel y de Raúl, de manera que la primera engañada, y con aquella ilusión optimista de lo que vendría con la Revolución, fui yo.

25.

UN FACTOR LLAMADO CELIA SÁNCHEZ

A la par del regreso de Fidel y Raúl a nuestro entorno familiar, comenzamos a conocer a los nuevos miembros de su círculo más cercano. Esto era como armar un rompecabezas, que como resultado nos mostraría cómo vivieron Fidel y Raúl en la Sierra Maestra. Entre todos, se destacaba la presencia y gran influencia de una mujer alrededor de Fidel. Cuando la recuerdo, también pienso en todas las "historias de amor" que algunas mujeres han hecho públicas en Cuba y en el exilio para ganar notoriedad, contando intimidades de supuestas citas que ocurrieron. Pero lo que no cuadra es que en ese entonces, en la vida de Fidel, ya existía lo que yo siempre llamé "el factor Celia Sánchez".

Aun cuando nosotros lo supiéramos, Fidel no era partidario de hacer alarde de sus conquistas amorosas con la familia, a menos que estas produjeran hijos. Si eso sucedía, entonces hablaba con mi mamá, quien junto con mi hermana Angelita iban a inscribir oficialmente al menor, o por lo menos lo intentaban. Nosotras ignorábamos lo que sentimentalmente ocurría en la Sierra Maestra, pero poco a poco nos fuimos enterando.

—Juanita —me dijo un día mi mamá muy preocupada—, alguien me ha venido a contar que Fidel y Celia Sánchez, su ayudante, son más que jefe y empleada, ¡parece que se casaron en la Sierra Maestra, *in articulo mortis*!

No supe qué contestarle a mi mamá porque, a ciencia cierta, nunca supimos si en las montañas Fidel se casó o no con Celia. En ese tipo de matrimonio, cuando hay peligro de muerte, cualquiera puede oficiarlo y es válido de acuerdo con las leyes de muchos países, Cuba entre ellos. En el círculo íntimo de Fidel y Raúl se decía que así había sucedido, y por supuesto que yo presencié cosas entre ambos que me hicieron pensar que eso era cierto.

Celia era la secretaria de la Presidencia del Consejo de Ministros. Era la mano derecha, la mano izquierda, los dos pies y las barbas de Fidel. Era todo para él, y vivían juntos en un apartamento.

Por el libre acceso que en un principio de la Revolución yo tenía con Fidel, es que podía llegar al apartamento que él tenía en el Vedado. Un día de esos, Celia, muy amable, me abrió la puerta:

—Pasa, Juanita, siéntate, que Fidel no tarda.

Me di cuenta que mi hermano se estaba bañando porque escuché un grito:

—¡Ceeeeliaaaaaa, tráeme los calzoncillos!

De inmediato vi a Celia entrar al baño llevándole calzoncillos.

—Juanita está en la sala —alcancé a oír que ella le dijo.

—Dile que no tardo, que ya voy.

Celia, más que como una secretaria, actuaba como su señora, y él le tenía una confianza absoluta. A excepción de Raúl, no había en Cuba un sólo cubano a quien Fidel le tuviera tanta confianza como a ella. Confiaba ciegamente en que su lealtad por él era total y así fue, pero los demás muy poco sabíamos de ella.

Celia Sánchez no sólo era desconocida para nosotros, también para la mayoría de los cubanos. Desde un principio se alzó junto a Fidel y nunca se fue de su lado.

—¿Qué opinas de ella? Porque yo no sé qué pensar —preguntaba mi mamá.

—No te quiebres la cabeza, mamá. Basta con tratarla para que de te des cuenta de que es indescifrable, enigmática, y a mí lo que me llama la atención es que no habla, sólo escucha, y cuando habla es porque algo pasa, porque en realidad es de armas tomar.

Celia había nacido en Media Luna, un pueblo perteneciente a Manzanillo, en las estribaciones de la Sierra Maestra. Una mujer preparada, de familia adinerada. El padre, Manuel Sánchez, era médico; tenía un hermano dentista y una hermana casada con el comandante Ochoa, también del círculo cercano a Fidel. Era inteligente, leía mucho y hablaba inglés perfectamente.

—Pero no lo practico —me dijo Celia— porque yo no hablo el lenguaje de mis enemigos.

Físicamente yo no la encontraba agraciada pues era flaca, menuda, de cara mediana sin ninguna presunción y siempre vistiendo el uniforme del ejército rebelde. Raúl y ella siempre se llevaron muy bien. Ella y Vilma Espín también, ya que ambas estuvieron juntas en la Sierra Maestra y eran confidentes la una de la otra. Celia siempre era más seria que nadie. Vivía para Fidel y sólo para él y lo quería únicamente para ella —o para quien ella aprobara. En casa de Raúl, mi mamá y yo siempre pudimos entrar y salir a cualquier hora; en cambio, en casa de Fidel había que pasar controles. Primero teníamos que llamar a Celia y ella determinaba a quién podía recibir Fidel y a quién no. Controlaba no sólo eso, sino también su escolta.

En realidad la escolta era una de las decisiones más importantes que diariamente tomaban Raúl y Celia. Ellos situaban a los responsables de la seguridad de Fidel, quienes tenían que pasar por un tamiz superfino para poder escoger a cada individuo que protegiera su vida. Ella, sin duda, actuaba a cada momento como la mujer, la amante, decidiendo todo lo relacionado con su vida.

Lo más curioso era que Fidel, con todo y su gran poder, si temía a algo, era a que Celia se enterara de sus conquistas. Tan es así, que al triunfo de la Revolución no volvió a ver a mujeres de su pasado inmediato, las que tuvo en el tiempo de

Isla de Pinos y después, cuando salió de la cárcel. Para decirlo claramente: una vez que Fidel y Celia llegaron a La Habana, lo que tuvo con las de antes simplemente se terminó... o mejor dicho, Celia lo terminó, como también se encargó de hacerles la vida imposible a las futuras conquistas.

En una ocasión Fidel andaba loco por una amiga mía, cuyo nombre omito porque hoy está casada y vive en el exilio. Mi amiga era alta, muy llamativa, y Fidel, que le caía arriba a quien le gustara, de inmediato quedó prendado al verla. La conoció un día que ella y yo andábamos haciendo diligencias y tuve que ir a verlo. Conversamos y se la presenté. Como nosotras fuimos a lo nuestro, nos despedimos y nos marchamos, pero Fidel se las ingenió para volverla a ver tan pronto como pudo.

—¡Juanita —me dijo entusiasmada mi amiga—, Fidel localizó mi teléfono, me llamó y me dijo que me mandaría a buscar con su escolta! ¡Te cuento, en cuanto regrese!

Al día siguiente mi amiga me contó los detalles del encuentro.

—Fue la cosa más rara que he vivido. Fidel mandó a la escolta para recogerme. Nos vimos, yo imaginaba que aquello sería algo grandioso, pero resulta que no fuimos a ninguna parte ¡y nos dedicamos a dar vueltas sin parar por toda La Habana! Era como si estuviera huyendo de algo. Cuando me trajo a casa, prometió que nos volveríamos a ver.

Sólo me reí, pero aquello me dejó pensando y me puse a investigar para enterarme de lo que realmente había sucedido. Resulta que uno de los escoltas, muy fiel a Celia, al parecer le hizo de inmediato el comentario de que Fidel se vería con una mujer aquella tarde, ¡y adiós con el *affaire*! Fidel, conociendo los alcances de Celia, decidió no jugársela. Así fue que ni él ni mi amiga fueron a ninguna parte, y así Celia acabó con todo antes de que empezara. Simplemente porque controlaba todos y cada uno de los movimientos de Fidel.

Nunca pudimos establecer una amistad de cuñadas, como la que en su momento tuve con Mirta o con Sully, la primera esposa de Ramón. A ellas yo las quise muchísimo. Con Vilma la relación también siempre fue cordial. En realidad, entre Celia y nosotros siempre hubo una distancia, una que yo imaginaba como una muralla que había construido entre ella y la familia de su marido.

Se me hacía muy pesada por la forma en que actuaba cuando algo no le parecía bien, así se tratara de cosas de importancia menor. Al igual que yo, fumaba cigarrillos Chesterfield, y le molestaba que yo también los fumara. Llegaba a mi casa en Séptima y Cuarenta y Dos a visitar a mi mamá y a mí, y para hacer más amable la relación entre nosotras, yo siempre le regalaba una cajetilla. La miraba, la revisaba y me respondía fríamente: "Gracias". Con una vocesita suave me decía: "¿Y dónde los conseguiste?". Su rostro denotaba una rabia controlada y no decía nada más.

En realidad siempre me pregunté quién sería su proveedor de cigarrillos norteamericanos, tan odiados por el régimen, porque en Cuba fueron prohibidos y cada día escaseaban más. De acuerdo a lo que dictaba la Revolución, se suponía que si Celia fumaba únicamente consumiera Cubanitos. Pero no, ella los conseguía a través de las embajadas cubanas en el extranjero.

En fin, como en todo, siempre había excepciones y con ella uno no podía saber qué era lo que traía entre manos.

—Las visitas de Celia siempre son muy extrañas —decía mi madre—. Nunca se sabe a qué viene, porque habla poco, pero como bien dices, Juanita, cuando habla hay que correr. El otro día me dijo que una de las amantes de Fidel, que hace gala de lo que tuvo con él, pronto se iría de Cuba por un tiempo porque ella personalmente hizo que Fidel la sacara del país, dándole un trabajo en una embajada en Europa.

Efectivamente eso sucedió, pero aquella mujer no fue la exiliada más famosa gracias a Celia Sánchez. Jesús Yánez Pelletier fue mucho peor ya que se trataba del mismo individuo que le salvó la vida a Fidel cuando estaba preso en la cárcel de Boniato, tras el asalto al Cuartel Moncada. Él fue el jefe de esa prisión, quien recibió la orden de Batista de poner veneno en la comida de Fidel en un plato de bacalao para que no sintiera el sabor. Pero, en lugar de llevar a cabo la orden, Yánez Pelletier denunció el complot y le salvó la vida y, al triunfar la Revolución se convirtió en el ayudante más cercano a Fidel.

Andaba siempre junto a él vistiendo muchos galones que colgaban de su uniforme, como los traen los ayudantes presidenciales. Eso, entre otras cosas, enfurecía a Celia. No lo podía ver ni en pintura, quizá porque en el fondo ella sabía que Yánez Pelletier le llevaba mujeres a Fidel, ya que era ampliamente conocido como "el ministro de la alcoba", apodo que le puso Raúl. En ese momento mi hermano enloquecía a las mujeres, que lo veían como el guerrillero que había triunfado en la revolución, que además era simpático, lo que ayudaba enormemente a Yánez Pelletier en sus empeños.

Siempre me causó curiosidad calcular cuánto duraría este tipo haciendo ese tan particular oficio. Sin lugar a dudas no fue mucho; el problema fue que las relaciones femeninas que le procuraba a Fidel se hicieron públicas —y no precisamente porque él las contara, sino por boca de las mismas "agraciadas". Pero Yánez Pelletier estaba rodeado de enemigos con razones de más peso. Raúl lo aborrecía por las preocupaciones que le causaba.

—Este tipo —me decía—, el que trae todos esos guindajos colgando del uniforme, un buen día nos va a dar un susto con Fidel. Cualquier mujer de esas que le consigue puede intentar matarlo, sin que nadie pueda hacer nada para salvarlo, y eso siempre me tiene preocupado.

La gloria le duró poco a Yánez Pelletier porque cayó en desgracia, y nuevamente fue Celia Sánchez quien le tendió la trampa. Lo detuvieron en medio de líos de faldas y acusaciones de malversación de fondos provenientes de la reforma agraria.

Así sacó del paso al tipo que, si bien le facilitó a Fidel los asuntos de "faldas", también en su momento le salvó la vida. El ansia de la notoriedad fue lo que terminó con Yánez Pelletier, algo muy fácil de haberle pronosticado, si hubiera tenido sentido común, porque Celia Sánchez fue una mujer que nunca permitió competencia a su lado, y en eso no perdonaba a nadie.

Celia fumaba Chesterfield como una chimenea, otra cosa que tenía en común con Fidel, quien fumaba desde jovencito. Él únicamente compraba tabaco Cohiba, algo que mi papá siempre le dio a mis tres hermanos. En el tiempo de la cárcel en México fue cuando a Fidel le arreció el vicio por fumar, y ni qué decir en la Sierra Maestra, al grado que entre los suplementos que se enviaban al ejército rebelde siempre estaba el tabaco... mucho tabaco.

—A raíz de que Celia enfermó de cáncer en el pulmón —explicaba Enma, mi hermana—, Fidel dejó de fumar para dar un ejemplo que el pueblo pudiera imitar.

En la década de los ochenta, los días de Celia estaban contados porque el cáncer de pulmón la había invadido. Inclusive le llevaron a un especialista desde Boston a Cuba, pero ella ya estaba muy mal.

En realidad los cubanos nunca supieron que estaba enferma. Se enteraron de su muerte el 11 de enero de 1980 porque la televisión dejó de transmitir la programación habitual y en su lugar comenzaron los elogios para Celia, con grandes funerales que le siguieron.

Tuvo entierro de jefe de estado porque era el homenaje a quien compartió el poder con Fidel.

De acuerdo a mis familiares que estuvieron ahí, Fidel se veía destruido. Estuvo junto al féretro, que ordenó cubrieran con un manto hecho de orquídeas color lila porque en Cuba, de acuerdo a Armando Hart que hizo la eulogía fúnebre, "Celia fue como una extraña flor silvestre que siempre traía una orquídea en la solapa".

Al morir, esta mujer dejó en Fidel un inmenso vacío en su vida y en su gobierno, porque la mano de ella era tan larga, que participaba y lo ayudaba a controlar y dirigir todo. Así que al partir, lo dejó no sólo viudo, sino prácticamente huérfano.

26.

HUBER MATOS: LA ALARMA
SONÓ FUERTE

No pude tratar mucho a Huber Matos, pues su participación, tras el triunfo de la Revolución, fue de escasos diez meses (de enero a octubre de 1959). No sólo fue uno de los hombres mas íntegros que dio el Movimiento 26 de Julio sino que fue el primero que públicamente hizo sonar la alarma.

Había entrado a La Habana con Fidel y en los años de la Sierra Maestra ayudaba a suministrar alimentos, armas, medicinas y combatientes, contribuyendo con todo lo que se necesitó durante los dos años de lucha. Después, la foto se hizo famosa: Huber Matos, al mando de las tropas rebeldes en Santiago de Cuba, es abrazado a su llegada a la ciudad por Monseñor Enrique Pérez Serantes, el famoso e influyente obispo santiaguero que le salvó la vida a Fidel en las primeras horas, tras su arresto por el asalto al Cuartel Moncada. Aquel abrazo significaba que la iglesia católica estaba al lado de Huber, de su gente y de la Revolución. Todo el mundo lo admiraba y, después de caer en desgracia, todo el mundo atestiguó su desafortunada historia.

Fidel lo nombró comandante del Ejército Rebelde en la provincia de Camagüey. Conforme pasaron los primeros siete meses, en julio de 1959, se fue decepcionando por el rumbo que habían tomado las cosas. Tras las primeras medidas de la reforma agraria, las confiscaciones de tierras se hicieron cometiendo las mayores injusticias.

—Fui a hablar con Fidel sobre la infiltración de los comunistas —me dijo Huber—, y cuando trataba de hacer la observación al respecto y de cómo el Che y Raúl estaban dando posiciones de poder a comunistas, por encima de muchos miembros del Movimiento 26 de Julio, simplemente fui ignorado. Llegué a un punto en el que le pedí a Fidel que me aceptara la renuncia, que me separara del cargo pues yo quería volver a la vida privada, como el maestro de escuela que había sido en Manzanillo, pero me dijo que no.

Por supuesto que Fidel le respondió que no, y le dijo que se quedara un tiempo más.

—Tienes que hacerlo por el bien de la Revolución. Eso no es bueno para nuestra imagen, especialmente ahora en medio de la reforma agraria.

Cuando el Che, en el mes de junio de 1959, hizo el primer contacto oficial con la Unión Soviética —lo que provocó que las relaciones con los Estados Unidos comenzaran a enfriarse—, Huber Matos empezó a expresarse abiertamente en contra del comunismo cada vez que tenía una oportunidad en Camagüey. Mientras, su descontento personal fue en aumento hasta llegar al 19 de octubre de 1959, cuando simplemente no resistió más. Renunció y se fue para su casa, a la espera de la reacción de Fidel. Al enterarse Fidel, inmediatamente lo consideró en desacato, es decir, en abierta rebeldía, y como tal, lo mandó a detener el 20 de octubre de 1959 y lo presentó ante la opinión pública como un traidor.

En los últimos días de la guerra contra la tiranía batistiana, Huber Matos fue quien realizó el cerco a Santiago de Cuba, peleando siempre al parejo de sus hombres, lo que hizo que éstos siempre lo respetaran por su valor. Tanta es la admiración que muchos sentían por su persona, que los rebeldes a su mando simplemente se negaron a cumplir la orden de arresto, y varios de ellos fueron encarcelados junto a él. Huber era el mismo ser humano de actitud diáfana que denunció, que se opuso, que hizo resistencia pacífica en contra de algo que le parecía una injusticia, y por eso, el régimen decidió crearle una causa.

Comenzamos a ver cómo se utilizó un nuevo vocabulario contra uno de los propios: "traidor a la Revolución", "contrarrevolucionario", "conspirador". Nunca creí nada de eso; por el contrario, siempre pensé que lo que hizo fue un acto de conciencia. Simplemente ni tiempo tuvo para intentar conspirar contra nadie; si hubiera actuado en dos frentes, los resultados hubieran sido diferentes.

No hubo compasión alguna para él, y de un plumazo lo borraron de todas partes. Comenzaron borrando su imagen de la famosa foto de la entrada triunfal, arriba del tanque junto a Camilo y Fidel; y el dolor fue mayor cuando el que fue a aprehenderlo era Camilo, su, hasta entonces, amigo y socio del tiempo de la lucha.

Se rindió bajo la promesa hecha por Cienfuegos de que nada malo iba a pasarle, pero la realidad era diferente y las preguntas iban a un mismo lugar: ¿por qué lo dejaron con vida y no lo enviaron al paredón?

Era otro tiempo diferente al de hoy, cuando la comunidad internacional pudo haber presionado a Fidel para que le perdonara la vida. En ese entonces Cuba estaba cerrándose al exterior, por lo que lo pudieron haber ejecutado sin que nadie se enterara, pero no sucedió así. Nunca he entendido lo que realmente pasó, pero la providencia lo ayudó, especialmente luego de que durante su proceso, al ver que Fidel sorpresivamente apareció en la sala de juicio, se levantó de su asiento y le gritó un millón de cosas, esperando su veredicto de muerte.

Lo mantuvieron preso por veinte años, y si él mismo no sabe por qué no lo mataron, menos lo sabré yo. Quizá las fuerzas a su alrededor se movieron en sentido opuesto a la pena capital o quizá Fidel quiso humillarlo teniéndolo preso. Será por siempre un enigma.

Sobrevivió a la prisión y salió de Cuba al cumplir su condena completa, el 21 de octubre de 1979. Primero se fue para

Costa Rica y después a Miami. Al igual que yo, Huber Matos llegó con otra imagen de lo que viviría a partir de ese momento. Por eso, también como yo, sufrió los ataques y el desprecio de esa parte del exilio —afortunadamente cada vez menor— que se opone a todo aquel que en un momento estuvo con la Revolución y tuvo cierta relevancia, y que renuncia y se va de Cuba para unirse a la diáspora.

En ese entonces recordé mi propia experiencia cuando recién me había declarado contra el régimen. Estando en Nueva York, en los peores momentos de mi decisión, sin familia y sin patria, de pronto, inesperadamente me encuentro con unos cubanos que estaban manifestándose en contra de mi presencia ahí. Portaban carteles que decían entre otras cosas: JUANA CASTRO PIDIÓ PAREDÓN PARA LOS HÉROES DE PLAYA GIRÓN, y lo firmaba una organización de filiación batistiana llamada Los Pinos Nuevos.

¡Nada más infame y difamatorio! Porque algo que revelaré más adelante en este libro callará a aquellos que cobardemente me atacaron por mi apellido, Castro Ruz. Cometiendo así una injusticia, irónicamente, la misma que cometían los que ellos odiaban tanto.

Así le sucedió a Huber Matos a quien le dirigieron los cañones. Al irlo a recibir al aeropuerto junto con otros amigos y colaboradores, le di mi apoyo incondicional sabiendo perfectamente como se podía sentir en un lugar donde, contrario a lo que creyera, tenía más enemigos que amigos. Yo también había sufrido el mismo desdén.

Después no lo vi mucho, pero mi idea de él en el año 2009, mientras cuento mis memorias, sigue siendo la misma que en 1959. Es un hombre íntegro al que yo respeto porque despertó muchas conciencias. En mi caso me sirvió para confirmar mis sospechas de que algo malo estaba transformando a esa Revolución, a la que, igual que él, yo amaba por encima de mí misma.

27.

CAMILO

Camilo Cienfuegos siempre me cayó muy bien porque era auténtico. Camilo le caía bien a todos. Era alguien a quien le gustaba disfrutar de la vida. Además, era una buena persona, a la que los "humos del poder" no se le fueron a la cabeza como a muchos otros. Pocos días después de tomar posesión de Columbia, el cuartel militar más grande de Cuba —lo que sucedió el mismo 2 de enero cuando él llegó a La Habana— fui a verlo para saludarlo... ¡Qué diferencia tan grande con la forma en la que me trató el Che!

Me recibió personalmente, sin importar las ocupaciones que en ese momento tenía:

—Chica, pasa, disculpa todo esto, pero has de imaginar con lo que hay que lidiar a diario.

Fui breve y le dije que no quería quitarle más tiempo

—Sólo quiero que sepas que aquí tienes las puertas abiertas —me respondió—. Lo que tú necesites, Juanita, hazlo saber que de antemano estoy para atenderte, y está concedido.

Espontáneamente me dio un abrazo, un beso, y yo salí de ahí feliz. Camilo era la representación total de la sencillez, y quienes lo hayan tratado saben que es cierto. Me llamaba la atención el sombrero que traía puesto todo el tiempo, y las barbas que cubrían el rostro de finos rasgos, en contraste con el de Osmany, el otro hermano que nunca fue la figura simpática y carismática que fue Camilo, y era obvio que entre ellos había un abismo de diferencia.

Sus padres, una pareja de españoles que pelearon en la guerra civil contra Franco, eran unos marxistas declarados. Los muchachos, que nacieron en Cuba, fueron criados en medio de esas creencias, así que fácilmente Camilo se unió a la lucha desde el principio.

A Camilo lo veía frecuentemente en casa de Raúl. Tenía un don especial para que la gente confiara en él y, así, se ganaba instantáneamente aliados. Precisamente por esa confianza que inspiraba, es que Fidel le hizo ir a detener a Huber Matos a Camagüey. Matos siempre aseguró que Camilo llegó y, echándole un brazo sobre el hombro, le dijo:

—No te preocupes, Huber, ten calma que no va a haber problemas, no va a suceder nada.

Matos confió, y el resto es historia. Camilo se encargó de restablecer el orden con las tropas en el cuartel de Agramonte y dejarlo en otras manos. Así como arrestar a la gente de Huber Matos que estaban en rebeldía, lo que le tomó unos cuantos días.

Cuando salió de regreso a La Habana, la noche del 28 de octubre de 1959, su avión se perdió volando sobre el mar. Luego de días de búsqueda, oficialmente fue dado por muerto.

¿Qué pudo haber pasado? Mil situaciones diferentes, pero la realidad era que Camilo fue un tipo tan despreocupado de la vida que no se fijaba en detalles. Por ejemplo, nunca se preocupó por las condiciones de la camioneta en la que andaba, y con sus nuevas responsabilidades y jerarquías, de lo que menos se ocupaba era que, por su propia seguridad su transporte, sea cual fuere, estuviera en perfectas condiciones. No le daba importancia a eso.

Si necesitaba ir a cualquier parte, arrancaba a bordo de lo que fuera. Y en ese fatídico viaje, todos, Raúl entre muchos, se fueron a buscarlo. La avioneta en que Raúl viajaba también se cayó en la búsqueda, y al principio se creía que Raúl se había matado. Entonces la angustia no sólo era por

Camilo, sino también por Raúl. Al correr las horas, apareció Raúl vivo, pero Camilo no.

Después, con el tiempo, se tejió toda una historia a su alrededor. Yo sé que Camilo nunca cayó en desgracia con Fidel. Ni una vez en aquellos diez meses. Él siempre estuvo bien con el régimen, y si se vino a tierra aquel aparato, no fue producto de ninguna conspiración en su contra, sino simplemente porque aquel avión falló y le tocó terminar su vida así, a los veintisiete años.

Para ser realistas, Fidel siempre supo que Camilo no tendría el valor que tuvo Huber Matos de enfrentar al régimen, porque ideológicamente eran diferentes. Camilo había nacido con el marxismo en las venas, mientras que Huber estaba opuesto a todo aquello. Por lo tanto, Camilo jamás se hubiera atrevido a cuestionar, mucho menos a denunciar al régimen del que formaba parte importante.

Siempre he pensado que Camilo hubiera seguido al lado de Fidel hasta el día de hoy, si hubiera tenido vida. Jamás hubiera hecho el acto de conciencia de rebelarse contra la Revolución. Fidel sabía todo esto y no tenía necesidad de removerlo de ninguna parte. Fidel estaba seguro de que Camilo era uno de sus fieles de por vida, ya que sabía adonde estaban encaminando la Revolución y adonde irían con ella. Eso fue algo que Camilo siempre tuvo en claro.

Estoy segura, por lo que viví con ellos, que si Camilo Cienfuegos estuviera vivo, hoy sería una de las figuras prominentes de la cúpula gobernante y hubiera envejecido junto a ellos, como lo han hecho su hermano Osmany, Pedro Miret, Juan Almeida, Ramiro Valdés, José Ramón Fernández y tantos más. Jamás he creído esa historia de Camilo enfrentándose con Fidel ni que Fidel lo quisiera eliminar, porque Camilo le restaba simpatía frente al pueblo, o porque le tuviera celos. ¿Celos de qué? Si Fidel, durante los últimos diez meses que vivió Camilo, simplemente era el Dios omnipotente en Cuba.

Hoy día, prefiero recordarlo con tres de sus gestos principales: con esa risa contagiosa, su ansia de vivir y con el sentido de ayudar a quién se lo pedía, que en mi caso, sirvió para salvarle la vida a perseguidos del régimen batistiano.

En los primeros días de enero y luego de que yo hubiera ido a ver a Camilo al campamento de Columbia, Luz María Fornaris, una amiga mía que se encuentra en el exilio, vino desesperada a verme:

—Juanita, a mi hermano, que era protegido de Rolando Masferrer, quien le dio un puesto de crupier en el casino de uno de los hoteles de La Habana, lo están buscando. Están tratando de cazarlo como si fuera una fiera. Tú sabes bien que ese muchacho no ha hecho nada; lo único que tiene en su contra es que es ahijado de Rolando Masferrer. Jamás ha participado en ninguna actividad del régimen de Batista y tampoco contra la Revolución. Su único delito es su relación con Masferrer. El apartamento donde vive está rodeado por elementos del Ejército Rebelde, con órdenes de llevarlo a La Cabaña, y tú sabes que eso significa el paredón.

¿Qué hice? Primero ir personalmente a su departamento, sacarlo de ahí y esconderlo. ¿Dónde? En la casa de unas amistades donde yo misma me encontraba viviendo en esos días. Al cabo de un mes en esa casa, le busqué un pasaje de avión a Miami, el cual encontré únicamente en Aerolíneas Q. El vuelo salía, no sé por qué razón, de las pistas del campamento militar de Columbia —al que ya habían rebautizado como Ciudad Libertad— y no del aeropuerto de La Habana en Rancho Boyeros.

Para ese entonces el muchacho ya era considerado un fugitivo "de alta peligrosidad" por lo que ir a Ciudad Libertad, en otras condiciones que no fuera conmigo al lado, hubiera significado simplemente ir a la boca del lobo.

Me armé de valor y llamé a Camilo.

—Estoy abusando de ti, y te pido que me ayudes porque voy a dejar a unas amistades que van de viaje a Miami y tienen que hacerlo por Aerolíneas Q, desde Ciudad Libertad. Como sé que las revisiones para entrar son muy demoradas y tenemos el tiempo justo, quisiera pedirte que me ayudes para que los trámites sean rápidos.

235

—No tienes que pedirlo, que ya está concedido, Juanita. A la entrada va a estar esperándote una gente de mi confianza que los llevará directo al avión sin más retraso.

Con los nervios de punta, llegamos a la garita de entrada de Ciudad Libertad, y tal y como Camilo me prometió, el hermano de mi amiga pasó los controles sin revisión alguna. En minutos subió al avión y poco después vimos cómo el aparato despegaba llevando un hombre al que, gracias a Camilo, se le salvó la vida.

Ése es el Camilo Cienfuegos que siempre llevaré en la mente. Las demás son historias producto de la imaginación para crear un mito.

28.

COMIENZA MI GUERRA

No hubo uno de nosotros, y me refiero a mis hermanos Ramón, Angelita, Enma, Agustina y a mi mamá, que no hubiéramos salido en defensa de quienes vivían injusticias conforme las cosas en Cuba se fueron transformando, ya que los familiares de los detenidos o perseguidos nos buscaban a toda hora. Angelita, la mayor de mis hermanos y la menos visible, me llamó desesperada una tarde de 1960:

—Juanita, vine a Ciudad Libertad (Columbia) para librar de un problema al hijo de una amiga ¡y me han detenido! ¡Estoy arrestada! Nadie me hace caso. ¿Qué hago? ¡Ayúdame por favor!

Inmediatamente llamé a Augusto Martínez Sánchez, ministro de Justicia y uno de los más cercanos colaboradores de Fidel y de Raúl porque luchó junto a éste último en la Sierra Cristal.

—Augusto, ¿qué es lo que pasa con Angelita, mi hermana, que la han detenido?

—Nada —me respondió con sorna—, tengo entendido, según me informan, que estaba haciendo gestiones para librar de problemas a un contrarrevolucionario.

—Y ¿eso qué?... ¿Quién dio la orden de que la detuvieran?

—Cálmate, que tu hermana no está presa... Por órdenes mías, únicamente está "retenida".

—Si eso pasa con la familia Castro Ruz, ni me quiero imaginar lo que sucede con el resto de los cubanos. No hay razón que justifique la "retención", como le llamas, pero te advierto que Angelita no va a pasar "retenida" mucho tiempo más porque en este preciso momento me voy a Ciudad Libertad por ella.

No esperé a escuchar nada más e indignada le colgué el teléfono. No pude localizar a Fidel y no supe dónde estaba Raúl porque tampoco pude comunicarme con él. Llegué al cuartel y me tropecé con Abelardo Colomé Ibarra, uno de los destacados de la Revolución, quien con los años fue escalando posiciones y actualmente ya lleva dos décadas al frente del ministerio del Interior. Con ese esbirro en ciernes me enfrenté:

—Vengo por Angelita, y no me digas nada de esas estupideces de que no está presa, sino "retenida" que nada de eso me importa. ¡Me llevo a mi hermana y ya! Ella no ha cometido ningún delito. Únicamente vino a defender a alguien que es víctima de las injusticias de ustedes, así que me la entregas en este momento.

Colomé Ibarra se enfureció, pero eso ni me inmutó. Discutió conmigo violentamente y no le quedó más remedio que entregarme a Angelita esa misma tarde.

Pero Augusto Martínez Sánchez no dejó que las cosas pararan ahí. Apenas Colomé Ibarra le contó todo lo que yo le dije, de inmediato agarró una avioneta y fue a encontrarse con Fidel, quien estaba en la Ciénaga de Zapata. Sé que llegó de noche, únicamente para darle las quejas de lo que había pasado.

A la mañana siguiente, muy temprano, sentí ruidos: eran puertas de autos que se abrían al mismo tiempo. Fidel había llegado con su escolta y con Celia al lado. Venían directos desde la Ciénaga de Zapata. Entró a mi casa hecho una furia, como nunca antes lo había visto, mientras Celia, callada a su lado, observaba. Fidel gritaba y manoteaba mientras le decía a mi mamá:

—¿Qué es lo que se está creyendo Juanita? ¿Acaso ella cree que está por encima de la Revolución? ¡Que no se equivoque! Mamá, ¡que no se equivoque!

Mi mamá intentó calmarlo mientras él seguía quejándose.

—Estoy harto de escuchar las cosas que Juanita hace contra la Revolución, ¡y esto último no se lo voy a permitir! Anoche Augusto Martínez Sánchez tuvo que tirarse en una avioneta para aterrizar en campo abierto, ni siquiera era aeropuerto, sin seguridad de ninguna clase, ¡se pudo haber matado! ¿Y sabes por qué? Porque tu hija, haciendo gala de prepotencia, no sólo lo ofendió a él, sino que ofendió a Abelardo Colomé Ibarra por un caso en el cual Angelita estaba ayudando a un contrarrevolucionario. ¡Por esa razón, mamá, Juanita, sin pensarlo dos veces, se puso, además, a insultar a los líderes de la Revolución!

El asunto se puso al rojo vivo, y casi explota cuando yo entré a la habitación:

—Mira, chico, deja ese escándalo, que lo que yo discutí fue el problema de nuestra hermana...

—Ven acá, Juanita, ¿y por el problema de Angelita tú te pones a acusar al gobierno de ser comunista? ¿Eso te da la autorización para hacerlo? ¿Por eso insultaste a Augusto y a Abelardo?

—¡No es una acusación Fidel, es un hecho! Es la realidad y ya no hay la menor duda. No traten de ocultarlo porque, para que te enteres, el pueblo lo sabe y ustedes están al descubierto. Lo mismo que les dije a ellos te lo digo a ti.

En este punto, Fidel y yo nos fuimos acercando al calor de la discusión hasta que nuestras caras quedaron una frente a otra con sólo milímetros de diferencia:

—Mira, Fidel, ¡yo no soy ningún soldado tuyo, como toda esta gente que tienes aquí a tu alrededor! ¡Si tú quieres que yo te respete, tú también me tienes que respetar!

Viendo que todo el séquito a su alrededor estaba presenciando aquel espectáculo de rebeldía de mi parte, me replicó:

—Mira, tú y yo vamos a arreglar esto aparte... ¡Vamos para arriba!

Furiosa, lo seguí a una habitación del segundo piso, donde seguimos discutiendo fuertemente por casi una hora.

—Yo nunca, Fidel, a ti ni a Raúl, a ninguno de mis hermanos, los traicionaría. Mientras que muchos de los que ahora andan contigo para todas partes, incluido tu ministro de Justicia, no sabes de lo que serían capaces de hacer en un momento determinado.

Luego de un rato, la discusión bajó de tono y pudimos hablar como dos hermanos, aunque nunca me dijo por qué había apoyado aquel hecho contra Angelita. Al final, los que vieron cómo terminó aquello —entre ellos Celia Sánchez— se quedaron sin saber qué hacer porque finalmente bajamos las escaleras, Fidel con su brazo en mi hombro y con un venado congelado —que me habían regalado— que le obsequié al terminar aquel episodio.

La historia tuvo un final feliz... aparentemente, pero en el fondo, ellos sabían que yo ya los había descubierto.

29.

UNA BODA DE ESTADO

Mi mamá siempre nos dijo: "Los españoles son tan buenos maridos que ustedes tienen que buscar un español como su padre para casarse". Pobre mamá, porque ninguna de nosotras le hizo caso. Ni Angelita, ni Agustina que se casaron con cubanos, ni yo que no me casé, y cuando a Enma le llegó el tiempo del matrimonio, tampoco le dio gusto. Se casó con Víctor Lomelí, un mexicano a quien había conocido durante el tiempo de la preparación de la expedición del *Granma* en México y con quien ha hecho un extraordinario matrimonio de cuarenta y nueve años.

Para hablar de la boda de Enma, como diríamos en cubano, habría que decirlo así: ¡No fue un asunto fácil, qué va!

Las circunstancias familiares de mi hermana en 1960 convirtieron las ceremonias de su enlace matrimonial en todo un asunto de Estado. Desde que Víctor le pidió matrimonio, ella imaginó su boda tal y como había soñado siempre: en la catedral de La Habana. Eso no era nada fuera de lo común. Ahí se casaban cientos de parejas, así que el sueño de Enma era algo totalmente posible, no sólo para ella, sino para cualquier novia cubana que quisiera hacerlo en esa iglesia.

Enma estaba de lo más entusiasmada porque Fidel fuera el padrino de la boda. Y él, ni qué decir, también estaba de lo más embullado en llevar a su hermana al altar, pues

Enma siempre ha sido la hermana con quien más afinidad ha tenido. Por esto ella le pidió a Fidel su beneplácito para el enlace. Cuando Fidel se lo dio, recuerdo que de inmediato le preguntó lo que quería de regalo.

—Como no tengo papá y el vestido de novia lo compra el padre, yo quiero que tú me regales mi vestido.

—Y ¿cuánto cuesta? —dijo Fidel.

Enma le dio la cantidad y rápidamente Fidel le contestó...

—Oye, ¡me vas a dejar sin sueldo! Acuérdate que soy un revolucionario.

Eso era en broma porque sin lugar a dudas él, de cualquier forma, se lo iba a dar. Raúl, mi mamá y yo, que participábamos de aquella reunión familiar tan importante, estábamos felices escuchando los detalles de lo que mi hermana quería. De inmediato sabíamos que por la logística de los preparativos y por el evento del que se trataba no podría ser una boda íntima. Calculamos que el número de invitados sería de unas seiscientas personas.

Al saberlo, de inmediato Raúl brincó de su asiento.

—¿Qué clase de boda burguesa tú estás organizando con seiscientos invitados?

Enma simplemente le respondió:

—Una boda como la de todo el mundo —en 1960 en Cuba todavía se podía ser capitalista—, así que no te quejes. Mami está pagando toda la fiesta con su dinero, Fidel me va a regalar el vestido de novia y quiero que tú me regales el vestido de la tornaboda.

La carcajada de todos los hermanos fue general. Raúl, que se había metido en medio, bromeando para "ayudar" a Fidel con los regalos ¡también había salido pagando algo! Por supuesto que, muy contento, le dio a Enma el dinero del famoso vestido para la tornaboda porque siempre ha sido un gran hermano.

¡Qué boda donde tantos se peleaban por regalar algo! Luis Conte Agüero quería regalarles las invitaciones, pero cuando llegamos a la imprenta, el dueño no quiso cobrarlas.

—¡De ninguna manera! ¡Estas invitaciones van por cuenta mía y de nadie más!

Así que, aunque Conte Agüero se ufanaba de haberlas regalado, lo cierto es que el regalo fue del impresor. Aquellos días previos al matrimonio fueron intensos para mi mamá y para mí porque cada detalle significaba algo. Por ejemplo, los invitados de la familia fue otro de los "tangos" que tuvimos que bailar. ¿Qué hacer con Lidia Castro Argota?

Al triunfo de la Revolución, Lidia se las arregló para hacerse muy amiga de mis cuñadas Vilma Espín y Celia Sánchez, pero con nosotras nunca pudo del todo porque mis hermanas y yo sabíamos de las infamias que a nuestras espaldas repetía por todas partes con todo aquel que quisiera escucharla.

—Yo crié a Raúl y a Fidel porque su madre no se ocupaba de ellos.

Y eso no era nada en comparación a otras intrigas que contaba. Por esto y por cosas peores que hizo es que todas las hermanas la teníamos alejada de nosotras, pero Agustina, mi hermana menor, le tenía una gran lástima y a veces pasaba a saludarla. En una de esas visitas se dio cuenta de que Lidia no había sido invitada a la boda y se lo preguntó a Enma:

—Tienes razón, Agustina, por todas las cosas que ha inventado sobre mami y lo que ha hecho contra la memoria de papi, ni invité a Lidia, ni la voy a invitar... ¡ni va a ir a mi boda!

Agustina, siempre tan conciliadora, le insistió, y finalmente Enma cedió y con Agustina le mandó una invitación, pero, a propósito, lo hizo a último momento. Si yo hubiera sabido que con el correr de los años las mentiras y difamaciones de Lidia Castro Argota iban a ser utilizadas para escribir libros ofendiendo a mis padres, ¡jamás hubiera permitido que se le enviara una invitación! Afortunadamente, Lidia no fue a la boda. Sentimos que no lo hizo porque no podía resistir ningún momento de felicidad en nuestra familia, pero nunca supimos sus razones.

Ese fue el primer tango que tuvimos que bailar, lo que vino después fue toda una sinfonía.

Los preparativos se siguieron haciendo tal y como se planearon. Faltando dos días para la boda, que sería el 30 de abril de 1960, en una de las tantas veces que hablamos Raúl y yo por teléfono, ese día, muy serio, me dijo que quería verme y que iba para mi casa porque tenía un mensaje de Fidel. Cuando llegó, de inmediato me di cuenta que "el mensaje" era algo grave porque no encontraba palabras para decirme las cosas. Él sabía que mi mamá, Enma y yo habíamos trabajado día y noche para que la ceremonia y la fiesta quedaran de acuerdo con lo que mi hermana había planeado, por lo que tener que darme este mensaje le costó muchísimo.

—Juanita, Fidel me ha pedido que les haga entender a todas ustedes que, por los momentos de austeridad que está viviendo el país, y como al día siguiente de la boda es el desfile del Primero de Mayo, el primer aniversario del Día del Trabajo bajo la Revolución, que Enma se case en la catedral es lo menos indicado.

—Dile a Fidel que casarse en la catedral de La Habana es fácil para cualquier muchacha cubana que así lo quiera, sin Fidel o con Fidel, sin Revolución o con Revolución, eso no determina nada.

Raúl seguía defendiendo lo que Fidel le había pedido hacer: convencernos de cambiar el sitio.

—Fidel piensa que es más oportuno que Enma se case en otra iglesia menos ostentosa...

—¿Ostentosa la catedral? ¡Por favor! Si a diferencia de otras catedrales, incluidas otras iglesias de Cuba, ésta es austera y demasiado sencilla para ser la catedral mayor de un país.

Raúl me escuchaba y entendía que teníamos razón, pero estaba entre la espada y la pared. La realidad es que yo también tenía amistades en el círculo íntimo de mis hermanos, si se quiere, "mi contrainteligencia", y sólo así había podido averiguar lo que estaba sucediendo. La realidad era que alrededor de la boda había toda una conspiración encabezada por el Che Guevara. El Che era el que estaba presionando a Fidel para que la boda no fuera en la catedral.

—¿Cómo es posible —le decía a Fidel— que una hermana tuya desobedezca y se case como toda una burguesa? ¡Imagina las consecuencias de esa boda para la Revolución! Todo eso está organizado por Juanita. Ella es la responsable de lo que pueda suceder.

¡Ése era el tema central de las múltiples reuniones que supe que hubo para discutir los detalles de la boda! Y las cosas se fueron complicando cada vez más a causa de las sugerencias del Che, que terminó haciendo ver a Fidel que si Enma decidía seguir adelante con sus planes y casarse en la catedral, ¡él no podría ser el padrino!

Por la cantidad de cosas que el Che le había metido en la cabeza a Fidel, es que, cuando Raúl se reunió con nosotras quedó claro que yo era la culpable de los "peligrosos preparativos" de la boda. Para desilusión del Che, yo no intervine en la decisión de Enma, esto fue, como sucede con todas las novias, privilegio de mi hermana.

Volviendo a la reunión con Raúl, aquel 28 de abril de 1960, algo que nosotras queríamos que Fidel entendiera era que faltaban sólo cuarenta y ocho horas para el enlace.

—Dinos qué hacer Raúl. Las invitaciones están repartidas, el cuerpo diplomático en pleno está listo con los asientos asignados de acuerdo a lo que dicta el protocolo. Se han hecho todas las remodelaciones para que los invitados tengan su lugar, y por si fuera poco, ¡sólo faltan dos días para la boda! ¿Qué es lo que quieren que hagamos a estas alturas?

La verdad es que Raúl tampoco sabía qué hacer y le dolía ver la posición en la que se encontraba toda la familia. Mi pobre mamá quería hallar la solución, pero no podía. Como siempre, desde que éramos chiquitos, a ella no le gustaba que peleáramos, no le gustaban los problemas de ninguna clase, y sólo trataba de calmar los ánimos de todo el mundo. Yo estaba molesta.

—Ve y dile a Fidel que Enma no se casa en ninguna otra parte porque todo ya está hecho para que sea en la catedral. Dile que el cambio es una locura.

Raúl en vano trataba de hacerme entrar en razón, hasta que Enma, que a fin de cuentas era la que se iba a casar, cedió.

—Está bien, Raúl, dile a Fidel que acepto cambiar de iglesia. Mi sueño había sido casarme en la catedral, pero con tal de no causar problemas, accedo a casarme en otra parte.

Raúl nos abrazó a todas, le dio un beso a mamá y salió a ver a Fidel, a comunicarle la noticia.

—Y ¿ahora qué hacemos? —preguntó mi mamá.

—Nada —le dije—, comenzar a movilizarnos en este preciso momento.

Y comenzaron las sorpresas. Sin que nos hubieran pedido autorización, por la radio comenzaron a transmitir mensajes que decían: "Debido a la austeridad que vive el país, por la Revolución, la historia (y no me acuerdo qué más), notificamos que el matrimonio de la señorita Enma Castro se ha cambiado para la iglesia de San Juan de Letrán en el Vedado".

Tengo que aclarar que Raúl aceptó la iglesia de San Juan de Letrán, luego de que nos negáramos a la sugerencia de ellos de que la ceremonia se llevara a cabo en la iglesia del Ángel. Ahí, nos decían, que todo estaba listo y que resultaría muy bien porque ahí se había casado Efigerio Almejeira, comandante del Segundo Frente del Ejército Rebelde y sobreviviente del *Granma*. ¡Faltaba más! Ya luego de reorganizar todo esa tarde, pasada la medianoche recibí una llamada telefónica de Raúl.

—Juanita, escúchame, la boda no puede hacerse en la iglesia de San Juan de Letrán. Ese lugar está lleno de curas conspiradores y contrarrevolucionarios. Si a Fidel le pasa algo, ¡no va a quedar un cura vivo!

¡Esa fue la descarga que me cayó aquella madrugada de la víspera de la boda de Enma!

Nuevamente Raúl y yo, en menos de veinticuatro horas, estábamos discutiendo. Terminé de escuchar las tonterías que me decía porque yo sabía que nada de eso provenía de él, ni de Fidel, sino del Che. Cuando terminó, muy calmada le dije:

—Mira, chico, la que se va a casar es Enma ¡Y lo va a hacer en la catedral! Y ya está resuelto el problema. Si Fidel quiere ser el padrino, que sea el padrino, si no puede ser el padrino, que no lo sea, si quiere ir a la boda, que vaya, si no quiere ir, que no vaya. O sea, ¡ya no nos importa nada! Yo creo que lo que está pasando es un abuso de poder de parte de ustedes que están aconsejados por el Che, y no vamos a aceptarlo. Así que dile a Fidel que la respuesta es ¡no! Enma se va a casar en la catedral, y por favor, dile a todos los que quieren quedar bien con ustedes que dejen de pasar esos anuncios por radio, llenos de demagogia barata, como lo están haciendo. Para ustedes no hay lugar seguro para celebrar esta boda, por lo tanto, olvídate.

Colgué el teléfono, mientras mi mamá preocupada rezaba junto a Enma, que también hizo su parte aquella madrugada del 29 de abril. Enma tomó el teléfono y llamó a Raúl para darle su ultimátum:

—Ya me dijo Juanita que ustedes quieren cambiar nuevamente de iglesia. Dile a Fidel que ya estoy harta de tanto cambio. O mañana me caso en la catedral de La Habana, o en tres días me caso... pero en la catedral de México. ¡No voy a permitir más cambios! Esto se acabó.

Ante la firme postura de Enma, Fidel tuvo que ceder. Raúl me llamó temprano por la mañana.

—Está bien. Enma se casará en la catedral, pero por todas las circunstancias, aún no te puedo asegurar que Fidel vaya.

Ése fue el primer enfrentamiento por culpa de esas cosas que mezclaban nuestra vida personal con la política.

Y, así, volvimos a dar marcha atrás con la movilización de la ceremonia religiosa: de vuelta a la catedral de La Habana. Mi mamá estaba muy preocupada por lo que pensaran los invitados de nosotros y porque todo esto, además, no desembocara en una guerra entre los hermanos. Yo por mi parte también estaba muy preocupada por otros motivos. A un día

247

de la boda, todavía quedaba un asunto más por resolver: si Fidel no asistía, entonces Enma no tendría padrino con quien entrar a la iglesia. Por las amistades me enteré que esto ya se había convertido en chisme popular y que en la calle se corrían las apuestas, ¿entra o no entra Fidel a la catedral?

Mis pensamientos fueron interrumpidos por otra llamada de Raúl para citarnos en casa de Fofo y Orquídea, quienes se habían mudado a La Habana. La reunión era para darnos a conocer los últimos acuerdos que habían tomado para la ceremonia. Al llegar, nada más de ver la cara de mi hermano, sabía que los problemas no se habían terminado. De inmediato, Raúl, quien también ya se veía agobiado por tantas vueltas, tomó la palabra frente a esa "cumbre" familiar donde estábamos Ramón, Enma, Agustina, mi mamá y yo.

—Fidel quiere que sepan que definitivamente no puede entrar a la iglesia con Enma. Entiendan, por favor, que pasado mañana es Primero de Mayo y que ya hay en Cuba prensa de todo el mundo. Entiendan, por favor.

Orquídea intervino:

—¿Dónde está Fidel que no vino personalmente a decirnos lo que ha decidido?

—En la Ciénaga de Zapata —le respondió Raúl.

—Y ¿por qué tú no entras con ella?

La pregunta de Orquídea lo tomó desprevenido, pero Raúl siempre sabía salir bien de cualquier problema.

—¿Yo? ¡No hombre! No puedo. ¿No ven que ando cojo de un pie porque me cayó un teléfono encima y me lastimó?

Era cierto que andaba cojeando y que se veía lastimado de un pie, al grado que estaba usando un bastón, pero por la forma en que lo miramos supo que no le creíamos aquella excusa.

—Estoy lastimado, pero además es lo mismo, tampoco puedo porque es una boda burguesa.

Entonces Enma terció:

—Olvídense del asunto, por mí no hay problema: voy a entrar sola.

—No, no, eso tampoco puedes hacerlo así —le contestó Raúl.

En ese momento, nuestras miradas cayeron sobre Ramón, a fin de cuentas el hermano mayor.

—No, no y no. Conmigo sí que no cuenten porque por nada de este mundo me pongo un frac.

Enma entonces se dirigió a Fofo:

—Usted, ingeniero, ha sido como un padre para mí. Ése es el papel que ha hecho en mi vida durante estos años. Usted y Orquídea nos protegieron a mí y a mis hermanos en los momentos de incertidumbre cuando nadie sabía qué pasaría con la revolución. Su casa fue como nuestra casa en México.

Enma ni siquiera terminó de hacer la petición porque el ingeniero, que esperaba se la hicieran, le respondió:

—Con todo gusto, Enmita. Para mí será un honor ser tu padrino, entrar contigo a la iglesia, hacer las funciones que hubiera hecho tu padre y entregarte en el altar.

Todos respiramos aliviados, ¡un problema menos! Mamá, Raúl, Enma, Ramón, Agustina y yo abrazamos a Orquídea y a Fofo, quien, a decir verdad, fue un padre para mis hermanos cuando estuvieron en su casa del Pedregal de San Ángel en la capital mexicana. Y bien podría decirse que la Revolución Cubana se gestó dentro de esa casa, así que él merecía tener en aquella boda el papel de representar a mi papá, quien sin lugar a dudas hubiera estado feliz y orgulloso de entregar a Enma en matrimonio.

Por lo menos todos los obstáculos se habían superado cuando faltaban casi veinticuatro horas para el gran evento. Como a Raúl siempre le interesaba todo lo que hacíamos mi mamá y yo, nos pusimos a contarle cómo iba el resto de los detalles finales, cuando Orquídea intervino:

—Raúl, yo necesito hablar con Fidel donde quiera que esté, sin importar la hora que sea, pero tengo que verlo.

—No te preocupes que ahora mismo te vas en mi helicóptero hasta la Ciénaga de Zapata para que hables con él. A ti te va a escuchar.

Orquídea tomó su cartera y se fue con Raúl a la misión que sólo ella sabía de qué se trataba. Nosotros nos enteramos cuando volvió por la noche.

—Fui a ver a Fidel y a recordarle un montón de cosas que nadie más a su alrededor hubiera hecho. Como siempre, me escuchó. Hubieran visto las caras del ejército de "satélites" que estaba a su alrededor, especialmente cuando me dijo que no te entregaría en el altar, Enma, pero en cambio sí me prometió que vendría a la misa y a la recepción.

Al escuchar eso, por supuesto que me puse feliz por Enma, ¡finalmente todo estaba resuelto!

Y llegó el gran día.

En mi casa todo era un ir y venir. Desde días antes habían comenzado a llegar los regalos y seguían llegando, y no paraban de llegar. Mi mamá y yo estábamos arreglándonos desde temprano. Enma, ni qué decir, nerviosa y feliz como toda novia a la que se le cumplen casi todos los deseos el día de su boda. Yo dejé de pensar si Fidel iría y me prometí disfrutar al lado de mi mamá, que se veía muy bonita. Su peinado armonizaba perfectamente con la ocasión y el vestido, que completaba con unos aretes de zafiros y brillantes que mi papá le regaló el día que nació Angelita en 1923. Ella los usaba para las ocasiones especiales, y la última vez que se los había puesto había sido en la graduación de Fidel. Antes de salir a la iglesia, mi mamá quiso hablar en privado con Enma y conmigo.

—Quiero decirles que estoy muy orgullosa de ustedes. Su padre también lo estaría si viviera, y le doy gracias a Dios porque me ha permitido verlas así.

Así era ella. Una mujer bondadosa, dedicada a que nosotros estuviéramos bien. No dejamos que siguiera hablando porque las lágrimas iban a estropearle el maquillaje.

—Nada de llorar, mami —le dijo Enma—, hoy todo es felicidad. Tú te la mereces porque has sido la mejor madre del mundo. Nadie sabe lo que tú has sufrido por tus hijos, lo que te has sacrificado por todos nosotros. Tienes que estar satisfecha porque has cumplido y nos has dado todo lo que has podido, y tus enseñanzas son para nosotras lo que llevamos muy adentro. Ojalá yo pueda ser como fuiste como esposa, y como madre, porque entonces sí que tendré lo que siempre he soñado: un matrimonio tan feliz y unido como el que tuviste con papi.

Entonces mi mamá le anunció a Enma su regalo:

—Cuando termine la boda, voy a darte mis aretes de zafiro y brillantes, y a Víctor le tengo la botonadura de oro de tu padre. Ése es nuestro regalo de bodas, el de tu papá y el mío.

Con los ojos llenos de lágrimas de felicidad, nos volvimos a abrazar, y después partimos hacia la ceremonia.

Frente a la Catedral de La Habana, aquel 30 de abril de 1960, la vi más grande y bonita que nunca. Era finalmente el sueño de Enma, cumplido. El cuerpo diplomático y los invitados abarrotaban la catedral, mientras la orquesta de cámara tocaba música clásica escogida previamente por Agustina, en espera de que se iniciara la ceremonia. Adentro ya estaban mis hermanos Raúl y su esposa Vilma, Ramón, Angelita y sus respectivas familias. Mientras tanto, en el atrio, todos los demás pensábamos lo mismo: "Hay que esperar unos minutos por si viene Fidel".

Con los acordes de la *Marcha nupcial* de Mendelssohn y Agustina en el coro como la gran soprano lírica que era, Enma entró en la catedral del brazo de Fofo, que estaba de lo más orgulloso en su papel de padrino y de poder entregar a Enma como lo hubiera hecho Ángel Castro, mi papá.

En el transcurso de la ceremonia, la voz de Agustina cantándole a su hermana el *Ave María* de Schubert hizo el momento impactante, tanto, que jamás voy a olvidarlo. La misa transcurría minuto a minuto con la solemnidad de la ocasión, mientras yo por momentos de reojo veía a mi mamá y sabía de antemano lo que había en su mente: la ausencia de Fidel. De pronto se escuchó mucho ruido de autos y puertas que se abrían y cerraban en la calle, y segundos después, el sonido de botas por el pasillo central de la catedral. Todo el mundo dirigió la mirada hacia la entrada: era Fidel.

Aunque efectivamente por esos días andaba en la Ciénaga de Zapata arreglando los líos de todo el mundo menos los suyos, le había dado remordimiento no ir a la boda de su hermana favorita, y cumplió con lo que le había prometido a Orquídea. Pero como tomó está decisión a última hora, entró por el centro de la nave mayor, con el uniforme desarreglado y, por supuesto, acompañado de su escolta.

En realidad, yo estaba muy molesta viendo la escena seguida de un gran aplauso de los asistentes —que, por supuesto, interrumpió la ceremonia— hasta que Fidel, con Juan Almeida a su lado, se sentó junto a Osvaldo Dorticós, en ese entonces el presidente de Cuba. Enma sonreía y mi mamá lloraba de felicidad al ver que finalmente Fidel había cambiado de opinión y fue a la boda, aunque esto sucediera al último minuto.

Como hermana, me alegré por Enma porque era el día de su boda, pero me quedé helada cuando vi que entre quienes estaban de pie en un lado de la iglesia esperando a Fidel se encontraba ¡el Che Guevara! Su mirada desafiante se topó con la mía, que le hizo ver sin palabras, que estaba en un sitio donde no tenía nada qué hacer. Bajó la vista, mientras yo me masticaba la rabia porque sabía que todo lo que pasamos fue por esa intriga palaciega alrededor de la boda.

Sin embargo, ateo como era, tuvo que aguantar no sólo la ceremonia religiosa, sino ver cómo el Nuncio Apostólico del Vaticano en Cuba les leía y entregaba a los novios una bendición papal firmada por el propio Pío XII.

La misa terminó en medio de aquella guerra silente de miradas cruzadas. Enma salió del brazo de Víctor convertida en su esposa, y en el atrio todo eran abrazos y felicitaciones. En un momento le comenté a Enma sobre la entrada triunfal de Fidel en plena misa.

—¡Ay, Juanita, yo sé, pero mira, por lo menos vino!

Ya no quise seguir hablando del tema y nos fuimos todos

a la fiesta, donde yo tenía armada mi otra guerra personal. Harta como estaba de toda esa gente aduladora y falsa que andaba alrededor de mis hermanos, me había prometido que ninguno de ellos entraría al banquete. Ya me había cansado de que todo el séquito tenía que ser admitido donde Fidel fuera. Está bien, eso tenía que ser en los actos políticos de su vida diaria, pero la boda de Enma no iba a ser uno más: era un acto familiar a costa de cualquier cosa.

Me propuse hacer valer mis reglas sin decírselas a ninguno de mis hermanos. Así que puse a mi gente, entre ellos a Luis Fuentes, que era de toda mi confianza, y le di menuda asignación: impedir que los ministros que no estaban invitados entraran. Luis cumplió su tarea a la perfección, devolviendo gente *non grata*. El único que se atrevió a desafiar la regla y trató de entrar igual fue Augusto Martínez Sánchez, el ministro de Justicia que había ordenado "retener" temporalmente a Angelita.

—¡Tengo que ver a Fidel de inmediato, así que me dejas entrar! —ordenó en la puerta.

Luis Fuentes cumplió su tarea, lo dejó parado, y le dijo que tenía que quedarse ahí porque él tenía que preguntarme si lo podía dejar pasar. Me contaban los invitados que se encontraban en la entrada que Augusto Martínez Sánchez estaba furioso, y seguramente se puso peor cuando Luis Fuentes regresó con mi respuesta.

—Disculpe, señor ministro, pero por órdenes directas de Juanita Castro, usted no puede entrar a esta boda. Juanita le manda a decir que si tiene que hablar con Fidel tendrá que esperar a que termine la recepción, a la que usted no ha sido invitado.

No le quedó más que dar la media vuelta e irse.

Y la fiesta continuó, y todo el mundo tranquilo y feliz. Los detalles de la recepción salieron tal y como se planearon. En el centro del salón estaba la mesa de honor, larga y muy grande. Ahí estábamos sentados todos: Víctor y Enma al centro, y a sus lados alternadas las dos familias, los Lomelí y los Castro. Fidel se sentó al lado derecho de Enma, y junto a él, Raúl.

Recuerdo que Fidel dirigió unas palabras, mientras los invitados se mostraban orgullosos de asistir a la que fue la boda del año en Cuba en 1960.

Como siempre, Fidel, tan precavido, le dijo a la novia:

—Enmita, debes tener mucho cuidado de la venganza de cualquier batistiano allá en México. Si te sucediera algo, no dudes ni un instante, te vas de inmediato para la embajada de Cuba que ellos te van a ayudar.

El baile y la fiesta duraron horas sin ningún incidente. Antes de partir al viaje de luna de miel, todos los hermanos nos apartamos un momento en privado alrededor de mi mamá, quien se quitó los aretes de zafiro y brillantes.

—Hijita, tómalos, que un día tu padre me los regaló y ahora son tuyos. Y para ti, Víctor, aquí tienes la botonadura de tu suegro, que seguro te la hubiera dado este día.

Los abrazó y le dio a Enma un consejo final:

—No vayas a ser gallaruza regañona con Víctor, que es muy buen muchacho.

A mí no me extrañó nada aquello porque así era mi mamá: una persona muy cariñosa y desprendida con sus hijos y muy amigable con sus yernos. Además de que a Víctor Lomelí en verdad que lo quería. Los novios se fueron a la luna de miel, y cuando el último invitado partió, lo mismo hicieron Fidel y Raúl.

Al final, a pesar de aquellos líos, Enma se casó como lo había planeado, y su matrimonio, que ha durado casi medio siglo, es tan bueno como buena fue aquella boda. Mamá y yo terminamos el día felices; un momento memorable para siempre en la historia de todos nosotros.

30.

J 406

En realidad nunca supe en qué momento crucé la línea entre estar a favor y en contra del régimen porque siempre he aborrecido las injusticias. Basada en eso fue que comencé ayudando a los batistianos en desgracia, para luego ayudar a los revolucionarios que habían caído en desgracia también. Debido a las circunstancias, me di cuenta de que necesitaba un sitio para ampararlos. A unos los tenía en mi casa, o en casa de amistades que corrían riesgos al ayudarme, pero yo necesitaba un sitio donde la gente pudiera estar sin levantar sospechas. Ese pensamiento daba vueltas en mi cabeza todo el día, hasta que me enteré que había una casa de huéspedes en el Vedado que estaba a la venta. ¡Esa era la solución perfecta!

Fui, la vi y la compré, y mi mamá me dijo que Fidel y Raúl comentaron al respecto.

—¿Sabes cuál va a ser el nuevo oficio de Juanita? —le preguntó Raúl a Fidel.

—Con eso que anda construyendo escuelas y hospitales, seguramente querrá tener su propio hospital o una compañía constructora.

—No. Me ha dicho que compró una casa de huéspedes que le salió a muy buen precio, ya sabes que lo suyo siempre es estar inventando qué comprar y qué vender.

—Chico, ella siempre ha sido la negociante de la familia —respondió Fidel—, mira que Juanita salió buena para los negocios.

Lo cierto es que nadie imaginó para qué iba a servir J 406. Nuevamente mi mamá me guardó el secreto; aunque ella sólo sabía la verdad a medias, pero sin decírmelo, lo intuía.

La casa, situada en la calle J número 406 en el Vedado, La Habana, sirvió para muchas cosas; entre otras, para salvar propiedades personales de quienes habían pedido la salida de Cuba. Cuando alguien hacía la solicitud, generalmente la gente del ministerio del Interior se presentaba rápidamente en la dirección del solicitante a hacer el famoso inventario e inscribían hasta el último alfiler que la familia tenía. No les dejaban más de lo que traían puesto, y si a la hora de marcharse faltaba algo del inventario, eso era más que suficiente para cancelarles el permiso de salida.

Aquí entraba en operación mi casa de huéspedes. Luego de hacer la solicitud para salir del país, llevábamos a los que podíamos albergar a los cuartos de mi casa. Éstos daban la dirección de la casa como suya y, así, cuando llegaban a hacerles el inventario, lo que registraban como propiedad era la ropa que tenían en el cuarto, porque lo demás era de la casa de huéspedes, que supuestamente les alquilaba la habitación. La verdad es que tuvimos mucha suerte, aunque en ocasiones, estuvimos en verdadero peligro.

Jamás olvidaré el caso de Blanca Salvat, taquígrafa del ministerio de Justicia, quien llegó a la casa referida por una de las organizaciones con las que yo cooperaba. Necesitaba esperar que le hicieran el inventario para salir de Cuba. Al llenar los papeles, uno de los huéspedes me informó que había problemas en su habitación. Fui corriendo y escuché una discusión.

—¿Qué sucede? —le pregunté al que estaba haciendo el trámite—. ¿Cuál es el problema?

—¡Que se lo diga la señora! —me respondió.

—Juanita, él y yo somos vecinos. Hace muchísimos años que vivimos en la misma cuadra, y por lo tanto sabe que ésta no es mi casa. Yo desconocía que él trabajaba en el ministerio del Interior haciendo los inventarios.

¡La sangre se me fue al piso!

Empleando mil y una explicaciones lo hice comprender. Luego de que el hombre se marchó pensé que nos iba a denunciar y ahí sí que acabaría con todo el esfuerzo para ayudar a tantos. Afortunadamente los milagros existen y esa vez presenciamos uno enorme. Me armé de valor y le dije al señor:

—Deme una mano que ella no está haciéndole mal a nadie. Le suplico que no la denuncie.

El hombre vio nuestras caras de angustia y luego de un silencio dijo:

—Quédense tranquilas, que por esta vez no he visto nada.

El hombre cumplió su palabra, la señora finalmente pudo salir de Cuba, salvó algo de lo que tenía y, años más tarde, en varias ocasiones me la encontré en Miami.

Otras veces J 406 era el sitio donde los perseguidos esperaban escondidos mientras les encontrábamos una embajada que les diera asilo político. Ahí estaban hasta que podíamos trasladarlos y sacarlos de Cuba de una forma u otra. A lo largo de casi cuatro años de labor, cientos fueron los que pudieron salvarse y salvar lo poco que les quedaba.

Lo cierto es que al llegar, la primera impresión era muy fuerte. ¡Los pobres se impactaban con mi presencia! Ese fue el caso de Mirta Bianchi, exitosa empresaria en Miami y quien entonces, como estudiante de derecho, andaba huyendo porque estaba ligada a grupos contrarrevolucionarios. Resulta que arrestaron a un muchacho de su organización y bajo tortura dio los nombres de los implicados, entre ellos el de Mirta, sobre quien pesaba una orden de arresto por contrarrevolucionaria. Estaba siendo ferozmente perseguida por el G2, el temible servicio de inteligencia, bajo infinidad de cargos, entre ellos de conspiración y de transportar armas, cargos suficientes para recibir paredón de fusilamiento. Desesperada, llegó a J 406 buscando refugio.

—Alguien me había dicho —me explicaba Mirta— que había una muy buena persona que lo escondía a uno y le daba la mano para salir de Cuba. Me dieron esta dirección, me dijeron que era una casa de huéspedes en el Vedado, y así llegué.

257

¡Cual sería mi sorpresa cuando veo en persona a Juanita Castro, la hermana de Fidel y Raúl! Al verte, Juanita, me dije: ¡Ay mi madre! ¿En dónde me he metido? ¡Vine a la boca del lobo!

De inmediato me di cuenta de lo que pasaba. Aquella muchacha temblaba de miedo por mi presencia. Intenté tranquilizarla preguntándole cosas comunes, qué hacía, a qué se dedicaba.

—Sí, yo te dije que era estudiante y que iba a empezar en la universidad —me explicó Mirta luego—, pero la verdad era que no iba a la escuela sino que me dedicaba a actividades contrarrevolucionarias. Sólo tuve la confianza para confesártelo cuando me sentí segura de ti, y eso sucedió al ver cómo en aquella casa la gente te dejaba títulos de propiedades y pertenencias para que se las sacaras de Cuba. Por tanto yo no tenía nada que temer.

Oficialmente yo no vivía ahí. Más bien era mi oficina, mi cuartel general de actividades, unas tan especiales que me hicieron ganarme el mote de "la madre de los gusanos" ("gusano" es el término con el que despectivamente el régimen llamaba a los contrarrevolucionarios). Pero la casa de huéspedes era un lugar en donde había un orden total. Todos sabíamos nuestra posición ante el régimen, pero nadie hacía alarde de nada, ni era abierta ninguna actividad que pudiera delatarnos, todo lo contrario. Ahí sí que había una discreción total, nadie hablaba de lo que hacía, lo que nos hubiera costado la vida.

Otra de las actividades que más me ocupaba el tiempo era la de conseguir los pasaportes para las salidas, uno de los dos requisitos indispensables para marcharse de Cuba, y por lo tanto controlados rigurosamente. Yo tenía recursos para conseguir amistades en todas las oficinas que no se podían sustraer al encanto —por lo menos durante un buen tiempo— de que "yo era la hermana de Fidel", y así fue que me pude conectar con alguien que manejaba los pasaportes. Investigué y supe que a esta persona le gustaban las pitilleras de plata, el champagne, las cosas que no eran de fácil acceso para él, de manera que siempre le llevaba aquello al tiempo que le daba de diez a veinte pasaportes para que aprobara sin investigación alguna.

Un buen día recibí una llamada suya:

—Mi amiga, voy a ser cambiado de dependencia, así que hoy mismo tráigame al lugar convenido todos los pasaportes que tenga porque quizá mañana no podré hacerlo más.

¡De inmediato pensé en Mirta Bianchi! Sobre todo porque el G2 había arreciado su búsqueda desalmada y era la oportunidad de adelantar su salida. A su familia en Santa Clara la tenían acosada para que diera información de su paradero. Ese era el momento para sacarla, pero no estaba exenta del peligro de que la descubrieran y ahí se acabaría todo para ella. Mi contacto firmó decenas de pasaportes que le llevé, entre ellos el de Mirta, y así le conseguimos el pasaje. Había que enfrentar al miedo, así que fui al aeropuerto a despedirla junto con otras amistades. En realidad eso era para evitar cualquier problema que surgiera a último minuto. Sus padres, que no la veían hacía tiempo, también fueron en el grupo.

—Aquellos momentos resultaron angustiosos —narraba Mirta— porque, como ya no dejaban sacar de Cuba sino sesenta libras y nada más que tres mudas de ropa, ahí estaba yo a los veintiún años de edad con mi vida reducida a sesenta libras. Una miliciana me quitó el único pomo de perfume que tenía en la cartera y, cuando ya me habían dado el visto bueno para abordar, me llevaron a la oficina que llamaban "la pecera" para una revisión más profunda. Me estaban interrogando porque estoy segura que me habían descubierto. Difícilmente podía respirar del terror porque ya me veía presa en La Cabaña.

Mientras tanto, todos observábamos la escena, aterrados, a través de los cristales de "la pecera". Entonces me dije, ¡ahora o nunca! Entré y me identifiqué.

—Soy Juanita Castro. ¿Hay algún problema con la señorita? Ella es amistad de la familia.

Sin lugar a dudas mi nombre impresionó al funcionario, que dejó de buscar papeles porque la hermana de Fidel estaba ahí despidiendo a unas amistades que partían.

—No, por supuesto que no hay problema alguno... la señorita puede irse.

En verdad que no sé cómo no me dio un ataque al corazón en esa época, cuando situaciones como esa se sucedían a menudo.

Además, ayudar a una persona siempre me conectaba con otras que requerían de más riesgo. A través de Mirta Bianchi me comencé a involucrar más y más en la resistencia con el grupo de las juventudes de Acción Católica Cubana y el llamado Movimiento Revolucionario del Pueblo, que comandaba Manuel Ray Rivero, un ingeniero cubano que había luchado contra Batista y quien fue el encargado de la construcción del Hotel Habana Libre.

Al triunfo de la Revolución, Fidel lo nombró ministro de Obras Públicas, pero al cabo del año renunció aduciendo el número cada vez mayor de comunistas en los puestos clave de su ministerio, lo que lo convirtió en contrarrevolucionario. Con esos grupos estuve muy unida trabajando, y muchos de ellos pasaron también por J 406.

El caso de la familia de Salvador Esteva Lora era algo también digno de novela de suspenso por los capítulos que tuvimos que vivir en J 406 con ellos. Todos eran fervientes revolucionarios y por lo tanto enemigos acérrimos de Fulgencio Batista. No había uno solo en esa familia que no participara en atentados contra los batistianos. El miembro más distinguido, —hablando de temerarios—, contrario a lo que se pensara, no era ninguno de los varones, que siempre andaban metidos en líos, sino Ana Ely, una de las hijas de Salvador Esteva, quien colaboraba en el Directorio Revolucionario y que era fuera de serie.

—Yo estoy segura que me tenían ahí porque no había nadie más que yo para hacer todas aquellas locuras en nombre del ideal por el que peleábamos —decía Ana Ely—. En ese entonces era Batista, y a mí me tocó llevar fósforo vivo para el atentado en El Encanto, la mayor tienda departamental de La Habana, que fue incendiada. Para hacer explotar aquel combustible, el fósforo se me encendió antes de colocarlo y casi me mato.

Con el mismo furor que combatió a la tiranía batistiana, el descontento por la Revolución hizo que toda la familia combatiera igualmente contra el régimen castrista. Ana Ely no tenía el menor sentido común para cuidarse pero siempre tuvo muy buena suerte, de manera que, cuando la detenían, de inmediato el padre y la familia venían a pedirme protección. El problema era que no pasaba semana sin que, por alguna razón, Ana Ely no parara en el G2. Un día me avisaron que estaba presa nuevamente.

—¿Por qué tienen a la señorita Esteva detenida?

La voz al otro lado del teléfono me dijo:

—Alguien atravesó a un miliciano con un cuchillo y le echaron la culpa a ella.

La verdad es que yo ya ni preguntaba si era verdad o no, sabiendo perfectamente que ella era capaz de cualquier locura, y ya nada me extrañaba. Simplemente me limitaba a sacarla de la cárcel.

Lo que más me sorprendía eran sus respuestas cuando yo le preguntaba si no le daba miedo andar haciendo tantas cosas.

—¿Cómo me va a dar miedo, Juanita? ¡Si es cuando más feliz soy! Estoy ayudando a derrocar a los que traicionaron a la Revolución por la que luchamos, y que iba a ser lo más grande para todos.

No pasaron muchos días sin que Ana Ely estuviera en más problemas. En esta ocasión había ido a J 406 de visita cuando vimos que en la misma puerta de la casa le estaban robando el auto, y todos salimos corriendo tras los supuestos ladrones ¡que resultaron ser del G2! En una operación relámpago, a bordo de nuestros autos, los alcanzamos en las calles 23 y L, en pleno Vedado. Cercamos a los agentes, mientras uno de los nuestros revisó el auto en ese momento ya que, ¡tenía el maletero lleno de armas!

La intención era clara: querían crearle una causa a Ana Ely para deshacerse de ella, y la próxima sería yo. Al ver aquello enfurecí y me enfrenté con insultos a los del G2.

—¡Malditos esbirros! ¡Pero no se salieron con la suya! ¿Cómo no va a estar uno en contra de ustedes con estas injusticias que hacen? Pero qué creyeron, ¿qué iban a ganar? ¡Ahora mismo me entregan el auto!

Los tipos no sabían qué hacer mientras yo seguía en plena calle insultándolos a gritos.

—Pronto vas a caer y no habrá quién te salve —me dijo uno de ellos con soberbia.

El caso es que se armó un desbarajuste, la gente comenzó a acercarse y ahí mismo nos dejaron el auto. No supe dónde metieron las armas que habían puesto en el maletero, porque en segundos todo quedó limpio.

La situación legal de Ana Ely llegó a tal grado que a cada rato caía presa, y yo ya estaba cansada de que la madre, a las tres de la mañana, me despertara con el mismo pedido:

—Ay, Juanita, disculpa que te llame a estas horas, pero mi hija está en el G2.

Ahí salía yo corriendo por ella y siempre, gracias a Raúl, me la dejaban ir. Por tantas trasnochadas es que se me ocurrió una idea genial:

—Mira, Ana Ely, desde hoy te quedas a dormir en mi casa. Por el día haz lo que quieras, pero por la noche, por favor, llegas a dormir a la casa para que no me sigan molestando más a las tres de la mañana.

Y así lo hizo. Lo que pasaba es que éramos jóvenes, las dos teníamos veintiocho años y teníamos las fuerzas necesarias para resistir todo eso. No éramos las únicas; pienso en jóvenes de gran valentía como Manolo Baró quien vivía en Miami y había llegado clandestino a Cuba en una misión de la CIA (Central de Inteligencia de los Estados Unidos) para tratar de salvar a otro muchacho llamado Manolo Guillot.

Cuando llegó, a Guillot ya lo habían fusilado. Sin amedrentarse, siguió haciendo contactos, pero el G2 le había seguido los pasos y estaba a punto de apresarlo. Es así como a mí me dan la misión de protegerlo:

—En ninguna parte más que contigo puede estar escondido y seguro. Nadie quiere recibirlo. Si no le hallamos refugio, Manolo es hombre muerto.

Por supuesto que lo escondí en mi casa, pero la estancia de él coincidió con una de las visitas de mi mamá a La Habana. Enormemente intrigada por la presencia permanente de Manolito Baró, mi mamá comenzó a averiguar

—Ven acá, m'hijito. ¿De dónde vienes?

—De Santiago de Cuba, Lina.

—Y... ¿desde cuándo conoces a Juanita?

—Somos amigos desde hace mucho tiempo.

Como nadie le decía más y por lo tanto no pudo enterarse de la realidad —algo que la hubiera preocupado mucho—, finalmente mi mamá se cansó de las averiguaciones.

Nunca supimos si se creyó lo que yo le decía, pero lo cierto es que terminó siendo la gran amiga de Manolito. Le escuchaba todas las historias, muchas de ellas inventadas sólo para hacerla pasar un buen rato. Cabe aclarar que, por precaución, mi mamá nunca supo el nombre real de Manolo. Pero las cosas no eran tan a la ligera; por el contrario, tenerlo en mi casa significaba un grave peligro para todos, comenzando por él mismo.

—Tenemos que movernos rápido para sacar de aquí a Manolito —les decía yo a mis allegados—. Le están siguiendo los pasos y a lo que más temo es que un buen día llegue Raúl a mi casa a ver a mi mamá sin avisar, como a menudo hace, y lo encuentre aquí. Eso sería fatal.

Afortunadamente, con la ayuda de Don Jaime Capdevilla, uno de los funcionarios de la Embajada de España en La Habana, obtuvimos el asilo para Manolo Baró, y yo misma lo monté en mi auto y personalmente lo llevé a la residencia de Capdevilla.

Cuando regresé, mi mamá me preguntó por él.

—Se fue con unos familiares que vinieron a recogerlo mientras tú no estabas, pero te dejó muchos recuerdos.

Las historias de desesperación se sucedían una tras otra, y era providencial que por lo menos pudiéramos estar cerca de donde hicimos la diferencia para alguien. Una tarde cuando había ido a dejar a unas amistades al aeropuerto de La Habana, Tito Rodríguez, el huésped que siempre me acompañaba a muchas diligencias, me hizo notar que algo pasaba con un hombre que se tocaba la cabeza y se halaba el cabello, desesperado. Tito fue a investigar:

—Me dicen que el pobre es médico o ingeniero, que con mil esfuerzos logró la salida con todo y su familia, y a la hora de comprar los boletos, ¡no le alcanza para el suyo y le cantaron la precisa: o lo compra o se cancela la salida!

Nadie se apiadaba de la desesperación de aquel hombre hasta que Tito se dio cuenta y pudimos ayudarlo. Nunca supe su nombre, ni me importaba eso. Tampoco supo el mío, ni lo imaginó siquiera, pero logró su sueño de vivir en libertad.

Ir al aeropuerto para mí significaba encontrarme con cualquier tipo de problema y participar de alguna manera en la odisea de aliviarlo, y aún peor si yo viajaba como pasajera. Un día de aquellos, como yo gozaba de cortesías para pasar por protocolo, y era conocida por mis viajes a México, la tripulación de un vuelo de Cubana de Aviación me contactó previo al vuelo para que les sacara prendas, dólares y cosas de familia. Pasé los controles sin revisión, cosa que siempre me enfrentaba al riesgo de que a alguien se le ocurriera hacerme pasar un mal rato. Al final no sucedió nada y abordé el avión sin contratiempos, más no sin preocupaciones. Luego de un tiempo de estar volando, el avión comenzó a tener desperfectos.

—El capitán nos acaba de informar que debido a problemas mecánicos tenemos que regresar al aeropuerto de La Habana. El vuelo se pospone hasta mañana.

¡Me horroricé por todo lo que yo traía en mi bolso! La tripulación estaba aterrada también, pero ya no había nada más que hacer. No quisieron que se los devolviera porque ellos sí que tenían que pasar la aduana nuevamente. Y ¿qué hacía yo si me revisaban? Muy tranquila, esperé a que el funcionario que daba las cortesías viniera a buscarme. Salí del lugar, me fui a mi casa y al día siguiente volví al aeropuerto para abordar el vuelo nuevamente. Afortunadamente volví a pasar sin problemas. Al llegar a la Ciudad de México, pude entregarles aquello que para ellos era el único patrimonio que tenían, y todos sentimos un gran alivio y felicidad.

J 406 dio un sinfín de historias, la mayoría que requerían de mucho valor para superarlas. Una noche, ruidos de autos en la calle y golpes en la puerta nos hicieron temer lo peor: había llegado la policía a la casa de huéspedes.

—Es una orden de registro, ¡abran la puerta!

Adentro se armó el corre-corre. Mientras, yo salí a enfrentarlos para ganar tiempo.

—¿Orden de quién? —pregunté por una ventana.

—G2. ¡Sabemos que en este domicilio se protege a contrarrevolucionarios prófugos y tenemos que entrar!

—Aquí ustedes no tienen nada que registrar. Para entrar a esta casa tienen que pasar sobre mi cadáver. Llamen a quien quieran llamar que aquí no hay quien entre.

Yo hacía tiempo para que los muchachos que estaban escondidos pudieran ponerse a salvo, mientras el G2 insistía en entrar.

—Ya les dije, busquen a Fidel, a quien quieran que en esta casa no van a entrar. Esto es una falta de respeto y un abuso de poder que están cometiendo.

—Aquí el único que se encuentra es mi sobrino Tony, hijo de mi hermana mayor y ¡a él no hay quién lo toque!

Aparentemente se aconsejaron entre sí y decidieron irse, ya que la acusación no venía por un caso en especial, sino que era una denuncia hecha por el Comité de Defensa de la Revolución, conocidos como CDR, y cuyos dirigentes en la cuadra eran vecinos de la acera de enfrente, que se habían dado a la tarea de vigilar todos los movimientos de la casa de huéspedes.

Cuando la policía se marchó y tuvimos la seguridad de que no volvería intempestivamente, los muchachos regresaron. ¿Qué habían hecho para salvarse?

Carmita Morgade, una de las huéspedes que hoy día vive en el exilio, me explicó:

—Los muchachos salieron corriendo, saltaron la cerca y se metieron a la lavandería del chino Benito, anexa a la casa, que con lo buena persona que es, los dejó entrar y les salvó la vida.

Por supuesto que no sólo salvó a los muchachos, sino a todas nosotras, que hubiéramos sido detenidas por el G2 ¡por proteger a fugitivos contrarrevolucionarios!

Afortunadamente, con el chino Benito —un hombre gordo y bonachón— nos unía una buena amistad, al grado que todos los muchachos de la casa de huéspedes eran sus clientes y le pasaban la ropa para lavar a través del muro que dividía las dos propiedades. Eso hicieron los muchachos aquella noche para salvar sus vidas: ¡saltaron el muro! Y con esto, ni quien dudara que los chinos de la lavandería de Benito ¡también nos ayudaron a lavar nuestra "ropa sucia" en J 406!

En esa enorme tarea agobiante, porque en muchas ocasiones me daba cuenta que necesitábamos recursos y mayor organización, siempre me preguntaba: ¿Qué puedo hacer para ayudar más? Sin lugar a dudas, la tragedia jugaría un papel definitivo en los acontecimientos que se avecinaban en mi vida...

31.
BAHÍA DE COCHINOS

La historia de Cuba seguirá registrando episodios para cuando los libros de texto tengan que reescribirse, y entonces la fallida invasión de Bahía de Cochinos tendrá que ocupar un lugar especial por todo lo que sucedió aquel fatídico 17 de abril de 1961.

Yo no soy historiadora, este relato es únicamente lo que yo viví.

Todo el mundo sabía que una invasión se aproximaba y que los Estados Unidos estaba entrenando gente tanto en su territorio como en Nicaragua y Guatemala. ¿Por qué se conocían los detalles de la secreta operación? En primer lugar, porque se corrieron riesgos innecesarios. Además, porque entre cubanos difícilmente una expedición de aquella envergadura podía mantenerse en secreto. Familiares y amigos de los que tomaban parte sabían que se estaban preparando para el gran día del retorno pues se comentaba abiertamente. Además, había mucha filtración porque en el exilio se reclutaba a los voluntarios. A su vez, no tomaron en cuenta a "los otros" actores en cuanto a filtración de información se refiere: el espionaje ruso, la KGB, que colaboraba ampliamente con Fidel, además de las redes del G2, hijo menor de la contrainteligencia soviética.

Lo que sí es seguro es que en las diferentes organizaciones contrarrevolucionarias donde colaboraba no se hablaba más que del día de la invasión y del papel que todos los que prestábamos ayuda podríamos jugar para ir a salvar a aquellos patriotas que irían a pelear por la libertad de Cuba. Por supuesto que yo era una valiosísima pieza para todos ellos por el acceso que tenía a las prisiones, entre otras cosas. Para comunicar el momento en que aquello estallara, se convino una señal de alerta no convencional para que las llamadas que eran grabadas por el G2 no mostraran nada anormal.

Finalmente, en la madrugada del 17 de abril, me despertó una llamada telefónica:

—Llegó el momento, vamos a acabarlos a todos, la gusanera se va a quedar limpia.

Aquella llamada aparentemente tan ofensiva en realidad era el mensaje que significaba que la invasión había comenzado.

Siempre pensé que era muy prematuro realizar una invasión en ese momento porque a pesar del descontento, Fidel todavía tenía mucha simpatía y respaldo de donde echar mano aduciendo al nacionalismo. Si, en cambio, se hubiera llevado a cabo años más tarde, sin lugar a dudas las posibilidades de éxito hubieran sido mayores. Pero ya todo el mundo estaba embarcado, y sólo quedaba salir adelante como fuera.

La brigada 2506 había desembarcado en Playa Girón, localizada dentro de la Bahía de Cochinos, y los funestos pronósticos se concretaron. El régimen les aguardaba, ya que el espionaje había proporcionado los detalles de la partida de los combatientes desde los campos de entrenamiento en Nicaragua y Guatemala. Eso, unido al cambio de último momento del presidente John F. Kennedy, quien dejó de apoyar aquella invasión que él mismo creó. Al llegar, los brigadistas desamparados se tuvieron que enfrentar a los fanáticos del régimen que los aguardaban y gritaban: "¡La vida por la Revolución!".

Con ese alarido se lanzaron contra los que llegaron, todos hombres valientes, idealistas, con deseos de libertad para la patria, y que confiaron en las promesas de ayuda de los norteamericanos. Esperaron inútilmente lo que les habían prometido: apoyo para instalar una "cabeza de playa" para que tres días después se nombrara un gobierno en armas en tanto el pueblo se les unía en rebelión general contra Fidel, algo que nunca ocurrió. En cambio, aconteció la masacre de cientos, porque la información filtrada era correcta y la gente se preparó para repeler la invasión en forma cruenta.

Al amanecer, tan pronto como comenzaron a llegar las noticias aquel 17 de abril, recibí una llamada de mi compadre Martínez, quien trabajaba en el G2, y colaboraba en la resistencia. Nos encontramos de inmediato.

—Tienen que actuar rápidamente porque están metiendo gente presa por todas partes. Están llevándolos al Teatro Blanquita, al estadio de pelota del Cerro, a La Cabaña, al Morro, al Palacio de los Deportes, y tú sabes lo que eso significa. Ahí no va a haber juicios; eso, seguramente, será paredón de inmediato.

Martínez tenía razón. Agarraron gente de derecha y de izquierda, sólo por la sospecha de que habían conspirado, los encarcelaban creando un ambiente de pánico en todo el país.

Me pasé todo el día localizando y sacando gente. Con la madrugada encima, seguía buscando a fulano, a mengana, y registrando las prisiones. Gracias a Dios que tuve oportunidad de hacerlo, porque eso hizo la diferencia entre la vida y la muerte de muchos patriotas.

Durante todo el día no había descansado ni un instante y de pronto, me pregunté: "¿Dónde está Ana Ely Esteva, que no ha venido? ¡Seguramente que está presa!". Y no me equivoqué. Supe que se la habían llevado al Teatro Blanquita, que estaba convertido en una gigantesca cárcel improvisada. Allí me metí, con toda la furia a tratar de sacarla a ella y al grupo que la acompañaba. Los reuní y, sin más, salí con ellos cuando un miliciano se me plantó de frente.

—Tú no vas a ninguna parte con esos gusanos —me dijo—. Estos pronto van a estar donde se merecen por traidores.

La sangre me comenzó a subir a la cabeza.

—Esta gente inocente sale conmigo ahora mismo, te guste o no.

—Éstos sólo son traidores contrarrevolucionarios —me respondió.

Nunca volvería a decirle a un ser humano las palabras que le dije a aquel miliciano y que recuerdo hasta hoy:

—Ojalá y te salga un cáncer en la boca para que nunca más puedas hablarle así a nadie. Ve y dile a tus jefes que eso te lo dijo la hermana de Fidel.

Yo creo que los milagros siguieron obrando y el apellido Castro —por el que tanto me han atacado— funcionó ese primer día de la invasión de Bahía de Cochinos, porque los jefes de aquel miliciano se impresionaron y decidieron no jugársela en ese momento. Lo cierto es que era tanta la gente que llegaba presa, que no supieron qué hacer e increíblemente me dejaron ir con todo el grupo.

Pero también tuve momentos de total frustración, porque no siempre encontraba a los que buscaba.

El día transcurrió y sin que me diera cuenta, era ya la madrugada del 18 de abril. Ésta me sorprendió buscando prisioneros en La Cabaña, donde la gente estaba amontonada en el piso de aquellos galerones.

Al pasar entre los detenidos, vi cómo un grupo de milicianos miraban lujuriosamente a una mujer que, rendida por el cansancio, dormía profundamente tirada en el piso y a quien la ropa se le había subido dejando ver su cuerpo. La forma tan obscena en que aquellos hombres la miraban me hizo regresar. Delante de ellos, le acomodé la falda para cubrirla, y éstos al verme se dieron la media vuelta, dejándola en paz. La mujer era Mirta de Perales, dueña de una famosa peluquería de La Habana, quien luego se convirtió en una exitosa empresaria de productos de belleza en Miami. Mirta nunca se enteró de lo que había pasado a su alrededor aquel día.

Terminé el recorrido al amanecer y llegué a mi casa en un estado de nervios y angustia tan grandes que me enfermé.

Pero no había mucho tiempo para el dolor personal porque estaba la urgencia de las vidas de otros que seguían peleando. La invasión, que comenzó el 17 de abril, continuó hasta el 22. Fueron cinco días eternos. Algunos de los brigadistas que quedaban pudieron esconderse en los pantanos de la Ciénaga de Zapata. Los demás fueron capturados. El régimen se anotó la victoria total de haber exterminado el peligro de una invasión a su territorio.

En Bahía de Cochinos se juntaron la tragedia y la miseria humana. Ahí se consagró otro personaje del régimen: Osmany Cienfuegos, comandante encargado de las milicias en Playa Girón, cuyo único mérito en la vida es ser hermano de Camilo Cienfuegos.

Este hombre fue señalado como el responsable de meter dentro de una rastra —un transporte de carga sin ventilación— a más de cien prisioneros de guerra capturados en Girón y la Ciénaga de Zapata. Estuvo en el frente verificando las capturas de brigadistas y de quienes intentaban salvarlos, y ordenaba que los metieran en el camión de refrigeración, que cerraba herméticamente. Osmany quería eliminar a la mayor cantidad de invasores, y el viaje desde Bahía de Cochinos a La Habana dentro de aquel vehículo logró su cometido. Cuando uno de los prisioneros le gritó que iban a asfixiarlos, Osmany, burlándose, le respondió:

—Si se mueren, mejor, así no tendremos que fusilarlos. Entonces, pónganse a rezar.

La rastra partió con destino al Palacio de los Deportes en La Habana, bajo un calor de 80 grados Fahrenheit, y los hombres hacinados comenzaron a ver a unos caer desmayados y a otros morir por asfixia. La rastra se detuvo en la ciudad de Colón, y los gritos desde adentro eran pavorosos.

—¡Nos estamos muriendo, abran por piedad!

—¿Se están muriendo? ¡Pónganse a rezar! —les respondían.

De pronto, de acuerdo con los testimonios, sintieron que estaban disparando ráfagas contra la rastra, y se tiraron al piso. Era cierto, les estaban disparando, pero irónicamente aquellas balas dejaron en el vehículo orificios que permitieron la entrada de un poco de aire, de manera que muchos pudieron sobrevivir. Cuando llegaron al Palacio de los Deportes y se abrió la puerta, lo que se vio fue un montón de cuerpos desfallecientes y varios cadáveres. En el viaje murieron nueve brigadistas y un campesino de la zona de la Ciénaga de Zapata, que había acudido en auxilio de los que llegaban y terminó metido en la rastra.

En medio del dolor que todo aquello provocó, yo iba y venía del Palacio de los Deportes para localizar a algunos detenidos. En uno de esos recorridos, el 22 de abril, me sorprendí al encontrar a Virginia Leitao da Cunha, la esposa del embajador de Brasil en Cuba.

—José Ignacio, amigo de mi hija Isabelita, estaba entre los brigadistas y murió dentro de la rastra en que los trajeron a La Habana! ¡Esto es monstruoso, sádico!

Me quedé helada al escucharla y la acompañé con la solidaridad que ella me mostró cuando estuve asilada en su embajada mientras era perseguida por los batistianos. Efectivamente, José Ignacio Maciá del Valle, hijo de una familia de alta sociedad, buena persona y amigo de Isabel Leitao da Cunha, la hija de los embajadores, era uno de los nueve brigadistas muertos.

—¿Cómo es posible todo esto, Juanita? —me preguntó con dolor —. ¿Cómo es posible que los hayan asesinado? Osmany Cienfuegos no respetó que eran prisioneros de guerra. ¿Por qué? ¿En qué momento, Juanita, todo aquello por lo que peleaba Fidel cambió de rumbo y se convirtió en todo esto?

No pude contestarle nada.

Al igual que ella, yo estaba derruida por todo lo que pasó en aquellos fatídicos cinco días de abril de 1961. El caso de Humberto Sorí Marín fue otro que me tocó muy de cerca porque nos conocíamos. La madre de Humberto vino a verme desesperada, pidiéndome que hiciera algo por su hijo, al que habían aprehendido y acusado de traición por actividades contrarrevolucionarias.

—Tú sabes de la lucha de Humberto con Fidel en la Sierra Maestra, sabes cómo se quisieron; y hoy mi hijo está a un paso del paredón. Ayúdame por piedad, Juanita, que van a fusilar a mi hijo.

Humberto Sorí Marín era abogado y, efectivamente, había luchado con Fidel en la Sierra Maestra tan cercanamente que tenía el grado de comandante. Tras el triunfo de la Revolución, fue nombrado ministro de Agricultura, y meses después tras la decepción y en un acto de conciencia, decidió convertirse en contrarrevolucionario.

Como sabía que la solución ya no estaba en manos de Raúl, me fui directo a ver a Fidel, algo que yo sólo hacía en casos extremos.

—Ayúdalo Fidel —le pedí casi rogando—, piensa en el tiempo de la lucha contra Batista, y cómo Sorí estuvo contigo. Ustedes eran como hermanos, en tus manos está salvarlo...

Después de escucharme, me respondió con tranquilidad:

—Despreocúpate Juanita, que no va a pasar nada.

Respiré profundo y, muy contenta, regresé de inmediato a ver a la madre de Humberto para darle el mensaje de Fidel.

—Gracias, gracias — me decía llorando de felicidad.

Al otro día al amanecer la noticia que recibí fue aterradora: habían fusilado a Sorí Marín.

¡Dios mío! Una madre rogándome por su hijo y yo, ilusa, creyendo en la palabra de Fidel. Fui a darle esperanzas cuando de antemano ya habían decidido el destino de aquel que había sido uno de los suyos. Me llené de rabia y de impotencia.

Bahía de Cochinos fue el parteaguas de nuestra historia. Después de ese episodio sabíamos que ya no había retorno, y también tuvimos una certeza: solos y desorganizados no podríamos hacer absolutamente nada. A partir de entonces, la estampida de cubanos al exterior fue exactamente eso... una estampida dolorosa e incontrolable.

32.

UNA OFERTA INESPERADA

La llamada de Virginia Leitao da Cunha poco tiempo después de lo sucedido en Bahía de Cochinos, me tomó por sorpresa.

—Quisiera que pasaras a verme esta tarde. Me encantaría compartir algo contigo.

Cualquier cosa que Virginia pidiera, para mí era más que una orden. Siempre la tuve entre mis grandes afectos, no sólo porque ella y Vasco, su esposo, me asilaron generosamente en su embajada, sino porque tras el triunfo de la Revolución afianzamos una gran amistad que continuó hasta la muerte de ambos.

En la residencia de los embajadores, localizada en la lujosa zona de El Laguito, yo me sentía como en casa. Ellos, siempre tan sencillos, eran de esas personas que inspiran inmediata confianza. Curiosamente, sin embargo, Virginia siempre me hablaba de tú, pero yo nunca pude romper la barrera de hablarle de usted.

—Han sido días terribles, Juanita. Especialmente, por toda esta desilusión de ver que no existen aquellos ideales por los que todos, de alguna forma peleamos, apoyando a Fidel para tener un cambio verdadero en Cuba. Tengo un enorme dolor que no me abandona y pienso en personas como tú o tu mamá, y tantos conocidos más, para quienes aquella revolución con la que soñaban era un motivo para vivir. Pero, vamos a dejar de lado todo eso que nos atormenta y que a ti te duele doblemente porque tiene que ver directamente con tu familia. Quiero que sepas que nos vamos de Cuba. El presidente João Goulart ha dado a Vasco la encomienda de encabezar la embajada en la Unión Soviética, y hemos querido que seas de las primeras personas en saberlo.

¡Sentí que me habían vaciado un cubo de agua encima! Los Leitao eran mi gran apoyo, y Virginia me había ayudado a resolver tantas cosas, que la noticia y la sola idea de quedarme sin mis aliados me impactó de inmediato.

—He pensado mucho en todas las actividades a las que te dedicas, Juanita. He sido testigo de tu lucha por la Revolución, de los sufrimientos durante aquellos tres meses asilada en la embajada hasta el triunfo de Fidel, y he vivido contigo estos escasos dos años desde la ascensión al poder. Todo esto me ha llevado a entregarte un mensaje de unos amigos que conocen de tu labor y que quieren ayudarte.

Si Virginia no hubiera sido mi interlocutora, seguramente hubiera cortado la conversación por peligrosa, aunque nadie hubiera podido escuchar, ya que ella hablaba en un tono de voz tan bajo, que era casi imperceptible.

—No temas Juanita, que esta gente es de primera línea. Gente muy importante quiere conocerte y hacerte un planteamiento.

—¿De quién estamos hablando, Virginia? —alcancé a decirle sorprendida—. Porque ese tipo de ayuda para las labores que desempeñamos no puede aceptarse de cualquiera, usted sabe lo riesgoso que es colaborar con la gente que se opone al régimen.

—Yo lo sé, y es por esto que ellos, que han seguido todos tus pasos, me pidieron que hablara contigo.

Virginia se levantó del sofá donde nos encontrábamos sentadas y me hizo señas de salir a la terraza para seguir hablando.

—Se trata de la CIA, Juanita.

—¿Usted está involucrada con ellos, Virgina?

¡Que rostro habré puesto para que Virginia de inmediato comenzara a darme detalles para calmarme!

—Sí —me respondió—, y te repito, no tienes nada que temer, ya que es más peligroso que continúes tu labor sola.

—Y ¿qué puedo hacer yo en la CIA, Virginia?

—Mucho, Juanita, mucho. Fundamentalmente, lo mismo que estás haciendo ahora, pero con organización, con metas para lograr, con recursos que solucionen muchos problemas para la gente que necesita salir de Cuba. En fin, una gran cantidad de cosas que yo desconozco. Pero eso es precisamente lo que "ellos" quieren hablar contigo, personalmente, aunque por razones obvias no puede ser aquí en Cuba. Necesitamos ir a otro país para disminuir los riesgos.

Mis preguntas de inmediato la abrumaron: ¿Quiénes serían "ellos"? ¿Dónde los conocería? ¿Qué me querían proponer?

—Mira, Vasco y yo partimos la semana entrante. Primero vamos a Brasil a recibir instrucciones, lo que nos llevará unas semanas antes de irnos a Moscú, así que eso es perfecto para que tú y yo nos reunamos con ellos en la Ciudad de México en dos semanas más. Podrías hacer un viaje para visitar a Enma, eso no levantaría ninguna sospecha. Además, quiero decirte algo que te dará confianza: yo sé que tú vas a entender la propuesta, pero de la misma forma, si decides no aceptarla, lo dices, y será como si estas pláticas nunca hubieran existido.

Mi situación era tal, con todos los acontecimientos que se habían sucedido, que no dudé ni un instante en aceptar aquel encuentro que se llevaría a cabo en México.

—Esto va a dar un giro positivo a tu lucha, Juanita, créemelo. No te vas a arrepentir —me dijo Virginia al despedirme—.

Al salir de la residencia de los embajadores aquella tarde, iba tranquila, analizando todo y sin pensar que nada malo me fuera a ocurrir, especialmente porque Virginia Leitao da Cunha era una mujer que sabía cómo enfrentar cualquier situación peligrosa. Ella jamás me hubiera arriesgado, ni se hubiera arriesgado a descubrirse si aquello que le pidieron que hiciera, es decir, ser el contacto de sus "amigos" conmigo, no fuera lo suficientemente serio. Sin embargo, el nombre que había pronunciado resonaba impresionantemente en mis oídos: CIA, la C-I-A. ¡El enemigo más grande del régimen al que Fidel consideraba como el Apocalipsis, era quien me buscaba! Y la persona que me estaba llevando con ellos era nada más y nada menos que la esposa del embajador de Brasil, no sólo amiga mía, ¡sino quien había sido una fiel seguidora de Fidel! Una mujer valiente y justa, que conocía profundamente la situación en Cuba.

Recordé entonces la anécdota ocurrida en la primera fiesta que una embajada diera al nuevo líder cubano tras el triunfo de la Revolución y que reflejaba la gran simpatía que había entre los embajadores y Fidel. Fue un evento organizado por Virginia y Vasco, en el cual el cuerpo diplomático en pleno —del que ellos eran los decanos en Cuba— recibió a Fidel y se puso a su disposición. En aquel evento también sucedió un incidente, que pudo haber sido un escándalo público si se hubiera tratado de otras personas.

Resulta que en el curso de la fiesta, Fidel fue al baño, se quitó la pistola del cinto, y cuando salió, se le olvidó ponérsela. La pistola quedó ahí, y Fidel continuó en la fiesta de lo más entretenido. De pronto, se dio cuenta que le faltaba su pistola. Se armó un corre y corre entre su escolta personal. El asunto se manejó con mucha discreción, pero lo peor era que ¡la pistola había desaparecido! Alguien se la había llevado.

En otras circunstancias, aquello hubiera bastado y sobrado para detener la fiesta y hacer una revisión exhaustiva a los invitados, pero tratándose de Vasco y Virginia Leitao da Cunha, que eran amigos tan cercanos y estaban apenadísimos, no sucedió nada. Sin embargo, José Abrantes, el poderoso ministro del Interior, parte del séquito permanente de Fidel y presente esa noche, se puso a armar el rompecabezas para encontrar a quienes habían entrado al baño después de Fidel.

Ana Ely Esteva, una de las invitadas, ya que en ese entonces era una apasionada de la Revolución, se encontraba en un saloncito frente al baño, el mismo en donde todos los asilados nos reuníamos meses antes, a escuchar por la radio las noticias de la Sierra Maestra a través de *Radio Rebelde*. Cuando Ana Ely se dio cuenta de lo que sucedía, vino a contármelo de inmediato.

—Le robaron la pistola a Fidel, ¡no te imaginas lo que ha pasado Juanita! Ahora no quieren que se arme ningún escándalo, pero resulta que alguien se la llevó del baño. La verdad es que en el grupo donde me encontraba no me di cuenta de nada porque nosotros estábamos oyendo las historias que contaba el Che.

Pocos se percataron de que había un problema. Después de un rato, Fidel se retiró de la recepción sin su famosa pistola, la cual siempre llevaba al cinto.

—En verdad que nos sentimos muy apenados por lo que ha sucedido esta noche, pero te prometo que nosotros vamos a encontrar tu pistola —le dijeron los anfitriones al despedirlo en la puerta.

—Vasco, Virginia, no se preocupen, que no ha pasado nada.

La realidad es que aquello no se lo creía nadie. Fidel estaba muy molesto por la pérdida de la pistola y ordenó a José Abrantes hacer una profunda investigación para hallar el arma, sin importar el tiempo que esto llevara.

—Es una falta de respeto que tiene que ser castigada. ¡Mira que robarme la pistola prácticamente debajo de mis narices!

Al día siguiente, Abrantes se presentó en la residencia de los embajadores de Brasil siguiendo las órdenes de hallar la dichosa pistola. Le pidió a Virginia que hiciera venir a todos los que estaban en el saloncito frente al baño.

—Disculpe usted señora embajadora, pero esto es necesario. Ya he hablado con el Che y me dice que no vio nada fuera de lo normal. Ahora voy a interrogar a las otras personas de ese grupo a ver qué información me pueden proporcionar.

Ana Ely Esteva encabezaba la nada honrosa lista.

—Abrantes me preguntó a quién yo había visto entrar al baño y yo le respondí con la verdad: ¡A todo el mundo! Mi respuesta no le gustó mucho, Juanita, pero se dio cuenta de que yo no sabía nada. De cualquier forma, me dijo que seguirían investigando hasta las últimas consecuencias.

Sin embargo, todo dio un giro inesperado un par de días después cuando Virginia me llamó para contarme lo que había sucedido.

—¡He hallado la pistola de Fidel, Juanita! ¡La he hallado! Y no imaginas dónde estaba...

—No, no lo imagino —le dije—. ¿Acaso fue un mesero, alguien del servicio quien la tomó?

—No, Juanita, todo lo contrario. Nos dedicamos a una búsqueda minuciosa ¡y la encontramos! La tenía José Ignacio, el amigo de Isabelita, que entró después de Fidel al baño, la vio, se le hizo muy fácil tener un souvenir y se la llevó. Pero él mismo, al ver todo este problema que se había armado, vino a decirme que no imaginó las consecuencias de hacerlo, y me la trajo.

Más tarde nos vimos y me contó los detalles de cómo ella había devuelto el arma.

—Acabo de ver a Fidel, quien de inmediato me recibió. Le entregué la famosa pistola que tanto quería y le expliqué cómo la había hallado y quién se la había llevado. Le dije que se trataba de José Ignacio, ya que para un muchacho como él, tener aquel objeto que pertenecía a un líder de su dimensión era algo extraordinario, aunque ciertamente no era nada disculpable. Le dije también que le había dado una gran reprimenda, pero que al mismo tiempo le agradecía su sinceridad y que la hubiera retornado por sí mismo, sin ninguna presión externa. Fidel entendió mi explicación y nada, seguimos hablando de otras cosas y nos despedimos con el cariño de siempre.

Esa era la misma Virginia que casi dos años después, le daría un giro a mi vida, y José Ignacio —quien había tomado la pistola de Fidel— era el mismo muchacho que murió asfixiado dentro de la rastra, tras la invasión de Bahía de Cochinos.

La anécdota de la pistola, en aquel momento, se unió a otra que ocurrió en el mismo año, y que me hizo ver que las cosas estaban cambiando a pasos agigantados.

Una mañana, mientras leía el periódico *Revolución* que dirigía Carlos Franqui —uno de los individuos más serviles que jamás hayan estado cerca de Fidel— me encontré con un artículo donde se ofendía terriblemente a mi hermano Ramón. La nota se titulaba "Hermano desnaturalizado". Ramón —a quien en la familia llamábamos cariñosamente "Mongo"— es un individuo pacifista, que se dedicó siempre a hacer el bien. Lo suyo era el campo, asuntos a los que se dedicaba desde jovencito.

El caso es que *Revolución,* portavoz oficial de Fidel, le enfiló sin misericordia los cañones a Ramón. Enojada, de inmediato fui a despertarlo para que leyera el artículo y afortunadamente pude hacerlo en ese momento, porque precisamente en esos días él se encontraba conmigo de visita en mi casa de La Habana. Vio el periódico y lo leyó mientras yo lo cuestionaba:

—Mongo, ¿con qué derecho hacen eso? ¿Cuáles son las razones para que escriban semejante artículo? No lo podemos aceptar, de ninguna manera. Franqui lo menos que te llama es "hermano desnaturalizado" ¿Qué pasó?

—Nada, tú sabes la postura de *Prensa Libre,* uno de los pocos periódicos sin compromisos, que ahora anda envuelto en líos con Carlos Franqui y con *Revolución.* Ellos me buscaron y me pidieron que diera unas declaraciones sobre la reforma agraria. Yo lo hice y *Revolución* aprovechó eso por partida doble para atacarme, por decir lo que pienso y por hablar con quienes ahora son considerados enemigos acérrimos de la Revolución. Esa es la verdadera razón de los ataques.

Efectivamente, todos conocíamos la integridad de Humberto Medrano y de Sergio Carbó, los directores de *Prensa Libre*, y sabíamos que era uno de los pocos medios independientes que decían la verdad sin temor. Valientemente lo hicieron desde siempre ayudando a Fidel en la lucha contra la dictadura de Batista, también cuando el Cuartel Moncada y cuando tantas cosas sucedieron y nadie ayudaba al Movimiento 26 de Julio. Entonces, ellos se arriesgaron a hacerlo en aras de la justicia. Así que si Ramón hablaba con *Prensa Libre*, nada autorizaba a Franqui a escribir aquellos insultos.

—Está bien —le dije—. Ni debemos ni podemos dejar que nos sigan maltratando Fidel y sus esbirros. Ahora tú y yo iremos a ver a Carlos Franqui, quien se presta para ser la marioneta que Fidel utiliza para insultar a la familia que no está de acuerdo con sus historias, y le daremos un escarmiento. Tenemos que hacerle comer este periódico a Carlos Franqui.

—No, Juanita. ¿Estás loca? Deja eso. Mira, Franqui tiene bastante con verse en el espejo y saber que todos lo conocen como una guataca de Fidel, como hay pocas. Dices bien, hay quienes están con Fidel y son serviles, pero como éste, ninguno, porque se le pasa la mano innecesariamente, al grado que entre ellos mismos se comenta. Si Fidel pide una alfombra, Franqui se tira al piso para que Fidel camine por encima de él. Así que déjalo, allá él y su conciencia.

La negativa de Ramón para que fuéramos a enfrentar a Carlos Franqui me dejó más enojada, de manera que, como ya andaba "en son de guerra", me fui para el departamento de Fidel en el Vedado. ¡Cómo andaría yo de furiosa que Celia Sánchez no se atrevió a decirme que Fidel no me podía recibir en aquel momento! Entré, y el otro estaba de lo más tranquilo, sabiendo lo que yo traía entre manos.

—¿Qué pasa con Carlos Franqui? Fidel, ¡tú no puedes permitir estos insultos contra tu propia sangre! Mira, piensa en mi mamá, que sufre con todas estas cosas, y piensa en ti mismo, que le estás dando a tus enemigos motivos para festejar lo que está sucediendo entre nosotros.

Me respondió tranquilamente:

—Mira chica, Carlos Franqui no hizo nada solo. Eso lo escribimos entre los dos. Y ¿sabes dónde? Aquí mismo donde nos encontramos tú y yo. ¡Ya estoy harto! ¿Tú crees que yo ignoro todo lo que andas haciendo? ¡No me menosprecies!

Estoy enterado de todas tus actividades y te lo advierto: eso no va a acabar nada bien, Juanita. Deja de meterte con toda la gusanera que te sigue a todas partes. Eso con respecto a ti. Y en lo que toca a Ramón, también tiene que callarse la boca y dejar de hablar con los enemigos, ¡y *Prensa Libre* y la gente que trabaja ahí son nuestros enemigos! Así que cuando Franqui, con toda razón, vino a quejarse, me expuso los motivos de lo que mi propio hermano habló con Medrano y Carbó, quienes son unos contrarrevolucionarios, y me propuso el artículo de "Hermano desnaturalizado", ¡por supuesto que no sólo se lo aprobé, sino que lo mejoré!

Incrédula, lo observé antes de responderle:

—Bueno, chico. Entonces aquí no hay nada más que discutir. Tú contra tu propio hermano. Cada día las cosas se ponen más claras.

Furiosa, me largué de ahí inmediatamente sin siquiera despedirme. Llevaba además una amargura muy grande dentro de mí, y sentía que la sangre me hervía. A mis veintiocho años de edad yo era explosiva y lo que había sucedido en casa de Fidel me hizo regresar a mi casa para contarle a Ramón toda la conversación. Llegué montada en cólera.

—Mongo, que haya sido Fidel o no el que hizo el escrito, no quita que tú y yo vayamos a enfrentar a Carlos Franqui, y ¿sabes por qué? Porque lo que se publicó estaba firmado por él, y por lo tanto él sigue siendo el responsable de lo que lleve su nombre y apellido, sin importar la excusa que Fidel me dio.

Por un momento, Ramón estuvo a punto de acceder, pero al final, su forma de ser se impuso.

—No, Juanita. ¿Qué podemos hacer ante eso? Nada. Absolutamente nada.

Decepcionada, recordaba lo que le respondí a mi hermano mayor:

—Mongo, si todos estamos siendo perseguidos por el ideal de defender lo que pensamos, entonces, nadie puede estar seguro en este país, ni siquiera tú ni yo, que nos apellidamos Castro. Creo que ya no hay nada más que hacer aquí. Está claro el camino que ha tomado la Revolución, no hay que esperar otros acontecimientos.

Así que, mientras manejaba por las calles de La Habana al regreso de la reunión con Virginia Leitao da Cunha, recordé todas aquellas situaciones que con el tiempo se convertirían en proféticas, sobre todo en aquellos momentos cuando la CIA quería reunirse conmigo.

¿Tuve remordimientos por traicionar a Fidel al aceptar reunirme con sus enemigos? No, por una sencilla razón: yo no lo traicioné a él. Él fue quien me traicionó a mí. Él nos traicionó a los miles que sufrimos y peleamos por la revolución que nos ofrecía, la que era generosa y justa y que traería paz y democracia para Cuba, y que como él mismo nos prometió, sería "tan cubana como las palmas".

Promesas, que sin lugar a dudas hacía tiempo habían quedado atrás.

33.

DONNA

Cada vez que me preparaba para un viaje a México, era la oportunidad dorada de muchos para poder sacar del país cosas que yo les llevaba dentro de mi equipaje. Así que anuncié a varias personas que viajaría a visitar a mi hermana Enma, y de inmediato me comenzaron a llegar pertenencias para poner a salvo. El padre de una persona que hoy se encuentra en el exilio — y a quien no quiero molestar con la anécdota— me hizo llegar una maleta completa. Usualmente yo no revisaba nada, pero no sé por qué razón —seguramente los rezos de mi madre que siempre me protegían— mi amiga de toda la vida, Carmita Morgade, una de las estudiantes que vivían en J 406, comenzó a poner en orden aquellas cosas, entre ellas esta maleta. No habían pasado más de unos pocos minutos desde que Carmita abriera la valija, cuando vino preocupada a decirme:

—¡Juanita, por Dios! ¿Tú sabes lo que Gato —así lo llamábamos los allegados— te ha metido dentro de la maleta para que lleves a México? ¡Una cantidad de dinero cubano increíble! Si en el aeropuerto te llegan a revisar y lo encuentran, en menudo lío que te metes. Ahora mismo hay que hablarle a esa gente para decirles que tú no puedes llevar ese dinero a ninguna parte.

Carmita tenía razón, y yo respiré con tranquilidad luego de haberme librado de lo que pudo haberme causado un problema.

Nadie, aparte de Viriginia, sabía el verdadero motivo de mi viaje, ni Carmita, ni su hermana Hilda "Puchi" Morgade, ni Ana Ely, ni Tito Rodríguez, ni Enma.

Aterricé en el aeropuerto de la Ciudad de México el 23 de junio de 1961. Enma, que estaba a punto de dar a luz, me había ido a recibir. Al llegar a su casa, inmediatamente me puse en contacto con Virginia Leitao da Cunha, que puntualmente había llegado desde Brasil para la reunión.

—Me encantaría que nos encontráramos mañana aquí en el Hotel Camino Real, donde estamos hospedados. Así que, si te parece, nos vemos por la mañana, a las diez, para conversar aquí en mi suite.

Yo entendí de lo que se trataba. Primero la vería a ella y después nos iríamos juntas a la cita. Y así sucedió. Por la mañana tomé un taxi y me dirigí al recién inaugurado Hotel Camino Real, el más lujoso de la capital por ese entonces. Llegué a la suite de Virginia, y ella, tan cariñosa como siempre, me recibió:

—No sabes cuánto he estado pensando en este encuentro con nuestros amigos. Vamos a reunirnos con Enrique que se encuentra hospedado aquí mismo. Yo voy a acompañarte para que tengas confianza.

En menos de lo que imaginé, nos encontrábamos frente a la puerta de una lujosísima suite. El propio Enrique, un norteamericano de unos cuarenta y cinco años, fue quien abrió la puerta. Sobraban las presentaciones porque él sabía quien era yo, mientras que yo desde un principio supe que estaba en desventaja: Enrique no era su verdadero nombre, sólo aquel con el que quería que yo lo conociera. Virginia y yo nos sentamos en la sala, con Enrique frente a nosotros.

—Antes que todo, muchas gracias por aceptar esta reunión. De antemano, sabemos no fue tan sencillo lograrlo. ¿Cuál es su situación real en Cuba, Juanita? Conocemos los enfrentamientos y los problemas que ha tenido con el gobierno de su hermano...

—Bueno —le comencé a explicar—, ciertamente estos últimos años después del triunfo de la revolución, para mí no han sido fáciles. Todo lo que ha estado haciendo el gobierno va encaminado a destruir la democracia en Cuba y a establecer un sistema totalitario. Eso me preocupa a mí y a otras personas con las que me relaciono y que nos consideramos los verdaderos revolucionarios. Cada día vemos cómo son más y más los miembros del partido comunista, en particular, que se sitúan en posiciones claves del gobierno y así van eliminando a los no comunistas que ayudaron al derrocamiento del régimen de Batista. Esto para nosotros es una traición a los principios por los cuales luchamos para tener un sistema democrático.

Enrique no dijo nada, simplemente se limitó a observarme y a escuchar lo que le contaba sobre varios temas que él trajo a colación: mi opinión sobre las intervenciones extranjeras, la reforma agraria, el aumento de los presos políticos, y la invasión fallida de Bahía de Cochinos. Así, pasamos por un sinfín de temas generales que abarcaron la reunión, la cual duró un par de horas.

—Yo creo que es hora de marcharnos, Juanita — dijo Virginia—, en algún momento que nos convenga a todos, volveremos a reunirnos.

Entendí que la reunión se había acabado. Nos despedimos y salimos de la suite de Enrique. Ya en la habitación de Virginia, pude hablarle de mis dudas.

—¿Qué cree usted de la reunión de hoy, Virginia? Sentí que no hubo ninguna pregunta desagradable, más bien todo fue muy simple. ¿Usted cree que estuve bien?

—¡Claro que sí, Juanita! Fuiste muy precisa en las respuestas y eso es muy importante. Ellos necesitan saber de tu ecuanimidad, la fuerza de tu lucha y tu manera de actuar cuando te encuentras frente a otras personas. Seguramente te estarás preguntando "¿Por qué no me dijeron nada?". Y la respuesta es sencilla: todo a su debido momento.

Más tranquila, me despedí de Virginia y me fui a casa de Enma, donde me dediqué a disfrutar con la familia. Por supuesto que Enma, ni en sueños pudo haber imaginado las reuniones que yo estaba teniendo en ese viaje.

Al día siguiente, Virginia me volvió a llamar por teléfono.

—¿Cuántos días has planeado pasar aquí en México, Juanita?

—Una semana a lo sumo, porque usted sabe cuantas cosas tengo que hacer en Cuba.

Acordamos en vernos al otro día a la misma hora y en el mismo lugar. Cuando ella y yo llegamos a la suite de Enrique, éste se encontraba solo y me explicó lo siguiente:

—Juanita, nosotros estamos interesados en que usted participe en algunas de nuestras operaciones en Cuba. Creemos que no es nada nuevo para usted, porque sabemos de sus actividades para ayudar a muchos de sus compatriotas. Así que necesitamos saber si está de acuerdo. Ésta es una misión delicada, peligrosa, y más peligrosa aún por ser usted quien es. ¿Está consciente de esto?

—Perfectamente —le respondí—. Estoy consciente de todos los riesgos que he estado corriendo, pero todo eso bien vale el sacrificio para tratar de ayudar en algo a mi país, en la medida de mis posibilidades. No me puedo mantener indiferente ante todas las injusticias, persecuciones y todo lo que está sucediendo allá.

—Pregúnteme lo que quiera —dijo Enrique—, que éste es el momento para aclarar todas sus dudas.

—Bueno, hay algo muy importante para mí. Quiero dejar bien claro que aceptar colaborar con ustedes no significa que vaya a participar en ninguna actividad violenta en contra de mis hermanos, ni en contra de ningún funcionario del régimen. Yo no voy a propiciar, ningún homicidio, y eso tiene que quedarles muy claro. Ésa es mi condición más importante. Y mas bien diría que es la única condición. Y si ustedes no la aceptan, haremos como si nada de esto hubiera pasado, porque de otra forma no participaré en nada y seguiré haciendo lo que yo humanamente pueda.

Enrique, que me observaba impresionado por lo que yo le decía, dijo:

—Permítame aclararle algo Juanita: no le estamos pidiendo que participe en alguna conspiración. Eso lo dejamos bien aclarado. Usted es enormemente útil a la causa de la libertad de Cuba en otro aspecto y ayudando a muchos que están en peligro. Muchos de nuestros hombres se encuentran allá trabajando, algunos podrían ser descubiertos o ya lo han sido. La misión consiste en protegerlos y moverlos de un lugar a otro, ofreciéndoles la mayor seguridad posible, buscándoles alojamiento en casas que sean seguras. ¿Me explico? Por su relación familiar, usted tiene la capacidad de entrar y salir de las prisiones, y eso sería de gran ayuda para salvar a nuestra gente, así que por nuestro lado también todo está claro.

¿Cómo sabré que me necesitan? ¿De qué forma hacen los contactos? ¿Tratarán ellos de comunicarse conmigo? Estaba ansiosa por conocer todos los detalles y Enrique tenía todas las respuestas. Aún no había caído en cuenta de que me encontraba ante uno de los expertos que la CIA tenía asignado al caso cubano. Años más tarde supe que se trataba en realidad de Tony Sforza, pieza clave de la "Operación Mangosta", también conocida como "Proyecto Cuba". Había estado infiltrado en Cuba, donde pasaba como jugador en los casinos, bajo el nombre de Frank Stevens. De más estaba decir que hablaba perfectamente español, con acento, pero perfectamente.

—Quiero decirle, mi amiga, que en esta tarea, hay tres cosas muy importantes para sobrevivir y para tener éxito en cualquier misión. La primera es la discreción: cualquier fallo puede delatarla y nosotros tal vez no la podamos ayudar en ese momento. La segunda es un aliado: ésta será una labor que requerirá de otra persona que trabaje con usted; escogerla es responsabilidad suya. Y la tercera es la confianza: la lealtad de su colaborador tiene que ser a prueba de todo.

Virginia, en medio de esto, observaba en silencio mientras yo seguía preguntando:

—Me imagino que ustedes deben saber cómo se van a comunicar conmigo, y yo con ustedes.

—Sí. ¿Sabe usted operar un radio de onda corta?

—No. Pero si ése es el medio, lo aprenderé.

—Perfecto. Alguien de los nuestros en Cuba le hará llegar el equipo que necesita y las instrucciones para operarlo. Tendremos ahora que escoger una clave para que usted identifique cuando le tenemos un mensaje y cuando no lo hay. Dígame una melodía que le guste, puede ser de cualquier tipo de música.

—"Fascinación" — le respondí. Además de ser un vals que me gustaba del compositor F. D. Marchetti, así me sentía en aquel momento: fas-ci-na-da.

—Ok. Usted tendrá que escuchar las transmisiones diariamente a las siete de la noche. En el momento en que escuche "Fascinación" deberá estar lista para recibir el mensaje. Ahora bien, necesitamos otra melodía.

—La obertura de Madame Butterfly — respondí de inmediato.

—En cuanto usted la escuche, ésa será la señal de que no hay mensaje. En unos días, antes de que usted regrese a La Habana, vamos a hacerle llegar el material que necesita, en el cual irá un manual para decodificar los mensajes que reciba. Lo deberá cuidar como a su propia vida. Por demás está decirle que si es sorprendida con el manual en las manos, difícilmente podrá salvarse. Cualquier experto en contrainteligencia sabrá de inmediato de qué se trata. Le voy a ser sincero: si se lo decomisan, estará perdida. Como ve, las cosas son un poco complicadas.

—¿Hay algo más que deba saber en este momento?

—Sí. Su nombre es otro asunto muy importante —dijo Enrique —. Hemos pensado en el que utilizará a partir de hoy para todos nuestros efectos, y ésta es nuestra sugerencia: ¿Qué le parece el nombre Donna?

—Me parece interesante, y es fácil de recordar así que ese será. De acuerdo.

Enrique me habló entonces de lo que sería mi primera misión, que no por ser la primera, estaría exenta de riesgos. Tendría que llevar a La Habana mensajes, dinero, y documentos escondidos para entregar allá que irían dentro de varios alimentos enlatados para así no levantar la menor sospecha.

—Ya para terminar —explicó Enrique— quiero decirle que conocemos lo que estas actividades conllevan y queremos que sepa que hay una partida de dinero que puede ser aplicada para sus gastos.

—Qué bueno que toca ese tema, Enrique. Lo que yo estoy haciendo por mi país no tiene precio. Además de ser mi obligación como cubana, yo no le pongo precio a mis servicios para ustedes, porque no lo tiene. Esto es un asunto de conciencia, y lo que yo pienso, lo defiendo y no lo vendo. Que esto quede totalmente claro. Gracias a Dios tengo mis medios de vida, y no necesito nada más. Lo que ustedes dispongan siempre será para todos aquellos, que de una forma u otra lo puedan necesitar.

Así terminamos ese día. Yo tuve la corazonada de que todas las conversaciones que tuvimos fueron grabadas. Además, si eso sucedía en las novelas de espionaje, ¿por qué no iba a pasar en la vida real? Virginia y yo nos despedimos de nuestro "amigo", y ella me acompañó a la entrada del hotel a tomar un taxi. Antes de despedirse, me dio una última recomendación:

—De ahora en adelante, Juanita, cuando te refieras a todo esto, habla de "la compañía", es mucho más fácil y menos sospechoso. Probablemente mañana tendremos que vernos nuevamente para que te entregue lo que llevarás a Cuba.

—De acuerdo, Virginia — le dije, y me despedí de ella.

Del hotel me fui a dar una vuelta por la ciudad a ver las tiendas y a comprar algunas cosas que necesitaba para mi regreso a La Habana, además de algunos encargos que me habían hecho las amistades. En realidad, también necesitaba despejarme antes de llegar a casa de Enma, porque estaba un poco agobiada con sentimientos encontrados y preocupada por la salud de Virginia, pues era visible que estaba sufriendo una dolencia.

Resulta que ella, una mujer delgada, de estatura mediana, tenía un problema en el corazón. Debido a eso, la mayor parte del tiempo estaba en su habitación y sólo permanecía de pie lo necesario. El resto lo pasaba sentada o recostada en su cama.

—Fíjate Juanita — me dijo al día siguiente cuando fui a verla—, si "la compañía" no será generosa, que ellos están al tanto de mi enfermedad y me han asignado a una persona de toda mi confianza, a quien conozco desde hace muchos años, para que me atienda mientras me encuentro en México. Pronto me van a operar en Dallas y esta condición médica va a curarse.

Virginia me entregó entonces un maletín lleno de latas de conservas, duraznos, piña, frijoles, etc., y me hizo una aclaración:

—Dentro de algunas latas que están marcadas — me enseñó una — hay mensajes. Te sugiero que lleves el maletín contigo en el avión para evitar cualquier contratiempo. Y ahora sí, mi amiga, es la hora de despedirnos. Cuídate mucho, no tengo que recordártelo porque eres una persona muy discreta. Sólo quiero que sepas que en "la compañía" se quedaron muy impresionados contigo y yo sé que todo lo que piensan de ti es cierto. Ahora, mucha suerte, y gracias por confiar en mí, Juanita.

Yo sabía que esa despedida era temporal porque Virginia siempre estaría para tenderme la mano cuando la necesitara. Ella se quedaría en Dallas un tiempo para reponerse de la operación quirúrgica a la que sería sometida, lo que me dio el consuelo de saber que tenía a alguien con quien compartir aquel gran secreto.

Al día siguiente, me despedí de Enma y regresé a La Habana, como tantas veces lo había hecho, sólo que ahora había una gran diferencia.

Si antes corría riesgos al salir de Cuba, en esa ocasión este riesgo también era al regreso. Pero no sucedió nada, y llegué a mi casa sana y salva, aunque no sola, porque ahora tenía a Donna.

34.

UNA NUEVA INQUILINA

Cuando llegué a J 406, el mismo día que regresé de México, tenía una cosa en la mente que me preocupaba de sobremanera: ¿A quién podría escoger como colaborador o colaboradora en la tarea para "la compañía"?

—Ésa es una decisión que no puedes demorar —me había advertido Virginia Leitao da Cunha— porque esa persona tiene que ayudarte a descifrar los mensajes y debes entrenarla pronto porque no tienes tiempo que perder.

¿Quién podía ser esa persona? Especialmente, por las cualidades que debía reunir: una lealtad a prueba de balas que por nada de este mundo me fuera a delatar, discreta e inteligente. ¿Existía? La otra cosa que me preocupaba era cómo me iban a hacer llegar el radio de onda corta para recibir mensajes. Me habían dicho que los agentes que se encontraban en Cuba me lo entregarían. El manual para descifrarlos, había viajado conmigo en el maletín de mano que traje junto con las otras cosas, pero el aparato de radio era muy importante para conocer las instrucciones de lo que debería hacer con todas aquellas latas que me dieron en México y que traían mensajes y dinero dentro. No imaginaba cuándo ni dónde sucedería la entrega, así que decidí seguir haciendo mis actividades normales y me dispuse a poner en orden los pendientes de la casa de huéspedes.

No tendría ni media hora de haber llegado, cuando tocaron la puerta. Puchi Morgade, la hermana de Carmita, que fue a abrir, se me acercó para avisarme:

—En la puerta hay una persona que trae unas cajas que según dice tiene que entregarte personalmente a ti, Juanita. No me las quiso dar a mí.

Sorprendida, recibí a aquel hombre que, efectivamente y casi como un cronómetro, apareció por mi casa, justo al ratito de mi llegada. De inmediato supe de lo que se trataba.

—Son los aparatos que usted compró en México —me dijo—. Ahora muéstreme el lugar donde lo va a instalar, preferiblemente donde no haya mucho tráfico para que nada pueda estropearle la señal.

Entendí que tenía que colocarlo en el lugar menos visible. Más rápido no pudo haber sucedido la entrega. El hombre puso aquello en el cuartito que le señalé, me dejó las instrucciones y rápidamente se marchó. Mientras yo revisaba todo, Puchi y Carmita entraron a la habitación y, sorprendidas con aquello, me preguntaron a coro:

—¿Has comprado un radio de onda corta? ¡Ay mi madre, Juanita! ¿Ahora qué traes entre manos?

Al verlas, ¡supe que ellas serían las perfectas colaboradoras que yo tanto necesitaba! Hijas de familia, estudiantes universitarias, muchachas muy tranquilas, amigas mías, en ese entonces de muchos años, hoy de toda la vida. Gente cabal al 1.000 por ciento, con la que he pasado más tiempo que con mi propia familia. Carmita, también amiga y compañera de Enma desde el colegio de Las Ursulinas, y su hermana estaban dotadas de una discreción y lealtad difíciles de encontrar, además de ser muy inteligentes y muy valientes.

Todo aquello quedó suficientemente demostrado durante el tiempo en que hubo que esconder los manuscritos de *La historia me absolverá* que Fidel escribió en la prisión. Eran documentos clandestinos, por lo que Enma tuvo que guardarlos en el internado. Cuando hubo que volver a esconderlos para que no cayeran en manos de los batistianos, fue precisamente

Carmita Morgade quien se los colocó pegados a su cuerpo, escondidos entre las ropas y así se los llevó hasta su casa, en el Central Stewart en Ciego de Ávila, Provincia de Camagüey.

—Pasamos un gran susto —contaba Puchi sobre la odisea del viaje— porque Carmita llevaba todo aquello escondido y el autobús en el que viajábamos tuvo que pasar por un retén de la guardia batistiana que revisaba a todos los pasajeros. Hubo un momento en que yo temí que la iban a detener, pero aquellos hombres, al ver que éramos muchachas de colegio, no nos revisaron.

—Al llegar a casa —decía Carmita— lo primero que hicimos fue abrir un orificio en una pared que sabíamos que era hueca, y ahí escondimos aquellos manuscritos que Enma había ayudado a mecanografiar y que le hubiera costado la prisión a quien se los encontrara.

Sin lugar a dudas ellas eran las personas que yo necesitaba. Pero, ¿cómo pedírselo? Me armé de valor y les dije a ambas:

—Puchi, Carmita, vengan un momento conmigo que quiero que me acompañen a una diligencia ahora mismo.

A pesar del desconcierto, me siguieron sin hacer preguntas, y nos fuimos a caminar al Malecón. Ahí, tal y como yo acostumbro a decir las cosas, sin tapujos y mirándolas de frente, les conté todo desde el principio: la petición de Virginia, la reunión en México y cada uno de los detalles. Los ojos, abiertos por la sorpresa, les ocupaban gran parte de la cara.

—¡Ay Dios mío, Juanita! Ten cuidado —dijo Carmita—. ¿Y si te piden hacer algo contra Fidel o Raúl? Eso ya es otra cosa.

—No se preocupen que eso ha quedado muy claro: yo no participaré de ninguna manera en ningún hecho sangriento, porque yo no puedo dañar a nadie, mucho menos a alguien que lleva mi propia sangre. Así que no tengan temor, que lo mío es otra cosa que no tiene que ver con ninguna conspiración.

—Bueno, es que lo que una escucha cuando se habla de la CIA...

—Pues estén tranquilas, que éste no es el caso. Además, para ellos soy valiosa en otras actividades, ya que me apellido Castro.

Años después, recordaría esta última frase. Por lo pronto, en ese momento ahí en pleno Malecón de La Habana, para Puchi y Carmita, todo eran interrogantes.

—Pero, ¿por qué nos dices todo esto, Juanita? ¿Acaso no es algo que debes guardar en riguroso secreto?

Precisamente hemos venido hasta aquí para hablar de eso: yo las necesito para que me ayuden.

—¿Nosotras? ¿Cómo?

Se quedaron pasmadas, sin habla.

—Yo necesito que me ayuden a recibir los mensajes. Para eso tenemos que saber cómo operar el radio de onda corta que me acaban de entregar y entender las claves del manual que me dieron para descifrar los mensajes que entren. Ahí estarán todas las instrucciones. Como ven, es una tarea que no puedo hacer sola y que tampoco puedo confiarle a cualquiera. Ustedes me dirán.

—Tú nunca nos has dejado solas —dijo Carmita.

—Nosotras no podemos abandonarte en este momento —añadió Puchi—, así que vamos a ver cómo funciona todo eso y manos a la obra.

Les di los detalles: que se hablaba de "la compañía" y no de la CIA; que mi nombre en clave era "Donna"; que había horario diario de transmisión; que "Fascinación" y "Madame Butterfly" significaban cosas diferentes; y que lo más complicado y riesgoso era entender y cuidar del manual. A ellas eso no les preocupaba en lo más mínimo, pero sí les inquietaba otra cosa:

—Nosotras te ayudamos a ti, a nuestra amiga, tal y como lo hicimos con Enma y Fidel en su momento. Estamos contigo en lo que necesites, pero no queremos ser parte de "la compañía".

—No hay problema —respondí— entiendo y respeto su posición de colaborar conmigo y con nadie más.

—Tampoco vamos a aceptar un solo centavo ni de parte de ellos, ni de ti. Es una cuestión de honor, es por Cuba y nos preocupa.

Era lo mismo que yo le había dicho a Enrique en México, así que tuve la certeza que las tres estábamos en sintonía. Dicho eso, regresamos a J 406 para comenzar a organizar las cosas, aprender la operación de un radio de onda corta y prepararnos para tomar los mensajes.

"Al principio, como todas las cosas nuevas, aquello era difícil", comentaba Carmita años después. "Sobre todo que Puchi y yo nos dividíamos la tarea. Cuando escuchábamos la música de "Fascinación" de inmediato sabíamos que había que escribir y nos alistábamos. Todo era en clave, con números. Yo tomaba nota y después mi hermana realizaba las operaciones: había que restar aquellas cifras a otras que se encontraban en el librito y el número resultante significaba una palabra. De esta forma las palabras se convertían en las instrucciones. Las noches que escuchábamos "Madame Butterfly" sabíamos que no había nada para nosotras. Entonces, apagábamos la radio y nos íbamos a seguir estudiando."

Volviendo a lo mío, así fue que pude entregar todas aquellas latas de conservas que traje de México, y pude comenzar a recibir más instrucciones y recoger mensajes, lo que sucedía de las formas más inverosímiles. Usualmente, estos eran colocados en las carreteras principales, como la carretera central de Cuba, debajo de las mojoneras —como se les llama a los señalamientos en topografía—. Alguien los dejaba en un determinado kilómetro y ahí tenía yo que ir a buscar aquello y seguir las instrucciones. Esto no lo hacía sola, siempre iba acompañada de las dos hermanas o de una sola, para evitar riesgos. Además las instrucciones no siempre eran precisas, y había una diferencia de metros y centímetros que hacían que tuviéramos que buscar, hurgando en la tierra alrededor. Parecíamos topos.

En una ocasión, un viaje de aquellos por poco tiene consecuencias funestas. La orden era recoger las instrucciones en un señalamiento sobre la carretera a Matanzas y después, descifrar aquello y entregarlo en un sitio cercano. Después de cumplir aquella tarea, Carmita, Puchi y yo decidimos ir a jugar bolos a Varadero, que quedaba en el camino, pero resulta que mi carro se descompuso en plena carretera y las tres nos pusimos a pedir un aventón.

¡Cual sería nuestra sorpresa al ver que el primer auto que se detiene para ayudarnos, en realidad era toda una comitiva!

—¡Ay mi madre, Juanita! ¡Es Fidel y su escolta!

—¿Y ustedes, qué hacen aquí? —me preguntó—. ¿Para dónde van?

—Pues nosotras, para Varadero, Fidel. ¿Y tú, qué ruta llevas?

—Pues yo también voy para Varadero.

—Bueno, fíjate, te ha puesto Dios en mi camino porque necesitamos que nos des un empujón hasta allí.

Nos montamos en uno de los carros de la comitiva, mientras otros se encargaron de remolcar mi carro. Nunca me había sentido tan segura en Cuba, mientras que Carmita y Puchi sólo se miraban una a la otra sin decir una sola palabra.

Llegamos al destino, nos despedimos de Fidel y le agradecimos el servicio que nos había prestado, porque fue completo. Llevaron mi auto hasta el taller mecánico donde de inmediato comenzaron a repararlo. Me avisaron que estaría listo en un par de horas, lo cual era ideal para pasar ese tiempo jugando a los bolos como lo habíamos planeado.

En la bolera comencé a fumar, y como mis cigarrillos eran de marca Chesterfield y no cubanos, un miliciano se dio cuenta y vino a interrogarme.

—Compañera, eso que estás haciendo está prohibido. Es un delito fumar cigarrillos fabricados por el enemigo imperialista. Aquí sólo se permiten cigarrillos hechos en la patria.

Yo, olvidándome de "la misión" de la que venía, empecé a discutir con el hombre y la discusión se tornó más y más fuerte, hasta que alguien vino a decirle al miliciano al oído que yo era hermana de Fidel.

—Dígame, si usted es hermana del Comandante en Jefe, identifíquese compañera.

—Yo no tengo que decirte nada, únicamente que soy una cubana más que está fumando en esta reunión de amigos, la cual tú no tienes derecho a interrumpir.

—Pues si no eres hermana del Comandante en Jefe, en este momento te llevo presa.

¡Para que me dijo aquello! Inmediatamente monté en cólera por otra de las injusticias más comunes.

—O sea, que si yo te digo que me apellido Castro no tengo ningún problema, ¿pero si cualquier otro que no tenga ese apellido lo hace, eso le cuesta la cárcel? ¡En menuda revolución estás peleando!

En ese momento intervino una mujer con fuerte acento mexicano.

—¡Compañera! ¡Deje la falta de respeto, que somos de las brigadas extranjeras y venimos a colaborar con la Revolución!

—La que tiene que callarse la boca eres tú. ¡Vete de regreso a tu país! Aquí nadie te ha pedido que vengas a hacer esto. ¡A ver qué te sucede si se enteran en México de que aquí andas de miliciana comunista acosando a gente inocente!

Las cosas comenzaron a ponerse peor porque ya no eran dos, sino un grupo de milicianos y de gente que los acompañaba, quienes me rodeaban. Carmita y Puchi me jalaron y nos encaminamos hacia la salida.

—Deja de pelear con esta gente, Juanita, que puede costarnos muy caro —me dijo Carmita al oído—. ¿Se te olvidó que traigo el manual de los mensajes y que si nos agarran con eso, ahí se acabó todo, no sólo para ti, sino para nosotras?

¡En ese momento me di cuenta de que había sido una inconsciente! Las estaba poniendo en riesgo con mi carácter tan impulsivo, que se desataba cuando algo me indignaba. Salimos rápidamente a la calle y comenzamos a caminar. Verdaderamente, me preocupé por Puchi y Carmita más que por mí misma.

Me di cuenta de que aquella gente de la bolera había comenzado a seguirnos y me dio miedo porque era lo más parecido a lo que antecede un linchamiento. Se trataba de las Brigadas de Respuesta Rápida, compuestas por vecinos del lugar, y que probablemente ésa era la primera vez que entraban en acción, por eso estaban tan encendidos. En ese momento apareció una camioneta y se detuvo al lado mío.

—Súbanse, para sacarlas de aquí.

Como yo no conocía al conductor, me negué a hacerlo y seguimos caminando, mientras aquella multitud continuaba detrás, tratando de cercanos. Apareció otro carro, y como la situación se había puesto más difícil, decidimos montarnos en ése.

—Somos del G2, compañera, y vamos a sacarlas de esta situación donde están corriendo peligro.

Alcancé a mirar a Carmita y a Puchi, que al escuchar el nombre del G2 estaban al borde del infarto, pero lucían de lo más tranquilas. Los hombres nos llevaron a una casa fuera del área donde estaba sucediendo todo. No había nadie adentro, y ahí nos quedamos hasta que pasó el peligro.

Ya entrada la noche, la misma gente del G2 nos llevó a recoger mi carro al taller mecánico, y salimos de regreso a La Habana.

Me fui a dormir con una lección bien aprendida: tenía que controlar mis impulsos, sin importar de qué se tratara, de otra forma las cosas se pondrían peor.

Estos fueron los primeros días de vida de "Donna", la nueva inquilina de J 406 en La Habana, Cuba.

35.

SALVANDO MONJITAS

A la confiscación de propiedades y negocios —algo cada vez más común— y a las leyes de la Reforma Agraria pronto se le sumaron dos palabras a lo largo del primer y segundo año en el poder: persecución religiosa.

Es un hecho que la situación de la iglesia católica se complicó a raíz de la invasión de Bahía de Cochinos porque el régimen mostró pruebas de la participación del clero en actividades contrarrevolucionarias. Entonces, como resultado de eso y de otras acciones por parte de la resistencia que quedaron al descubierto por delaciones de todo tipo, Fidel anunció, el 6 de junio de 1961, la Ley de Nacionalización de la Enseñanza, que propinó un fuerte golpe a la iglesia católica que entonces era propietaria exactamente de 245 escuelas del país —179 colegios femeninos, 51 masculinos y 15 mixtos. Aunque no todos fueron intervenidos en ese proceso inicial, la disyuntiva que Fidel planteó en ese momento fue: No se puede ser revolucionario y católico a la vez.

Al decreto de nacionalización, Fidel añadió que los sacerdotes católicos —extranjeros y cubanos— "cuya actividad de inducción a la guerra y al terrorismo fuera probada, tendrían que salir del país".

En septiembre de ese 1961 se descubrieron en dos lugares de La Habana imprentas clandestinas con panfletos anticomunistas que pertenecían al Movimiento Revolucionario del Pueblo y a otras organizaciones. El régimen tomó esto como prueba de actividades contrarrevolucionarias y ordenó la inmediata expulsión de 130 sacerdotes, en su mayoría españoles —entre quienes también se encontraba el obispo auxiliar de La Habana, Monseñor Eduardo Boza Masvidal. Los sacerdotes tuvieron que marcharse a bordo del buque Covadonga con destino a España. Inesperadamente, se les unieron alrededor de 300 sacerdotes, monjas, religiosos, seminaristas y laicos, que aprovecharon la oportunidad para marchar al exilio.

A Monseñor Boza Masvidal lo admiraba por su valentía. Tan sólo un año antes, el 8 de septiembre de 1960, habíamos estado juntos en una manifestación que tuvo saldo sangriento durante los festejos de la Virgen de la Caridad.

Él, además de ser Obispo Auxiliar de La Habana, era el titular de la Iglesia de Nuestra Señora de la Caridad, localizada en las calles Salud y Manrique. Aquel día celebraba la misa cuando, en medio del sermón, unas revolucionarias que se habían sentado en las primeras filas para provocar, se levantaron cantando el himno del Movimiento 26 de Julio. En ese mismo momento entraron a la iglesia otros grupos preparados para vociferar insultos. El obispo pidió calma para no caer en la provocación y para que saliera a las calles la procesión con la Virgen, como estaba programado. Yo iba muy cerca del anda que cargaba la imagen. De pronto, comenzaron los disparos y el terror se extendió entre todos. La multitud corría sin rumbo, mientras el ejército, que había rodeado la zona, disparaba sin piedad. En esa ocasión, me acompañaba Ángel Prado, un joven estudiante de medicina, muy amigo, que hoy vive en Nueva York, y que entonces terminó ayudándome a socorrer a los heridos. Tristemente vimos cómo, casi frente a nosotros, murió un muchacho cubano perteneciente a las Juventudes Católicas, y quien además era uno de los que ayudaba a cargar la imagen de la Virgen de la Caridad del Cobre. Ángel y yo comenzamos a auxiliar a los que habían sido heridos de bala. A algunos de ellos los llevamos a mi casa para darles los primeros auxilios y de esta forma sacarlos del problema en el que se hubieran metido con el gobierno por haber asistido a aquella manifestación católica, que fue calificada como un acto contrarrevolucionario mayor. Monseñor Boza Masvidal en esa ocasión, al igual que lo hizo el resto de su vida, no les tuvo miedo.

Por todo lo sucedido el año anterior, no nos sorprendió que, a pesar de ser cubano de nacimiento, lo hayan incluido entre los 130 sacerdotes que serían expulsados del país.

Así que aquel domingo que los vimos embarcarse en el Covadonga fue un día muy triste para los católicos cubanos. Las órdenes religiosas no querían arriesgarse a perder a más de su gente. Hay que recordar que eran los tiempos en que la iglesia católica tenía una fuerte presencia en países comunistas como China y los de la Cortina de Hierro, en donde a costa de sus propias vidas, curas y monjas iban predicando su evangelio. Ante el panorama que se vivía en Cuba, los superiores no quisieron arriesgar a quienes tenían ahí, y por eso los otros 300 religiosos también aprovecharon para irse al exilio.

Un par de meses antes habían sucedido dos hechos que preocupaban profundamente a los círculos de la Acción Católica Cubana y otras organizaciones donde yo cooperaba.

El 5 de agosto de 1961 se había dado el decreto de Socialización de los Servicios Públicos y, con ello, la municipalización del Cementerio Colón, administrado entonces por la Diócesis de La Habana. La Diócesis recurrió a la apelación de la sentencia, ya que con la decisión perderían entradas económicas sustanciales. Al final, todo fue inútil, porque la medida fue ratificada por el Tribunal Supremo de Justicia.

Esto se unió al segundo hecho preocupante: el control de las finanzas de la iglesia, lo cual se hizo a través del canje de moneda nacional el 4 de agosto de ese mismo año. Con esta medida, todo dinero que no se encontraba depositado en el Banco Central perdió el valor de la noche a la mañana. Como la Iglesia no guardaba su dinero en el banco, lo perdió todo, y así el gobierno obtuvo aún más control. Con lo sucedido, más estos dos últimos hechos, el futuro resultaba terriblemente incierto en lo referente a la religión.

En esos días recibí una llamada. Por todas mis actividades extracurriculares, cada vez que sonaba el teléfono tenía la sensación de que era para algo que requería de nuestra actuación urgente. En esta ocasión, no me equivoqué. Al otro lado del teléfono estaba Osorio Dávila, un amigo que trabajaba como director en la Gobernación. Me pidió una cita era para vernos esa misma tarde, y yo por supuesto acepté.

—Los planes del gobierno me tienen alarmado —me dijo Osorio.

—¿Por qué? —pregunté—. ¿Qué hay de nuevo ahora, y contra quién?

—He recibido instrucciones precisas de actuar en contra de las monjas y los curas, sin la más mínima consideración, para sacarlos inmediatamente del país. Yo sé que el Che tiene la mano metida en todo esto.

Yo sabía que Fidel, con el Che de consejero en asuntos de religión, no podría ser nada justo, porque al Che le salía lo ateo por los poros; pero de eso, a los planes inmediatos de expulsión, pensé que había un largo trecho. Lamentablemente, estaba equivocada.

—Pronto, muy pronto —siguió diciéndome Osorio— se intervendrán los colegios católicos, van a cerrar las iglesias y se expulsará del país a todo el que tenga que ver con monjas y curas. A todos se les va a declarar enemigos de la Revolución.

—¿Qué puede hacerse? —pregunté.

—Además de avisarles para que estén prevenidos, no creo que haya nada más que podamos hacer, porque la persecución religiosa es un hecho —me confirmó Osorio.

De inmediato me puse en contacto con los grupos para que dieran aviso a los afectados por la medida. A nivel personal, ésto me alarmó y afectó porque enseguida pensé en las monjitas del colegio de Las Ursulinas en La Habana, donde yo había estudiado toda mi vida. Si iba a prevenirlas esa

Memorias de Juanita Castro contadas a María Antonieta Collins

misma noche, solo conseguiría asustarlas, así que decidí ir a avisarles al día siguiente. Por la mañana, muy temprano, comencé a recibir llamadas de ex alumnas:

—¡Intervinieron el colegio de Las Ursulinas! —decían unas.

—¡Acaban de llegar al Merici Academy! —me informaban otras.

Se referían a dos de los colegios privados más famosos de Cuba, que sorpresivamente se habían convertido en las primeras víctimas de la nueva ronda de persecución religiosa. En el caso del Merici Academy, que estaba en la exclusiva zona del Country Club, era una escuela igual que Las Ursulinas, pero con monjas norteamericanas que enseñaban todas las asignaturas en inglés. La misma suerte corrieron todos los planteles religiosos, tal y como me lo había anunciado mi amigo Osorio Dávila. Alcancé a ir por Carmita y Puchi Morgade y, junto con ellas y otras que estudiamos allí, nos fuimos rápidamente para Las Ursulinas, en Miramar, para ver de qué forma podíamos ayudar a las monjitas.

Al llegar, nos encontramos a una mujer —que ahora está en el exilio— que, como fervorosa miliciana, gritaba consignas a voz en cuello y, sin necesidad, insultaba a las religiosas.

—¡Ahora sí pónganse a rezar, porque si no es del cielo, no sé de dónde más les puede llegar ayuda! —gritaba la mujer, ensañada contra las monjitas, que permanecían calladas ante aquel atropello—. Se van a largar de aquí con lo que traen puesto, además les estoy instalando una vigilancia para que no puedan llevarse nada, absolutamente nada, ¡Ay, de la que agarre algo! ¡Y dénle gracias a Dios que no me las llevo presas!

Yo había prometido controlarme, pero aquello era demasiado abuso para permitirlo. Enfurecida, me enfrenté a la miliciana. Nosotras la conocíamos, pues había sido alumna del colegio.

—¡Ya basta, abusadora! Si tú a lo que has venido es a cobrarte algo pendiente con ellas, no te lo voy a permitir!

—¡La cosa no es contigo —me dijo—, la que está dirigiendo esta operación soy yo!

—Óyeme bien lo que te voy a decir —le respondí—: a estas monjas tú y yo, que estudiamos en este colegio, les debemos solamente respeto, no lo que tú estás haciendo. En este momento no sólo están bajo mi protección, sino que la que se va a largar de aquí inmediatamente eres tú y tu séquito. No tengo más nada que hablar contigo.

Di por terminada esa discusión y me dediqué a llevar a cabo los planes que tenía previamente pensados: llevarme la estatua de Santa Ángela de Merici, la patrona del colegio, que ocupaba un lugar en el patio central, para que no la destruyeran. Eso por un lado. Por el otro, tranquilizar a las monjitas que permanecerían en el convento unos días más, hasta que pudieran salir de Cuba.

Un equipo con una grúa, que yo había contratado, logró remover la estatua que pesaba una tonelada.

—¿Dónde ponemos a Santa Ángela? —preguntó Carmita—. Porque hay que llevarla de inmediato a algún lugar seguro.

—¡Llévenla para mi casa! —ordené.

Así que Santa Ángela de Merici estuvo —como muchos otros— asilada por un tiempo en mi casa, ya que era el lugar más seguro, mientras las aguas se calmaban. Tiempo después la envié al Arzobispado de La Habana, donde, según tengo entendido, todavía está.

Tomé entonces unos segundos para reflexionar: ¿Cómo era posible que todo eso estuviera pasando en Cuba? ¿Acaso aquello no significaba que el diablo andaba suelto en La Habana?

De inmediato me fui para mi casa a contarle a mi mamá lo que había sucedido.

—Ahora mismo hablo con Raúl —me dijo.

Efectivamente, así lo hizo. Raúl la escuchó y me mandó un mensaje:

—Dile a Juanita que tendrá que encargarse de todo lo relacionado con las monjas porque tienen que entregar el convento e irse cuanto antes de Cuba. Así que, si quiere ayudarlas, eso será su responsabilidad.

Por supuesto que me hice cargo de eso y de todo lo demás. La gran tarea era hallarles papeles para hacerles pasaportes a las monjitas de Las Ursulinas, para que se pudieran ir. En esta labor encontré a un gran aliado que era abogado: Emilio Núñez-Blanco, esposo de mi ex cuñada Mirta Díaz-Balart.

—El mayor problema que tenemos —se dio cuenta Emilio— es que para obtener los documentos a la mayor brevedad posible necesitamos la inscripción de nacimiento, y muchas de ellas no la tienen porque no nacieron en Cuba. Juanita. No tienen ni siquiera los papeles de su entrada al país, y eso es un gran problema. Hay que ganar tiempo para lograr conseguirles todo.

Emilio Núñez-Blanco tenía razón: muchas de ellas habían venido de España y Francia, como era el caso de la Madre San Juan, pero nadie sabía dónde estaban sus documentos, lo que dificultaba la labor de obtener los pasaportes. El problema lo tenían todas, desde la madre superiora hasta la novicia más humilde. Entonces, tuve que conseguir una dispensa de trámites, luchando en las oficinas encargadas, donde había que hacerles entender la situación que ellos mismos habían creado.

—¿Quieren que las monjas se vayan rápidamente? ¡Ayúdenme! De otra forma no solo no pueden salir de Cuba, sino que, por las leyes internacionales, tampoco las pueden recibir en ningún país.

Con ese argumento convencí a los furibundos antirreligiosos, pero las cosas tenían que hacerse rápidamente teniendo en cuenta que no contábamos con semanas de límite, ¡sino con escasos días!, ya que sobre todas ellas había orden de expulsión. Haciendo estas diligencias, me encontré con algo doloroso y que me molestaba: muchas de ellas eran analfabetas, no sabían leer, ni escribir.

¿Cómo es posible —me preguntaba— que esto suceda en un colegio que tiene tantos recursos para enseñar a otros? ¿Qué explica que no lo hayan hecho con ellas mismas? Las

que vivían esa situación eran las más humildes, las que conocíamos con el titulo de "Sor" y quienes estaban encargadas
del servicio doméstico del colegio y del convento, es decir,
las que limpiaban, cocinaban y servían a las demás. Las que
no tenían ese problema eran a las que se les daba el trato y
cargo de "Madre".

De igual manera, había que seguir adelante. Lo siguiente fue ponerles a salvo sus pertenencias personales —lo que
más querían conservar— porque efectivamente la orden de
expulsión inmediata incluía que tenían que salir del país únicamente con lo que traían puesto.

Así fue como de toda Cuba se llevaron a cientos de monjas y a cientos de curas. Al menos, aquellas a quienes pude
ayudar, no sólo de Las Ursulinas y del Merici Academy, sino
también algunas de otras partes, corrieron con mejor suerte
que las demás.

En el caso de las monjitas del Merici Academy, por ser
norteamericanas fueron de las primeras expulsadas. Tenían
a su favor que sus documentos estaban en orden, pero había
que ayudarlas a salvar sus propiedades personales.

Después de todo este episodio, tuve mucho contacto con
ellas. Hice viajes a Nueva Orleáns para entregarles personalmente sus cosas, que yo misma saqué de Cuba. Las fui a visitar en un par de ocasiones más, y siempre estuvieron agra-
decidas conmigo. Madre Thomas, la directora, y yo mantu-
vimos contacto a través de unas cartas muy bonitas que me
enviaba y que aún guardo.

A la Madre Elizabeth Teresa —que, cuando Enma estaba
en el internado y Fidel iba a visitarla los fines de semana, le
encantaba ponerse a platicar con él porque le contaba historias de cuando fuera presidente de Cuba—, cuando la expulsaron la mandaron a Las Ursulinas en Caracas, donde tuve
oportunidad de visitarla a ella y a otras monjitas más que
también fueron reubicadas en Venezuela.

Otras se quedaron en Miami. De éstas, algunas se volvieron seglares con los cambios que acontecieron en la iglesia a

raíz del Concilio Vaticano II. Otras, como la Madre Lucile, mi profesora de Historia, se dedicaron a cuidar a sus familiares enfermos, en el caso de ella, a su madre, hasta que murió.

Recuerdo particularmente el caso de la Madre San José, quien después de que la sacaron de Cuba se volvió loca al no poder lidiar con el dolor de todo aquello que tuvo que vivir y para lo que no estaba preparada. Sin embargo, cuando yo la visitaba a veces tenía períodos de lucidez.

—¿Por qué —me preguntaba ella— un país al que yo amo tanto y al que le di todo lo que yo tenía, mi vida, mi juventud, de un día para otro me puso en la calle y me expulsó? ¿Por qué, Juanita? ¿Qué daño les hicimos?

Lamentablemente, yo no tenía las respuestas a aquellas preguntas agonizantes de la Madre San José. Al poco tiempo, perdió totalmente la razón y murió.

Sin lugar a dudas, aunque cada día éramos menos los que estábamos a salvo en Cuba, la tarea de ayudar a los demás aumentaba con las horas.

36.

EL ESCAMBRAY

La gente comenzó a levantarse en armas. El foco de la insurrección fue la sierra del Escambray, localizada en la parte sur central de la isla, en Santa Clara, que entonces era una sola provincia.

En el Escambray, durante el tiempo de esa lucha —que duró seis años, de 1960 a 1966—, hubo mucha historia. Cada momento era peor que el otro, y la culpa de las tragedias que se sucedieron recayó en uno de los pecados de la miseria humana: la delación. A partir de 1960, la delación en Cuba se convirtió en un arte diabólico que acabó con la vida de héroes anónimos y de luchadores por la libertad de nuestro país. Anónimos, como el caso de un capitán de los alzados, a quien encarcelaron con toda su familia, en medio de la conspiración para provocar la rebelión popular —la cual nunca llegó a ocurrir. Habían sido delatados por un joven de 16 años, quien bajo tortura dio el nombre de todos los participantes, incluida toda aquella familia de numerosos miembros; era el tiempo en que los tribunales revolucionarios trabajaban los días enteros abriendo causas judiciales utilizadas para hacer "limpieza" de enemigos. Todos vivíamos en un sube y baja emocional.

Cada vez que escucho la palabra Escambray, de inmediato vienen a mi memoria las imágenes de un patriota llamado Plinio Prieto Ruiz. Éste era un maestro de escuela que, desencantado con el rumbo que tomó la Revolución, dejó aquello por lo que había luchado y organizó el Segundo Frente del Escambray, del que llegó a ser comandante.

Plinio Prieto Ruiz murió a los treinta y siete años de edad, fusilado junto a cuatro de sus subalternos —Porfirio Ramírez, Sinesio Walsh, José Antonio Palomino y Ángel Rodríguez del Sol—, a quienes juzgaron junto a otros 130 cubanos más por participar en la guerra de la sierra del Escambray. Éstos eran los integrantes de la famosa Causa 829/1960, que ordenó largas condenas de cárcel para quienes habían incurrido, según reza el texto, en el delito de "efectuar múltiples reuniones de carácter contrarrevolucionario en la ciudad de La Habana, habiendo acordado, entre otras cosas, combatir los poderes del Estado Revolucionario mediante la organización de grupos armados en las montañas del Escambray, manteniéndolos y aprovisionándolos".

Salvador Esteva Lora —el padre de Ana Ely Esteva— encabezaba la lista en el tribunal. Fui al juicio masivo de todos ellos en Santa Clara. Recuerdo a los familiares de los condenados buscar inútilmente clemencia para los suyos, porque aquel proceso era un teatro donde los milicianos se burlaban y declaraban cualquier cosa que se constituyera en prueba contra el que fuera, tuviera relación o no con el Escambray. Yo salí asqueada de la audiencia pública, que era un verdadero circo romano donde, después de mil payasadas, el único resultado sería echarlos a los leones.

La misma causa de los llamados "Bandidos del Escambray" puso en la cárcel a otro luchador: Arsenio Padierne Labrada, a quien tuve la oportunidad de ayudar. Este hombre también organizaba grupos, y transportaba armas y equipos militares. Fue condenado a treinta años para ser cumplidos en la prisión de Isla de Pinos, pero el G2 —el servicio de inteligencia cubano— sabía que Padierne no había confesado todo, y que ellos habían cometido el error de no haber hecho un registro previo a su propiedad en busca de pruebas. Decidieron entonces ir a su casa, donde seguramente encontrarían la evidencia para poder enviarlo al paredón de fusilamiento. Alguien le avisó a la esposa de Padierne, para que estuviera preparada. La noticia, devastadora en sí misma, colocó a la mujer en una situación desesperada, ya que se encontraba gravemente enferma de cáncer y apenas podía levantarse de la cama. Mis contactos me hicieron llegar una dramática petición de auxilio de la señora, que en verdad estaba moribunda, pero era muy valiente. De inmediato pedí ayuda al embajador de Suiza, que era el encargado de la Sección de Intereses de los Estados Unidos en Cuba y quien siempre me ayudaba en estas peticiones humanitarias que requerían una acción inmediata. Acompañados de otras personas, llegamos a su casa.

—Permítanme morir tranquila, por el amor de Dios. En las paredes hay un escondite secreto que, si es hallado por el G2, bastará para enviar a Padierne a la muerte sin juicio de por medio. Yo ya me estoy muriendo, pero él tiene que vivir.

Nos señaló el sitio donde su esposo había guardado aquello. Casi nos desmayamos al ver de qué se trataba. ¡Era un arsenal completo de ametralladoras y municiones que debían ser enviadas directamente al Escambray! El embajador suizo fue quien primero reaccionó.

—Creo que esto no sólo le costará el paredón al esposo... sino también a quienes estamos cerca. Hay que sacarlo de aquí inmediatamente.

Desesperados, comenzamos a meter aquello en los dos autos en que habíamos llegado, y partimos. De acuerdo con los testigos de aquella tarde, habría pasado quizá media hora desde que nos marchamos, cuando la cuadra presenció una gran movilización: era el G2 que se presentó a realizar el registro domiciliario de Arsenio Padierne Labrada. No encontraron nada.

Al día siguiente la esposa nos mandó agradecer aquella acción, que surtió efecto porque milagrosamente nosotros nos adelantamos. Poco tiempo después supe que ella falleció tranquila sabiendo que había librado a su marido del paredón de fusilamiento.

Había muchos canales para saber cómo asistir a los que estaban huyendo y necesitaban un refugio. Para eso, entre decenas de otros más, estaban Elsa Negrín, Roberto Jiménez o Margarita Blanco, alguien que fue muy activa trabajando con los grupos en aquella etapa. Sin embargo, había ocasiones en que las cosas no salían bien, como en el caso de algunos luchadores como Felipe Jiménez, quienes cayeron presos y no pudimos hacer nada por ellos. Hubo gente que fue condenada a treinta años de cárcel, aunque muchos cumplieron sólo parte de aquellas largas condenas ya que salieron durante el canje de prisioneros a principios de los ochenta.

Así vivíamos cada día, entre la esperanza y la desesperanza, un sentimiento que me acompañó desde los primeros días del triunfo de la Revolución. En una ocasión, en 1959, me vinieron a buscar para que intercediera por una familia batistiana muy famosa: el hermano de José María Salas Cañizares, conocido por ser uno de los verdugos más sanguinarios de la dictadura de Fulgencio Batista. La ayuda era para Juan Salas Cañizares, quien fuera jefe de la guarnición de Matanzas y que estaba detenido. Yo acepté mediar porque lo habían apresado únicamente por ser hermano del que era criminal. De inmediato me fui a Matanzas para ver a William Gálvez, uno de los hombres más cercanos a Fidel, comandante militar de esa provincia.

—A este Salas Cañizares —le dije— lo tienen aquí únicamente por ser hermano del otro. Él nunca hizo nada contra los rebeldes, pero su familia teme que ustedes le den paredón; por eso estoy aquí, para pedirte por su vida.

—Te doy la más completa de las garantías de que se le dará un trato justo por parte de la Revolución, Juanita; tienes mi palabra. Esta Revolución es benevolente.

William Gálvez dio órdenes para que de inmediato se me permitiera entrar a ver a Juan Salas Cañizares a la celda que compartía con un subalterno. La reunión fue tan impactante que aquel día lo recordaré siempre. Al verme, los dos hombres me abrazaron llorando.

—Haz algo para que no nos fusilen, por piedad, nosotros no queremos morir, ayúdanos a vivir.

De inmediato les conté mi conversación con el comandante Gálvez.

—Tengo la seguridad de boca del mismo Gálvez, que me dijo que la Revolución era benevolente, que ustedes recibirán un trato justo. Tenemos que confiar en que así será, ya que ustedes no hicieron daño. Le dejé en claro que siempre respetaste la vida de los revolucionarios. Vamos a esperar y vamos a tener fe en que todo saldrá bien.

Les di ánimos, estuve un rato más con ellos y logré tranquilizarlos. Desafortunadamente, a mis 26 años de edad, a pesar de lo que había vivido, yo era una ingenua muchacha en medio de un proceso impredecible.

La madrugada siguiente del 24 de enero de 1959, Juan Salas Cañizares y su subalterno fueron sacados de su celda y llevados al paredón. William Gálvez, que era tan carnicero como pudo ser el pariente de aquel infeliz, ordenó fusilarlo de inmediato junto a su colaborador, sin juicio de por medio.

Al enterarme de la noticia, me sentí traicionada, pero era un sentimiento con el que tuve que aprender a lidiar.

Cuando alguien me pregunta cómo pudimos sobrevivir aquel tiempo, yo respondo sencillamente: sabiendo que vivíamos en un reino del terror. Por supuesto que yo misma conocía la dimensión de lo que hacía, de acuerdo con las reacciones que se sucedían, como lo que me pasó otra noche cuando el G2, por segunda ocasión, intentó entrar a la casa de huéspedes de J 406.

Como ya habíamos vivido un intento de registro, la llegada intempestiva de vehículos militares y milicianos bajándose a toda prisa y golpeando a la puerta no nos tomó desprevenidos:

—¡Abran, que tenemos órdenes de entrar!

—¿Órdenes de quién? —dije por la ventana—. ¡El que se las dio que venga personalmente a decírmelo!

Adentro todos estábamos paralizados de miedo porque en esos momentos la casa estaba llena de gente perseguida por actividades subversivas. Mientras tanto, los milicianos no sabían qué hacer, pero no bajé la guardia.

—Únicamente van a entrar a mi casa por la fuerza. Derriben la puerta, hagan lo que quieran, pero sólo sobre mi cadáver.

En ese momento vino una de las huéspedes temblando de miedo a decirme que al teléfono estaba José Abrantes, el ministro del Interior, quien pedía hablar conmigo urgentemente.

—¿Qué pasa José? —le dije—. Tengo a toda esta gente del G2 a las puertas de mi casa. Esto que están haciendo es una injusticia más. Aquí sólo estamos mi mamá, que ha venido de visita, mi sobrino y yo. ¿Tengo que hablar con Raúl para que nos dejen en paz? ¡Dímelo, que en este momento lo hago!

—No. No te preocupes —me respondió convencido—, que en este preciso instante se retiran de ahí.

Tan pronto como terminó aquella llamada, el G2 desapareció del vecindario como por arte de magia, y nosotros, una vez más, nos habíamos salvado, aunque estuvimos muy cerca de que nos descubrieran.

Actuar de aquella forma no respondía a ninguna "guapería" —como decimos en cubano—; la realidad es que no tenía otra opción, ya que de lo contrario aquello hubiera sido un desastre para todos nosotros.

Ésa fue sólo una anécdota afortunada que tuvo la dicha de no terminar como tantas otras, que formaron parte de lo que el Che llamó macabramente "la pedagogía del paredón".

37.

SOY MARXISTA-LENINISTA

Cada vez que yo veía el calendario, me espantaba. ¡Qué largo y terrible seguía transcurriendo 1961! Y, en verdad, que aunque yo iba perdiendo mi capacidad de asombro —¿cómo no hacerlo después de lo sucedido en Bahía de Cochinos, el Escambray, las delaciones, expropiaciones, confiscaciones y tanta gente encarcelada, o peor aun, fusilada?—, sin embargo yo no imaginaba las cosas que se venían fraguando: el canje de moneda y la declaración de lo que en realidad representaba Fidel.

Raquel Pérez de Miret, esposa de Luis, hermano de Pedro Miret, era mi comadre y una de mis grandes amigas de muchos años. Durante la dictadura batistiana ambas estábamos a favor de la misma causa, peleábamos contra aquello y asistíamos a todos los mítines políticos que podíamos. Después, ella y su esposo se fueron a vivir a Nueva York, y nuestra amistad era tan grande que cuando yo llegaba a esa ciudad, en lugar de irme a un hotel me hospedaba en su casa. Al triunfo de la Revolución, Raquel, que era abogada, tuvo una muy buena participación en el régimen. En 1959 fue la segunda mujer en ser nombrada titular de un ministerio. Reemplazó a Elena Mederos, primera en el puesto como ministra de Bienestar Social y quien duró muy poco en el cargo.

De esta forma, mi comadre Raquel Pérez de Miret —yo soy la madrina de Luisito, su hijo— ocupó un sitio dentro del Consejo de Ministros y, por lo tanto, se enteraba de muchos planes. Alrededor del mes de julio, me comentó algo en lo que el Che estaba involucrado directamente, en su carácter de ministro de Industrias:

—He sabido que el Che podría estar imprimiendo una moneda sustituta para eventualmente hacer desaparecer la moneda actual. En la reserva del Banco Nacional sólo se encuentran 50 millones de pesos y se sabe que alrededor de 700 millones están atesorados por particulares y empresas, y, por lo tanto, están fuera del control del Estado. Así que imagínate que si esto es cierto, ¡la que se nos vendrá encima!

—¿Pero cómo podrían hacerlo? Eso es imposible —repliqué—. ¿Imaginas lo que sucedería?

—Tienes razón, eso no es tan fácil de hacer de un día para otro. Tendría que montarse un gran operativo difícil de guardar en secreto.

—Si eso sucede —le respondí a mi comadre Raquel—, efectivamente será otro golpe más que recibiremos los cubanos. En realidad ya nada debería asombrarnos viniendo del Che, que ahora se ha erigido como el salvador de la economía cubana sin saber nada de ella.

Nos despedimos y me acordé de lo que me había sucedido un año antes, cuando mis contactos me mostraron un billete nuevo que entraría en circulación en el que la firma no tenía nombre ni apellido, solo decía: Che. Recuerdo que fue tanta la rabia que me dio esto que me fui directamente a ver a Fidel a su casa.

—Veo que vienes enojada, ¿y ahora qué es lo que te pasa?

—Chico, ven acá —respondí—. Dime, ¿por qué un extranjero tiene que firmar la moneda de mi patria con su apodo?

Fidel ni siquiera se molestó y rápidamente me corrigió:

—En primer lugar firmó como Che, porque así es como aquí se le conoce popularmente, y en segundo lugar te recuerdo que el Che ya no es extranjero, desde el año pasado. En retribución a sus sacrificios en la lucha contra la tiranía, se le concedió y él aceptó la ciudadanía cubana por nacimiento; por lo tanto, es tan cubano como tú y como yo.

—Pues lo será para ti —le respondí—. Para mí sigue siendo un extranjero que firma nuestros billetes con su apodo, y no hay nada más que decir.

Recuerdo haberme ido —para variar— muy disgustada por la injerencia tan grande que el Che iba ganando día a día, también en los asuntos financieros. De manera que la conversación con mi comadre Raquel en realidad fue una advertencia de algo que no había que poner en tela de juicio. Aunque, en verdad, aquel día yo deseé con toda mi alma que no sucediera porque miles de personas verían su patrimonio reducido a cenizas.

Por lo pronto, gracias a ella, que me contó muy confidencialmente la medida, yo también "confidencialmente" le conté a todos los que pude lo que podría pasar para que, si llegaba a suceder, no perdieran el dinero que tenían.

No volvimos a tocar el tema y supuse que se trató de una falsa alarma. Sin embargo, el 3 de agosto Raquel me habló para vernos urgentemente. La alcancé en su despacho del ministerio de Bienestar Social. Al verme, dejó las reuniones y me pidió que camináramos un momento para hablarme de algo más delicado.

—Mañana se va a promulgar una ley que es el mayor secreto que se haya guardado en Cuba: en sólo dos días se tendrá que hacer en todo el país el canje de moneda.

—Pero, ¿cómo van a hacer eso? —le dije, asombrada— Especialmente con el fin de semana atravesado entre esos días.

—Se calcula que serán instalados más de tres mil centros de cambio y hay más de cincuenta mil personas que realizarán el proceso: empleados bancarios, milicianos y miembros del Ejército Rebelde, que en este momento no saben de qué se trata, pero a los que mañana se les dará a conocer la medida y el procedimiento.

¡Me quedé al borde del colapso! Rápidamente avisé a cuantos pude.

Dos días después, efectivamente, todo sucedió como me lo había contado mi comadre. El día 5, la ley que ordenó el canje de moneda durante el fin de semana del 6 y 7 de agosto fue publicada en la Gaceta Oficial. El régimen confiscó de esa forma casi 500 millones de pesos, y otros 500 que existían guardados por los particulares perdieron su valor. Lo más curioso fue que el Che supervisó la operación como ministro de Industria, no como director del Banco Nacional, ya que había dejado ese puesto en febrero. Todo lo tuvo perfectamente orquestado: la moneda que antes se imprimía en los Estados Unidos, se hizo en Checoslovaquia a lo largo de un año, de manera que cuando entró en vigor la ley, fue un golpe para muchos, comenzando con la contrarrevolución.

Siempre recordaré a mi comadre Raquel Pérez de Miret por este gesto y por la ayuda que obtuve de ella mientras fue ministra. Poco después del canje de moneda, yo recibí otra terrible noticia —la que me faltaba, pensé. Mi querida comadre Raquel murió en un accidente automovilístico cuando iba de La Habana a Santiago de Cuba. Manejaba por la carretera Central y, según me pude enterar, iba por una zona de curvas a alta velocidad antes de entrar a la ciudad cuando sobrevino el accidente, y desgraciadamente no sobrevivió. Su muerte fue un gran golpe para mí.

Después de semejante pérdida, además de todos los terribles acontecimientos de 1961, lo único que deseaba era que terminara ese año de una vez por todas. Así llegamos a diciembre. El día 2, extrañamente, pude irme temprano a mi casa a descansar después de meses completos en que J 406 parecía una embajada o un ministerio, donde la gente hacía colas para hablar conmigo por algún problema que tenían.

Aquel día era sábado y, como mi mamá estaba en mi casa de visita, decidí irme temprano para comer algo y conversar con ella un rato.

—Fidel habla esta noche por televisión. Me habló y me dijo que va a hacer declaraciones importantes, así que prefiero que nos quedemos aquí para poder verlo, Juanita.

No imaginé cuáles serían las importantes declaraciones, y comenzamos a verlo. Fidel daba su discurso, como ya todos nos habíamos acostumbrado, aburrido y kilométrico, cuando de pronto empezó a cambiar el tono y nos llamó la atención.

—A mí me han preguntado algunas personas si yo pensaba cuando lo del Moncada como pienso hoy. Yo les he dicho que pensaba muy parecido a como pienso hoy. Ésa es la verdad.

Y en la siguiente frase, Fidel soltó la bomba:

—Lo digo aquí con entera satisfacción y con entera confianza: soy marxista-leninista y seré marxista-leninista hasta el último día de mi vida.

Al escucharlo, me quedé horrorizada y no pude más que voltear a ver a mi pobre mamá, que estaba peor que yo.

—¿Y esto qué es? ¿Qué fue lo que dijo Fidel?

Yo no sabía ni qué responderle porque la declaración aquella nos dejó a la dos paralizadas de la impresión, hasta que comencé a hablar en voz alta, sacando lo que había tenido dentro durante mucho tiempo.

—¿Cómo es posible —le dije a mi mamá— que un hombre con el que creciste en familia, en el que creías y por el que luchaste, de repente cambie y afirme lo que siempre dijo que no era, ¿y ahora sí lo es?

Mi mamá, pobrecita, tenía los ojos llenos de lágrimas:

—¿Qué va a pasar ahora, Juanita?

—Nada, mamá. ¿Qué va a pasar? Que ahora sí estoy convencida de que Fidel es un gran actor. Un actor que representó a la perfección un papel con el que nos engañó a todos. ¿Qué más va a pasar, vieja?

Estaba de más cualquier explicación porque las dos entendíamos perfectamente y, quizá por la cercanía familiar, fuimos las primeras traicionadas con el pronunciamiento; después de nosotras estaban el resto de los cubanos que creyeron en él.

Así como siempre supe que Raúl y el Che sí eran comunistas, siempre creí que Fidel nunca simpatizó con los elementos marxistas ni en la universidad ni cuando estaba preparándose en el Moncada, ni durante la expedición del *Granma* en México, ni en la Sierra Maestra. ¡Qué va! En familia nunca tuvo ninguna manifestación que nos hiciera pensar que sus ideas eran otras.

Jamás en la vida Fidel fue marxista, jamás. Por el contrario, yo me acuerdo que Bilito Castellanos —el hijo de Baudilio Castellanos, dueño de la farmacia del Central Marcané (y de cuya hermana Fidel estuvo muy enamorado)— estaba muy vinculado a las Juventudes Comunistas, junto con Alfredo Guevara y todo aquel grupo, durante los años universitarios en La Habana. Entonces, los padres de Bilito, desesperados, buscaron ayuda. ¿A quién recurrieron para librar a su hijo de la mala influencia? ¡A Fidel!

—No sólo te pedimos —le dijo entonces Baudilio padre—, te rogamos que por la amistad de toda la vida que hemos tenido entre las familias, nos ayudes a salvar a Bilito de ese ambiente.

Fidel, sin dudarlo un instante, se comprometió. Le cambió la mentalidad porque lo convenció de no asociarse con los comunistas de la universidad.

¡Cómo no iba yo a recordar aquella anécdota! Si lo que había dicho aquel 2 de diciembre era algo totalmente diferente a sus pronunciamientos de poco tiempo atrás.

—Es como decir que su posición cambio del día a la noche, en tan sólo momentos —analizaba mi mamá.

Ya no le quise decir nada más porque me preocupaba su salud. Contrario a lo que pensaba hacer al principio de aquella noche, que sería descansar, tuve que salir a reunirme con las organizaciones donde colaboraba, que también estaban alarmados con lo que habían visto por televisión. Entre tanto, en mis oídos resonaban las declaraciones de Fidel ante la Sociedad Norteamericana de Editores de Periódicos en Washington, en abril de 1959:

"Respecto al comunismo sólo puedo decirles esto: no soy comunista, ni los comunistas tienen fuerza para ser determinantes en mi país."

Los días siguientes al 2 de diciembre de 1961 fueron de una intensa decepción. Ya teníamos que hacernos a la idea de que nada iba a cambiar para el bien de Cuba. Ni mi mamá ni yo hablamos con Fidel o Raúl de eso, ni de ninguna otra cosa, para hacerles saber nuestro pensar; por mi parte, sobraban las palabras.

Después de aquella confesión televisada, Fidel se retiró un tiempo de las actividades públicas, algo muy común de su personalidad cuando tomaba medidas que impactaban a todos en tal magnitud. Eso mismo de guardar silencio y aislarse había sucedido después de destituir a Manuel Urrutia Lleó, a quien Fidel mismo había nombrado como primer presidente de la Cuba revolucionaria.

Así que la situación, después de declarar que era marxista-leninista y que lo sería hasta el día que se muriera, fue de un silencio absoluto. Entonces, Aníbal Escalante, un comunista de la vieja guardia, dirigía el país desde su posición de Secretario General del Partido Comunista Cubano. Pero eso solamente era la apreciación superficial porque la realidad era que todas las cosas comenzaron a tomar un curso más lento; no había solución para los problemas —ni siquiera los más insignificantes. Ahora todo había que hacerlo con una sola aprobación: la de Fidel.

¿Por qué? Muy claro: ya todo estaba decidido; estaban preparando el camino para el próximo paso, que era el compromiso con los soviéticos. Fidel, con su silencio, estaba ganando tiempo para meditar el rumbo que tomaría: con los norteamericanos tendría que convocar elecciones democráticas tarde o temprano... con los rusos no.

Y la elección entre los dos no era difícil.

El cambio radical de Fidel al comunismo no fue por convicciones políticas, sino simplemente por la necesidad de tener poder, que es lo que siempre le ha importado. Sin los rusos no hubiera podido perpetuarse. Sin una dictadura, como la del líder ruso Nikita Khrushchev, simplemente no hubiera podido seguir ahí. Así que no tengo ninguna otra explicación: se inclinó por la Unión Soviética para perpetuarse en el poder.

Cada quien recuerda aquellos días de forma muy especial. Mi mente seguía confundida en un torbellino de emociones, y de pronto recordé la que se convirtió en la anécdota más significativa de todas: cuando Fidel era estudiante del Colegio de Belén, en un concurso de oratoria dio un discurso en el que fustigó severamente a los comunistas. Esto provocó que aquellos se burlaran de él, y que Fidel después los fulminara en una carta abierta.

Recordé también cuando Fulgencio Batista lo acusaba de ser comunista y yo, Juanita Castro, con sólo veinte años de edad, indignada, le dije a mi hermano:

—Fidel, defiéndete de los ataques del dictador. Muestra aquella carta que escribiste cuando estabas en el Colegio de Belén, en la que acabaste con los comunistas.

Pero ni caso me hizo.

Después del 2 de diciembre de 1961 supe por qué.

—Tonta —me repetí—, tonta por no darme cuenta; pero era algo en lo que no estaba sola porque no fui la única engañada.

Los engañados habíamos sido todos los cubanos con ansias de una Cuba democrática, que fue lo que prometió Fidel el 28 de abril de 1959, cuando dijo: "Será un gobierno del pueblo sin dictaduras y sin oligarquía; libertad con pan, y pan sin terror, eso es humanismo. Creemos que no debe haber pan sin libertad, pero que tampoco puede haber libertad sin pan. Queremos que Cuba sea un ejemplo de democracia representativa con verdadera justicia social".

Ésa era la revolución que quería el pueblo de Cuba.

Ésa era la revolución por la que entregaron su vida miles de compatriotas.

Ésa era la revolución que ya no existía.

38.

Y LOS HÉROES CAMBIARON
DE NOMBRE

Mientras andaba en peripecias inimaginables, yo vivía de lo que mi papá nos había dejado y de mis propios negocios, ya que siempre me ha gustado trabajar para ganarme la vida.

Como ya conté anteriormente, a los quince años de edad, al terminar la carrera comercial en el colegio de Las Ursulinas de La Habana, regresé a la finca junto a mis padres e instalé el Cine Juanita. Después, también muy jovencita, tuve un negocio de lechones. Compraba cualquier lechona que me vendieran, sin importar si estaba fea, flaca o muerta de hambre, y la mejoraba y la ponía a producir. Así fue que logré una cría de cochinos inmensa, porque tenía un área de la finca que era un palmar muy grande, con el mejor alimento para los puercos, que era el palmiche. Después tuve clientes de todas partes de Cuba que venían a comprarlos a la finca porque siempre les ofrecí un muy buen producto. De los lechones pasé al negocio de reses. Tenía un buen ojo para los animales y podía calcular el peso de una res en pie nada más de verla, ya que así se compraba el ganado en Cuba en aquella época.

Ésa era mi vida comercial: hacer negocios por todas partes, lo que de paso daba trabajo a muchísima gente. Cada vez que me enteraba de que estaban vendiendo un negocio porque estaba perdido, ahí iba yo a comprarlo para mejorarlo y sacarlo a flote. Después lo vendía y seguía con la siguiente aventura comercial.

Cuando triunfó la Revolución, incursioné en nuevos negocios. Me enteré de que en La Habana vendían una estación de radio pequeña que estaba en muy mal estado, pero que a fin de cuentas era una estación radial. ¡Por supuesto que la compré! Se llamaba CMK. Tenía un precio muy atractivo y la mejoré al cien por ciento, haciendo una inversión muy fuerte para ponerla en condiciones para competir con otras. Comenzamos a tener buenas entradas, muchos anuncios, índice de audiencia en crecimiento, y a la gente le gustaba su programación. Mi estrategia de operación era sencilla: decidí que ahí no habría noticias, sólo música instrumental para que, con todos los problemas, aquello fuera un calmante. Me inventé el eslogan: "En su auto cambie para la CMK". Pero el gusto nos duró muy poco a todos, al auditorio y a la dueña. Cuando comenzaron a intervenir todos los negocios en 1960, la mía fue una de las primeras empresas que confiscaron para ejercer el poder totalitario, y así poder controlar lo que la gente escuchara en todas las emisoras de radio y televisión. Ésa era la tarea de la gente de la vieja guardia comunista, es decir, de los que eran en verdad partidarios del régimen, algo que todos ellos cumplían a la perfección.

CMK estaba en el área de la antigua Plaza Cívica, hoy llamada Plaza de la Revolución, en lo que entonces era una zona de negocios con todo lo relacionado con la radio y el cine.

Días antes de que me la quitaran, recibí una comunicación por escrito que venía firmada por Aníbal Escalante, donde me hacían una "propuesta de compra" de la radioemisora. Por supuesto que la cantidad que me estaban ofreciendo era ridícula y además inaceptable desde todos los puntos de vista. Fui al ministerio de Comunicaciones, donde tenía dos amigos, uno de ellos el propio ministro, el ingeniero Enrique Oltusky, para preguntarles de qué se trataba esta "propuesta".

—Te prometo, Juanita —me dijo Oltusky—, que voy a investigar lo que está pasando y en cuanto tenga alguna noticia, te aviso enseguida.

Como no tuve noticias de él, lo volví a buscar, y juntos llegamos a la conclusión de que ésa era una medida acordada al más alto nivel, y que todas las estaciones de radio y televisión del país serían intervenidas. Por supuesto, eso incluía la mía. No había más nada que hacer.

Por lo menos conmigo tuvieron, si se puede decir así, la "cortesía" de avisarme que iban en ese momento a ocupar la emisora. No fue necesario que me presentara porque previamente ya había quitado todas mis pertenencias personales de la oficina. Algunos locutores, a quienes yo les di trabajo mejor remunerado que en ninguna otra parte, fueron los que de inmediato se alinearon con los interventores y se quedaron con el negocio, que por cierto duró muy poco tiempo, porque, como todas las cosas que intervenía la Revolución, la destruyeron.

Al enterarse, mi mamá se disgustó muchísimo.

—¡Ahora mismo hay que ir a hablar con Fidel o con Raúl! —me dijo.

—No mamá, ¿para qué hablar con ellos? Ya no vale la pena perder mi tiempo o el tuyo en eso, porque esa fue una determinación tomada al más alto nivel. De otra forma, ¿quién se hubiera atrevido a intervenir el negocio de la hermana de Fidel?

Fui, como todos los cubanos que estaban en las mismas circunstancias, otra más que perdió el producto de su esfuerzo. Efectivamente yo perdí parte de mi dinero. Poco después me ofrecieron poner otro negocio, pero gracias a Dios que no lo hice porque habría perdido todo lo que tenía. A esas alturas, ya no era sólo dinero lo que iba desapareciendo de la vida de los cubanos, sino también otras cosas básicas y fundamentales como Dios, la fe, la Iglesia y el credo.

La juventud comenzó a crecer sin esa base religiosa que siempre existió, ya que antes, sea con mucha o poca convicción, en Cuba todo el mundo tenía una creencia y respetaba a la Iglesia, que hacía una labor muy fuerte de proselitismo. Para borrar esa fe tan arraigada en la cultura cubana, el régimen comenzó a instaurar las ideas comunistas en los niños, desde los llamados Círculos Infantiles. Desgraciadamente se aprovecharon de estas mentes inocentes y lograron que los niños y jóvenes comenzaran a dejar de pensar por sí mismos y simplemente repitieran lo que el gobierno quería que dijeran. Los libros de texto cubanos fueron cambiados por libros de texto marxistas.

Aquello me dolía profundamente, no sólo por la mentira del comunismo, sino porque era injusto comenzar a introducir nuevos patriotas en nuestro país que ni siquiera eran cubanos, que nada habían hecho por nosotros y que, por lo tanto, no tenían nada que ver con nuestra cultura, ni con el desarrollo de nuestra historia. Karl Heinrich Marx y Vladimir Ilyich Lenin eran quienes predominaban en los libros escolares, mientras que a los nuestros los fueron borrando, con excepción de José Martí, a quien utilizaron de manera oportunista. Dejaron a Martí vigente, más allá de todo, porque José Martí luchó a favor de la independencia de Cuba de los españoles, a costa de su propia vida. Aunque en verdad también creo que la grandeza de Martí fue imposible de borrar de nuestra historia.

Sin lugar a dudas la historia la escriben los triunfadores, pero siempre he pensado que hasta en eso hay que tener conciencia, y en Cuba no la hubo. De manera que los "historiadores revolucionarios" se dieron a la tarea inmediata de hacer desaparecer lo que fueron los gobiernos democráticos en Cuba de los años pasados, sin importar que fueran malos, buenos, regulares o peores. De esta forma, hoy día en Cuba nadie sabe quiénes fueron o qué hicieron Carlos Prío Socarrás, ni Ramón Grau San Martín, presidentes democráticamente elegidos por el pueblo. Tampoco saben de Gerardo Machado, quien de gran presidente se convirtió en un dictador. Es así como crecen hoy día las nuevas generaciones cubanas, sin conocer los pliegues y matices que formaron el país, algo esencial para cualquier cultura.

De pronto lo importante de nuestra historia tenía otros héroes que no sólo vestían de verde olivo, también lucían grandes barbas, algo que comenté con mi mamá.

—¿De quién sería la idea? —le pregunté—. Porque el asunto es que todo el mundo lo ha tomado como una moda y se están dejando crecer las barbas. Para ser revolucionario hay que tener barba, ¿te has dado cuenta?

—Sí —me dijo—, pero no creo que haya sido Raúl porque es lampiño.

—Nadie a quien le he preguntado me ha respondido, mamá, pero dice Celia Sánchez que Fidel se las dejó crecer desde el primer momento en la Sierra Maestra, y que más nunca se afeitó. ¿Qué crees que hubiera dicho mi papá de verlos barbudos? En realidad más bien pienso que es una forma de disimular hasta la cara...

—¡Ay, Juanita! Si el viejo viera eso, no sé qué haría.

Pero el viejo ya no vivía, y las barbas y los barbudos desde el primer momento causaron gran impacto; tanto, que ambos, Fidel y el Che, tenían las respuestas preparadas al respecto.

Sé que los reporteros que han trabajado con el periodista mexicano Jacobo Zabludovsky recuerdan lo que éste les contaba de su encuentro con el Che en la prisión de La Cabaña.

—Comandante —preguntó Jacobo al final de la entrevista—, y ¿cuándo piensa afeitarse?

—¿Tú me estás preguntando por una afeitada —le respondió— sin importar que estás frente a los hombres que han cambiado la historia de este país?

Mucha retórica, pero nunca respondían la pregunta. Lo mismo hacía Fidel cuando en casa mi mamá le preguntaba:

—Fidel, hijo, ¿hasta cuándo te vas a dejar esas barbas? ¿Cuándo te las vas a quitar?

—Vieja, lo haré cuando se cumplan todas las metas de la Revolución.

Por eso es comprensible que hasta el día de hoy siga con las mismas barbas.

39.

AQUÍ TODOS SON "GUSANOS"

Habían pasado ya tantas cosas, no sólo con el resto de los cubanos, sino también dentro de la familia Castro Ruz. No era el mejor momento para nuestra familia, ya que estábamos pasando por un período de enfriamiento en las relaciones con Fidel, que se pasaba arreglando los líos de todo el mundo, menos los suyos. Sus visitas a mi casa fueron menos frecuentes porque a mí no me iba a ver; se redujeron a las veces que mi mamá venía de la finca, ya que a ella sólo le gustaba quedarse conmigo. En una de aquellas ocasiones se anunció que Fidel hablaría por televisión desde los estudios de lo que era la CMQ.

—Ay, Juanita, hija, yo quiero ir a verlo —me pidió mi mamá.

—Pero, ¿no lo has visto, mamá? ¿Por qué no lo llamas?

—¿Por qué va a ser? Yo no te lo he querido decir porque no quiero más pleitos entre ustedes, pero tienen días que no me lo pasan. Seguramente que ni se entera porque Celia Sánchez lo ha controlado como nunca, así que aprovecho y me voy a la estación de televisión para verlo.

Ella sabía que yo por nada del mundo iría a sentarme a verlo como espectadora, especialmente después de todo lo que había pasado desde sus declaraciones sobre el marxismo-leninismo. Así que le pedí a Raquel Rodríguez, una de las estudiantes que vivían en J 406, que la acompañara, y yo misma las llevé a la estación, que estaba tomada por el G2.

—No imaginas lo que sucedió —me contaba Raquel—. Cuando llegamos a la puerta, nos paran y nos preguntan que adónde íbamos porque aquel sitio sólo estaba reservado para la comitiva de Fidel. Les expliqué que la señora era la madre. No me creyeron, pero hablaron con otro que vino y dijo, sí, sí es la madre del Comandante en Jefe. Entonces nos llevaron casi cargadas, y nos sentaron en la primera fila.

—Pero por poco eso le cuesta la cárcel a Raquel —intervino mi mamá—. Resulta que el estudio estaba lleno de gente y cada vez que Fidel decía algo había que pararse a aplaudir, y yo me paraba, ¡pero esta muchacha se quedaba sentada! Sabiendo por qué lo hacía, me di cuenta y de inmediato le dije al oído: disimula y párate que en verdad te van a llevar presa si no lo haces.

—¡Ahí caí en cuenta —siguió narrando Raquel— que eso sí era un peligro real y me tuve que parar, pero no aplaudí. Cuando terminó aquella presentación y salimos, todo el molote humano se fue detrás de Fidel.

Parece que en eso Raúl localizó a mi mamá y vino rápidamente a verla. La abrazó muy cariñosamente y le dijo:

—¡Vieja! Qué sorpresa, te hacía en la finca. ¿Cuándo llegaste? ¿Por qué no me avisaste que venías?

Me contaba mi mamá que cuando Fidel se dio cuenta de su presencia, también rápidamente vino y le preguntó lo mismo que decía siempre cuando nos encontraba a todos:

—Vieja, ¿qué haces aquí?

—Vine a verte, hijo, porque no se si te han dado mis mensajes de que estoy en La Habana.

—¿Y dónde estás? —le preguntó Fidel.

—En la casa de Juanita, como siempre, pero todo el día lo paso con ella en la casa de huéspedes.

La miró muy serio y le dijo:

—Vete para allá, para la casa de huéspedes, que ahí voy yo.

No pudieron seguir hablando porque en ese momento lo llamaron de otro lado diciéndole que ahí estaban las familias de los presos esperándolo, y se lo llevaron por otra puerta.

Cuando me contaron que Fidel iría a la casa de huéspedes, decidí evitar las confrontaciones y no estar ahí cuando él llegara. No tardó mucho en hacerlo. En seguida se escucharon los sonidos ya familiares: puertas de autos que se abrían y cerraban fuertemente y pasos firmes en el asfalto, la percusión de la escolta que acompañaba a Fidel a todas partes. Fidel había llegado a ver a mi mamá, acompañado del doctor René Vallejo, su médico personal y hombre de confianza, así como de José Abrantes, quien de paso finalmente pudo dar un "vistazo" a la casa en la que quiso pero nunca pudo realizar un registro, porque yo me opuse. Por supuesto que no vio nada más que jóvenes estudiantes.

—Juanita —me dijo mi mamá—, ¿sabes qué fue lo primero que me dijo Fidel? "¿Quién vive aquí? ¡Aquí todo el mundo es gusano! Tú estas metida en una casa llena de gusanos, diles que tengan cuidado porque les voy a sacudir todas las matitas".

Al decir esto, se refería al episodio sobre Aníbal Escalante, el comunista de la vieja guardia que intentó tomar el poder en Cuba amparado por una facción rusa, y quien salió de la escena política cuando Fidel lo descubrió y lo expulsó al son de la frase: "¡Sacude la mata!", en alusión a cómo, sacudiendo los árboles, éstos se libran de la fruta que está podrida.

Aunque Fidel no estaba muy errado sobre los opositores al régimen que vivían en esa casa, sin embargo en aquella ocasión ni él ni Abrantes pudieron ver nada más.

Fueron Hilda, Carmita, Nadina, Raquel y Tito los que pasaron el mal rato. Tras las puertas escucharon acerca de la reacción de Fidel a todo lo que iban a contarle, tanto el G2 como Abelardo Colomé y otros, sobre mis actividades ayudando a contrarrevolucionarios. Sin embargo, aunque con Raúl sucediera lo mismo —o peor, en cuanto a los informes que le dieran de mí—, éste siempre tomaba las cosas con humor y no le hacía mala cara a nadie sin importar lo que pensara de ellos.

Cuando a mi mamá le dio un infarto y hubo que hospitalizarla, toda mi gente de J 406 se turnaba conmigo para cuidarla, y ahí se encontraban con toda la familia que iba a visitarla. Raúl siempre llegaba de buen humor y no dejaba de saludar a nadie.

—¿Qué hay, vieja? ¿Cómo estás?

—Mejor, Musito, ¡a pesar de que todos me dicen que los comunistas no creen ni en su madre!

De inmediato estallaban las carcajadas entre ellos. ¡Que diferencia del comportamiento de Fidel, que llegaba, volteaba a ver a los que estaban acompañándola y sin saludar decía:

—No sé por qué, vieja, pero siempre estás rodeada de gusanos.

—Ay, hijo —respondía ella—, gracias a los "gusanos" tengo cariño y amor.

—Sí, vieja, pero no dejan de ser gusanos.

Cuando me contaron lo sucedido, lo de los "gusanos", yo entendí el mensaje: con Fidel, por lo menos, ya estaba identificada como la protectora oficial de la "gusanera".

Nunca sabré si no pudo o no quiso saber más, aunque en aquella ocasión, sin palabras, Fidel me hizo sentir que sabía mucho de mí.

Nada —me dije y les dije a todos—, el miedo no sirve de nada. Únicamente hay que tener más precaución.

40.

FIN DE UNOS VIEJOS ALIADOS

En medio de tanta tempestad, ¿dónde estaban el ingeniero Alfonso Gutiérrez, "Fofo", y Orquídea Pino, su esposa? ¿Qué estaban haciendo esas dos personas, que en su momento, cuando el exilio en México, fueron piezas clave en la gestación de la Revolución Cubana en la etapa del *Granma*?

La de ellos fue una historia interesante y dolorosa.

Al triunfo de la Revolución, Fidel les pidió a Fofo y a Orquídea que viajaran a Cuba, lo que hicieron acompañados de Enma. A su llegada, los recibió y se reencontraron felices con lo que habían logrado juntos. Ellos estuvieron un mes en La Habana disfrutando del triunfo de la Revolución, aquello por lo que también sufrieron y lucharon.

—Fue impresionante —me contaba Orquídea— como la gente recibía a Fidel. Lo acompañamos en la caravana a Pinar del Río y aquello fue apoteósico; la gente se le tiraba encima, quería tocarlo.

Nadie mejor que ellos para vivir esos momentos de gloria porque cobijaron a los expedicionarios en su propia casa, se jugaron mil y un peligros, vivieron con nosotros como familia las angustias, las presiones, todo aquello alrededor del secuestro de Fidelito, la muerte de mi papá y tantas cosas más, así que nadie como ellos dos para disfrutar la luna de miel del triunfo de la Revolución.

Después de aquel mes, Fofo y Orquídea se regresaron a México porque él tenía un próspero negocio el cual debía seguir atendiendo: una compañía de perforación de pozos petroleros. El éxito que tenía no sólo era por sus importantes contactos en el gobierno mexicano, sino porque era un experto en el tema.

Para abril de 1959, a petición personal de Fidel, Fofo y Orquídea vuelven a La Habana.

—Fidel me ha propuesto —dijo Fofo— que le haga el estudio para la creación del Instituto Cubano del Petróleo. Eso me llevará un buen tiempo, por lo tanto hemos decidido mudarnos para acá.

Efectivamente, viendo los problemas que ya se venían encima, con todas las expropiaciones y nacionalizaciones, no había que ser adivino para intuir que lo próximo que vendría sería la confiscación de toda la industria petrolera, la cual en Cuba era extranjera. Así que Fidel pensó que aquello le venía "como anillo al dedo" al ingeniero Gutiérrez, y a Cuba. Además, ellos, como mucha gente en su momento, creían que luchaban por los mismos ideales, y que además tenían la seguridad de la protección de Fidel, porque eran buenos amigos.

Hicieron todos los arreglos en México, dejaron los negocios encargados con los socios y se instalaron en una casa muy cómoda en el reparto Miramar, en La Habana, con todos los lujos que ellos estaban acostumbrados a tener en su casa del Pedregal de San Ángel, en la capital mexicana.

En septiembre de 1959, Orquídea nos dio una gran noticia:

—¡Acabamos de ser padres! —informó—. Adoptamos una bebita recién nacida a quien la madre dejó abandonada en el Hospital Calixto García.

—Se va a llamar María Orquídea —dijo Fofo—, y Fidel aceptó ser el padrino de bautizo.

Unos meses más tarde adoptaron también a un niño, al que llamaron Alfonso, como el ingeniero. Vivieron felices durante poco más de un año, con Fofo trabajando diligentemente en el proyecto que le habían encomendado.

En septiembre de 1960, después de la confiscación de las propiedades de las petroleras norteamcricanas, el ingeniero Alfonso Gutiérrez López, luego de haber pedido permiso al gobierno mexicano, aceptó la posición de primer director del Instituto Cubano del Petróleo (ICP), organismo de nueva creación y que dependía directamente de Fidel, en ese entonces. Bajo la dirección de Fofo, el ICP se convirtió en un verdadero ministerio.

Pero en febrero de 1961 comenzaron a surgir graves problemas: el Che había dejado de ser director del Banco Nacional, de Cuba para convertirse en titular del recién creado ministerio de Industrias. Con este nuevo cargo, tenía bajo su jurisdicción al Instituto Cubano del Petróleo, y ahí se inició el desastre. En un principio el Che y Fofo tenían muy buenas relaciones, pero conforme fueron pasando los días, crecieron los desacuerdos. El Che, tal y como había sucedido en el Banco Nacional, por no conocer de economía y finanzas lo suficiente para manejar tal entidad, tampoco tenía la menor idea de cómo se manejaba la industria petrolera. Ahora, recordemos que Fofo era un experto en esta área, pero eso no ayudó a evitar las grandes desavenencias que siguieron.

—Yo le decía al Che que mi proyecto con Fidel se basaría a largo plazo en las perforaciones de pozos petroleros en las costas cubanas. El razonamiento —explicaba Fofo— era muy sencillo: si México tiene grandes reservas petrolíferas en los mantos localizados en la Sonda de Campeche y que abarcaban los lechos marinos del Golfo de México, entonces Cuba, que comparte el mismo lecho, debe también tener grandes posibilidades. Comencé mis investigaciones y efectivamente todo parecía indicar que deberíamos realizar exploraciones primarias. Pero el Che se opuso terminantemente y me bloqueó el acceso para que ni siquiera pudiera acercarme a explicarle todo esto a Fidel.

En realidad lo que Fofo decía tenía lógica y más tarde se comprobó: al Che de ninguna manera le convenía que Cuba tuviera su propia producción petrolera, porque el combustible se lo daban los rusos a muy bajo precio, totalmente subsidiado, además con grandes razones políticas, para provocar la dependencia hacia los soviéticos. Mientras más recibiera Cuba del bloque comunista, más se aseguraba la permanencia del régimen en el poder. Los rusos se sentían más comprometidos a seguir inyectando ayuda a un aliado estratégico como Cuba.

Fofo, a todas estas, estaba confundido, queriendo hacer su labor, pero a su vez lidiando con constantes trabas.

—No entiendo qué pasa —se quejaba Fofo—. Fidel nunca tiene tiempo para recibirme. Cuando intento reunirme con él, simplemente no puedo porque me boicotean.

Fidel lo había dejado en el aire y Fofo ya no hallaba qué hacer. Además, ya había comenzado la etapa en que nadie podía decidir nada si no venía con el sello de aprobación de Fidel. Desde el presidente Urrutia hasta el último de los ministros, siempre respondían lo mismo: "Hasta que Fidel dé la última palabra" o "Estamos esperando a Fidel".

Ahí los únicos que ejecutaban ciertas decisiones, sin necesidad de la aprobación final de Fidel, eran Raúl, el Che y Camilo —durante los diez meses en que estuvo en el poder—; pero fuera de ellos nadie más se atrevía a mover una ficha, algo que Fofo tuvo que aprender a duras penas.

Sin embargo, preocupado, le comentó todo lo acontecido a Enma, mi hermana, quien para ellos era como una hija. Luego de escucharlo, Enma habló con Fidel y éste finalmente recibió de inmediato a Fofo.

—Chico —le dijo—, no te preocupes por nada, que ahora tú veras que sí podremos llevar a cabo los planes que has preparado. Debemos de tener un poco de paciencia.

Fofo le creía y se calmaba, pero al rato seguía sucediendo lo mismo: no lo volvía a recibir en meses y en tanto, no sucedía nada y todo se quedaba estancado.

—¿Te acuerdas cuando te decía que el Che no era un individuo de confianza, que había que temerle, y eso sólo era por lo que yo vi en el tiempo en que estaba en México? —me dijo uno de aquellos días Orquídea—. No me equivoqué. Recuerdo la noche aquella cuando llegaron a abordar el *Granma* y todos de alguna forma estaban emocionados; él únicamente los veía llegar y seguía leyendo un libro, sentado en una silla sin pararse ni a saludar a nadie. Desde ese preciso instante yo supe que había algo que no cuajaba. Ahora mira lo que hemos vivido a causa de él y de su protagonismo.

Fofo y Orquídea se fueron decepcionando más y más. Eso, aunado a que, por estar en Cuba, sus negocios en México, en manos de los socios, se veían afectados. Así fue que decidieron regresar a México, sintiéndose defraudados y sin poder hablar con nadie, ni siquiera con Fidel.

—Este trato no lo merecemos —me dijo Orquídea, muy dolida— porque el Che lo único que ha hecho es ponernos como enemigos de la Revolución ante los ojos de Fidel, cosa que es totalmente falsa porque hemos sido leales en todo momento, leales incluso ahora que estamos decepcionados.

—Yo sólo traté —me explicaba Fofo— de encauzar "la papa caliente" que me dieron, pero siempre en beneficio del gobierno y del pueblo, sólo que fue imposible.

Fofo no pudo cumplir ni uno solo de los grandes proyectos que tenía para el Instituto Cubano del Petróleo. El Che, como ministro de Industrias, fue el muro que lo separó de todo y de todos.

Finalmente, a principios de 1961, empacaron sus cosas y la noche antes de partir para México definitivamente, recibieron una visita inesperada: era Fidel que fue a despedirse de ellos.

—Fidel se veía muy abatido —contaron Fofo y Orquídea—, parecía que se había dado cuenta de que estaba perdiendo a dos amigos verdaderos.

Orquídea, con los años, regresó de visita a Cuba y Raúl siempre fue a verla.

Y ¿qué fue de Onelio Pino, el hermano de Orquídea y quien fuera el capitán del *Granma*? Tristemente tuvo un final dramático. Logró salir con vida del desembarco, y llegó a su destino como era su compromiso con Fidel, pero extrañamente no sobrevivió a la Revolución. Nunca entendí por qué no le dieron un puesto en el gobierno. Consiguió un empleo como administrador del Hotel Rosita de Hornedo en La Habana y después trabajó como marino mercante navegando a todas partes del mundo, pero se enfermó gravemente de los nervios y regresó a La Habana, donde se suicidó en el garaje de su casa. Encendió su auto, y la esposa lo encontró muerto por asfixia con monóxido de carbono.

Dejó una carta a su hijo Raulito, cuyo contenido me sorprendió enormemente el día que la leí:

"Estoy siendo víctima de fuertes presiones por parte de Pancho Varona, un conocido agente de la CIA. Te pido, Raulito, que no traiciones nunca a la Revolución".

Después de saber esto, saqué mis propias conclusiones: Onelio seguramente había hecho algún trabajo para "la compañía", por lo que tenía un gran remordimiento de conciencia, y eso posiblemente lo haya llevado al suicidio.

Mientras tanto en México, Fofo volvió a sus negocios y él y su esposa reencaminaron su vida. Enma siempre estuvo a su lado como una verdadera hija. Así fue que, años más tarde, en 1979, ella los acompañó durante los momentos más dolorosos de su vida, cuando a Fofo le detectaron un cáncer terminal en la próstata. Murió el 22 de junio de 1979, el mismo año que se lo diagnosticaron. Años más tarde, a Enma también le tocó lidiar con la tragedia de la muerte de Alfonsito, el hijo adoptivo de Fofo y Orquídea, ocurrida en abril de 1985.

—Alfonsito tenía veinticinco años —explicaba Enma—. Venía de Acapulco conduciendo su auto Porsche a gran velocidad cuando perdió el control, se salió de la carretera y se volcó. No sobrevivió al accidente.

Posteriormente, a Orquídea le diagnosticaron cáncer en el hígado y falleció el 22 de septiembre de 1992, trece años después de la muerte de Fofo. Entonces, de acuerdo con lo que ambos dispusieron en su testamento, Enma, junto con Onelia, la hermana de Orquídea, se convirtieron en albaceas de sus bienes, ya que la relación con María Orquídea, su hija adoptiva, siempre fue muy tormentosa.

Lo que son las cosas. Cuando salí de Cuba y fui para México declarándome en contra del régimen, Fofo y Orquídea me criticaron. Días antes de hacer mis declaraciones habíamos cenado juntos y no les comuniqué mis planes. Quizá a ella le molestó que no la hiciera partícipe, pero yo no tenía que contarle a nadie mis proyectos, si no se lo había dicho ni a mi hermana Enma, mucho menos lo haría con alguien más, así se tratara de Orquídea Pino. Esto provocó el distanciamiento total con el ingeniero y Orquídea, y así fue que no nos volvimos a hablar más.

Esas son las cosas absurdas que provocaba el régimen: si tú abandonaste el país desalentada como salí yo, y como salieron ellos, ¿por qué enfrentarse contra mí con esa naturaleza incomprensible?

Nunca entendí por qué.

Hasta el día de hoy, no lo entiendo.

41.

SI EL VIEJO VIVIERA...

Si no hay nada más cobarde que, para insultar a Fidel y a Raúl, ofendan innecesariamente a mi padre, quien ni siquiera vivió para ver lo que sucedió en Cuba ya que murió en 1956, así mismo no hay nada más injusto que por la misma razón ultrajen la memoria de mi madre.

A lo largo de casi cincuenta años, los detractores de mis hermanos se han dado a la tarea de hacer creer que la Revolución en Cuba fue obra de sólo dos hombres y su madre. Así lo ha planteado un grupo de personas, formado principalmente por los que más adulaban a Fidel. De pronto, al pasar de amigos a enemigos, arremetieron en un *mea culpa* que de inmediato involucró a mi madre con injurias y difamación. ¿Qué cambios van a propiciar en Cuba con esa actitud?

Carlos Franqui, Norberto Fuentes, Guillermo Cabrera Infante —por mencionar sólo a algunos— nacieron de una mujer, y yo sintiéndome profundamente ofendida al leer la bajeza de sus insultos hacia mi mamá, sería incapaz de hacer algo semejante con sus madres. ¿Qué ganaría con eso? Por el contrario, me basta enfrentarlos en cualquier juzgado para probar que sus escritos difamatorios sólo atentan contra el honor de una mujer que está muerta y no merece ser recordada de tal manera.

Desgraciadamente los libros en los que se ofende a la madre de Fidel y de Raúl —que, dicho sea de paso, también fue la madre de cinco hijos más que no le hemos hecho el menor daño a nadie— se venden porque van directo al sentimiento de los cubanos, que hemos sufrido con este exilio.

Lo que muchos ignoran es que eso no es más que un fraude literario, porque en muchos casos se trata de gente que ni la conoció, o que si la vio, no pasaron de ser ocasiones superficiales porque jamás tuvieron un trato ni directo, ni mucho menos diario con ella.

Lo mío es diferente porque yo estuve treinta y un años de mi vida junto a mi mamá, hasta que murió, y pude ser testigo de su generosidad. Lina Ruz González no fue una espectadora pasiva de la injusticia y la tragedia, sino todo lo contrario; en lugar de sentarse y callar o —peor aún— participar en todo aquello para después pedir perdón, ella de inmediato se sumó en la causa de muchos a quienes les salvó la vida.

Ninguno de los agresores literarios —hombres y mujeres— fueron testigos de la desesperanza y la frustración que la llevaban a pronunciar una de las frases que, tristemente, más repitió en sus últimos cuatro años de vida: "Si el viejo viviera y viera todo esto…".

Pero yo sí estuve ahí, y no me puedo callar.

La lucha de los patriotas cubanos que se rebelaron contra el régimen la situó en una posición difícil como madre: por un lado estaban dos de sus hijos, por el otro estaba yo. Y decidió estar conmigo. Le encantaba acompañarme en J 406 y platicar con los que ahí se encontraban, y fue así como me enteré de la razón por la que constantemente me repetía:

—Juanita, cuídate hija, ten cuidado por favor.

La realidad es que era una mujer sabia, que intuía y acertaba sin preguntar.

—Aunque no sé con detalle lo que pasa en esta casa —le dijo a Tito Rodríguez, uno de los huéspedes—, me puedo imaginar que Juanita está escondiendo gente porque siempre que le pregunto, ella me dice lo mismo: "Son amistades que vienen del interior". Pero yo soy una vieja que ha visto muchas cosas, y me doy cuenta de que eso no es cierto.

Conforme fueron pasando los años, compartía con otras personas preocupaciones más graves...

—A mí no me importa morirme porque creo en Dios, y en que Él nos tiene reservado un sitio. Nunca le he hecho mal a nadie, al contrario, por encima de muchos he ayudado a cuanta gente he podido. Sin embargo, mi gran miedo es por lo que le pueda pasar a Juanita cuando yo falte. A ella seguramente la van a querer detener y castigar con treinta años de cárcel.

A Dios gracias que en su ingenuidad imaginaba una larga condena, porque si me hubieran arrestado, mi suerte, faltando ella, hubiera sido totalmente diferente. En fin, aun cuando al principio yo trataba de ser lo más discreta posible, no podía serlo del todo por la naturaleza de los casos, de manera que ella fue testigo y participante de innumerables gestiones. Mi mamá fue testigo de lo que hice para salvar a los hermanos Felipe y Roberto Jiménez, a quienes el G2 estaba buscando en Santa Clara por actividades contrarrevolucionarias. Desafortunadamente apresaron a Felipe. Mientras a Roberto lo tenían escondido hasta que, con otros contactos, pude conseguirle asilo en la embajada del Ecuador, donde el propio embajador Virgilio Chiriboga le concedió el asilo y posteriormente el salvoconducto. Mi mamá era, entonces, el apoyo cuando mi esfuerzo personal no era suficiente en algunas situaciones difíciles.

Otro caso muy especial en el que ella intervino fue el de la familia Esteva Lora. Comenzamos ayudando a uno solo y terminamos casi adoptándolos a todos. La valentía de mi madre marcó una gran diferencia en sus vidas.

Resulta que Salvador Esteva Lora, el patriarca de todos ellos, se había alzado con Fidel en la Sierra Maestra. Después del triunfo de la Revolución se dio cuenta de que había un vuelco fuerte hacia el comunismo y enseguida se puso a conspirar; pero cuando hablo de conspirar, hablo de algo que este hombre, sin miedo ni temor de nada, lo hacía abiertamente en La Habana misma. Por supuesto que un día lo aprehendieron y lo llevaron a juicio. Su caso llegó hasta mi madre por medio de su hija Ana Ely, a quien ella le tenía un gran cariño. Acompañada de su madre, llegaron a verla.

—Lina, yo le vengo a pedir que intervenga por mi esposo —le dijo—. Sin su ayuda, su suerte será el paredón.

Yo sé que mi mamá se impactó con la historia, y sabiendo que la ayuda más efectiva no vendría de Fidel sino de Raúl, se fue a verlo, en tanto me dio a mí otra encomienda:

—Juanita, se me ocurre que te vayas para la audiencia en Santa Clara, que seguro ahí se van a impresionar si te ven interesada por él.

Así lo hice, y de esa forma me involucré yendo personalmente a las audiencias del juicio, donde también estaban juzgando a Plinio Prieto, uno de los mártires en la famosa Causa 829 del Escambray. Quizá mi mamá tuvo razón y mi presencia influyó en la condena, que en lugar de fusilamiento fue de treinta años en la prisión de Isla de Pinos.

Poco tiempo después, cayó el hijo —también llamado Salvador y para quien los fiscales revolucionarios pedían que se le diera paredón de fusilamiento. Mi mamá volvió a interceder por Raúl y la condena fue de diecinueve años, a cumplir en Isla de Pinos.

Ana Ely Esteva, agradecida con nosotros, siempre que sus actividades le permitían, me ayudaba acompañando a mi mamá cuando estaba hospitalizada, como sucedió en la ocasión que le operaron de las várices. Raúl llegó a visitarla al hospital, vio a Ana Ely y la saludó como si fueran compañeros revolucionarios:

—¿Cómo estás? Y el viejo, ¿cómo está?

Raúl se refería al padre preso, a lo que Ana Ely le respondió:

—Bueno, Raúl, ya tú sabes, él está allá y mi hermano también, pero los que estamos peor somos nosotros, porque lo poco de comida que podemos tener por la libreta lo guardamos para dárselo a ellos.

Dándole una palmadita en la espalda, Raúl le respondió:

—Vamos, flaca, que no es para tanto.

Raúl, a sabiendas que la familia Esteva no sólo conspiraba contra ellos sino que eran sus enemigos a muerte, se comportó como si eso no sucediera, porque cualquier cosa que mi mamá le pidiera, para él era más importante que nada.

Cuando Raúl se fue, mi mama le preguntó a Ana Ely por el padre.

—Dime la verdad, ¿qué le está pasando?

—Está muy mal, Lina, tiene un tumor maligno que le descubrieron en el pecho, ha rebajado setenta y cinco libras, y sólo nos queda ver cómo se va consumiendo.

—Juanita —me dijo—, necesito hablar con Carlos Rafael Rodríguez, que siempre que le pido algún favor, nunca me lo niega.

Efectivamente, de toda la vieja guardia, Carlos Rafael Rodríguez, ministro de la Reforma Agraria, siempre la procuraba, la escuchaba y le resolvía cosas. Por supuesto que en esa ocasión no fue diferente.

—Lina, no debiera, pero a ti no puedo negarte nada. Voy a pedir a la encargada de revisar los paquetes que entran en la cárcel de Isla de Pinos que ayude a esta gente que me pides, y que además no les quiten nada.

Cuando terminó aquella conversación telefónica, desde su cama del hospital mi mamá me dijo:

—Tú verás que apenas salga de aquí, vamos a ver cómo organizamos una comida con Fidel para hacer otro intento de ayudarlos.

La oportunidad llegó el 13 de agosto de 1961, día del cumpleaños de Fidel, ya que le organizó una comida en mi casa de Miramar. Le dijimos a Ana Ely que si quería escuchar lo que habláramos, tendría que esconderse en uno de los cuartos, pero que no podría hacer el menor movimiento, porque si Fidel la llegaba a descubrir, no habría el menor razonamiento que los ayudara.

La comida transcurrió de lo mejor: le teníamos un *cake* y algunas cositas más que le gustaban, entre ellas una lata de melocotones, algo que por la escasez ya no existía en Cuba.

—¿De dónde sacaste esto, vieja?

—No importa de dónde Fidel, cómetelo y disfrútalo.

Alrededor de aquella mesa estábamos festejando en familia, Raúl y Vilma, Angelita, Agustina y Ramón. La única que faltaba era Enma, que estaba en México. En un momento dado, tal y como habíamos acordado, yo metí el caso de los Esteva a la conversación y mi mamá entró de inmediato:

—Fidel, hijo, mira a este pobre hombre, Salvador Esteva Lora. Recuerda cómo luchó contigo, cómo estuvo alzado siendo una persona mayor y ahora está muy malo en la cárcel. Ha rebajado setenta y cinco libras y tiene un tumor maligno que lo está consumiendo. Ayúdalo hijo, te lo pide tu madre, por favor.

Fidel cambió el tema, y cuando terminó de comer nos dijo:

—Está bien, diles que lo vamos a liberar.

Ana Ely, desde donde estaba escuchando la conversación, quiso brincar de alegría, pero afortunadamente se controló. Cuatro meses y once días después, el 24 de diciembre de 1961, tocaron la puerta de mi casa. Fui a abrir y ¡me entregaron personalmente a Salvador Esteva Lora! El pobre, no sabía ni entendía lo que le estaba pasando, pero rápidamente apareció por ahí toda la familia a recogerlo.

—Yo pensaba que me iban a fusilar —decía Esteva Lora—. Me sacaron de la celda sin decirme nada, y como después de la condena cualquier cosa me podía pasar, ¡nunca creí que hoy sería libre!

Mi mamá lloraba de la emoción, junto con la familia Esteva. Lo que son las cosas. Salvador Esteva Lora no sólo se recuperó del tumor maligno, sino que poco después salió al exilio en Miami, donde murió veintitrés años más tarde, en 1984.

No pasó mucho tiempo para que yo tuviera que volver a la carga para la familia Esteva. En esta ocasión fue para ayudar al hijo preso, y como de costumbre fui a ver a Raúl expresamente para pedirle que nos liberara al muchacho. En realidad ese día corrí con muy mala suerte al hacer la petición, porque precisamente en ese momento entró mi cuñada Vilma, quien había sido compañera en un curso de enfermería con Ana Ely en los tiempos del desembarco del *Granma,* y que al saber que los Esteva se habían declarado en contra de la revolución marxista, le había dicho a mi mamá que no quería saber nada de ellos.

Fue precisamente Vilma la que interrumpió mi súplica por Salvador Esteva hijo.

—¡No, Raúl! ¡No!

—Juanita, ¡ya basta! Lo de ellos es un descaro. ¡A ese hombre no!

Y así fue que pasó un buen tiempo en la cárcel. Los problemas legales de esa familia eran interminables, tanto como era su lucha contra el régimen, comenzando con la misma Ana Ely a quien se llevaron presa en nueve ocasiones.

Pronto nos tocó ir a liberar a Frank Rigueiro, su cuñado, casado con Lissette, una de sus hermanas, y a su tío Mariano Esteva Lora, a quien acusaban de pertenecer a la CIA. Como andaban tras Mariano y éste se refugió en la casa de Lissette y Frank, el episodio de la detención fue tan violento que Lissette, con seis meses de embarazo, abortó de la impresión. Las gestiones pidiendo clemencia por ellos fueron muy complicadas. Logré sacar a Frank Rigueiro, pero a Mariano Esteva Lora no, porque su causa era pública. Fue condenado a doce años de cárcel.

Poco después el G2 volvió a detener a Ana Ely, y nuevamente fui con Raúl a pedir por ella. Como siempre, ante lo que ya era una odisea de casi todos los días, Raúl sacó a relucir su sentido del humor, heredado de mi mamá:

—Ven acá, Juanita, a esta familia ¿qué le pasa? Sale uno de la cárcel y entra otro, luego llega otro más, es el cuento de nunca acabar. ¿Por qué no les propones que se vayan para Miami? ¿Tú no crees que ellos quisieran irse? Eso nos quitaría muchos problemas.

En verdad que solté la carcajada: no tuve más que reírme de algo que era tragicómico.

Pero había otras cosas que lo menos que daban era risa y que nos hacían repetir a muchos de la familia: "Si el viejo viviera...".

Una de esas cosas que no vio el viejo fueron los experimentos de Fidel. Él hacía muchos planes, muchos proyectos, que al final no daban resultados positivos de ninguna clase. Por ejemplo, si habían sembrado hierba, decidía que la quitaran y en su lugar sembraran arroz. Y donde habían sembrado arroz, pedía que se sembrara caña, y así sucesivamente se armaba una cadena de errores y fracasos.

En otra ocasión, recuerdo que alguien le dio la idea de convertir los pantanos de la Ciénaga de Zapata en arrozales y le dijeron que para hacerlo había que traer a Cuba a los holandeses. Perdieron dinero y tiempo, ya que los holandeses no pudieron sembrar nada. Furioso, Fidel los despidió:

—Son una partida de ineptos que no supieron hacer nada —dijo—, únicamente vinieron a perjudicar nuestra agricultura.

Entonces, como hoy, todo sucedía por la misma razón: es muy difícil que Fidel se encuentre con alguien que le refute sus ideas y le diga que no funcionan porque Fidel era visto como alguien sobrenatural a quien no se le podía llevar la contraria. Y ¡ay de aquel que se atreviera! Seguramente se estaba jugando su suerte y no necesariamente por lo que Fidel ordenara, sino por lo que hicieran los aduladores del Comandante en Jefe en contra de esa persona. Así funcionaba la cultura del miedo.

Los experimentos de Fidel fueron evolucionando de lo sencillo a lo complicado.

Estando mi mamá muy enferma en el hospital, Fidel llegó a verla y los médicos, como siempre, se desvivían en atenciones y explicaciones con él, quien aparentemente los estaba escuchando, sólo que después de un momento les cambiaba de tema:

—Precisamente ahora que estoy aquí me pregunto si ustedes podrían fabricar Alka-Seltzer en Cuba.

Se hizo un silencio sepulcral con la sorpresa de semejante propuesta, pero de inmediato la mayoría, "guataqueándolo", le respondió que sí, que era una idea genial. Yo simplemente observaba lo patético de aquella escena, hasta que un médico abrió la boca.

—Comandante, con todo respeto, eso es imposible de hacer en Cuba, ya que no sólo es cuestión de la fórmula que está patentada en los Estados Unidos, sino que el proceso de fabricación es muy complicado porque se utilizan unos troqueles especiales para producirlo...

A Fidel no le pareció nada convincente aquella respuesta del médico. Dio media vuelta y se fue. A veces sentíamos que los razonamientos que Fidel utilizaba rayaban en lo inverosímil.

—Si el viejo viviera... —dijo mi mamá.

El viejo tampoco vivió para ver el fin de parte de su familia. Mi tía María Julia —hermana de mí mamá, madrina mía, quien la ayudó a criarnos— y su esposo Martín Conde, el brazo derecho de mi padre, tuvieron que irse de Cuba, ya que luego de haber ayudado a la Revolución, el régimen les confiscó todos sus negocios y propiedades, como sucedió con miles de cubanos que amargamente aprendieron que el marxismo y la libre empresa en ninguna parte han podido convivir. Así fue que terminaron sin nada. Finalmente se asentaron en California, donde murieron ya viejitos y decepcionados.

El viejo tampoco supo del día en que Fidel en televisión habló de la familia, en un concepto diferente a como fue criado cuando afirmó:

—¡Los lazos familiares se producen en virtud de un instinto puramente animal!

Y el viejo no tuvo vida para ver el nuevo concepto de Fidel sobre lo que era ser un buen ciudadano.

—Con la Revolución todo, sin la Revolución nada. ¡Por encima de la Revolución, nada! ¡Ni padre, ni madre, ni hermanos!

El viejo no vivió para ver lo que sucedió con el trabajo de toda su vida. Al triunfo de la Revolución, cuando se crearon las leyes de la Reforma Agraria e intervinieron todas las tierras, mi mamá se quedó únicamente con una parte modesta de la finca, producto del trabajo de los dos, luego de tanto esfuerzo y dedicación.

Ya para 1963, "si el viejo viviera" era una letanía todo el día. El clímax de todo aquello llegó una noche de marzo de ese año cuando Fidel nos llamó temprano para avisar que iba a hablar por televisión, para que lo viéramos. Efectivamente, fue una de sus kilométricas comparecencias que comenzó a las ocho de la noche y terminó cerca de la medianoche. De los estudios de televisión se fue para mi casa, donde estábamos jugando dominó con mi mamá y unas amistades.

Llegó y saludó a todos.

—¿Me vieron? ¿Qué les pareció?

Se hizo un silencio. ¡Con el juego nos habíamos olvidado de verlo! Muy molesto, de pronto cambió de tema y comenzó a preguntarle a mi mamá:

—¿Cuántas cabezas de ganado tienes en la finca?

—No lo recuerdo exactamente —le respondió extrañada.

—Vas a tener que vender todas las reses, porque la segunda vuelta de la Reforma Agraria que anuncié hoy ya viene y si no las vendes, te las van a quitar.

—Bueno —le respondió mi mamá—. Cuando llegue el momento veré lo que va a pasar y lo que tengo que hacer.

Dos meses después, en mayo, mi mamá sufrió un severo infarto al corazón y la tuvimos que ingresar en la Clínica del Sagrado Corazón en el Vedado. Nunca supimos si eso fue a consecuencia de la preocupación de que le quitaran las tierras por las que trabajó toda la vida, pero lo cierto es que ese fue el principio del fin. Y todos estos años consiguientes, a mí me ha tocado repetir constantemente:

¡Que bueno que el viejo no vivió para ver todo lo que ha sucedido!

348

42.

LA CRISIS DE LOS MISILES

Si 1961 fue un año pletórico de acontecimientos en la historia de Cuba, lo sucedido en octubre de 1962 quedó plasmado no sólo en la historia de mi país, sino en la de los Estados Unidos, y particularmente en la presidencia de John F. Kennedy. Nunca antes los dos países estuvieron al borde de un ataque nuclear como el 22 de octubre de 1962. Quienes entonces vivíamos en Cuba recordamos fácilmente los sucesos que provocaron pánico en el pueblo al escuchar la advertencia del régimen: era inminente una invasión norteamericana.

Durante meses yo había hablado con varios ministros de Fidel —algunos de ellos que todavía están en el poder— y compartíamos entonces sentimientos por la instalación de misiles soviéticos. La existencia de éstos fue uno de los secretos mejor esparcidos por toda la isla. Unos cubanos más, otros menos, pero el caso es que todo el mundo sabía de ellos, al grado que era un tema de conversación constante.

En septiembre de ese año yo había estado visitando la capital mexicana, donde me había encontrado con Virginia Leitao da Cunha. Virginia, siempre interesada por Cuba, me preguntaba qué pasaría si fuera cierta la versión de que se instalaban armas nucleares aprobadas por el régimen.

—No es un secreto —le dije— que por lo menos en Sagua La Grande, Guanajay y San Cristóbal algo están haciendo.

La cantidad de rusos que ha llegado este año a Cuba es impresionante, y es fácil percibirlo. Hace unos meses que mi mamá estuvo internada en el Hospital Naval de La Habana del Este y fui testigo de cómo ése era un centro hospitalario para rusos.

—Y eso, ¿por qué razón Juanita?

—En primer lugar porque es el mejor hospital que hay en este momento en Cuba; todavía no está operando en toda su capacidad, pero ofrecen lo mejor. Además, está bien ubicado porque se encuentra fuera del centro de La Habana, y de esa forma no es tan visible la magnitud de la presencia soviética. En segundo lugar, los rusos son un desastre, Virginia, toman mucho alcohol, no conocen las leyes de conducir, ni las del país, y a cada rato sufren accidentes o se meten en pleitos, total que cuando requieren de intervención médica, los atienden en ese lugar. De pronto nos hemos dado cuenta de que están en Cuba y que son tantos como los cubanos, porque en verdad son muchísimos.

Virginia tenía otras informaciones que encuadraban perfectamente en la situación:

—Juanita querida, todo ese personal ha llegado por barco. Me contaban que por ejemplo, desde enero el promedio mensual de barcos soviéticos que atracan en La Habana es de catorce, aproximadamente, pero que ese número en los últimos días es de por lo menos ¡cuarenta y seis al mes! Los soviéticos están utilizando eso como medio de transporte y, bueno, no es un secreto que construyen algo en Cuba.

Por supuesto que no era un secreto que por lo menos "algo" hacían en tres lugares: Sagua La Grande, en la provincia de Santa Clara; Guanajay en la provincia de La Habana y San Cristóbal, en la provincia de Pinar del Río.

—Mire usted, Virginia, en esas zonas todos, absolutamente todos los cubanos a quienes usted les pregunte, le hablan de que los rusos están poniendo ahí "cohetes". ¿De qué tipo? Eso nadie lo sabe, pero no deben ser para ninguna fiesta. Además, personalmente, gracias a que puedo entrar en ciertas zonas, ya he verificado la presencia de una fuerte militarización soviética que podría decirle que en número y mando son más que los militares cubanos ahí destacados. Todo esto deja la impresión de que los rusos dirigen aquellos lugares.

Nuestra plática cambió a otros temas, como la ayuda que a través de "la compañía" prestábamos a la gente a quien teníamos que sacar de Cuba. Entre Virginia y yo nunca hubo preguntas de más. Nunca le pregunté si Vasco, su esposo —embajador de Brasil entonces en Moscú y después canciller de Brasil— pertenecía a "la compañía" o si sabía de sus actividades. Entre nosotras había cosas que nunca se preguntaban. Lo mismo sucedió aquel día cuando platicamos de esto. Yo no le pregunté el porqué de su interés, aunque tuve la impresión que por alguna razón quería tener la certeza de mis propios labios de que eso, los misiles y la presencia rusa, eran un hecho real.

En ese momento, algunas de las preguntas que se me hicieron para ser transmitidas giraban alrededor de ese tema. Durante aquellos catorce días de octubre, reinó el pánico en Cuba. Por una parte no se sabía a ciencia cierta lo que el régimen afirmaba, y tampoco el ciudadano común y corriente sabía lo que realmente pasaba en el extranjero, y lo único que podíamos presenciar eran movilizaciones por todas partes y un estado de alerta total.

Mi mamá estaba en la finca, y en realidad fue lo mejor que pudo hacer por su tranquilidad, ya que La Habana estaba revuelta, y yo en esos momentos estaba volcada hacia las actividades en las que estaba envuelta.

Las cosas siguieron críticas, y yo pensaba en el peligro más grande: de la misma forma que desde Cuba se podían lanzar misiles nucleares, los Estados Unidos podían responder al ataque haciendo lo mismo con Cuba, y ahí sí que se acabaría todo. A raíz de todo este movimiento e incertidumbre, llegó la negociación del llamado pacto "KK", por las iniciales Kennedy-Khrushchev, con el que en realidad le dieron a Fidel un golpe inesperado.

Poco tiempo después me enteré de que el resultado de las negociaciones entre Rusia y los Estados Unidos, que terminó con el retiro de los misiles de Cuba, fue una decisión que tomaron exclusivamente Kennedy y Khrushchev. A Fidel no se le hizo partícipe de estas reuniones ni del pacto final, algo que lo indignó terriblemente, ya que fue un jugada oculta que recibió de quien consideraba su gran socio, la Unión Soviética.

Las maniobras secretas que llevaron a cabo los rusos, haciendo de lado a Fidel, fueron para él mortales. Tan es así que todos supimos sus pronunciamientos en contra de la determinación rusa por negociar a sus espaldas con Kennedy. Pero, como Fidel conocía bien las entretelas de la política, se calló y supo sacar ventaja de la gran batalla que perdió.

Yo nunca creí que la alianza de Fidel con los rusos fuera algo improvisado. Por el contrario, creo que fue un secreto muy bien guardado y que se dio en los inicios del triunfo de la Revolución. Los Estados Unidos hicieron una mal calculada y olvidada movida diplomática, que resonó en Cuba como si le hubieran dado la espalda a Fidel cuando en abril de 1959 visitó los Estados Unidos. Lo que pasó fue que el presidente Eisenhower no lo recibió, y en su lugar mandó a Richard Nixon, vicepresidente en su momento, y como tal, una figura decorativa.

Yo creo que en aquel momento hubiera sido correcto que Eisenhower lo hubiera recibido. Hay que recordar que Fidel llegaba, fresco del triunfo, rodeado de una gloria magnificada y publicitada por todos los medios de difusión norteamericanos. Las encuestas en aquellos días afirmaban que el noventa por ciento de los estadounidenses apoyaban a Fidel, un líder de un país vecino a sólo noventa millas de las costas estadounidenses. Es decir que el presidente Eisenhower tenía una serie de razones por las cuales recibirlo personalmente; hubiera caído dentro del protocolo normal entre mandatarios, y eso muy probablemente cambió el rumbo de la historia. Ese momento, ese hecho, esa decisión terminaría con las posibilidades de acercamiento y conciliación necesarias con cualquier nuevo gobierno del mundo, especialmente tratándose de una isla como Cuba, donde había importantísimos intereses norteamericanos.

Y aquí entró a trabajar la utopía.

De no haber sido así, quizá Fidel no se habría entregado a la Unión Soviética como lo hizo, aliándose totalmente; tal vez no habría llegado tan lejos. Quizá también la declaración de que era marxista-leninista nunca se habría dado porque, en definitiva, habría tenido que ser muy estúpido para pelearse de golpe y porrazo con los Estados Unidos si le hubieran abierto las puertas y le hubieran prestado la atención que le dieron inmediatamente los rusos. Pero nuevamente, ése es el hubiera...

Conociendo a mi hermano, siempre he creído que él estuvo claro en lo que quería y lo consiguió: logró instalar su régimen y quedarse en el poder por ya más de medio siglo. Estos sucesos únicamente fueron factibles con el poderío soviético de su lado. En octubre de 1962, el comunismo, la Unión Soviética, Nikita Khrushchev, el muro de Berlín, la Guerra Fría, los países de la Cortina de Hierro, era todo lo que fortalecía políticamente al joven Fidel. Pero en ese momento, nadie podría haberle vaticinado que, con el pasar de sus largos años de vida, vería desaparecer todo aquello y sería el único sobreviviente.

43.

UN BOLETO SIN REGRESO

Mis hermanos podrían ignorar lo que yo hacía —o aparentar que lo ignoraban— para no lastimar a mi mamá, pero eso no significaba que yo no tuviera problemas. Yo era muy joven e inconsciente, y seguía adelante, pero al pasar de cada día todo se me iba complicando peligrosamente, especialmente después de agosto de 1963, después de la muerte de mi mamá.

Por las razones que ya he narrado, Enma no pudo llegar de México al sepelio, así que apenas terminado el entierro, del cementerio me regresé a La Habana a esperar su llegada el 8 de agosto de 1963.

—Hay que organizarle a mami una misa de réquiem —fue lo primero que Enma dijo al llegar—. De esta forma Agustina y yo, que no estuvimos en el funeral, podemos ser parte de una ceremonia en honor a su memoria.

De inmediato le hablé a un cura que era además muy buen amigo mío: Monseñor Fernando Azcárate, Obispo Auxiliar de La Habana, y párroco de la Iglesia de Reina, una de las más bellas de la capital. Gustoso aceptó hacer la misa fúnebre en honor a mi madre, tan pronto como al día siguiente, el 9 de agosto de 1963.

—Hoy me necesitas como en tantas ocasiones he recurrido a ti en momentos de necesidad. ¿Cómo podría negarme a oficiar una misa en memoria de Lina? —me dijo emocionado—.

A pesar de los peligros, ustedes han hecho lo que han podido para salvar a mis hermanos sacerdotes y hermanas religiosas, y eso nunca lo olvidaré. De manera que mis rezos y mi consuelo espiritual están contigo, Juanita, y con tus hermanos.

Como en 1963 todavía se podían poner esquelas en los diarios, rápidamente ordené una donde los que participábamos la misa éramos cinco de sus hijos: Angelita, Ramón, Enma, Agustina y yo. Por supuesto que no incluí a Fidel ni a Raúl. ¿Para qué? Ellos no estaban interesados en ninguna cosa religiosa, y además ya eran marxistas-leninistas declarados, de manera que hacerlo, hubiera sido provocar una situación de choque que no venía al caso.

El día 9 por la tarde, conforme nos íbamos acercando a la calzada de Reina, nos extrañó ver a una gran cantidad de gente en la calle. Lo que menos nos imaginábamos era que se estuvieran dirigiendo a la iglesia, al servicio que habíamos organizado para mi mamá, aunque Fidel y Raúl no fueran parte de aquello.

—¡Ay mi madre! Todo esto se encuentra repleto —le dije a Enma al entrar a la iglesia.

—Es algo tan impresionante —me respondió ella— que jamás voy a olvidarlo. Es tanta la gente, Juanita, que tengo temor de que algo pueda pasar.

La iglesia de Reina estaba repleta, no cabía ni un alma y Monseñor Azcarate nos informó que había llegado el ejército para evitar que se creara un problema.

—Es una gran satisfacción ver cómo este pueblo nos acompaña —dijo Agustina—. Mami merece este acto de justicia por todo lo que ella hizo a favor de tantas personas.

Analizando lo que sucedía, pensé que aquella respuesta popular en realidad pudo ser también una manifestación de rechazo a Fidel, a Raúl y al régimen que representaban, y que al mismo tiempo se convirtió en un acto de rebeldía pacífica de todos aquellos que decidieron respaldarnos y acompañarnos. Aunque temíamos que alguna provocación pudiera desatar una tragedia, terminada la misa cada uno de los cientos que llegaron a la iglesia se retiraron en paz, no sin antes esperar en largas colas para darnos la mano.

En los meses que siguieron a la muerte de mi madre, comencé a tener muchos problemas familiares que me dieron la certeza de que mientras ella estuvo viva, el régimen abiertamente evitó intervenir conmigo a pesar de que yo hacía todo lo que podía contra esa revolución que previamente había apoyado fervientemente.

En esa época, mis actividades contrarrevolucionarias aumentaban en gran parte por el terror que arreciaba en Cuba. Las relaciones con la Unión Soviética eran más estrechas, peores las penurias y cada vez había que esconder a más gente, enviar mensajes para pedir ayuda y conseguir botes o los medios necesarios para que huyeran. Todo aquel que se manifestara en contra del régimen era víctima de una condena. Las cárceles estaban abarrotadas y comenzó la construcción de nuevas prisiones para contener aquel desastre.

Todo el estrés retenido durante el último año, me provocó una crisis física y tuve que guardar reposo en cama durante un tiempo. En medio de aquel panorama recibí una llamada de Raúl: "Voy a verte porque tenemos que conversar muy seriamente, Juanita. Espérame esta tarde".

Yo sabía que mi estado físico era muy malo. Tan así sería que Raúl, al verme en cama —lo que nunca había sucedido—, se impresionó. Probablemente eso ayudó a que lo que iba a tratar conmigo se suavizara. De cualquier forma, luego de darme un beso, puso sobre la cama un enorme expediente:

—¿No me vas a preguntar qué es?

Mirándolo fijamente a los ojos, únicamente le respondí:

—No.

Ambos nos entendíamos sin palabras, así habíamos sido desde niños.

—Es el resumen de tus actividades en contra de la Revolución, tan sólo en los últimos meses. Esto es una locura. Yo prefiero cerrar los ojos y no leer esto y creer, como dicen Ramón, Enma, Agustina y Angelita, que tú lo que eres es una muchacha medio loquita con la boca suelta y nada más. De otra forma, si las otras cosas que dicen de ti fueran verdad, nuestra actitud sería diferente.

No pude responderle nada. Me imaginé que por el cariño que nos teníamos, era probable que él le hubiera pedido a Fidel que le dejara arreglar la situación personalmente, sin que nadie más interviniera. Nadie mejor que él para hacerme entrar en razón.

—Está de más que yo te diga cómo está Fidel contigo. Yo creo que las cosas entre ustedes han llegado a un punto donde lo mejor es dejar que se enfríe la situación.

Aproveché un segundo de su silencio para proponerle:

—¿Qué te parecería si me voy a pasar un tiempo a México, en casa de Enma?

—Si tú crees que es lo mejor —dijo—, tú sabes que siempre he estado contigo mi hermana, siempre. ¿Qué necesitas?

Le respondí que el permiso de salida.

—Está bien. Descansa en México, medita bien las cosas y pásala bien, que yo voy a ver cómo arreglo todo por aquí. Tú verás que cuando regreses de México, las cosas van a ser diferentes. Es cuestión de mantener un bajo perfil y todo se va a arreglar.

Raúl, que siempre fue expresivo, se despidió de mí con un beso y un abrazo.

Casualmente, al día siguiente, alguien que había llegado de Brasil me entregó una carta personal de Virginia Leitao da Cunha donde me daba razones de algo que durante un buen tiempo yo ya había estado pensando y que tras la conversación con Raúl, ya era una decisión tomada: había llegado el momento de partir de Cuba para siempre.

"Todos sabemos que tu situación se ha vuelto insostenible y nos preocupa que te suceda un 'accidente' —me escribió Virginia—. Si alguien te sigue en un auto, puedes salirte de la carretera, despeñarte, chocar en una curva, en fin, que de esa forma nadie podrá salvarte. Temo más a un accidente que a otra cosa porque está muy claro que no te van a disparar, ni a detener porque eso crearía un escándalo; pero un acciden-te lo puede tener cualquiera. Sé que probablemente puedas pensar que no tocarían a nadie de su propia sangre, pero yo te aconsejo, querida Juanita, que no cometas el gran error de confiar".

En mi carta de respuesta le expliqué mis motivos para no salir hasta que no lo hiciera el último de mis allegados por-que seguramente tendrían problemas una vez que yo faltara.

Mientras, la CIA no se dedicaba a conspirar sino a la gran labor humanitaria hacia decenas de cubanos que lo reque-rían. Así, a través de Virginia, cuyo esposo ya era el ministro de Relaciones Exteriores de Brasil, me consiguieron todo lo necesario para poner a salvo a más de diez personas, incluida Francisca Tejeiro Fraga, la española que trabajaba en mi casa como cocinera. Me llegó así mismo el dinero de "la compa-ñía" para los boletos de avión y para conseguir alojamiento para el grupo en México, así como las visas para poder entrar al país. De manera que una vez tomada la decisión y anuncia-da ésta a las personas clave, no di marcha atrás.

Yo los veía a todos muy preocupados. "Ojalá Fidel no haga algo que te impida salir de Cuba a último momento." Otros temían cosas diferentes: "Nos quebramos la cabeza pensando por cuánto tiempo nos marcharemos, Juanita. ¿Será por uno, seis, o cuando mucho ocho meses, o quizá un año?".

Nadie pudo haber imaginado que sería un viaje de ida de más de cincuenta años, del cual todavía no hemos regre-sado. De manera que los fui sacando uno a uno para no le-vantar sospechas. Los primeros a principios de junio, entre ellos Ana Ely Esteva, Raquel Rodríguez, Puchi y Carmita Morgade y su padre, que salió con ellas, ya que la madre había muerto.

Siempre he sido una persona previsora y por supuesto que no iba a dejar a las tres estudiantes que quedaban como los últimos huéspedes en J 406 —Maruca Meilán, Nadina Sánchez y Margarita Pérez. Les encontré un departamento que fuera menos vulnerable y ahí se instalaron. Les expliqué que pasaría un tiempo en México con Enma, pero no les di más detalles para así protegerlas.

De manera que al final quedamos muy pocos: Jesús Lavandera, que era mi chofer; Pedrito, un hombre que me ayudaba para ciertas cosas; Francisca la cocinera; Tito Rodríguez y yo. Jesús y Pedro al final decidieron permanecer en Cuba.

Aun con toda la ayuda, realizar algunos trámites pendientes me tenía los nervios de punta. Por ejemplo, Tito era el único del grupo que no tenía el "papelito azul" del salvoconducto de salida. Tuve que ayudarlo a obtenerlo, ya que el funcionario que los daba, al verlo solo, le rompió sus documentos, tal y como lo hacía con un gran número de cubanos que querían emigrar.

El 18 de junio fui a ver a Raúl a su casa porque tuve problemas con mi pasaporte. Generalmente, yo entraba directo a su oficina por una puerta que evitaba que uno tuviera que pasar a la casa innecesariamente, de manera que si sólo lo quería ver a él, así lo hacía.

—¿Ahora qué pasa, Juanita? —me dijo al verme.

—Me voy pasado mañana a México, y todavía no me entregan el pasaporte. ¿Me podrías ayudar a que me lo den?

De inmediato decidió resolver mi problema, pero fue interrumpido por una llamada urgente.

—Espera, es Alicia Alonso —la primera bailarina cubana— con un problema que hay que solucionar.

Resulta que Cuca, hermana de Alicia, se había asilado en la embajada de México en La Habana para poder salir de Cuba. Raúl, siempre conciliador, para evitar el escándalo, le dio garantías a Alicia.

—Dile a Cuca que salga de la embajada y yo conseguiré su salida. Lo importante es no darle más tela que cortar a los enemigos.

Raúl arregló mi asunto con el pasaporte y nos despedimos, como siempre, ya que no le podía decir que en realidad pensaba irme para no volver. Igual, nunca me hubiera imaginado que ese 18 de junio de 1964 sería la última vez que vería a mi hermano.

A quien sí le pude contar la verdad fue a mi hermana Agustina, cuando me fui a despedir:

—Tú sabes que para mí siempre has sido mi hermana chiquita, la consentida, alguien por quien siempre he procurado, y a quien no puedo mentirle. Mañana me voy para México, y me voy definitivamente, no pienso regresar. Tú más o menos has visto lo que sucede conmigo, y muerta mi mamá, la situación es insostenible. No quería irme sin decírtelo.

Cuando terminé de hablar, su respuesta me rompió el alma:

—Ay Juanita, tú has sido mi paño de lágrimas. ¿Qué voy a hacer? Ahora sí que me quedo huérfana. No diré nada a nadie.

Aquello de "me quedo huérfana" me conmovió profundamente, en especial porque no sabía cuánto tiempo habría de pasar hasta volver a ver a Agustina.

Los obstáculos se iban venciendo, pero tendría que pasar uno más, que también me dolió en el alma. Tony, mi sobrino, uno de los hijos de mi hermana Angelita, era muy pegado a mí, uno de mis sobrinos favoritos. Vivía conmigo y éramos muy unidos. En realidad era como un hijo adoptivo. Me guardaba secretos, compartía mis ideas y quería salir de Cuba.

Lo quería muchísimo y estaba feliz porque nos íbamos a marchar juntos a México. Ya tenía todo listo para nuestro viaje pero cometimos un error y nos confiamos. No tuve precauciones en lo que hablamos por teléfono y, como mi teléfono estaba intervenido por la Seguridad del Estado, en algún momento en que mencioné su nombre entre los que nos íbamos, se acabó todo para él.

A menos de un día para partir llegó Angelita furiosa.

—Te exijo que me entregues a Tony ahora mismo. Él no se va a ninguna parte contigo.

Recuerdo que cruzamos unas cuantas palabras, pero ella era la madre y Tony era menor de edad, por lo que finalmente se lo llevó, no sin que antes, en privado, me despidiera de él.

—Te prometo que en cuanto pueda te saco de aquí, pero pórtate bien Tony, y no olvides que te quiero mucho.

Tony sufrió porque estaba ilusionado. De mi casa Angelita lo llevó a casa de Raúl donde lo entretuvieron hasta el día siguiente, cuando finalmente me fui, para que no tuviera la tentación de escapar y marcharse conmigo. Nunca más tuve contacto con él.

Tony fue otro de los grandes dolores por los que he tenido que pasar. Fue captado por el sistema, se convirtió en veterinario y sé que es un hombre de bien. Pensar que de nuestra despedida ya han pasado cuarenta y cinco años.

En fin, el día previo al viaje fue largo, doloroso y tenso.

Por la noche, Tito y yo salimos por última vez a recorrer La Habana. Hicimos lo que tanto nos gustaba. Fuimos al Habana Hilton —hoy Habana Libre— a ver el espectáculo de Ela Calvo, una cantante amiga de Tito. Al salón donde se presentaba llegó un grupo de ocho a diez militares que desde la entrada formaron un problema porque no los dejaban pasar. Finalmente lo lograron y se quedaron, sin embargo se pusieron a hacer tanta bulla que no dejaban cantar a Ela, y la situación me dio temor.

—Tito —le dije—, ¿no tendrá esto algo que ver con nosotros, para no dejarnos salir? Está sospechosa la cosa.

Ela, a pesar del ruido, seguía cantando hasta que harta, hizo una seña a la orquesta para que se detuviera y a capela les cantó de frente a los militares:

—Prefiero una y mil veces... que se vayan.

Decidimos irnos en ese momento para evitar problemas.

Ella nos hizo una seña y nos fuimos a su camerino, donde platicando pasamos las últimas horas de aquel día.

Finalmente llegó el 19 de junio de 1964.

Decidí dejar mi casa tal y como estaba. Aunque días antes, destruí lo que consideré que podría afectar a alguien, y lo que pudiera despertar sospechas sobre mi determinación de quedarme en México. Ahí permaneció Vilma, la empleada que se ocupaba de mi mamá cuando venía a La Habana y quien era una fiel seguidora del régimen. Días antes había cerrado J406. La dejé tal y como estaba pero me cercioré de destruir toda la evidencia de mi labor con la CIA, incluyendo el radio y los manuales.

Todo lo demás salió como lo planeamos. Nadie dudó de mi retorno, pues no saqué más maletas de las necesarias, aunque poco después me acusaran de haberme llevado once. Lo cierto es que yo sólo tenía dos. El resto contenían cosas de gente que me pidió ayuda para poner a salvo sus pertenencias en México.

El avión salía al mediodía. Jesús, mi chofer, llegó a buscarme temprano para llevarnos a Tito, a Francisca y a mí al aeropuerto. Como tenía los contactos necesarios, salí por protocolo. Rápidamente sellaron mi pasaporte, y abordé el avión de Cubana de Aviación con destino a la Ciudad de México.

Mientras despegábamos me preocupaba el destino incierto que me tocaría vivir de ahí en adelante. De repente había cambiado para siempre mi vida, mi país, mi familia. Yo sabía que no iba a regresar pronto, que el retorno no estaba a la vuelta de la esquina como muchos cubanos pensaban al irse. Al mismo tiempo me llenaba un sentimiento de esperanza de que podría hacer algo por mi país, que de alguna manera iba a poder ayudar a los que tuve que dejar atrás. Al fin y al cabo yo era una mujer de sólo treinta y un años de edad decidida a tomar un nuevo camino.

Poco después, Tito me ayudó a entregarles a los pasajeros sus objetos de valor que me habían dado para pasarlos por la Aduana. Después de eso me encerré en mis pensamientos.

—Lo tuyo iba más allá de la tristeza —me decía Tito—. Sabías que no había marcha atrás y aunque por fuera trataras de mostrar la fortaleza que siempre tuviste, por dentro eras como un corazón partido por la mitad. Eso me calaba más, porque ni lloraste, ni te quejaste, ni nada, pero sólo había que verte para darse cuenta de que estabas destrozada.

El vuelo entre La Habana y la Ciudad de México es corto y pronto estuve en tierra mexicana. Al llegar, noté algo diferente. Esta vez pasé por inmigración rápidamente. No me interrogaron y las once maletas salieron inmediatamente sin que mediara revisión. Sin lugar a dudas la mano de "la compañía" estaba presente, facilitándome aquel momento tan difícil que sólo era el preámbulo de lo que vendría.

Luego de recoger el equipaje vi las caras conocidas que nos habían ido a esperar al aeropuerto: Ana Ely, Puchi, Carmita, Isidro Erotaverea, el doctor Guillermo Ruiz Barbon y su esposa, Charo. Tito y Francisca se fueron directamente al departamento que les tenía alquilado y donde se estaba quedando todo el grupo.

Me fui para casa de Enma, quien junto a Víctor, mi cuñado, y mis dos sobrinos me recibieron felices.

—Juanita, qué bueno que estás nuevamente con nosotros —me dijo Enma— qué bueno que has decidido venir a quedarte un tiempito con nosotros.

Jamás Enma imaginó que lo mío en ese momento, ya era un boleto de ida, sin regreso.

44.

EL DÍA QUE ROMPÍ CON TODO

Mis primeros tres días en la capital mexicana los dediqué a pasarla en familia con Enma, Víctor y los niños, sin pensar en nada más, ya que necesitaba desconectarme de las tensiones. Como llegué un viernes, no fue sino hasta el lunes que vi a Enrique, mi contacto con la CIA. Él sabía que yo había llegado bien porque el mismo viernes se había comunicado con Carmita Morgade para pedirle que el lunes nos encontráramos en el departamento donde estaba el grupo de mis amigos y colaboradores, a quienes yo había sacado de Cuba.

Como todos los encuentros, aquel no fue la excepción y fue de lo más cordial. Conversamos mucho sobre Cuba y me sorprendió su respuesta cuando le conté que no tuve problemas a mi llegada a la Ciudad de México.

—Lo sé, no me viste, pero yo estaba muy cerca de ti para resolver cualquier problema que se presentara. Todo sucedió tal y como lo esperábamos.

¡No estaba errada al pensar que la ausencia de problemas en la terminal aérea había sido obra de la mano de "la compañía!", que se aseguró de que la llegada fuera tranquila y el proceso rápido.

El lunes 22 de junio, Enrique llegó al apartamento acompañado de otro norteamericano, quien entendía y se comunicaba perfectamente en español, pero no hablaba más de lo necesario. Más bien nos observaba. La plática siguió con temas de interés general sobre la situación cubana y, probablemente así tendría que ser, ya que fui yo la que habló sobre el futuro.

—Enrique, yo quiero que sepas que mi decisión de no regresar a Cuba está tomada. ¿Qué puedo hacer? Porque tampoco creo que México sea el mejor lugar para quedarme.

No me respondió pero me dijo que quería que nos viéramos en dos días. Durante aquel almuerzo no se volvió a tocar ningún otro tema importante. Enrique me citó para el miércoles 24, y al encontrarnos nuevamente, para mí sorpresa, vino solo.

—¿Estás realmente decidida a no regresar a Cuba? —me preguntó.

—Sí —respondí sin más palabras.

—Bueno, si lo que has decidido es desertar de Cuba —me dijo muy serio— entonces deberías hacer algo en grande, me refiero a un gran pronunciamiento de impacto para la opinión pública y para todo el mundo. Si éste es el caso, ¿estás de acuerdo?

—Sí —volví a responder, lacónicamente.

—Entonces no hay más que hablar. ¿Por qué no me das un día para pensar en la mejor forma de hacer las cosas? También sería conveniente que hiciéramos un borrador con los puntos que quisieras resaltar en tu denuncia ante el mundo.

Quedamos en eso, nos despedimos y de inmediato me fui a buscar a las tres personas más cercanas a mí en toda esta lucha: Ana Ely Esteva, Carmen e Hilda "Puchi" Morgade. De frente, sin rodeos, les expliqué lo discutido en la reunión con Enrique. Nunca hubo ni ha habido un límite en lo que yo podía y puedo compartir con ellas.

—En los próximos días, haré publico mi rechazo al régimen comunista de Fidel y, por tanto, me enfrentaré a su gobierno públicamente.

—Esto es un bombazo para el régimen —dijo Ana Ely, a quien no había que darle muchos argumentos para convencerla.

—Sí —dijo Carmita—, todo está bien, pero las cosas tienen efectos, Juanita, y tienes que pensar en las consecuencias de esta denuncia que planeas hacer.

Puchi tenía otra preocupación de mayores consecuencias.

—Enma. Me preocupa Enma. ¿Cuál va a ser su reacción?

—He pensado en todo lo que me dicen. Sé que enfrentándome a Fidel, me tendré que enfrentar también a parte de la familia, si no es que a toda, pero habiendo puesto todo esto en una balanza, he decidido seguir adelante con mis planes. Pesa más el problema que está viviendo el pueblo cubano, que todos los argumentos que me han expuesto ustedes. Mis amigas, esto está decidido: o lucho por Cuba de la mejor forma que puedo hacerlo, o me aparto de esta lucha. Aquí no hay nada más que hacer y estoy dispuesta a aceptar las consecuencias. Esto es un problema de conciencia.

Conversamos sobre la propuesta de Enrique y les dije que habíamos estado de acuerdo en hacer un borrador con los puntos de la denuncia, así que les pedí que me acompañaran a verlo el jueves siguiente. De esta forma, sólo las hermanas Morgade y yo fuimos a la siguiente reunión con Enrique en una habitación del Hotel María Isabel en el Paseo de la Reforma para poder tener privacidad y seguridad. Antes de entrar, las tres comentamos:

—Seguramente todos los micrófonos de la embajada de los Estados Unidos —contigua al hotel— están dirigidos hacia nosotras en este momento, así que seamos precavidas y hablemos sólo lo necesario.

Enrique, quien puntualmente nos esperaba, no perdió tiempo y luego de los saludos de cortesía, me entregó el borrador que contenía los puntos más importantes con las ideas que yo le había comunicado en la conversación anterior. Estaba escrito a mano, porque lo había hecho él mismo.

—¿Lo revisamos? Si estás de acuerdo, hay que comenzar a trabajar rápidamente.

Leí los temas en voz alta para que todos los escucháramos. Era interesante, pero había que hacer ciertas modificaciones.

366

¿Cómo cuales? Bueno, era una denuncia contundente contra el régimen que encabezaban mis hermanos, pero no quería utilizar palabras hirientes, así que las descarté de inmediato.

—Tenemos por lo menos un día más para seguir trabajando en los puntos que a ti te parezcan importantes —dijo Enrique— para que puedas hacer un documento con el que te sientas satisfecha. A fin de cuentas eres tú la persona que va a dar la cara.

—Para mí es muy importante incluir las actividades subversivas del comandante Manuel Piñeiro, alias Barbarroja, porque este individuo es el responsable de exportar guerrillas e ideas marxistas a toda América Latina. Trabaja como director del Servicio de Inteligencia de la Seguridad del Estado, está muy vinculado al Che y supervisa directamente todas las operaciones cubanas dirigidas a Latinoamérica.

—Todo lo que escribas, Juanita, será tu decisión, y de nadie más.

Fue una reunión breve. Abandonamos el Hotel María Isabel y nos fuimos al departamento del doctor Guillermo Ruiz Barbón, asilado en México, quien había sido profesor de Farmacología en la Universidad de La Habana, y uno de mis asesores más cercanos. Le expliqué lo que iba a hacer, le enseñé el borrador del discurso, comenté con él mis otras ideas y le pedí su ayuda. Se emocionó muchísimo e inmediatamente nos pusimos a trabajar en la redacción para mejorar los puntos a tratar. Finalmente le dimos forma al documento y después Hilda Morgade lo mecanografió con una máquina de escribir que compré ex profeso y que aún conservo entre mis recuerdos.

El viernes 25 me volví a reunir con Enrique para mostrarle el discurso. Le pareció bien y me dio los detalles generales de cómo se llevaría a cabo el evento:

—Ya todo está arreglado. La presentación se hará en una conferencia de prensa convocada para todos los medios nacionales y extranjeros, y el encargado de hacerla será un periodista muy importante llamado Guillermo Vela. Nadie sabrá de quién se trata hasta el último momento. Recién ese mismo lunes por la mañana se les hará saber a los periodistas que se trata de un personaje internacional quien hará unas declaraciones importantes. De esta forma evitamos cualquier peligro. Ahora sólo es cuestión de esperar al lunes.

Aquel viernes por la noche todo el grupo completo, es decir, los diez cubanos que salimos de Cuba, así como Enma, Víctor y los niños, nos fuimos a cenar invitados por Fofo y Orquídea a la ya famosa mansión de Fuego 759 en el Pedregal de San Ángel. Hablamos de la situación de Cuba, de cómo la habíamos dejado, pero nada muy detallado en cuanto al futuro.

—¿Cuáles son tus planes? —me preguntó Orquídea, siempre queriendo saber todo.

Carmita, Hilda y Ana Ely me miraron sorprendidas. ¡Por supuesto que a Orquídea menos que a nadie le hubiera confiado mis planes! Le respondí cualquier cosa, lo que días después provocó un problema entre Enma, ella y yo.

—He pensado quedarme un buen tiempo fuera de Cuba —le dije a Orquídea y a Fofo—, así que tendré que buscar un trabajo aquí en México. Pero planes concretos ninguno. A lo mejor vuelvo en unos meses; ahora estoy viviendo el día a día. Quizá hasta tú me puedes ayudar con tus amistades.

El fin de semana lo pasé en reuniones con el grupo de colaboradores y amigos, y con ellos repasé decenas de veces el discurso para practicarlo. Así llegó el lunes 29 de junio de 1964, una de las fechas grabadas para siempre en el calendario de mi vida.

Ana Ely, Carmita e Isidro pasaron a recogerme a casa de Enma a bordo del vehículo que nos habían dispuesto para transportarnos hasta el sitio de la conferencia de prensa. En el camino, dentro de mí se sucedía un verdadero torbellino de emociones. Yo fui la única responsable de mi forma de proceder. Recuerdo haberme preguntado: ¿Hacer las declaraciones en México, un país pro Cuba será lo correcto? Yo misma me respondí para calmarme: Y si no, ¿en qué otro sitio lo debería hacer? Si llego a los Estados Unidos en balsa, van a decir que soy infiltrada. Ahora, ya todo está listo y sólo queda hacer mi denuncia.

Caía la tarde en la Ciudad de México cuando llegamos a las oficinas del periodista Guillermo Vela, localizadas en la calle de Emparan 57, en pleno centro. Desde el primer momento entre nosotros lo menos que hubo fue simpatía; no me resultó ni agradable ni confiable.

—No creo que este hombre sea la mejor elección para hacer mi presentación a la prensa —le comenté a mis acompañantes—. Parece no tener el más mínimo interés en lo mío. Su actitud es de estar cumpliendo un trabajo y nada más.

La sensación que me produjo fue tal, que con sólo minutos de plática pensé que de haber tenido tiempo, lo hubiera cambiado, pero esas conclusiones a esas alturas no servía de mucho; ya era demasiado tarde. El momento de salir frente a la prensa había llegado.

Efectivamente, nadie sabía quién sería el personaje que haría las importantes declaraciones, de manera que respiré profundo al tiempo que Guillermo Vela y yo entramos a una oficina que se había habilitado para la ocasión, con un escritorio, micrófono y dos asientos.

—Señoras y señores, muy buenas noches. Permítanme presentarles a la señorita Juanita Castro Ruz, hermana de Fidel Castro, primer ministro del gobierno cubano, y de Raúl Castro, jefe del ejército de ese país. La señorita Castro tiene unas declaraciones que hacer.

Cientos de flashes se dispararon hacia mí, haciendo por momentos imposible mantener los ojos abiertos. Guillermo Vela me cedió la palabra y comencé:

Señores de la prensa de México:

La que a ustedes se dirige es Juanita Castro Ruz, hermana del primer ministro de Cuba comunista Fidel Castro. He vivido hasta hace unos días en Cuba, y por tener un alto concepto del pueblo mexicano he decidido hacer estas declaraciones.

Me cuesta mucho hablar en público y en particular en temas relacionados con mi propia familia. No obstante, mi conciencia no me permite callar sobre una causa: la de Cuba; y más aún, cuando conozco tan a fondo la situación y las personas responsables de la situación que afronta mi país.

La lectura de la declaración, que constó de siete páginas, había durado once minutos. En esos once minutos, los treinta y un años de mi vida se habían sellado porque la denuncia tocaba los temas fundamentales desde la infiltración de los comunistas hasta la pérdida de las libertades básicas de los cubanos. No respondí ninguna pregunta e inmediatamente salí de aquel lugar.

Por obvias razones decidí que ya no iría a dormir a la casa de Enma, así que terminada la declaración, Ana Ely, Carmita, Errotaverea y yo nos fuimos al departamento con el grupo de mis amistades.

Esa noche, Guillermo Vela, que tenía los noticieros de radio y televisión de mayor audiencia, fue el encargado de transmitir lo sucedido a través de los canales 4 y 5, aunque antes ya lo había hecho por la radio. La noticia provocó una reacción en cadena. Al día siguiente, todos los diarios mexicanos publicaron mi deserción de Cuba en sus titulares a ocho columnas. Apenas leerlos la mañana siguiente, Enma llamó a Carmita pidiendo que la llamara, y por supuesto que lo hice.

—¿Qué es lo que ha pasado Juanita? —preguntó enojada—. ¿Cómo has hecho esto? Orquídea me acaba de llamar insultada por lo que ha pasado y sólo pude responderle que yo estaba igual que ella porque no sabía absolutamente nada. Quiero que sepas que no estoy de acuerdo con la forma en que has hecho las cosas. Te hubieras ido de Cuba sin necesidad de hacer pública tu posición.

—Yo respeto tu pensamiento al cien por ciento —le respondí—, pero quiero que me respeten a mí también. No ha sido fácil, nunca hubiera querido estar en esa situación, pero ellos me obligaron a eso.

Ambas terminamos disgustadas tras la conversación pero la realidad es que estábamos preocupadas la una por la otra, y pensé que lo mejor sería que el tiempo nos ayudara. Enma, quien siempre ha sido una persona muy reservada y que nunca pierde la postura, me envió mis cosas al departamento a petición mía. Ahí estuve un par de días con mis amigos que estaban muy preocupados porque algo me fuera a pasar. Resulta que un amigo con nexos en la embajada cubana me previno:

—Inmediatamente al conocerse tus declaraciones contra el régimen, Celia Sánchez se comunicó a la embajada y quería confirmar si todos los detalles de lo que había sucedido eran ciertos. No puedo darte más datos, pero mi recomendación es que a partir de este momento tengas mucho cuidado.

Las noticias desagradables, sin embargo, fueron aminoradas por las buenas que me llevó Enrique:

—Gracias, Juanita, la causa de la libertad de Cuba algún día deberá tener en cuenta lo que hiciste anoche.

Supe entonces que en la CIA todos agradecían mi sacrificio.

—He hablado con Virginia y Vasco —me dijo Enrique—, y ella te manda felicitaciones y te esperan pronto en Brasil.

Se refería a mi amiga Virginia Leitao da Cunha y a Vasco, su esposo, en ese momento, el ministro de Relaciones Exteriores del Brasil. También supe que ese mismo 30 de junio, al periodista Guillermo Vela las cosas le salieron muy mal. Al llegar a la estación de radio, el gerente Gabriel Mier y Terán le dio una inesperada noticia:

—Usted no puede volver a tocar el tema de la señorita Castro. Por lo pronto, hemos decidido que su programa XEDA Radio 13 queda cancelado.

La noticia me sorprendió a mí también, pero estaban sucediendo tantas cosas al mismo tiempo que no quise saber más. Por lo pronto, sin previo aviso, Enrique regresó al día siguiente al departamento:

—Tenemos que llevarte a otro sitio Juanita, a un lugar seguro, éste ya no lo es. Los periodistas han descubierto donde te encuentras y dentro de poco te van a acosar. Eso plantea un riesgo para ti, así que tenemos otro lugar con personas que te van a recibir encantadas.

Me llevó entonces a una mansión maravillosa en las Lomas de Chapultepec donde mis anfitriones eran una pareja de norteamericanos dueños del lugar, según entendí. Ahí estuve varios días, y en aquella casa fue que me enteré, por la televisión, de la reacción de Fidel. Guardó silencio tres días y aprovechó una recepción que se ofrecía en la embajada de Canadá en La Habana para abordar el tema ante decenas de periodistas cubanos e internacionales:

—Sabía que ustedes iban a hacerme la pregunta sobre la más grande infamia que el imperialismo yanqui haya ideado contra la revolución cubana. Este hecho en lo personal para mí es muy amargo y profundamente doloroso, pero comprendo que es el precio de ser revolucionario. Quiero que me tomen las declaraciones textuales: Juanita, mi hermana, fue comprada por el imperialismo yanqui y el discurso que pronunció fue escrito en la embajada norteamericana en México.

La embajada de los Estados Unidos en México respondió de inmediato con un comunicado:

"No tenemos nada que ver con las declaraciones de la señorita Juanita Castro. Todo lo que sabemos al respecto, es lo que se ha publicado y por consiguiente hemos leído en los diarios".

Así como en Cuba la prensa no publicó nada de mi deserción, sí publicaron todo lo que quiso decir Fidel. El *Granma,* diario oficial en Cuba, de inmediato salió con su editorial ofendiéndome con difamaciones:

"Juanita Castro, inteligente mujer de negocios, era propietaria y accionista de numerosas empresas de cine y emisoras de radio que con la Revolución fueron nacionalizadas, algo que no le perdonó a Fidel, lo que hace que el gesto de ella del 29 de junio en México, sea únicamente parte de una venganza".

La embajada de Cuba en la capital mexicana tampoco se quedó callada. El embajador Joaquín Hernández Armas hizo una denuncia formal:

"Hemos sufrido el ataque de pistoleros que dispararon hacia la embajada a bordo de un vehículo en marcha, por lo que solicitamos protección especial del gobierno las veinticuatro horas del día".

Era el contraataque del régimen. De pronto también todos en México estábamos preocupados por la suerte de la gente allegada que se había quedado en Cuba.

—He hablado a mi casa —dijo Ana Ely Esteva— y la familia está aterrorizada por las declaraciones que has hecho y están esperando a que en cualquier momento llegue el G2 a detenerlos a todos.

A Nadina Sánchez y a las dos estudiantes —últimas huéspedes de J 406, a quienes puse a salvo en otro departamento— la noticia les tomó por sorpresa.

—Estamos muriéndonos del miedo —me dijeron—. Jesús, tu chofer, fue el que nos vino a dar la noticia. Imaginamos cómo lo están pasando todos en México, y a la vez estamos preocupadas porque aquí en el edificio, hay gente que sabe que tú nos conseguiste esta vivienda. Así que tenemos temor de ser detenidas. Sólo queremos que te sientas bien porque entre todos los que se encuentran luchando, tus declaraciones fueron algo que les ha infundido ánimo.

Por un lado, lo que me dijeron las muchachas me hizo sentir bien, aunque la situación podía salirse de control. Antes de que eso sucediera Enrique me fue a buscar de inmediato. La CIA tenía informes de inteligencia que afirmaban que el capitán Fernando Gutiérrez Barrios andaba tras mis huellas. Este policía amigo que salvó a Fidel cuando la expedición del *Granma*, con los años se había convertido en el Jefe de la Policía Política Mexicana, y a nadie le negaba ser amigo de Fidel.

—Es necesario, por cuestiones de seguridad, que nuevamente cambiemos de lugar; sólo que ahora queremos recomendar que salgas de la ciudad. ¿Qué tal Puerto Vallarta?

—No lo conozco.

—En todo caso es el mejor lugar, y ahí tenemos un departamento a tu disposición. Hilda y Carmita quizá te puedan acompañar. Para que te sientas protegida, yo estaré todo el tiempo con ustedes.

No hubo que decir más. Ese mismo día, a bordo de un avión privado, salimos de la Ciudad de México para Puerto Vallarta. La mayor de mis sorpresas fue enterarme de que aquel maravilloso departamento con vista al mar ¡pertenecía a Pan American Airways, así como el yate que nos pusieron a nuestra disposición!

Ahí sí me sentí protegida de los interminables ataques de los aliados al régimen. Ataques como el del corresponsal de *France Press*, Yves Daude, quien escribió en su despacho:

"Como Fidel no enriqueció a su hermana Juanita, ésta ahora le crea los problemas. Nadie ignora que, enojada con Fidel, sin embargo contaba con la ayuda de Raúl, quien siempre medió para calmar la ira contra ella y quien además la ayudó a salir del país, ya que las actividades de ésta, se pasaban de la raya..."

Ahí en la tranquilidad de Puerto Vallarta analizaba la profundidad de cada uno de los ataques (aquí sólo menciono algunos). El del corresponsal francés en Cuba, era uno dirigido a Raúl y a mí específicamente. El del propio Fidel en la Embajada de Canadá era la acusación clásica, porque él minimiza a sus enemigos restándoles la capacidad de autodeterminación ya que los considera ignorantes y analfabetos. No me escapé de esa clasificación, por tanto, mi denuncia, según él, había sido escrita en la embajada norteamericana en México. Nada más equivocado. Pero, ¿dónde más podía hacer escuchar mi voz? En ese momento, en ningún otro lado.

También estando en Puerto Vallarta me enteré de las reacciones de mi familia en Cuba:

Supe que el disgusto de Raúl fue grande. Con esas declaraciones yo acabé el vínculo con el hermano que fue mi apoyo en innumerables ocasiones. En centenares de casos en los que mi mamá y yo salvamos gente fue gracias a su intervención directa o indirecta. Yo lo llamaba "Muso" y él a mi "Juana Palangana". Eso se acabó aquel 29 de junio de 1964 y ahí comenzó mi verdadero aislamiento y la llaga que nunca se curó.

Con Agustina tuve algún contacto después de aquel día a través de unas cartas que le enviaba con amistades mías que estaban en México. Agustina se sentía desconcertada y fue difícil para ella aceptar lo que hice, pero siguió su vida. Después se fue a la Unión Soviética con su marido, un pianista a quien habían becado allí. Nuestra comunicación se hizo cada vez menor, y estuvimos alejadas por muchos años.

Hasta el día de hoy desconozco la reacción de Angelita porque cortó toda comunicación conmigo. Con Ramón pasó lo mismo y abiertamente me criticó:

"No estoy de acuerdo con lo que hizo Juanita", dijo. "Pienso que no era necesario llegar tan lejos".

Nadina Sánchez me contó también que al día siguiente de saberse lo de mi declaración, recibieron a Ramón, que llegó a la casa donde yo las había acomodado, a ver si necesitaban algo. El caso es que en ese preciso momento en que él estaba ahí, y con un tino increíble, sonó el teléfono. Era yo desde México llamando para preguntar cómo estaba la situación.

—Es Juanita —dijo la muchacha de servicio.

Fue como si Ramón hubiera visto al diablo. Rápidamente se fue de la casa sin querer saber nada de mí. Él y Angelita se sumaron a Fidel y Raúl en el rompimiento total y absoluto con todo lo que tuviera que ver conmigo.

Con la única que mantuve relaciones fue con Enma. Y quiero dejar en claro que ella no tuvo absolutamente nada que ver con mis decisiones de desertar, ni mucho menos mis declaraciones. Ella no sabía nada antes de mi deserción. Tras mis declaraciones estuvo en completo desacuerdo, pero respetó mi decisión y fue con la única de los hermanos con la que pude seguir teniendo contacto. Eso le costó que Raúl le retirara el habla, ya que la culpaba de lo mío, cuando en realidad, por todo lo que he narrado, es más que evidente que Enma no tuvo nada que ver. Estuvo seis años sin ir a Cuba, pero no porque nadie le negara la entrada, como han dicho algunos en sus libros. Lo que sucedió es que ella llegaba a mi casa para ver a mi mamá y a Agustina. De pronto, en un año mi mamá había fallecido, yo ya no estaba y Agustina vivía en la Unión Soviética.

—Sencillamente —explica Enma— entre las ocupaciones de mi familia en México, con dos niños chiquitos, dejé pasar un tiempo y regresé a La Habana años después, cuando Agustina regresó de la Unión Soviética.

Al llegar, Fidel mandó al doctor René Vallejo, su amigo, a buscarla a ella y a los niños para ir a verlo al palacio.

—Enmita, ¿viste a Raúl? —le preguntó Fidel.

—No, pero le mandé decir que estaba aquí y que quería verlo.

—Sí, sí, llámalo porque si no, después se siente mal.

Raúl no la buscó y ella no logró verlo. En otra ocasión que regresó recuerda que Agustina estaba cuidándole un hijo a Mirta, una de las hijas de Angelita, quien tenía un trato cercano con Raúl. Enma le dijo:

—Chica, yo no sé por qué no puedo ver a Raúl. Lo llamo y no me responde.

—Raúl no te quiere ver... porque tú ves a Juanita.

—Bueno Mirta, pues entonces nos dejaremos de ver el resto de la vida porque, ¿sabes una cosa? Yo no voy a dejar de ver a Juanita.

Tiempo después Enma le escribió a Angelita y le decía claramente que me veía, pero que nunca en realidad hablábamos de política porque entre nosotras no había necesidad. También le dijo que sentía que lo único que estaban logrando con sus acciones era darle el gusto a los enemigos que querían ver a toda la familia peleando y separada por el problema mío. Enma le pidió a Chuchú Reyes —sobreviviente del *Granma* y amigo de Fidel y Raúl— que se asegurara de que esa carta la leyera Raúl antes de Angelita, y él cumplió lo prometido. Angelita llamó a Enma para decirle que era una carta inteligente y que tenía toda la razón. Finalmente fue Fidel quien convenció a Raúl.

—Enmita no tuvo que ver absolutamente nada con lo que pasó con Juanita —le dijo—, y creo que es hora de que la busques.

Sin embargo eso no fue inmediato. Un día, Vilma —la esposa de Raúl— vino a México a un congreso y buscó a Enma. Después, en 1970, luego de seis años de no hablar, Raúl vino también a México y la invitó a Cuba. Lo vio entonces, y su actitud fue muy cariñosa como siempre, pero nunca le preguntó nada de mí. Se notaba que eso para él también fue un gran dolor.

Regresando a mediados de julio de 1964, luego de dos semanas en Puerto Vallarta, finalmente llegó el momento de regresar a la Ciudad de México. Me dediqué a preparar una extensa agenda de presentaciones que debía cumplir en el extranjero, ya que tenía invitaciones en casi todo el mundo. Pero primero había un compromiso urgente que debía cumplir: ir a Brasil. De manera que comencé con los preparativos. Así transcurrió julio, y a finales de ese mes Enrique me informó de trámites que yo debía hacer.

—Ahora el próximo paso es que deberás pedirle, oficialmente, asilo político al gobierno mexicano. Es necesario, por lo tanto tendrás que ir a la Secretaría de Gobernación para solicitarlo.

Acompañada de Ana Ely y Tito Rodríguez, me presenté en la oficina del Oficial Mayor, un licenciado de apellido Palomares, a pedir que me concedieran el estatus de asilada. Hice el trámite el 28 de julio, y sólo dos días después —el día 30— me entregaron el documento que me acreditaba como asilada oficial. A la salida de aquellas oficinas los periodistas, que me seguían a todas partes buscando mis declaraciones, me sorprendieron con una pregunta:

—¿No tiene miedo de que la maten?

—Mi persona no interesa —rápidamente le respondí—. Mi pensamiento está puesto únicamente en Cuba y en la liberación de todos los cubanos. Viajo sola, sin la protección de guardaespaldas, y así me encuentro diariamente, de manera que es evidente que no me he puesto a pensar si mi vida corre algún peligro o no.

Y esto era cierto. Así que seguí en mi lucha sin que importara nada más. En agosto finalmente pude viajar fuera de México, y lo hice junto a Carmita y Ana Ely, quienes me acompañaron a ver a nuestros viejos amigos Vasco y Virginia Leitao da Cunha. Los Leitao nos fueron a recibir al aeropuerto y el encuentro fue muy emotivo:

—Al fin, Juanita, cuánto tiempo y cuántas cosas han pasado —me dijo Virginia.

En Brasil pasamos tres semanas viajando, dando conferencias, hablando con gente ansiosa de escuchar la realidad de lo que el comunismo había hecho en Cuba, mientras los lugares donde me presentaba se llenaban de simpatizantes.

—Que eso suceda no es un hecho aislado —me dijo Vasco— los brasileños te respaldamos Juanita, te apoyamos y te aceptamos como una de las nuestras, porque sabemos que hablas con la verdad sobre la gran tragedia que vive tu país.

Después de aquellos días maravillosos regresamos a México donde me esperaban infinidad de cartas de adhesión. Entre los que me escribieron para apoyar mis pronunciamientos se encontraban el ex presidente cubano Carlos Prío Socarrás y Olga Guillot. Así transcurrieron los últimos cuatro meses del año.

Antes de que terminara 1964 todavía tendría que enterarme de algo más que me produjo gran tristeza. A punta de tijera en Cuba dieron la orden para que mi imagen fuera borrada de las fotos que me relacionaban con mis hermanos. Oficialmente desaparecí de los álbumes de familia. Aunque me duela tengo que decir que gran parte de los míos aceptó la decisión de borrarme de sus recuerdos.

Ese fue el año de tomar las decisiones más severas. A un gran costo emocional, y sólo con Cuba en mente, había roto estrepitosamente con todo. Algo de lo que, cuarenta y cinco años después, con todos los sinsabores que he vivido, no me arrepiento. Si tuviera que hacerlo de nuevo, lo volvería a hacer, porque Cuba siempre ha estado en mi mente.

45.

LA RECEPCIÓN DEL EXILIO

Efectivamente, yo sólo tenía a Cuba en mi mente, y por eso fue que me olvidé de pensar en lo que ahora se llama el daño colateral: es decir, las otras consecuencias inevitables de un acto como el mío de enfrentarme al régimen de mis hermanos abiertamente. Yo había evaluado, como el peor de los daños, la reacción de mi familia, pero desgraciadamente no conté con las otras consecuencias, que eran tan dolorosas o más, porque ya sin patria donde vivir, sólo me quedaba exiliarme, que fue lo que escogí voluntariamente. Sin embargo, nunca pensé que en el exilio fuera recibida de la manera como sucedió en octubre de 1964.

Había hablado del viaje con Enrique:

—Tengo innumerables invitaciones para presentarme en los Estados Unidos y América Latina, así que creo que es la hora de que comience con los viajes, ya que ésta será la mejor manera de luchar en contra del comunismo. Hablando, exponiendo lo que sucede en Cuba, pero de viva voz, y qué mejor que ir a Miami y Nueva York.

Enrique estuvo de acuerdo y me dijo que ellos se encargarían de contratar a un experto en relaciones públicas que se hiciera cargo de mis presentaciones y compromisos políticos.

—Tenemos a la mejor persona —me dijo días después—. Se llama Salvador Lew, es cubano, es un anticomunista a toda prueba y está muy bien relacionado con el exilio, donde ya trabaja junto a personas que tienen el mismo interés de la libertad de Cuba, de manera que podrás coordinar perfectamente todas las presentaciones. Y con respecto a Salvador Lew, llámalo a Miami, conversa con él y dime qué te parece. Si no crees que sea la persona adecuada, buscamos a otra. De la misma forma tengo que advertirte que la mayoría de las organizaciones del exilio se encuentran luchando unas contra otras, por lo que deberás tener mucha cautela para no comprometerte en forma errónea. Cada quien está tratando de conseguir un beneficio para su causa y la forma usual de lograrlo es intrigando contra su enemigo político. Así que tendrás que observar y luego decidir, pero siempre con mucho cuidado.

Creí que sus advertencias eran un poco exageradas. A todos los cubanos —pensaba yo— que habíamos tenido que salir de Cuba nos unía el mismo interés: el que nuestra patria fuera libre para que pudiéramos volver a vivir todos en paz. Así que me comuniqué entonces con Salvador Lew, quien me pareció la persona correcta, y seguimos adelante. El 9 de octubre de 1964, me recibió en el aeropuerto de Miami.

—La agenda de esta etapa de tu gira está cubierta, Juanita. Mañana 10 de octubre estarás encabezando el "Desfile de las banderas" que conmemora el inicio de la guerra de Independencia de España con el Grito de Yara. Se espera que lleguen miles de cubanos. En tanto, he recibido numerosas peticiones de organizaciones para reunirse contigo, lo haremos en el mismo Hotel Dupont donde te vas a hospedar. "La compañía" ha dispuesto que tu estancia sea de lo más placentera.

Intrigada con aquella mención, me imagino que con el asombro retratado en el rostro, le pregunté:

—¿Hablamos de la misma "compañía"? Es decir, Salvador, tú... ¿eres parte de la CIA?

—Sí querida Juanita —me respondió—. Difícilmente en Miami, alguien que quiere la libertad de Cuba, de una forma u otra no está en la CIA, a la que todos nos referimos como "la compañía". Tanto los nombres más importantes como los más anónimos de la ciudad estamos en lo mismo. Así que no te preocupes.

Bueno, pensé, por lo menos estamos en la misma línea, y entonces me dediqué, tal como Salvador Lew lo había organizado, a recibir a dirigentes de decenas de organizaciones anticastristas de todo tipo. Había algunas que agrupaban a numerosas personas. Otras, más me dieron la impresión de ser únicamente los fundadores y sus máquinas de escribir. Lo cierto es que a lo largo de aquel día de reuniones —y en los dos venideros— en innumerables ocasiones recordé el consejo de Enrique: ¡todos tenían una agenda y para lograrla, no hubo uno solo que no me hablara mal de los otros! Era una guerra sin cuartel y aquello me hizo sentir que estaba caminando en un terreno minado.

Al día siguiente, muy temprano, recibí la primera prueba de lo que sería mi vida futura. El periódico *Patria*, el de más prestigio en el exilio de los batistianos, me daba la bienvenida con sus titulares: "Bochorno de América: Juanita Castro en Miami". En el escrito, lo menos que decían es que yo era una espía, una infiltrada del comunismo. Aquello fue un golpe inesperado, que sin embargo analicé sin apasionamientos. Era ofensivo y nada agradable leer algo semejante, especialmente porque no tenían ninguna razón. ¿De qué forma una persona en mis circunstancias podría ser un bochorno para el exilio? ¡Eso bien lo pudo haber dicho el régimen, al que puse en medio del escándalo internacional! Sin embargo ignoré aquellas difamaciones que venían de personas lesionadas por la misma revolución a la que yo había denunciado.

Para el mediodía del 10 de octubre, el exilio me tenía deparada otra sorpresa de la cual Salvador Lew me vino a informar:

—Se acaban de comunicar conmigo los dirigentes del "Desfile de las banderas" para avisarme que han cancelado el evento y que de ninguna manera te presentes. Cuando les pregunté la razón, me dieron una que es estúpidamente increíble: no te quieren con ellos porque te apellidas Castro.

La verdad es que aquellas organizaciones estaban contra Fidel —y por tanto contra mí— sin importar que yo no simpatizara con lo que mi hermano había hecho. Para ellos Fidel simplemente era mi sangre y nada más.

—Está bien —le dije a Salvador—, yo no estoy aquí para hacerme publicidad, sino para luchar por una causa dolorosísima por la que he pagado un gran precio. En algún lugar debe haber cubanos que quieran verme para no sentirse solos y para enterarse de que yo estoy con ellos. ¿Existen aquí cubanos a los que no les importe que mi apellido sea Castro?

—¡Por supuesto que sí, Juanita! Están en Florida City, al sur de Miami. Ahí la diócesis católica tiene casas para niños que están solitos porque fueron los que llegaron en el programa Pedro Pan.

—¡Pues ahí es donde debo de estar!

Y fuimos a compartir con aquellos miembros de ese episodio histórico de nuestro exilio llamada Pedro Pan, cuando muchos padres se sacrificaron sacando a sus hijos de Cuba, sin importar la edad —chicos, medianos, grandes, niños y niñas— para librarlos de las garras del comunismo y de que el estado mandara sobre sus vidas. Fuimos y pasamos un día increíble con aquellos muchachos que estaban solitos, cuidados por manos generosas que les hacían más llevadero el futuro tan incierto. Al día siguiente, 2 de octubre, los titulares de los periódicos decían, junto a una foto mía con aquellos niños: "Juanita Castro pasa el Día de la Independencia con los que, como ella, no tienen familia".

Las críticas y amenazas del exilio recalcitrante se dispararon peligrosamente. Hubo un momento en que Salvador Lew llegó muy preocupado al hotel.

—La situación no es la mejor. Hemos recibido decenas de amenazas de todo tipo, inclusive aquí en el mismo hotel. Así que tienes que irte, Juanita, y si tú no te vas, yo mismo comienzo a meter las cosas de las gavetas y todo lo que encuentre en las maletas.

—¿Por qué? —dije desolada—. ¿Por qué me están haciendo todo esto sin siquiera darme la oportunidad de que yo les demuestre quién soy?

—A partir de ahora, tristemente te has dado cuenta de que te van a criticar porque te apellidas Castro. No hay más, aunque no tengan la razón.

Nunca imaginé que yo mereciera aquella recepción porque no entendía la postura del Miami cubano de ese tiempo. Con razón se decía que se estaban matando moralmente unos a otros dentro del mismo exilio. Estaban divididos en tres grandes grupos: la gente de Batista, que me odiaba simplemente porque yo era Castro; los que habían luchado junto a Fidel y que luego tuvieron que huir para salvarse, quienes también me odiaban; y también estaban sin lugar a dudas los revolucionarios infiltrados que espiaban para Cuba, a quienes les interesaba provocarme el mayor daño posible.

En verdad que aquello era convulso y muy peligroso.

—Bueno —le dije a Salvador—, pues si mi presencia es tan abominable aquí, me voy. Pero antes tengo que ver al abuelo Casas para entregarle unas cuantas maletas que me dieron para que se las sacara de Cuba. Sin cumplir ese compromiso en persona, no me voy.

Leopoldo Casas, el "abuelo" —como yo lo llamaba— había representado a la banca privada cubana ante el Banco Nacional de Cuba, y precisamente a él y a su esposa, Marcela, yo misma los había salvado, llevándolos personalmente el día que salieron de Cuba, hasta la misma escalerilla del avión que los traería a Miami. No me separé de la pista hasta que el avión no emprendió el vuelo. Ahora, al saber que yo viajaba a México, su familia me había dado algunas maletas, que formaban parte del cargamento que la prensa reportó como las famosas "veintiún piezas de equipaje" que saqué al marcharme en junio de La Habana, y que en realidad eran sólo once. Así que luego de ir a entregárselas, Salvador y yo partimos hacia la siguiente etapa: Nueva York.

Por lo menos yo ya estaba alerta y sabía que podría pasar cualquier cosa. Desgraciadamente, nada fue diferente en cuanto a la recepción del exilio en aquella ciudad.

Me tocaba presentarme en un acto donde la organización batistiana La Rosa Blanca, dirigida por Rafael Díaz-Balart, hermano de mi ex cuñada Mirta, y por lo tanto ex cuñado de Fidel, trató de hacerme pasar un mal rato.

—Ese fue Rafaelito, que tú sabes cómo era —me confesó muchos años después Andrés Rivero Agüero, quien había sido destacado ministro en el gobierno de Batista y su candidato a la presidencia de Cuba. Rivero Agüero, a pesar de nuestras diferencias ideológicas, con el tiempo me tomó afecto, y llegó a ser cliente de mi farmacia hasta que murió. Más adelante explicaré cómo y cuándo perdoné a Rafael Díaz-Balart por sus ataques.

En fin, volviendo a aquel día en Nueva York, quienes decidieron boicotearme sentaron en las primeras filas del teatro a viudas de la dictadura batistiana, es decir, a mujeres cuyos hijos, esposos y hermanos habían sido fusilados por el régimen. Según supe por boca de Andrés Rivero Agüero, los organizadores habían planeado que aquellas víctimas me insultaran, pero las cosas les resultaron totalmente diferentes.

—Yo estoy aquí —les dije— para hablar de nuestra tragedia como pueblo. Yo no he venido con ningún otro ánimo y estoy hablando sin importar si quienes han sufrido son batistianos o ex fidelistas. Únicamente estoy aquí con ustedes como una mujer que está haciendo algo por la libertad de su país.

Sorpresivamente aquellas mujeres que supuestamente me iban a ofender terminaron llorando conmigo sobre el mismo gran dolor que nos unía, y terminaron también apoyándome al ver que yo no estaba escondiendo absolutamente nada.

—Lo que has hecho ha sido de un gran valor y eso no lo puede negar nadie —me dijo una de ellas—. Pudiste haberte quedado en Cuba, pero decidiste estar aquí, en el mismo exilio nuestro.

Aquello significaba que estaban conmigo y que comprendían la magnitud del rompimiento con mi familia, lo que obedecía única y exclusivamente a mis ansias de libertad para Cuba, que era a fin de cuentas lo que todos queríamos.

Una vez que terminaron aquella presentación y las reuniones privadas con el exilio, llegó el momento de partir de regreso a México. Antes de salir, Salvador Lew aprovechó para proponerme algo:

—A pesar de todo lo que ha sucedido, Juanita, creo que es muy importante que vengas a vivir a los Estados Unidos, donde tu actividad anticomunista podrá ser bien difundida, sin lugar a dudas, mucho mejor que si te quedas a vivir en México. A fin de cuentas, a pesar de todos los problemas que hemos vivido en estos días, la verdad es que Miami es la capital de una Cuba libre y es aquí donde tienes que estar. Piénsalo y verás que lo que te digo es cierto.

Aquel planteamiento me quedó dando vueltas en la mente. No es tan descabellado, pensé. Pero de cualquier forma regresé a México con un sabor agridulce de la primera reunión con un exilio que yo imaginaba —equivocadamente— me recibiría con bombo y platillo por ser exactamente igual que ellos. Tan pronto como al día siguiente de mi regreso me reuní con Enrique, a quien le planteé venir a los Estados Unidos, y quien por su parte me tenía otras noticias.

—Estoy totalmente de acuerdo con el planteamiento de Salvador Lew, y creo que tu lucha en contra del comunismo será más completa y productiva estando en Miami, así que de inmediato pondré manos a la obra para que puedas legalmente obtener la residencia, y que lo mismo suceda con tus colaboradores. Ahora tengo una noticia que tiene que ver conmigo. He recibido nuevas comisiones y en poco tiempo estaré destacado en Vietnam y Laos, con lo cual se dará por terminada mi labor dentro de la Operación Mangosta.

Escuchar aquello me dio profunda tristeza, porque cuando se habla de espionaje, de la CIA, la idea que se tiene es de personajes sin el más mínimo sentimiento. El caso de Tony

Sforza (alias Enrique), sin embargo, era totalmente diferente. Siempre fue respetuoso con todos nosotros e incluso, contrario a toda regla, nos invitó a su casa, revelándonos que vivía en Miami, donde tenía una familia encantadora, una esposa extraordinaria y unos hijos que lo querían mucho. Tony, o Enrique, hasta el día de su muerte, mantuvo contacto con nosotros y nos veíamos aún más cuando se retiró de la CIA. Fue un gran amigo. Admiraba mi lucha y la de mi grupo porque nunca le pedimos un sólo centavo para nuestro beneficio particular, sino que todo estaba encaminado a nuestras actividades anticomunistas. Eso nos mereció su respeto. Pero luego de varios años colaborando juntos, había llegado el momento de tomar diferentes caminos.

—En cuanto te deje instalada en Miami, partiré a mi siguiente misión. Por ahora, vamos a ponernos manos a la obra.

Oficialmente obtuve la residencia de los Estados Unidos a principios de 1965 y, previamente, Salvador Lew junto con Enrique me habían encontrado una casa donde vivir en la calle Calígula, en Coral Gables.

—"La compañía" quisiera ponerla a tu nombre, obsequiártela —me ofreció Enrique.

—¡De ninguna manera! —le respondí—. Yo trabajo por la libertad de mi país y eso no tiene precio, de manera que no, no lo acepto.

—No está bien, pero te entiendo, aunque nosotros pagaremos el alquiler mensual hasta que tú puedas hacerlo por ti misma. A propósito, como mi última tarea en este proyecto, quería sugerirte la creación de una asociación de ayuda, la cual nosotros financiaremos. Piénsalo y respóndeme.

Por supuesto que decidí responderle, y pronto. Aquella misma noche Salvador Lew y un grupo de cubanos, entre los que estaban los periodistas exiliados Agustín Ayes y Lázaro Ascensio, estuvimos de acuerdo en que lo ideal sería una fundación a la que llamaríamos "Martha Abreu" en honor a la patriota cubana que, siendo una mujer rica, en tiempos de la Guerra de Independencia puso toda su fortuna en manos de los guerreros mambises para luchar por la libertad de Cuba. No encontramos un nombre más apropiado para nuestro esfuerzo patriota.

—Es un gran proyecto, que dará la mano a todos los cubanos que la necesitan inmediatamente —dijo Enrique—. De la misma manera, para que comiences a ganar dinero por ti misma, tendrás un programa de radio que se escuchará en América Latina y Cuba, y que se transmitirá una vez a la semana a través de WNYW, Radio Nueva York. Ahora sí ha llegado el momento: tengo que despedirme de todos ustedes —nos dijo—. Mañana salgo para Asia. Juanita, a partir de ahora quedas en las manos de Salvador Lew, quien será tu nuevo contacto con "la compañía."

Su partida nos dejó tristes. Pero Enrique, con quien había colaborado durante cuatro años, partió satisfecho de ver a aquel grupo de cubanos que, apenas al llegar a los Estados Unidos, comenzaron a buscar la forma de ganarse la vida por sus propios medios, sin abusar de nadie. El dinero para la manutención lo gané yo, hasta que cada uno pudo valerse por sí mismo.

En lo que era la nueva etapa de la lucha en conjunto con Salvador Lew, la Fundación Martha Abreu abrió sus puertas. Gracias a ella, muchísimas personas que huían de Cuba tuvieron comida caliente y ropa de abrigo —sobre todo en el invierno— porque la mayoría salía con lo que llevaban puesto y la vida se les hacía más difícil con el clima tan diferente, comenzando por la ropa que vestían.

Los fondos —que en gran parte provenían de la CIA, pero también de mis aportaciones por mis conferencias y presentaciones pagadas, así como de donativos llegados de todas partes— nos permitieron abrir refugios en distintos países. En México conseguimos uno para los cubanos que venían con rumbo a los Estados Unidos y que, de otra manera, pasaban hambre y necesidades. Ahí la casa tenía capacidad para cincuenta personas que entraban un día y estaban listos para salir al otro. Como fuera, aun siendo pequeños, la presencia de la Fundación Martha Abreu significaba que nosotros le solucionábamos diariamente lo inmediato a cincuenta personas cuya realidad, de otra forma, sería más cruda, pues se tenían que enfrentar a un país donde no conocían a nadie.

Poco después nos extendimos a Jamaica, país donde también llegaban en tránsito muchos compatriotas que huían del régimen y donde un sacerdote jamaiquino se hizo cargo de la casa. La fundación mandaba dinero a España para comprar ropa de abrigo a los cubanos que llegaban a ese país sin recurso alguno. De manera que cumplíamos totalmente nuestras metas.

Mientras tanto, con el paso del tiempo, me fui curtiendo con las experiencias que tuve que enfrentar, sin que me faltara la energía para pelear por mi patria, y el coraje para defenderme. Esto nunca me abandonó, siempre estuvo presente ante cualquier situación desagradable o tramposa, o en los momentos de más peligro, como en las numerosas ocasiones en que trataron de matarme.

Afortunadamente, nunca viajaba sola a cumplir mis compromisos, sino con Salvador Lew, y otras personas que iban conmigo en la comitiva. Así vivimos el primer incidente a mi llegada al aeropuerto de Bogotá, donde detuvieron a un tipo que quería acercarse a mí portando una navaja, desafiante.

—Seguramente quería cortarte la cara —dijo Salvador—, o alguna otra parte del cuerpo para que hicieras el ridículo, llorando, gritando, o con un ataque de histeria que pudieran utilizar en tu contra. No te olvides que luego de tu denuncia contra Fidel en México, aquí se sintieron ofendidos cuando mencionaste a Colombia como uno de los países con grave infiltración comunista procedente de Cuba.

Poco después, nuestros temores de que hubiera manifestaciones de rechazo, fueron ciertos. Invitada a hablar ante la Confederación de Trabajadores de Colombia, tuve que soportar, como si se tratara de ángeles que me esperaban para darme la bienvenida, la manifestación de unos trescientos estudiantes de una universidad de filiación izquierdista que repudiaban mi presencia en la capital colombiana.

—Nuevamente aquí no se trata de que intenten matarte —me explicó Lew—. Aquí no van a hacerte mártir porque no les interesa eso. La meta es que te alcance un huevo o un tomate de los que están lanzando, para tirarte en broma, porque eso acaba a grandes personajes. De eso hay que cuidarse y hacer como si no pasara nada.

Los consejos de Salvador siempre me ayudaron a adelantarme ante lo imprevisto y a mantener la calma, de manera que en esa ocasión seguí tranquila, y cuando la policía llegó a disolver aquella manifestación, esperé a salir cuando ya no había nadie que pudiera hacerme daño.

En ese tiempo hubo algunos atentados contra mi vida. En Puerto Rico, la intervención de la policía abortó un plan comunista para matarme, y en Santiago de los Caballeros, República Dominicana, donde tenía una presentación, la policía detuvo a un hombre que rondaba el lugar portando un rifle con mirilla telescópica. Ese fue un viaje complicado desde el principio, pero, a pesar del miedo, no lo cancelé.

Debido a una huelga, la única opción de volar era por Dominicana de Aviación, algo que Salvador no quería hacer.

—Me han prevenido de que no volemos porque es una aerolínea infiltrada de cubanos fidelistas y hay gran posibilidad de que te secuestren. Si eso sucede, ¿sabes qué pasaría? Con tal de desprestigiarte, Fidel es capaz de ir a recibirte con un ramo de flores en La Habana, y ¡ya te podrás imaginar lo que sería mi destino!

—Mira, Salvador —le respondí—, todo está perfectamente pensado. Estoy de acuerdo con que eso podría llegar a suceder. Pero si los cubanos no tenemos el coraje de volar en un avión porque corremos un riesgo por defender a Cuba, entonces estamos perdidos. Nos vamos por Dominicana de Aviación y no hay nada más que hablar.

Salvador, sin lugar a dudas, realizó una excelente labor de protección a mi persona, por lo que a menudo me prevenía cuando estábamos de viaje por América Latina.

—Juanita, hay informes que están recomendando que debes ser más cautelosa. Fidel es lo suficientemente inteligente para saber que si ordena algo en tu contra, esto se convertirá en un bumerán que le regresará. Sin embargo, fanáticos fidelistas hay en todo el mundo, y están muertos de ganas de hacerte algo. No eches en saco roto la recomendación.

Aprendí entonces a cuidarme, no sólo de las balas que matan, sino a enfrentar los momentos embarazosos que el régimen preparó en infinidad de ocasiones para hacerme quedar en ridículo, como aquella vez, en República Dominicana, cuando un reportero en una gran conferencia de prensa me dijo:

—Vamos a suponer que usted está con una ametralladora en la mano y tiene en frente a Fidel y a Raúl Castro, sus hermanos. ¿Qué haría?"

Instantáneamente pensé: si digo "los mato" me acaban por desalmada. Si digo "no hago nada" me crucifican por infiltrada y comunista.

—Mire usted —le respondí al individuo aquel— yo no soy soldado, por lo tanto no traigo nunca ametralladoras. Esa es una situación hipotética y yo no contesto preguntas hipotéticas.

Dependiendo del sitio, así era el tamaño del ataque, y pronto aprendí a echar mano de todos los recursos, incluido el de Lina, mi madre, que era el humor. Así respondí al periodista que, en medio de una conferencia donde yo hablaba del comunismo en Cuba, me preguntó qué edad tenía.

—¿Para qué quiere saberlo? ¿Acaso, además de interrumpir, me quiere enviar flores?

Verdaderamente, cada aparición frente a los medios era un campo minado donde las trampas me las seguían tendiendo con ofensas y con preguntas.

En Nueva York fui invitada para hablar ante 1.200 radiodifusores llegados de todos los Estados Unidos. A la entrada del lugar, me aguardaba una manifestación de una organización llamada Los Pinos Jóvenes, integrada por cubanos batistianos exiliados. En forma difamatoria portaban carteles, que lo menos que decían en letra mayúscula, era:

¡JUANA CASTRO PIDIÓ PAREDÓN PARA LOS HÉROES DE PLAYA GIRÓN!

¿Cómo era posible que a sabiendas de que eso no era cierto, no sintieran vergüenza de hacer aquello? ¿Con qué cara se paraban a cometer una difamación públicamente? ¿Qué sabían ellos de los amargos días y de mi lucha llena de riesgos para salvar a los patriotas a quienes pude socorrer a causa de la invasión de Playa Girón, en Bahía de Cochinos? Sin lugar a dudas que era la muestra de cómo el odio siempre ha imperado sobre nuestra razón. Salvador Lew, la comitiva que me acompañaba y yo ignoramos aquello, y entramos al evento donde fui recibida de forma extraordinaria por hombres y mujeres norteamericanos, que escucharon mi discurso en español, traducido simultáneamente. Sus caras y sus gestos hablaban por nuestra causa; y cuando terminé, de pie, ovacionaron mis palabras como pocas veces lo he escuchado.

Sin embargo, durante la sección de preguntas del público, la cual se había anunciado con anterioridad, se paró un hombre y dijo:

—Señorita Castro, sabemos que usted trabaja para la CIA, y queremos saber cuánto le pagan.

De inmediato volteé a ver a mi grupo de acompañantes, que me miraron preocupados.

—Mire usted —le dije a aquel desconocido—, éste no es un problema de pago porque yo no cobro por defender a mi país, por lo tanto yo no trabajo para la CIA. Pero quisiera saber, ¿cuánto le pagaron a usted por venir a preguntarme esto?

¡Aquellos radiodifusores norteamericanos aplaudieron mi respuesta con otra gran ovación! En cuanto al hombre, salió de ahí corriendo.

Acciones como esa, que ocurrían en innumerables ocasiones, me hacían ver lo mucho que yo afectaba al comunismo, cada vez que me paraba a hablar sin temor a desafiarlo.

En este constante *ping-pong* de ataques y contraataques comenzaron a pasar meses y años, y yo seguí adelante con la misma determinación de convencer al exilio de que mi actitud era tan clara como siempre. De manera que quienes esperaban verme envuelta en un escándalo a favor del comunismo, se cansaron de esperar algo que nunca sucedió y tuvieron que comenzar a cambiar sus actitudes hacia mí.

Sólo así pude observar pequeños cambios que se fueron dando entre los escépticos que no creían que yo, una hermana de Fidel, estuviera aquí sufriendo los embates, cuando podría estar en Cuba, en paz con el régimen.

Seis años después de haber llegado al exilio, sin embargo, nuevamente tuve que enfrentar otra gran prueba del amor por mi patria, con algo que tampoco hubiera querido que sucediera, o por lo menos, no así.

46.

¡ADIÓS DONNA!

Las noticias de los periódicos durante un buen tiempo nos hicieron saber, a finales de los sesenta y hasta la década de los setenta, que el vocabulario político tenía dos nuevas definiciones para aprender: Coexistencia Pacífica y Detente. Según yo entendía, eran las primeras etapas de la distensión entre la Unión Soviética y los Estados Unidos, y por consiguiente, iban a hacer que se alejara el peligro de una confrontación nuclear y una Tercera Guerra Mundial. No hubo prácticamente un solo día, a partir del 20 de enero de 1969, cuando Richard Nixon tomó posesión como presidente, que dichas palabras no fueran pronunciadas por él o por Henry Kissinger, su secretario de Estado, pero nunca me imaginé que iban a tener tanto impacto en la lucha por la libertad de Cuba, y principalmente en mi lucha.

La llamada de Salvador Lew me tomó por sorpresa, porque con el tiempo llegué a conocer perfectamente su estado de ánimo a través del simple saludo telefónico. Ese día me estaba pidiendo una reunión imprevista.

—Juanita, tenemos que conversar algo muy importante en tu casa, y que está muy relacionado con el trabajo que hemos venido realizando a través de estos últimos tiempos. Han venido dos personas para entrevistarse contigo en tu casa.

—¿Quiénes son? —pregunté curiosa—. ¿Yo las conozco?

—No, no creo que se hayan encontrado antes.

Su tono de voz no me gustó.

—Entonces, ¿por qué me estás pidiendo que esta reunión sea en mi casa y no en otro lugar si no los conozco? Tú sabes que en mi casa no recibo desconocidos.

—Bueno, porque creo que sería más privado.

—Pero adelántame algo. ¿Quiénes son estos fantasmas? —dije en tono de broma.

—Por favor, Juanita, necesitamos verte, y es muy importante.

Era claro que Salvador no quería o no podía responderme en ese momento.

—¿Puedo llamar a algunos de nuestros colaboradores para que asistan a la reunión?

—No, Juanita. Ésta será una conversación muy privada, de ellos contigo, y ahora no puedo seguir hablando, te explico mañana.

Me intrigó mucho esa petición y accedí a que al día siguiente, después del mediodía, nos reuniéramos. Me preocupaba tanto secreto, especialmente porque las cosas no pintaban nada bien en los últimos tiempos, pero decidí esperar. A fin de cuentas, sólo faltaban horas para la reunión.

Muy puntuales, llegaron a mi casa Salvador Lew y dos norteamericanos de la CIA. Se presentaron únicamente como el Agente A y el Agente B. Con semejantes nombres, sobraba presentarme. Pasaron y nos sentamos en la sala de mi casa. Salvador lucía normal, y los agentes de la misma forma, es decir, todo el mundo tranquilo ya que era la calma que antecede a la tempestad. Luego de una breve conversación sobre temas sin importancia, fui yo la que preguntó a qué se debía esa visita tan rodeada de misterio. El Agente A —que me lució ser el jefe de ese comando— comenzó a hablar, en perfecto español.

—En realidad no tenemos muy buenas noticias para ustedes, en especial para usted. En los próximos días va a haber nuevos cambios en la política exterior de los Estados Unidos en relación con Cuba. He sido enviado por mis superiores en Washington, D.C., para darle a conocer los planes futuros de la nueva administración del presidente Nixon respecto a Cuba.

Yo comencé a ponerme a la defensiva, intentando descubrir a qué se refería aquel hombre.

—Ya la época de la confrontación con el gobierno que preside su hermano —siguió explicando—, está por cambiar.

Sin más, lo interrumpí:

—Un momento, usted ya no está hablando de un régimen comunista, sino de un gobierno presidido por mi hermano. ¿Entendí bien?

—Comprendo su preocupación, Juanita, pero permítame continuar. Lo que el gobierno del presidente Nixon le quiere pedir ahora, y es el motivo por el que nos encontramos aquí, es un cambio en su actitud. Están en juego las relaciones entre la Unión Soviética y los Estados Unidos. Los soviéticos han puesto condiciones para negociar una paz mundial, y éstas son, entre otras cosas, que dejemos de apoyar a los grupos anticomunistas del exilio de Miami, que intentan desestabilizar a Cuba. Los rusos consideran que esas actividades son una agresión contra ellos. Por lo tanto, la administración actual, que quiere la paz, requiere del sacrificio de muchos y en especial de usted, Juanita, que lo haga de forma tan impactante, como cuando decidió desertar en México y declararse contra el gobierno de su hermano.

Yo no sé cómo pude contenerme. Quizás porque necesitaba escuchar todo lo que aquel agente de la CIA había llegado a pedirme personalmente a mi casa. Lo dejé continuar.

—La forma en que usted deberá colaborar es sencilla, Juanita. Queremos que comience a hacer declaraciones totalmente opuestas a lo que hasta ahora ha hecho. Por ejemplo, ahora debería declarar que el comunismo no está amenazando a América Latina; que en alguna parte afirme que el gobierno cubano no exporta guerrilla a ninguna país, y que en otras presentaciones sugiera que las relaciones entre Cuba y los Estados Unidos deberían mejorarse ya que somos vecinos cercanos.

—¡Un momentico, señores! Vamos a aclarar todo esto...

El silencio de Salvador Lew y del otro agente —que me imagino que estaba grabando aquella conversación— se podía cortar con una tijera. Furiosa, le dije al Agente A:

—Lo que usted me quiere decir es que lo que hemos estado haciendo durante todos estos años por defender la libertad de mi país y por defender la democracia del mundo en cualquier parte, ¿era malo? ¿Que eso fue un error de nuestra parte? ¿Y que lo que ustedes me proponen ahora, que es diametralmente opuesto, es lo correcto?

—No sé si sea lo correcto, Juanita, pero eso es lo que el gobierno del presidente Nixon quiere que usted haga.

¡Sentí que la sangre se me iba a la cabeza por la ira!

—¿Qué es lo que quieren que yo haga? ¿Que diga que me equivoqué y que el comunismo es el mejor sistema para el individuo? ¿Que lo que ha sucedido en Cuba es lo que los pueblos tienen que vivir para ser mejores? ¡Señor! Lo que usted me está pidiendo que haga tiene un nombre, y eso se llama ¡traición! Y usted está delante de una mujer que no tiene esa palabra en su vocabulario. ¡Yo no voy a traicionar mis principios! ¡Yo no soy una traidora! Si ustedes necesitan traidores y traidoras, búsquenlos en otra parte.

El par de agentes no esperaba mi reacción temeraria, la misma que siempre me ha caracterizado cuando de defender mis ideales se trata. Si no temí enfrentarme a Fidel, mucho menos iba a temerles a éstos, aunque se tratara de la misma CIA.

—¡Se acabó! —dije de pronto—. No les tengo miedo alguno, ni miedo a cualquier represalia que tomen contra mi persona. Hasta aquí llegó mi colaboración con ustedes. Se acabó "Donna". No tenemos nada más que hablar. No les permito que me sigan torturando con esta propuesta tan deshonesta ni un segundo más. Muy buenas tardes, señores.

Me levanté del sofá, abrí la puerta de la casa y esperé a que salieran. Salvador Lew se quedó conmigo, tratando de tranquilizarme, cosa que por supuesto no logró. Y furiosa me volteé hacia él.

—¡Salvador Lew! Tú sabías a lo que venía esta gente. ¿Por qué no me preparaste? ¿Tienes idea de cómo me siento en este momento? ¡Tan traicionada como cuando descubrí que la revolución por la que tanto había peleado, se había tornado comunista... ¡Así me siento!

—No, Juanita, no lo sabía sino hasta el preciso momento antes de entrar a tu casa, ya que esta gente es muy discreta y, dada la importancia del caso, no se permitieron correr ningún riesgo. Las noticias que traían nos tomaron por sorpresa a ambos.

Le creí, pero de cualquier manera nada calmaba mi profundo pesar. Cuando Salvador Lew se fue de mi casa, por primera vez en muchos años, mi soledad, en verdad, fue mayor que cuando salí de Cuba. Al salir tenía aliados que me respaldarían en la lucha y eso me dio ánimo para emprender tantas acciones que ayudaron a mis compatriotas en desgracia, y sobre todo, me dio fuerza para cambiar los lazos familiares y sobrevivir únicamente pensando en el bien de Cuba. Pero ahora, sentía un vacío extraño porque ahora sí estaba sola, mejor dicho, porque todos los exiliados cubanos habíamos sido abandonados a nuestra suerte, además de habernos dejado el lastre de todos aquellos enfrentamientos de unos contra otros. De pronto, los rusos y los norteamericanos decidieron que los cubanos estábamos de más, y *good-bye*.

Al día siguiente, me reuní con Agustín Ayes, periodista sagaz, conocedor de la situación, quien era mi amigo desde mi llegada al exilio. Le expliqué la situación y me dio su punto de vista:

—Es verdad que gran cantidad de exiliados han trabajado con la CIA, y eso, contrario a lo que se crea, para nuestro problema cubano no es deshonroso. Ha significado luchar por la democracia. Pero también es cierto, porque lo he escuchado cada vez más y más, que el gobierno norteamericano ha cambiado de política y ahora lo que intenta reestablecer es la "Coexistencia Pacífica" a costa de lo que sea. Yo imagino que tu negativa a convertirte en títere en este momento en que te necesitan, provocará que corten toda la ayuda que te han facilitado para la Fundación Martha Abreu y para el programa de radio que tienes, ya que ambos lesionan lo que ellos quieren proteger, que son las relaciones con los rusos. No es lo mismo que lo haga cualquiera, a que la hermana de Fidel sea la que encabeza esas actividades anticomunistas.

Desgraciadamente, Agustín Ayes tenía la razón: casi de inmediato se suspendió la ayuda del renglón financiero dedicado a los gastos básicos e indispensables de la Fundación Martha Abreu. Nadie nos avisó que dejarían de colaborar, simplemente cortaron los fondos de un día para el otro y ya. Pero hubo más. A mediados de agosto de 1970 recibí una notificación de la estación de radio, donde me comunicaban que a finales de ese mes, mi programa, "Radio Periódico", que transmitía cargado de consignas anticomunistas, los domingos a las nueve de la noche a través de *Radio Nueva York*, y que se escuchaba en América Latina y Cuba, dejaría de transmitirse. Entre tanto, los últimos dos programas que irían al aire, tendría que entregarlos previamente a un censor de contenido. ¡No podía creer que eso estuviera sucediendo en los Estados Unidos y que me estuviera pasando a mí! La indignación por poco me hace renunciar sin transmitir los últimos dos programas.

—No, no, no puedes enojarte —me dijo Agustín Ayes—. Yo te voy a ayudar a brincar la censura. Vamos a hacer dos programas diferentes: uno, muy sencillo para el censor; el otro, que nosotros mandaremos a la estación, dirá lo que tú quieras. Así lo hicimos y la jugada nos dio resultado. Burlamos la censura impuesta por el gobierno norteamericano y me pude despedir de mi audiencia como tenía que ser: fustigando al comunismo. Al final me dio remordimiento haberle mentido al censor, que era un norteamericano, miembro de la CIA, a quien yo conocía bajo el pseudónimo de Harry. Lo fui a buscar, le dije lo que había hecho y le entregué la verdadera grabación del último programa.

Grande fue mi sorpresa, de que aquel norteamericano encargado de censurarme me dijera:

—Déjeme abrazarla y felicitarla. Yo también soy un anti-comunista declarado, tanto como usted, sin embargo debo de obedecer órdenes superiores. Pero estoy en total desacuerdo con esta nueva política de mi gobierno. Ojalá que los hombres y mujeres de su patria no dejen de defenderla.

La verdad es que Harry me dejó boquiabierta. Llamé a Brasil, a Virginia Leitao da Cunha, quien años antes había dejado las actividades con "la compañía". Ella y su esposo, Vasco, ya estaban retirados del servicio diplomático. Siempre aprecié inmensamente los consejos de Virginia.

—Pronto voy a los Estados Unidos, y entonces conversaremos extensamente sobre tantas cosas que han pasado. Por ahora, sólo hay que tener calma, Juanita.

Efectivamente, semanas después, Virginia vino a Miami y nos reunimos. Como las viejas amigas que habían compartido tantas cosas desde aquellos meses previos al triunfo de la revolución cubana, cuando ella y Vasco, su esposo, me dieron refugio en su embajada, tuvimos mucho que recordar y hablar.

—Nadie, hace doce años, podría haber imaginado que todo esto iba a suceder —me dijo Virginia—. Tú has actuado de acuerdo a lo que piensas. Aceptaste el comienzo de una relación, y fuiste tú quien determinó su fin. ¿Sabes una cosa que puede ayudarte a entender estas acciones y traiciones? Simplemente, obsérvalo todo como un gran juego de ajedrez donde hemos sido peones.

—Sí, Virginia —le respondí—. Entonces, lo único que nos queda es seguir luchando sin patria, sin amos, sin aliados... solos.

Con Agustín Ayes hablé del encuentro que tuve con mi amiga Virginia.

—Entiendo perfectamente, Agustín, que seamos peones del juego de ajedrez de la política, pero ¿sabes una cosa? Alguien tiene que saber que lo que nos han hecho es una porquería. El mundo cree una cosa y nosotros estamos siendo testigos de que los Estados Unidos están a punto de negociar un acercamiento con Cuba, y no estamos de acuerdo con eso. Yo tengo que hacerlo saber, al nivel que sea, no me importa.

Muy calmado, Agustín me respondió:

—Escríbele una carta a Richard Helms, el director de la CIA.

—¡Buena idea! —le respondí—. De esa forma quedará constancia de nuestra posición al más alto nivel.

Y me puse a escribir una carta que guardo entre los documentos que atesoro de esos tiempos difíciles, y que en resumen, dice así:

Sr. Richard Helms
Director General, Agencia Central de Inteligencia
Alexandria, Virginia

Arriesgando mi vida y renunciando a todo lo que podía haber tenido en el orden personal con el régimen de Fidel, me situé al lado de ustedes por razones ideológicas. Creí que lucharían sin claudicar contra el enemigo común: el comunismo y sus agentes. Creí que eran amigos y aliados sinceros de los que trabajan lealmente junto a ustedes y a su país.

Parece que se quieren variar nuestras relaciones de lucha y yo me siento abandonada, limitada en mi capacidad de acción, coaccionada para que no siga luchando como antes.

Pedimos recursos para luchar contra el comunismo y se nos merman o niegan inexplicablemente, como si ahora fuera malo hacer lo mismo que antes era bueno y que aprobaban ustedes.

A solas con mi conciencia me pregunto, preocupada: ¿Por qué me tratan ahora distinto a antes? ¿De quién es amigo los Estados Unidos? ¿Somos solamente amigos cuando a ustedes les conviene?

Yo, ahora como antes, estoy dispuesta a seguir luchando por la democracia y la libertad. Lo único que deseo es que ustedes no limiten o coaccionen o maltraten a los que estamos en esa disposición.

Atentamente,
Juanita Castro

Recibí como respuesta el más completo de los silencios. Entonces, decidí: ¡Adiós Donna! ¡*Good-bye* CIA!

Pero nada me iba a detener mientras tuviera capacidad de resolver las cosas con mis propios medios. A fin de cuentas había entendido el verdadero significado: en esta lucha todos éramos peones de un juego de ajedrez, y yo no iba a renunciar al juego.

Dolorosamente, tuve que aceptar lo que un día dijera Ted Shackley, Jefe de la CIA en el Proyecto Cuba, sobre mí: "Juanita Castro es la pieza más importante de propaganda que nosotros hemos podido captar. Es el golpe más grande propinado al régimen comunista". Y así había sido.

47.

DE LA ETAPA BÉLICA AL MARIEL

Y el mundo comenzó a "coexistir pacíficamente", aunque a los cubanos exiliados se nos partiera el alma porque estábamos totalmente abandonados a nuestra suerte. De la misma forma que en 1962, cuando la Crisis de los Misiles, por debajo de la mesa existió el llamado "Pacto KK" entre Kennedy y Krushev, que se arreglaron a espaldas de Fidel, así mismo nos llegó el turno a nosotros cuando los Estados Unidos y la Unión Soviética se pusieron de acuerdo. Ahora el exilio no era más la prioridad para luchar contra el comunismo.

El presidente Nixon y su secretario de Estado Henry Kissinger estaban en lo suyo, abriendo la llamada "Ruta de Pekín", en tanto los rusos y los norteamericanos calmaron sus ansias bélicas y nosotros, los cubanos, nos quedamos luchando con nuestros propios recursos. Sin embargo, la Fundación Martha Abreu, ya sin ningún tipo de ayuda oficial, siguió funcionando con mi aportación personal, ya que me dediqué de tiempo completo a dirigirla y a dar conferencias en contra del comunismo en todas partes del mundo donde me invitaran. Así fui a Japón, Filipinas, Argentina y Brasil, entre otros lugares, tratando de recaudar más fondos para seguir operando, siempre ayudada por el grupo de amigos que originalmente salieron de Cuba conmigo, además de Agustín Ayes y Lázaro Asencio, entre otros.

El tiempo pasó, y llegó el momento en que tuvimos que decidir que había llegado la hora de cerrar la Fundación Martha Abreu y liquidar todos los compromisos pendientes para poder iniciar otras acciones.

Será duro decirlo o hablarlo, pero así fue.

En la década de los setenta yo pensaba igual que todos los refugiados cubanos de esa época: "El enfrentamiento armado es la única salida para Cuba". En verdad, creíamos que no había otro camino. Nos inclinábamos por la lucha armada, ya que Fidel no entendía otro idioma que no fuera el de la fuerza. Con él no era posible —pensábamos— tener ninguna otra salida.

Ya con los años, uno va evolucionando y entendiendo que la violencia y la fuerza no son el camino para resolver ningún problema. Pero durante esos años, así pensaba y a eso mismo dediqué mis energías, enfocándome en quien tuviera posibilidades reales de lograrlo.

En eso apareció un grupo de la organización Alpha 66, liderado por Vicente Méndez, un guajiro cubano de grandes sentimientos, valor y coraje, listo para dar todo por la libertad de Cuba. Era un hombre alto, fuerte, muy buen tipo, con un valor extraordinario. Un hombre de magníficos principios. No tendría esa gran educación universitaria de otros, pero militarmente estaba bien preparado, porque antes había participado en la lucha armada contra Fulgencio Batista.

—Si no lo intentamos una vez más, Juanita, nunca se hará nada por liberar a Cuba —me dijo Vicente Méndez—. He planeado una expedición organizada en conjunto con Alpha 66 que desembarcaría por la zona de Baracoa. Pero, para hacerla se necesita ayuda económica. Ya sabes que ni la CIA ni nadie más nos dará el mínimo apoyo; todos ellos están peleando por lo suyo que es hacernos creer que el comunismo, o por lo menos la amistad con los comunistas, creará un mundo mejor.

Vicente Méndez en verdad me emocionó con sus planteamientos, porque no tenía miedo de afrontar aquello, a sabiendas de que en Cuba estaban bien preparados para enfrentar cualquier ataque. Lo que hice entonces fue juntar todos los recursos que tenía disponibles para dárselos a él y a la expedición que estaba preparando.

Compramos una pequeña finca cerca de la zona de los Everglades, al sur de Miami. No la puse a nombre mío para que nadie pudiera decir que yo me estaba lucrando con los fondos.

En aquel terreno, Méndez entrenaba a sus expedicionarios. Junto a él se encontraba un sobrino de Nazario Sargén, el secretario general de Alpha 66, un muchacho extraordinario llamado Luís Aurelio Nazario, que dejó las comodidades de la vida en el exilio para luchar por volver a Cuba en aquella expedición.

Cuando llegó el día, Vicente vino a despedirse de mí, lo que me produjo una sensación muy extraña. Yo he sido toda mi vida una persona optimista, aún en las peores circunstancias, pero mientras Vicente me explicaba algunos detalles del viaje, tuve el presentimiento de que ésa era la última vez que lo vería.

—Somos pocos —me dijo—, pero grande es nuestro amor por Cuba, Juanita, y nos hemos preparado a conciencia.

—Cuídate mucho —recuerdo haberle respondido— que no hay muchos Vicente Méndez en este exilio.

Esas fueron mis últimas palabras para aquel hombre cuya lucha y patriotismo, en verdad me tocaron el corazón. Efectivamente, iban bien preparados, pero la realidad era que formaban un pequeño grupo que quería asentarse en un pedazo de territorio cubano para, desde ahí, comenzar a extenderse. Sin embargo, como era previsible, Fidel había preparado el terreno de manera que la guerra de guerrillas no pudiera progresar por ninguna parte. Fidel sabía bien que sobrarían cubanos que intentaran una incursión armada a la isla y que él se tendría que enfrentar a todo tipo de lucha rebelde en Cuba. Por lo tanto, siempre estuvo alerta para exterminar a quienes entraran a invadir.

El doctor Diego Medina, otro gran patriota perteneciente a la organización Alpha 66, vino a verme a los pocos días y su semblante me lo decía todo.

—Infortunadamente las cosas salieron muy mal, Juanita. Vicente y el comando de trece personas desembarcaron por la zona de Baracoa, en las proximidades del río Yumurí, exactamente el 17 de abril pasado. Estuvieron dos o tres días peleando fuertemente, hasta que los cercaron. Vicente murió en combate. A Luís Aurelio le dieron la oportunidad de pedir perdón en la televisión cubana y se negó a hacerlo, entonces lo fusilaron. Nos enteramos rápidamente, a través del mismo régimen que lo hizo público para que sirviera de escarmiento a quienes quisieran intentar otra incursión armada desde el exterior.

Con Vicente Méndez quemé mis naves y los últimos recursos dirigidos a una lucha armada. Después de él, ya no hubo nada más. Tristemente, tuve que comenzar a aceptarlo y, no sólo eso, sino también a planear mi nueva vida.

Así fue que comencé mi aventura farmacéutica. Siempre me había gustado ese tipo de negocio, y un médico amigo, el doctor Néstor Martínez, me animó a abrir una farmacia. Todo comenzó con un préstamo comercial de cinco mil dólares, hecho por otro gran amigo, Bernabé Pérez, quien era vicepresidente del Republic National Bank, que atendía muchos de los negocios de los cubanos de la ciudad. Lo que es la rueda de la fortuna de la vida: a él y a su señora también los ayudé a salir de Cuba; y en el exilio, él fue quien me tendió la mano. Con aquella ayuda y con el crédito de la droguería McKesson, la más grande entonces, abrí Mini Price Pharmacy, llamada así por lo pequeña que era. Contraté a una farmacéutica, la doctora Mercedes Pérez, que estuvo doce años conmigo. Yo era su ayudante, y una de mis tareas en aquel entonces era hacer las entregas a domicilio, ya que los recursos eran muy limitados en ese momento. Empezar fue muy duro porque prácticamente no tenía para mi sueldo, pero me acordaba de la fuerza de mi mamá en todo aquello que ella emprendía en la finca, y así me olvidaba de los problemas y seguía adelante.

Sin embargo, debido a la sinrazón de algunos, volvieron las ofensas a mi persona. El primer ataque vino de parte de mi vecino entonces, el dueño de una tienda de víveres ubicada justo al lado de la farmacia. Sin ningún dejo de vergüenza, a sabiendas de que estaba difamándome por puro gusto, aquel hombre gritaba a los cuatro vientos:

—¡Al lado se nos mudaron los comunistas! ¡Ahora sí que esto se ha puesto bueno!

Nuevamente, ¿cómo era posible que alguien que no sabía lo que yo había pasado y que era tan diametralmente opuesto a lo que él afirmaba, pudiera injuriarme de esa manera?

Intentó boicotearme con esa historia, tratando de crearme un mal ambiente en el vecindario, a pesar de que mi posición estaba más clara que el agua ante todos.

En fin, fueron situaciones con las que tuve que vivir a diario durante un tiempo. Pasados unos cuantos meses muy difíciles, comencé a ver el resultado de mi esfuerzo, porque la gente empezó a tenerme confianza.

Mi primer cliente, un viejito llamado José Astea, un personaje muy conocido en el barrio de la avenida veintisiete del Southwest donde estaba Mini Price, se dedicó, en una forma muy peculiar de relaciones públicas, a colaborar conmigo: repartía casa por casa la propaganda de la farmacia. Al mismo tiempo apareció Carmela Cabrera, una vecina que vivía al cruzar la calle, y quien me tomó tal cariño que sin ganar un centavo, cuidaba la farmacia como la mejor guardia de seguridad que hubiera podido pagar. Poco a poco, me hice de un grupito de clientes que me ayudaban, y esos trajeron a muchos otros. Llegó un punto en que, sin importar si se mudaban de casa doscientas veces, incluso, cambiándose de ciudad, me seguían comprando y haciendo sus pedidos por teléfono y por carta. De la farmacia viví y vivimos cómoda y decentemente todo el grupo de personas que me ha acompañado a lo largo de cincuenta años.

Y de Mini Price salió más ayuda para el exilio de la que cualquiera pudiera imaginar. Ayudábamos tanto donando medicinas que requerían los sacerdotes que cuidaban a grupos de exiliados muy pobres, como contribuyendo lo que se pudo en la época del éxodo del Mariel, cuando entre los meses de mayo a septiembre de 1980, 125.000 cubanos huyeron de la isla en bote, a través del Puerto del Mariel, y llegaron a vivir a Miami. El éxodo del Mariel comenzó con un grupo de cubanos que se exilió en la embajada de Perú en La Habana. Fue tal la presión internacional que Fidel y los Estados Unidos tuvieron que llegar a un acuerdo. Se prometía la salida de todos aquellos que quisieran irse, siempre y cuando sus familias fueran embarcadas en cualquier nave que flotara. Otro episodio triste del éxodo cubano.

La situación de ayuda a los recién llegados movilizó de inmediato a todo el exilio como nunca antes. Al menos durante ese tiempo se olvidaron rencores y hubo actos de apoyo y colectas. Alfredo Cepero, un cubano en toda la extensión de la palabra, que entonces era director de noticias del Canal 23 de Miami, organizó un maratón el sábado 3 de mayo, y él mismo me llevó al acto. Hablé poco, expuse lo que pensaba, y por supuesto que arengué a la gente. Después del evento, al ver que la avalancha humana seguía llegando en botes, en viajes interminables, me pregunté: ¿Qué puedo hacer para ayudar a esta gente?

Para entonces, aunque mi situación económica era estable y ayudaba a quienes lo necesitaban, no me sobraba nada. Me di cuenta de que el capital que yo podía aportar era el de mi casa localizada entonces en el Southwest de Miami, y que valdría unos ochenta y cinco mil dólares. En ese entonces esa era una muy buena suma, especialmente porque estaba casi pagada. Sin pensarlo mucho, decidí donarla para que los fondos sirvieran para ayudar a los refugiados del Mariel. Hablé con Alfredo Cepero, en su calidad de organizador del aquel maratón, y cuatro días después, el 7 de mayo de 1980, firmé el traspaso de la propiedad a nombre del Internacional Rescue Committee y de su director ejecutivo, el señor Charles Sternberg, quien se encargaría de venderla para obtener los fondos. Luego de eso me sentí totalmente satisfecha.

Habían pasado dieciséis años desde que saliera de Cuba, al igual que tantos, huyendo del comunismo, y como entonces, mis metas seguían siendo las mismas: que ningún cubano sufriera porque no existiera una sola mano que se extendiera para ayudarlo. Ahí estaba la mía, aunque para muchos fuera inaceptable porque me apellidaba Castro.

48.

¡Y DIERON LA CARA POR MÍ!

En medio de más alegrías que tristezas, Mini Price Pharmacy fue el refugio de centenares de cubanos y no cubanos que sabían que ése era el lugar al que podían asistir en busca de alguna ayuda, o por lo menos de un consejo. También fue un lugar de encuentros y desencuentros, como el de una cubana recién llegada que un día, estando en el mostrador mientras yo la atendía, se metió en medio de una conversación de otros clientes en donde para variar, el tema era Fidel. La mujer en un momento les dice:

—¡Yo me cago en la madre de Fidel!

¡Para qué dijo eso! Brinqué hecha una furia...

—¡Ven acá chica! ¿qué tiene que ver en esto la madre de Fidel?

—Oiga señora —me respondió—, ¿por qué se enoja tanto?

—Por una simple razón —dije indignada—. Me llamo Juanita Castro, y la madre de Fidel es también mi madre, ¡y a nadie le permito que la insulte!

La mujer no supo qué hacer. Se fue corriendo muy apenada y no regresó.

Hubo todo tipo de episodios, pero ninguno como el que ocurrió el 21 de abril de 1982, generándome no sólo un gran problema, sino también un gran dolor, y todo a causa de mi filosofía personal de no negarle a nadie nada que me pidiera, especialmente, tratándose de gente a la que el destino hubiera maltratado y que requiriera de mi ayuda.

Una tarde, estaba junto a Mercedes, la farmacéutica, despachando en la farmacia cuando apareció un joven cubano.

—Por favor, Juanita, le suplico que me consiga una medicina para mi madre que está muy enferma de los nervios. Acaba de llegar de Cuba y no tengo dinero para llevarla a un médico ni a un hospital donde me den una receta. Véndame por favor unos Tranxenes que ella está desesperada y yo no sé que hacer. Vine porque me han dicho que usted es una persona que nos ayuda a todos los cubanos.

Que en ese tiempo los cubanos tomaran Tranxene para los nervios y que no tuvieran dinero para ver a un médico, y por lo tanto no tuvieran receta, no era nada anormal. Aquella era la época de las grandes tragedias diarias de los que salían de Cuba. Cualquiera entonces se tomaba un Tranxene para calmarse y resolvía su problema de la manera más accesible y sencilla, dado los recursos limitados que tenía.

—No te puedo vender los Tranxenes sin receta —le dije—, ni eso, ni otras cosas.

El muchacho aquel siguió rogándome:

—Por favor, Juanita, por favor, ayúdeme y véndame aunque sea cinco dólares de Tranxenes, que mi madre los necesita.

A mí no me tienen que pedir ayuda dos veces, ¡mucho menos si se trataba de una madre! Fue un acto emocional, ya que de ninguna forma vender cinco dólares de un medicamento produce negocio. Total que se los di. Me pagó los cinco dólares y se fue, sólo para regresar al momento con un oficial de la policía de Miami, que de inmediato me arrestó.

Arbitrariamente, la policía quería a toda costa apresar también a Mercedes la farmacéutica.

—¡De ninguna manera! —les dije como en mis mejores momentos en Cuba—. Ella no tiene absolutamente nada que ver con esto. La responsable soy yo únicamente, ya que fui yo quien le dio los Tranxenes a ese hombre. Así que a ella no tienen por qué tocarla.

El muchacho aquel era un agente encubierto de una operación para controlar la venta sin receta de medicinas restringidas, con lo que intentaban dar un escarmiento a las farmacias hispanas, porque sabían que nosotros le solucionábamos a la gente pobre cualquier necesidad inmediata, así que se ensañaron conmigo. Lo único bueno fue que me permitieron hacer unas cuantas llamadas. Le hablé a Jorge Mas Canosa, quien era el director de la Fundación Nacional Cubano-Americana, uno de los líderes más importantes del exilio de todos los tiempos y al que me unía un gran cariño. Jorge, de inmediato, se movilizó. Gracias a su intervención, me montaron a la patrulla y me llevaron detenida, pero no me esposaron. Sin embargo, en la estación de policía las cosas fueron diferentes, porque me metieron en un cuarto pequeño para interrogarme, y dos agentes, que tenían más tipo de delincuentes que de otra cosa, querían obligarme a que firmara un papel.

—No firmo nada sin estar mi abogado presente —les dije.

—Pues entonces te llevaremos a la cárcel de mujeres —respondieron—. Escoge.

—Hagan lo que quieran —les volví a decir.

Y así sucedió. Fue preferible enfrentarlos que firmar las mentiras escritas en el papel, y que no tenían ningún fundamento, ni relación con lo que yo hacía. De haberlo aceptado, entonces sí que me hubiera metido en un grave problema.

Me llevaron a la cárcel de mujeres, donde no me sometieron a ninguna revisión vergonzosa, pero sí me ficharon con foto, número y huellas digitales. Yo estaba destruida emocionalmente. Volteaba a mi alrededor y mi realidad era humillante: me encontraba en una celda asquerosa, en las peores condiciones y tras las rejas. Les pedí agua para beber y me la negaron.

Alrededor de la medianoche Jorge Mas Canosa y sus abogados fueron a sacarme. Jorge me abrazó y yo rompí en lágrimas.

—Jorge —le dije—, ¿cómo es posible que me lleven presa en los Estados Unidos y bajo estas circunstancias, cuando jamás en mi vida estuve en una cárcel en Cuba, a pesar de todo lo que yo hacía contra el régimen? ¿Me tenía que pasar esto por ayudar a una supuesta madre enferma y sin dinero?

Mas Canosa me abrazó, visiblemente afectado.

—Ha sido algo innecesario contra ti, Juanita, pero ya se acabó. Acabo de pagar la fianza que te fijaron, y mis abogados se están encargando de los trámites finales. Yo no salgo de aquí si no es contigo.

Y así fue. Jorge, que en paz descanse, junto con Hilda Morgade, mi gran amiga de muchos años, fueron las personas que sin importarles nada, me acompañaron al salir de la cárcel.

—Quédate tranquila —dijo—, que ya hablamos con unos amigos para que nos permitan salir por la puerta trasera del edificio. Así evitaremos a la enorme cantidad de fotógrafos que te están esperando, preparados para tomar la peor foto que puedan hacerte, ya que seguramente el régimen la querrá aprovechar para utilizarla a su favor y en tu contra.

No sé cómo lo hizo pero así sucedió, y fue algo por lo que le estaré eternamente agradecida. Después, Hilda y él me llevaron a mi casa y ahí llegó todo el mundo a verme, entre ellos mi gran amigo Salvador Lew, que tan pronto se enteró salió corriendo a buscarme, a pesar de que habíamos estado distanciados a raíz de los cambios de política que se produjeron.

—Nada que haga el gobierno de ningún país, Juanita, vale la pena para que dos amigos tan entrañables como hemos sido nosotros continúen separados. Como siempre, desde el primer día en que te vi cuando llegaste a Miami, yo estoy y estaré siempre contigo. Eso no lo olvides.

Al día siguiente, el exilio cubano reaccionó en una forma increíble, lo cual me emocionó de verdad. No hubo un solo periódico que no me defendiera con titulares que decían: UN MILLÓN DE CUBANOS DETRÁS DE JUANITA.

Jamás lo podré olvidar. A este exilio nuestro le tengo que dejar pasar algunas cosas, en recuerdo de aquellos días de apoyo incondicional, cuando más lo necesité.

Finalmente, el Consejo de Farmacología del Estado de la Florida comprendió la situación, luego de que se les explicó claramente que yo no me había lucrado con aquella venta de cinco dólares de Tranxenes, y que yo no me dedicaba a violar la ley haciendo ventas de ese tipo. Tuvieron que reconocer que la situación fue provocada de forma alevosa utilizando el argumento de una madre enferma. De cualquier forma, me impusieron una multa de 7,500 dólares y, valga la redundancia, fueron 7,500 dólares pagados en su totalidad por el exilio.

Hasta la farmacia llegaba la gente a traer dinero para ayudarme. Venían con lo que podían: cincuenta centavos, un dólar, lo que fuera. Unos me daban cajas de metal —de las que sirven para empacar galletas— llenas de monedas de un centavo, es decir, sus ahorros. Otros, abrieron una cuenta de banco en la que se depositaron donativos que cubrieron la multa. Con este gesto tan genuino, el exilio logró enviar un mensaje claro de que me estaba respaldando.

Los días siguientes fueron gratificantes como nunca había sido mi vida desde que comenzó mi lucha. Hasta la farmacia llegaron visitantes inesperados. Uno de ellos, Rafael Díaz-Balart, que fue a brindarme su apoyo. Le agradecí enormemente aquel gesto tan caballeroso que borró por siempre cualquier diferencia que hubiéramos tenido durante años pasados. Lo mismo sucedió con Armando García Sifredo, director de *Patria*, el periódico hispano más fuerte en Miami, que en sus titulares del día que llegué al exilio, había dicho que yo era "una vergüenza para América". Ese mismo fue quien, haciendo de lado la enemistad política, simplemente llegó a ofrecerme su ayuda. Y fueron tantos y tantos los que se volcaron en demostraciones de cariño, especialmente aquellos que no simpatizaron conmigo, que durante días continuaron las sorpresas .

Esa fue la mayor demostración de cariño y respeto que he recibido, eso siempre lo tengo presente en mi vida, y los cubanos, por mi parte, jamás serán traicionados ni defraudados.

49.

LA VOX POPULI... VOZ ¿DE QUIÉN?

No podría terminar estas memorias sin hablar de "la vox populi" que me ha acompañado a lo largo de los años y de la que siempre me pregunto: ¿Voz pública? ¿Voz de quién?

Gracias a esa "voz" he aprendido a dejar de leer libros que insultan a mis padres y abuelos. Libros que en su mayoría tratan el mismo tema y al final resultan copias de textos previos. He tenido también que aprender a lidiar con la traición revestida de supuestas buenas intenciones de muchos que han recurrido a mí para pedir información que luego han usado para escribir otro libro ofensivo contra la memoria de mi padre y de mi madre.

La "vox populi" siempre me ha atacado sin misericordia. Han sido tantos los ejemplos a lo largo de mi vida que sólo por mencionar alguno, recuerdo aquella ocasión en 1960 cuando Agustina regresó del internado en Suiza y vivió un tiempo con Raúl y Vilma. Un día fui a buscarla a casa de ellos y en el cuarto principal me encontré con una sorpresa. Sobre la mesa de noche de Raúl habían dejado un papelito junto al teléfono para que él lo pudiera leer apenas llegara. Aquella nota decía:

"Pablo Fernández Alegre, viceministro de Agricultura y Juanita Castro bautizaron al hijo de Raquel Pérez de Miret. Fernández Alegre sigue saliendo mucho con Juanita."

Efectivamente, salíamos juntos, y me decía esas boberías que me hicieron creer que estaba enamorado de mí. Sobre todo porque me ayudaba enormemente y siempre se preocupaba por lo que yo estuviera haciendo. De manera que en cuanto salí de casa de Raúl, lo primero que hice fue llamarlo a su oficina en el ministerio de Agricultura.

—Pablo, es Juanita, necesito verte inmediatamente ¿Puede ser hoy mismo?

—¡Por supuesto! —respondió— en este momento salgo en camino a tu casa.

Cuando nos encontramos, sin decirle más, le mostré aquel papel...

—¿Y por qué esto? —preguntó- ¿Qué hemos hecho? Estas son "intriguitas palaciegas". No te preocupes que para mí no tienen la menor importancia. Yo no tengo que pedirle permiso a nadie para salir contigo.

Después de eso recuerdo que hablamos de otras cosas, y que luego se despidió de mí. Lo que no sabía en ese momento era que Pablo Fernández Alegre se estaba yendo de mi vida para siempre. Nunca me volvió a buscar y no volví a saber más de él. Me recuerdo en ocasiones diciendo "¡Qué cobarde fue!" Años después supe que nunca vino al exilio y que había muerto en Cuba en noviembre de 1997.

Ciertamente fue una consecuencia menos fuerte de la "vox populi", a diferencia de una que me ha lastimado profundamente y que surgió tan pronto llegué al exilio en 1964. Por esta calumnia he tenido que aguantar todo tipo de pésames:

—¡Ay Juanita, nosotras la comprendemos y nos da mucha pena porque ha pasado por ese dolor tan grande!

—Explíquenme de qué se trata ese dolor tan grande —inmediatamente les decía.

—Bueno, sabemos de buena tinta, que Fidel le mató a un hijo.

Cuál sería mi sorpresa al oír semejante barbaridad.

—Eso no es cierto. Nunca me ha matado a nadie, porque nunca he tenido hijos. Nunca tuve esa suerte, ni lo he intentado tampoco. Si hubiera tenido un hijo jamás nadie le hubiera podido hacer daño, porque primero tenían que vérselas conmigo. Siento mucho que les hayan engañado, pero al mismo tiempo les agradezco el gesto de solidaridad.

En el colmo de las infamias la misma "vox populi" aseguraba que el padre de mi supuesto hijo era un ex colaborador de Fidel, un periodista exiliado en Miami. Investigando descubrí —gracias a las confesiones de mi amigo Andrés Rivero Agüero— que se trató de un ataque planeado maquiavélicamente para darme un golpe, haciendo ver que yo había desertado debido a un motivo personal y no por razones políticas e ideológicas.

—Fue planeado como un doble golpe: para Fidel y para ti —me dijo años después Andrés.

Aquello me dolió profundamente porque era una mentira creada por maldad. No era un intento para ayudarme a mí ni a la causa de Cuba. Si hubiera tenido un hijo fuera del matrimonio como afirmaban, nunca lo hubiera ocultado.

Han inventado lo que han querido sin medir las consecuencias reales. Mientras en el exilio nos acabamos unos a otros le damos la oportunidad a Fidel de reírse tranquilamente. A partir de situaciones paradójicas, surrealistas, de menor o de mayor escala, viví siempre con el "que dirán" a cuestas hasta el día en que ya no pude más...

El abogado Joan Vidal de Llobatera me llamó eufórico desde Barcelona el 8 de abril de 2005.

—¡La corte ha fallado a su favor Juanita! Finalmente han desechado cualquier recurso de apelación y reconocen la sentencia judicial de 2001. A partir de ahora el honor de sus padres y abuelos no podrá ser violentado impunemente. ¡Esto es histórico!

En ese momento sólo pude agradecer a Dios que el largo juicio de siete años había terminado. El juicio contra la editorial y la autora de uno de los libros más difamatorios contra mis padres y abuelos, finalmente había culminado haciendo justicia a quienes nada tuvieron que ver con la tragedia que hemos vivido los cubanos. Lo que el abogado español me anunciaba en pocas palabras era, que nunca más Ángel Castro y Lina Ruz, mis padres, y Francisco Ruz y Dominga González, mis abuelos, serían impunemente agraviados por quien se le apeteciera, sin que se les pudiera fincar responsabilidades civiles y penales. A partir de entonces en términos legales difamarlos era considerado como violentar su honor como personas.

La sentencia también obligó al cese y divulgación de dicha publicación, así como al retiro de los ejemplares a la venta. Paradójicamente, otra parte de la sentencia desató una nueva calumnia. La corte determinó que las partes demandadas tendrían la obligación de pagarme todos los gastos de abogados. Poco después, una de esas partes afectadas por el fallo judicial, generó el rumor malévolo de que yo había cubierto los gastos legales con dinero proveniente desde Cuba pues carecía de los medios suficientes para afrontarlos. Nada más falso, perverso y difamatorio.

Todos en este exilio saben muy bien que desde el primer día que llegué me he dedicado a trabajar sin descanso. Saben además que la procedencia del dinero, cuando es bien habido como el mío, puede ser constatada a través de documentos del Servicio de Rentas Internas, (IRS).

Así mismo la maledicencia sobre los costos del juicio ha sufrido otro gran revés. Éstos se redujeron notablemente ya que conté con un gran número de amigos profesionales que dedicaron meses a investigar y leer libros y documentos para cooperar a sustentar la demanda. Todo sin que me costara un centavo. Hay cosas que sólo la verdadera amistad logra cuando se es buen amigo en las buenas y las malas, como siempre yo lo he sido.

De manera que, aquella noche del 8 abril de 2005, los que ofendieron a mis padres y abuelos hasta la saciedad, esa "vox populi" perversa, se fueron a dormir con un contundente golpe legal a sus intenciones. Por mi parte, quedé en paz, sin el eterno temor a la impunidad de esa conjugación de falta de escrúpulos que convierte en verdadero aquello del: "tú dijiste", "él lo dijo", "ellos dijeron", "a mí me lo contaron"...

50.

LOS NUEVOS CASTRO

La carta me llegó por correo. Venía de España y parecía una invitación. Me sorprendió porque no tenía —pensé— quien me invitara a un evento como éste que parecía tratarse de una boda. Al abrir el sobre me encontré con la invitación para asistir a un matrimonio y para mi gran sorpresa, sí tenía quien me hiciera partícipe de un evento familiar.

Se trataba de una boda de la nueva generación Castro. Es decir, los hijos de mis sobrinos. Aquella invitación significaba que estaban rompiendo el abismo que existió con sus padres, quienes difícilmente pronunciaron mi nombre en medio siglo. Era el fin del aislamiento total y llegaba de manos de la tercera generación.

En Santiago de Compostela, Galicia, se casaba Ernesto Pérez-Oliva Fraga, cirujano ortopeda, hijo de mi sobrina Mirza Fraga Castro y por lo tanto, nieto de Angelita, mi hermana mayor. Desafortunadamente, a pesar de que me esperaban con ansia, y de que yo tenía hechas todas las reservas, no pude asistir debido a cuestiones de salud.

Poco a poco Ernesto y yo fuimos estrechando lazos y a medida que me contaba de su vida afloraban nuestras similitudes. Cansado del sistema y ya siendo médico, viajó a la República Dominicana para asistir a un congreso. Desertó y partió para España. Lleva casi una década sufriendo el castigo que le han impuesto. No le han permitido entrar a Cuba ni siquiera para ver a su abuela enferma.

Hablo aquí de toda una generación Castro que por diferentes motivos ha salido de Cuba en busca de un mejor futuro y de la libertad de poder decidir su destino. Ninguno de mis hermanos jamás pensó que algo semejante pudiera sucederles en su núcleo familiar más cercano. Hasta entonces, la ausencia más grave y cuestionada había sido la mía. Pero nadie está exento de la voluntad de ser libre, ni siquiera Fidel, quien tiene hijos y nietos fuera de Cuba.

Y comienzo con la lista:

Guido Jorge Castro Odio, nieto de Fidel por ser hijo de Jorge Ángel Castro, vive en Salamanca, España.

Mirta María Castro Smirnova, hija de Fidelito Castro Díaz-Balart, vive en Sevilla, España.

Francisca Pupo, la hija que Fidel reconoció desde niña aunque no lleva su apellido, y Loamis Lina, la hija de ésta y por tanto nieta de Fidel, residen en Miami.

Verónica Olaechea Fraga vive en Madrid, en tanto Miguel Ángel Pérez Fraga, contador público de profesión en Mallorca. Ambos son nietos de Angelita.

Mi hermano Ramón también sabe lo que es tener la familia dispersa y en gran número. Hace unos años recibí una visita mientras atendía a los clientes en mi farmacia. De pronto se paró frente a mí un muchacho alto, joven, simpático y buen mozo. La sangre me dijo lo demás.

—¿Tú eres hijo de mi hermano Ramón? pregunté.

—Sí tía, y vine a verte.

Esa ha sido una de las alegrías más grandes que he recibido en mucho tiempo. Se trataba del ingeniero electrónico Ramón Castro Rodríguez, "Monchi", hijo del segundo matrimonio de Ramón, con Alicia Rodríguez, y quien vive hace años en las Islas Canarias. Gracias a él supe de otros nietos de Ramón que también viven fuera de Cuba.

Omar Castro es sociólogo graduado de la Universidad de La Sorbona y especialista en mercadotecnia. Reside en la República Dominicana.

En España residen Héctor y su hermana Susana Castro Santana. Héctor, abogado de profesión, y yo nos mantenemos en contacto. Le guardo un cariño especial porque es nieto de Sully Castillo, la primera esposa de Ramón, alguien a quien quise mucho y a quien consideré una hermana.

Agustina, mi hermana menor, también tiene hijos y nietos fuera de la isla. En Orlando, Florida, viven Silvio Raúl Rodríguez Castro, su esposa, María del Carmen, y sus hijos. También allí viven Ángel Rodríguez Castro y su esposa, Lizbeth, junto a sus niños. Directamente me ha tocado encargarme de esa parte de la familia que vive aquí, ya que fue a mí a quien pidieron ayuda para salir de Cuba.

Respecto a los hijos de Fidel y de Raúl, las cosas siempre han sido diferentes en cuanto a tener relación alguna conmigo por la lógica de mi deserción y exilio. Para ellos la tía Juanita no existe.

El año de la muerte de Célia Sánchez, el 11 de enero de 1980, Fidel se casó con Dalia Soto del Valle. Dalia era una maestra a quien Fidel conoció durante la campaña de alfabetización. Siempre se comentó en la familia que ella era una gran deportista, muy buena nadadora y que de ahí surgió el romance. De ese matrimonio nacieron cinco hijos: Antonio, que es médico cirujano; Alejandro, Ingeniero en Computación; Alexis, que se graduó de Ingeniero Mecánico; Alex, fotógrafo, y Ángel, el menor, de quien no conozco detalles. De la mayoría de ellos sé por lo que me cuentan otros miembros de la familia.

Con los hijos de Raúl y Vilma sucede lo mismo. Vi nacer a Deborah, a Nilsa y a Mariela, pero no llegué a conocer a Alejandro. Mariela apenas tenía dos años cuando salí de Cuba, por tanto, el recuerdo que pudiera tener de mí, es nulo. Sólo sabrá de mí a través de lo que le hayan contado. De ella y de Antonio, el mayor de los hijos de Fidel con Dalia, me entero por las noticias. De Antonio porque es el médico del equipo de béisbol cubano y por tanto es siempre parte de las noticias. Lo mismo sucede con Mariela, de quien me llama la atención su lucha a favor de causas que durante años fueron tabú en Cuba, tales como los derechos de los homosexuales y su lucha contra el SIDA. Hay quien me ha dicho que ella es la rebelde de la familia, que habla sin tapujos, que no se asusta, y que en eso se parece mucho a mí.

Por lo demás, los hermanos Castro Ruz hemos envejecido. Algunos mejor que otros. Angelita y Ramón están enfermos y al cuidado de sus hijos.

Fidel, ya sabemos.

En tanto Raúl, a la muerte de Vilma, su esposa, ha continuado como siempre, muy cercano a sus hijos y nietos. Sé que uno de los nietos tiene adoración por él y que no se le despega.

Enma reside en México hace más de cincuenta años. Sus dos hijos, Víctor Raúl y Lligany Lomelí Castro, son mexicanos. Víctor Raúl hace años que vive en Cuba.

Agustina vive en La Habana junto a Lina, su única hija.

En fin, que volviendo a la lista de los nuevos Castro, pienso en mi papá y en la ironía de la vida. Él, que nunca pudo regresar a España y que siempre tuvo a su patria en mente con mucha nostalgia, jamás imaginó que más de medio siglo después de su muerte, otros Castro que llevan su sangre, es decir, sus nietos y bisnietos, serían quienes lo hicieran por él.

51.

YO TAMBIÉN TENGO MIS REFLEXIONES...

Aunque he decidido dejar de ver los programas políticos de televisión por razones obvias, de vez en cuando me permito una dosis de humor y me pongo a verlos. Prefiero reír a enojarme ante las grandes farsas que se cuentan a diario en algunas estaciones de Miami sólo para ganar audiencia. Sin embargo, debo decir que hace un tiempo un episodio me hizo pensar que a cada actor del drama cubano, tarde o temprano, le llega su penitencia.

Sentada en el sillón de mi sala, veía a través del televisor a una de las ex nueras de Fidel revelándonos detalles de su círculo más íntimo. Nos mostraba los entornos de Fidel celosamente guardados en primera instancia para su familia, cuanto y más para los demás. Celia Sánchez había instituido alrededor de Fidel férreas medidas de privacidad y hermetismo. Desde entonces, el de Fidel había sido siempre un círculo impenetrable y minuciosamente controlado hasta que estas mujeres demostraron que no lo era. Además sabían que esa información valía buen dinero y vinieron a venderlo al mejor postor.

De esta forma vimos cómo eran su mesa y su casa, qué vino tomaba, cómo lucía en bata, cómo era Dalia, su mujer, los problemas de ellos como matrimonio y hasta cómo eran los hijos de ambos, también mis sobrinos. Y vimos más.

Atestiguamos los pleitos de ellos con las nueras, las maledi-cencias de éstas hacia los suegros, lo que escribían en correos electrónicos y las debilidades hacia los placeres capitalistas, otrora tan terriblemente castigadas por el sistema que él mismo creó. Todo esto, para desánimo del tercero de mis hermanos, le mostró algo más grave: que era frágil a pesar del círculo que lo rodeaba.

Para una persona que ha guardado tan celosamente su intimidad, ése es un verdadero castigo, porque ha expuesto su vida privada. La que creía sólo de él y que vino a romper quien menos imaginó. Esto me lleva a comenzar las reflexio-nes, cuando es el momento de cerrar la memoria al recuerdo, que por años fue mío y de nadie más.

Setenta y seis años no transcurren fácilmente cuando se vive una vida intensa de acuerdo con la conciencia, como ha sido mi caso. A lo largo de más de cuatrocientas páginas, mis recuerdos han recorrido los pasajes, desde que en la finca de Birán nada me pudo haber hecho pensar que, algún día, todo aquello iba a terminar en medio de la gran tragedia nuestra.

En mis pensamientos de joven cubana no cabía que el marxismo-leninismo fuera declarado el orden de vida en un país que lo tenía todo. Como tampoco, que los miles de cubanos que lo rechazáramos y las generaciones venideras, seríamos condenados, como en una maldición bíblica, a vi-vir el amargo peregrinaje de esta diáspora de medio siglo, donde hemos aprendido a amar a Cuba en una forma terri-blemente dolorosa, con la tortura de tenerla a sólo noventa millas de distancia.

Sin duda, he sufrido más que el resto del exilio por-que en ningún lado del Estrecho de la Florida me dan tregua y pocos son los que comprenden la paradoja de mi vida. Para los de Cuba soy una desertora porque me marché y denuncié al régimen instaurado. Para muchos en Miami soy persona *non grata* por ser la hermana de Fidel y de Raúl.

Nunca me han dado tregua. Por ejemplo, cuando espe-raban que encabezara los festejos en la eventualidad de la muerte de Fidel, y públicamente dije que no lo haría. Los nervios me traicionaron y no supe expresar lo que quise decir y que ahora aclaro: si no me regocijo de la muerte de una persona ajena a mí, mucho menos lo haré por la muerte de quien lleva mi sangre.

Nadie sabe del acoso al que soy sometida cada vez que salgo de Miami, mi hogar desde hace cuarenta y cinco años. Especialmente desde la enfermedad de Fidel y la ascensión de Raúl al poder. Apenas llego al mostrador de una aerolínea en el aeropuerto, el cuestionamiento tiene siempre el mismo fin: saber si voy a Cuba. No entendía por qué a una ciudadana norteamericana se le interrogaba como me sucede a mí al regresar de cada viaje. La respuesta no oficial, vino de un anónimo agente de Inmigración de origen cubano, quien avergonzado por lo que le obligaron a hacer, me explicó:

—Hay que interrogarla, Juanita, porque cada vez que viaja surgen rumores que aseguran que va a Cuba a través de cualquier otra ruta, sin importar que sea la más larga.

—Y, ¿entonces? respondí. ¿También le hacen lo mismo a los miles que van a Cuba?

—No. Ellos no se apellidan Castro Ruz.

Pero esa es la menor consecuencia de la difamación sin medida de la que soy objeto, sólo por el gusto de atacarme, y que aquí aprovecho para aclarar:

Vivo, al igual que los miles de exiliados cubanos, con el dolor de que una familia de siete hijos se haya desintegrado y que no pudiéramos crecer, ni envejecer juntos. Aunado a eso, el dolor de saber que a la segunda generación, es decir, a los hijos de mis hermanos, se les hiciera saber que el mío era un nombre prohibido en la familia.

Por todo lo que hemos vivido en el exilio, es que soy la primera en haber deseado que todo hubiera sido diferente. Que Fidel hubiera sido el hombre que prometió ser y al que con pasión ayudamos todos los cubanos. Que se hubiera encausado por los caminos de la democracia, y no tener que escuchar las barbaridades que tengo que soportar con resignación, por ser al final de cuentas su hermana.

Y aunque el 2009 no es 1964, cuando deserté de Cuba, sigo siendo la misma que salió pensando que una revolución no se hace fusilando gente, ni entregándola al comunismo. Soy la misma que no llegó buscando notoriedad, porque esa la tenía ya por lazos familiares, de haber sido eso lo que me importara. Soy esa misma persona que ha participado activamente en todos los caminos que a lo largo de cincuenta años han fallado, y que cuando tuvo que dar todo lo que materialmente tenía para intentar que Cuba fuera libre, también lo dio.

Soy la misma que respeta la manera de pensar de cada cual, porque creo en la democracia y en la diversidad de opiniones. Por esa razón no estoy con ningún bando. Sé que alcanzar la libertad es costoso y siempre he respetado, defendido y honrado, en mi solitario peregrinaje por muchos países clamando por la libertad de Cuba, a los compatriotas que han sufrido cárcel, exilio y muerte defendiendo sus ideales.

En medio de las denuncias que durante mucho tiempo he hecho, vuelvo a pedir a mis hermanos gobernantes de Cuba, Fidel y Raúl, que cambien ese sistema que no funciona y que no ha dado buen resultado para el pueblo. También les pido lo que todo el mundo pide: que cese la represión y liberen a los presos políticos.

Mientras escribo estas reflexiones me he enterado que murió en Cuba el comandante Juan Almeida, uno de los pocos sobrevivientes del asalto al Cuartel Moncada y de la expedición del *Granma*. Eso me hace recapacitar en que el tiempo no ha pasado en vano, y que Fidel, Raúl y todos sus contemporáneos hemos envejecido.

Dicen que los años hacen madurar a las personas. Que la tolerancia, la moderación y la sabiduría vienen acompañadas de canas, aunque esto no se aplique a quienes han envejecido pero no madurado, porque han hecho de la obstinación y el capricho sus reglas de conducta. Y es que sigo creyendo que la sabiduría germina cuando encuentra humildad y abunda el respeto por el pensamiento ajeno. Una gran verdad tanto para los cubanos de la isla como para nosotros en el exilio.

Por otra parte, sé también que muchos me han atacado por la forma en que me expreso de Raúl. No ignoro que a pesar de los cientos de vidas que nos ayudó a salvar a mi madre y a mí, también hizo cosas inaceptables. Es de justicia no callar y decirle, como entonces:

Raúl, en tus manos podría estar la transición democrática para Cuba. Ya es más que suficiente el largo tiempo transcurrido para que todas las partes pensemos en el futuro de nuestra patria y encontremos la solución por medios pacíficos para terminar el peregrinaje. Otros caminos muy respetables no lo lograron. Evolucionar con dignidad podría ser tu gran oportunidad en la historia...

Finalmente, no me imagino caminando por la que fue mi casa en La Habana, o por J 406, el escenario de mi rebeldía. Tampoco por la finca de Birán donde están sepultados mis padres, los seres humanos que más he amado. Eso me lleva a la reflexión y al recuerdo de una oración que repetía Lina, mi madre; oración que bien podría servir de guía para Fidel y Raúl:

Al final, ante los ojos de Dios, toda la gloria y todo el poder del mundo caben en un grano de arroz.

Él es quien juzga, sólo él.

Miami, Florida, 12 de Septiembre de 2009

AGRADECIMIENTOS

A:

Carlos Alberto Montaner, Hilda y Carmita Morgade; Francisco "Candela" Morgade; Ana Ely Esteva; Elena Amos Díaz-Versón; Virginia Leitao da Cunha; Isabel "Belita" Ruz; Martín Conde Jr.; Ing. Alfonso "Fofo" Gutiérrez y Orquídea Pino; Jacobo Zabludovsky; Fernando Gutiérrez Barrios; Antonio "El Cuate" Del Conde; Rafael Bilbao; Bernardo Vicra Trejo; Noelia y Carlos Peña; Dres. Guillermo y Charo Ruiz Barbón; Dr. Isidro Errotaverea; Dr. Armando Pérez Vidal; Dr. Néstor Martínez; Francisco Naranjo "Naranjito"; Mirtha (Hidalgo) Bianchi; Esteban "Tito" Rodríguez; Raquel Rodríguez; Jorge Mas Canosa; Salvador Lew; Agustín Ayes Soberón; Lázaro Asencio; Alfredo Cepero; Tony "Enrique" Sforza; Vicente Méndez; Nazario Sargén; Dr. Diego Medina; Mr. and Mrs. "Harry"; Leopoldo Casas "el Abuelo"; Bernabé Perez, Luz María Fornaris; Isabel Menocal; María Antonieta Collins; Vicente Rubiera; Sr. Roger R. Du Gardicr, Embajador de Francia (1960); Sr. Walter Bossi, Embajador de Suiza (1960); Jaime y Rosita Capdevilla García Villar y Alejandro Vergara, diplomáticos de la Embajada de España en Cuba (1960); Monseñor Fernando Azcárate, Obispo Auxiliar de La Habana y Párroco de la Iglesia de Reina (1963); Dr. Carlos Prío Socarrás, ex presidente de Cuba, y Angie Artiles.

A mi hermana Agustina Castro Ruz, por sus largos meses de investigación y búsqueda de testimonios, y por su cariño.

Ángel Castro Argiz, mi papá, el hombre más generoso que he conocido. Mi gran cariño de hija lo acompañará mientras yo viva.

Lina Ruz González, mi mamá. Una madre excelente, un ser humano lleno de compasión, que sufrió y vivió con resignación.

Dominga González, mi abuelita. Una mujer generosa, amable y sobre todo una mujer de fe.

Mi casa. El hogar donde nacimos y crecimos todos en Birán.

La Primera Comunión de Raúl. Siempre he guardado esta foto porque me gusta mucho.

Mi Primera Comunión en el Colegio de Belén ("Belencito") de Santiago de Cuba. Acababa de cumplir siete años. 23 de mayo de 1940.

Recuerdo
de la
Primera Comunión
de los niños
Ramón y Fidel
Castro y Ruz
verificada
en la
Santa Iglesia Catedral
el día 2 de Junio
del año 1935
Santiago de Cuba

Mi mamá se ocupaba de los más mínimos detalles, como el recuerdo de la Primera Comunión de Fidel y Ramón.

El ingeniero mexicano Alfonso "Fofo" Gutiérrez.
Sin su ayuda desinteresada y leal, la Revolución Cubana
nunca hubiera triunfado. Fue el primer director del
Instituto Cubano del Petróleo. En 1961 salió de Cuba
desencantado para no volver jamás.

Raúl, Juan Almeida, y Fidel. Liberados del presidio
de Isla de Pinos tras cumplir su condena por el asalto
al Cuartel Moncada. 12 de mayo de 1955.

"¡Papá Castro ha muerto!", repetían en Birán.
Entierro de mi padre. 21 de octubre de 1956.

La Revolución triunfó, y en camino a La Habana,
Raúl y Vilma se desviaron para visitar a mi abuelita
Dominga en Birán.

La presencia de las palomas durante el histórico discurso
fue interpretada por algunos como un signo de que Fidel
era el enviado de Dios. 8 de enero de 1959.

Mi mamá y Tía Belita, el día en que fueron a dar gracias
a la iglesia porque se habían acabado las muertes
y separaciones con el triunfo de la Revolución.
Ellas no imaginaban que lo peor aún estaba por llegar.
9 de enero de 1959.

Virginia Leitao da Cunha, esposa del embajador
de Brasil en La Habana, en la primera recepción del
Cuerpo Diplomático a Fidel.

Inaugurando obras en el campo. El Comadante Juan
Almeida, Raquel Pérez de Miret —mi comadre y ministra
de Bienestar Social— y mi amiga Luz María Fornaris.

Mi mamá, centro de todos los halagos.
Apenas la dejaban comer en paz.

Ana Ely Esteva —tercera de izquierda a derecha— y Enma
—segunda de derecha a izquierda. Nadie sospechaba
que Ana Ely y yo estábamos metidas de lleno en ayudar
a gente perseguida por el régimen. 1960

Enma entrando a la Catedral de La Habana del brazo
del Ing. Alfonso "Fofo" Gutiérrez. Fidel no pudo ser
el padrino, como había prometido.

Orquídea Pino —esposa del Ingeniero Alfonso Gutiérrez—
y yo fuimos las madrinas de lazo de Enma y Víctor.

Fidel, firmando el acta de matrimonio de Enma
junto al Cardenal de La Habana. Después vendría
la persecución religiosa.

Fidel y mi mamá en la boda de Enma con los famosos
aretes que mi papá le regaló a ella cuando nació mi hermana
Angelita. Ese día, ella se los regaló a Enma.

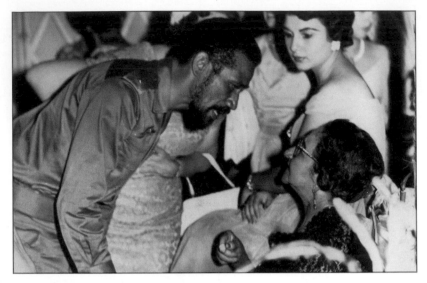

La madre más admirada de Cuba. Recibiendo los honores del Comandante Juan Almeida.

La última foto en familia. Mi madre junto a sus siete hijos.
31 de abril de 1960.

Mi mamá, Carmita Morgade y yo en el Aeropuerto de la
Ciudad de México. Enma estaba a punto de dar a luz. 1961.

Enrique (Tony Sforza).
Desde el primer momento
fue más allá de su labor
como agente de la CIA. Fue
el amigo que siempre estuvo
dispuesto a darme la mano.

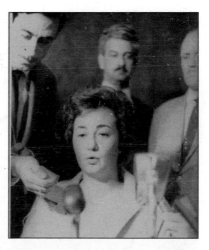

El día que rompí con todo.
Declarándome contra el
régimen cubano. 29 de junio
de 1964.

El día que llegué a Miami me recibió Salvador Lew,
quien se convertiría en mi gran amigo. Muy pronto,
la sonrisa se borraría de mi rostro.

Una de mis fotos favoritas. Nunca sabré sus nombres,
pero eran niñas cubanas de la Operación Pedro Pan que,
al igual que yo, tampoco tenían patria.

En noviembre de 1964 me presenté en
Meet the Press de la NBC. Aquí, junto al periodista
Lawrence Spivak, en Nueva York.

Hasta Nueva York me siguió el odio de un sector del exilio.
Sin pena alguna me difamaban públicamente. ¡Qué sabían
ellos de mi verdadera lucha! Octubre de 1964.

Junto a Virginia Leitao da Cunha, a mi llegada
a Rio de Janeiro. Virginia fue la persona que dio
el giro más grande a mi vida.

Junto a Vasco Leitao da Cunha, esposo de Virginia,
y Ana Ely Esteva.

Raúl, Fidel y Ramón en La Habana, verano de 1973.

Agustina, Angelita, Enma, Fidel y Silvio Rodríguez,
esposo de Agustina. Agosto de 1973.

Borrada del recuerdo familiar y de las fotos. Ya sólo son seis hermanos. De izquierda a derecha: Ramón, Enma, Fidel, Angelita, Raúl y Agustina. 1985.

Carmita e Hilda Morgade, Ana Ely Esteva y yo. Amigas por siempre. Las hermanas que la vida me regaló. Miami, verano de 2009.